普通高等教育规划教材

公路施工组织设计与信息化管理

魏道升　刘　蓉　彭　赟　吴素清　编著

沈其明　主审

人民交通出版社

内 容 提 要

为适应公路工程施工领域现代化管理的需要，作者总结多年教学经验及实践研究成果编写成了本书。本书共分八章，主要讲述公路施工组织设计的内容和基本理论与方法，以及与计算机相结合的应用。包括公路施工组织设计概述，平面流水和空间流水的原理和方法，网络计划技术的关键线路法CPM（包含搭接网络），计划评审技术PERT、决策关键线路法DCPM、图示评审技术GERT，进度计划的控制与网络计划的优化调整，公路施工组织设计的编制和实例以及珠海同望EasyPlan和美国P3/e（或P6）软件在施工组织设计中的应用，旧路改造的保证交通组织和城市道路施工组织设计的特殊内容。

本书主要作为高等院校公路工程管理和造价管理专业本科生、管理科学与工程专业研究生的教材，可作为土木类工程管理专业、道路桥梁与渡河工程专业、土木工程其他相关专业的教材，亦可作为从事工程咨询、工程监理、施工项目管理的工程技术人员和管理人员的参考书和培训教材。

图书在版编目（CIP）数据

公路施工组织设计与信息化管理/魏道升等编著.
—北京：人民交通出版社，2011.3
普通高等教育规划教材
ISBN 978-7-114-08738-7

Ⅰ.①公… Ⅱ.①魏… Ⅲ.①信息技术-应用-道路工程-工程施工-施工组织-高等学校-教材 Ⅳ.
①U415-39

中国版本图书馆 CIP 数据核字（2011）第 013392 号

书　　名：	公路施工组织设计与信息化管理
著 作 者：	魏道升　刘　蓉　彭　赟　吴素清
责任编辑：	王　霞（wx@ccpress.com.cn）
出版发行：	人民交通出版社
地　　址：	(100011) 北京市朝阳区安定门外外馆斜街 3 号
网　　址：	http://www.ccpress.com.cn
销售电话：	(010) 59757973
总 经 销：	人民交通出版社发行部
经　　销：	各地新华书店
印　　刷：	北京鑫正大印刷有限公司
开　　本：	787×1092　1/16
印　　张：	20
字　　数：	480 千
版　　次：	2011 年 3 月　第 1 版
印　　次：	2015 年 12 月　第 3 次印刷
书　　号：	ISBN 978-7-114-08738-7
定　　价：	39.00 元

（有印刷、装订质量问题的图书由本社负责调换）

前 言 Foreword

施工组织设计是指导一个拟建工程进行施工准备和组织施工的技术经济文件,也是投标文件中技术标的重要组成部分。交通运输部《公路工程标准施工招标文件》(2009年版)的颁布,使施工组织设计所涉及的范围更广、内容更多,其重要性尤为突出。

随着我国的公路建设工程投资规模的扩大,工程结构日趋复杂,相应地增加了施工组织设计的编制难度,对编制者的专业水平、文字水平、计算机水平的要求也越来越高。尤其是近年来,计算机技术的普及和提高,P3/e 和 EasyPlan 等工程项目管理软件在施工组织设计中发挥了不可替代的作用。在国际工程中,有些国家的项目业主甚至专门指定投标文件的总进度计划应该用 P3 编制。因此施工组织设计与信息化管理相结合是新形势下的新要求。

公路施工组织设计是土木工程、公路工程管理、造价管理等专业的主要课程,为适应新形势下该课程教学的需求,结合公路工程施工领域现代化管理和技术水平的发展现状,作者总结多年教学经验和该领域的研究成果,编写了《公路施工组织设计与信息化管理》教材。该教材推陈出新,秉承知识体系全面、理论够用、强调实践的理念,首次将网络计划与信息化管理技术相结合,以大型公路施工企业在公路施工项目上的施工经验和资料为背景案例,系统阐述了公路施工组织设计编制的理论和方法。

本书主要内容包括公路施工组织设计概述,平面流水和空间流水的原理和方法,网络计划技术的关键线路法 CPM(包含搭接网络)、计划评审技术 PERT、决策关键线路法 DCPM、图示评审技术 GERT,进度计划的控制与网络计划的优化调整,公路施工组织设计的编制和实例以及珠海同望 EasyPlan 和美国 P3/e(或 P6)软件在施工组织设计中的应用。其中第七章主要作为管理科学与工程专业研究生的教学内容,本科生可以作为阅读材料选修。

此外,本教材配置了光盘,包含课程课件以及相关教学辅助资料。尤其课件中的动画效果,相信对于读者更直观地学习掌握流水施工、网络计划图的绘制和计算以及优化、计算机应用等方面的内容大有裨益。

全书共八章。第二章第一、二、五节,第三章,第六章第二、三节,第七章由重庆交通大学魏道升编写;第四章由重庆交通大学刘蓉编写;第一章由重庆交通大学彭赟编写;第五章第三节由重庆交通大学文基平编写;第六章第一、四节由重庆交通大学吴雅琴编写;第五章第一、二节由中铁十三局集团第三工程有限公司重庆分公司吴素清编写;第五章第四、五节章由重庆交通建设(集团)有限公司张华编写;第五章第六、七节和第八章由重庆建工集团市政交通公司李泉源编写;第二章第三、四节由福州房地产发展有限责任公司陈捷编写。全书由魏道升统稿。在本书的编写过程中得到重庆交通大学沈其明教授的精心指导和认真审阅,在此表示衷心的感谢!

在编写本书时,曾参阅了有关文献和资料,研究生孔政、陈旭和本科生王加龙在收集整理文献和资料中做了大量工作,在此谨向原作者和他们三人表示感谢!本书的编写得到重庆交通大学管理学院的资助。

由于作者水平有限,书中难免有缺点与疏漏,敬请同行专家与读者提出宝贵意见。联系方式是以书名的拼音首字母为邮箱名 weidszlp2003@yahoo.com.cn;地址:重庆交通大学管理学院,邮编:400074。

编　者

2011 年 1 月

学 习 导 言

欢迎同学们进入公路施工组织设计课程的学习。施工组织设计是工程管理、工程造价、土木工程和工程技术类专业的主要专业基础课。公路施工组织设计作为公路工程投标文件的重要组成部分,是评价技术标的主要内容,同时因施工的技术方案直接影响工程的造价,所以施工组织设计也是重要的技术经济文件。本课程主要介绍施工组织设计的理论和施工组织设计的实际应用。为了让读者更好地学习这门课程知识,特作以下说明。

在学习公路施工组织设计之前,读者应该学习和掌握道路工程和桥梁工程以及公路工程施工技术,同时还应具备运筹学的一些相关理论知识。为了便于读者复习工程施工技术,在本教材配置的光盘中有公路和桥梁施工技术和工艺流程的动画片作为参考和辅助资料,以方便读者理解公路施工组织中的工艺流程组织和空间组织。除执行程序文件外,其他视频文件或 flash 文件都可以用"暴风影音"进行播放。

对工程管理和造价专业的学生来说,本课程将为后续的公路工程招标与投标、工程项目管理等课程的学习奠定基础。

本课程主要介绍施工组织设计的理论方法和实际公路工程施工组织设计的编制。施工组织设计的基本理论主要有三个方面:一是流水施工,包括平面流水和空间流水;二是网络计划技术(CPM),包括网络图绘制和时间参数计算以及关键线路确定;三是优化控制技术,包括网络计划优化控制、空间优化和运输组织优化。这三方面的主要理论也是工程管理专业研究生入学考试和全国建造师、造价师、监理工程师执业资格考试的重点内容。施工组织设计的应用围绕以下几个方面:其一是竞标性施工组织设计的编制;其二是应用基本理论结合计算机软件编制实施性施工组织设计;其三是多项目施工管理的进度、资源、资金计划编制与管理。

施工组织设计学习的重点和难点有以下几点。一是第二章的流水施工组织中如何消除"窝工"和"间歇",在有节拍流水的条件下,理想化流水施工的组织时流水步距的概念尤为重要,当有节拍空间流水时施工段 m 与施工过程数 n 还需要满足一定关系。光盘中的该章节的横道图动画有助于读者学习流水施工组织。二是第三章的双代号网络图的绘制、网络图时间参数的概念、关键工作与关键线路、搭接网络的时间参数计算。建议读者结合光盘课件中网络教学的动画过程学习,效果更好。三是第四章的网路计划的工期——成本优化。光盘中网络优化的动画演变过程直观易懂,使学习高效无误。四是第五章中施工作业持续时间(生产周期)确定,教材中侧重分析主导资源对生产周期的制约作用以及逻辑关系的影响。五是第六章结合计算机软件(EasyPlan)编制公路施工组织设计,要求读者首先掌握网络模型从而理解进度计划的三要素,其次是资源分配,再者根据需要进行检索;对于多项目工程管理(通过 P6 实现)还必须先建立企业级 EPS 和人员管理的 OBS 以及用户权限管理。上述两个学习版软件在光盘中,读者根据安装说明进行安装使用。

任何一门学科的理论知识学习,都是需要掌握基本概念、基本分析计算方法,了解它的应用范围、适用条件。本书在相关理论的各章中列出了内容提要和复习题,可以指导读者把握学习的重点和强化难点的练习。

愿施工组织设计的学习，成为一种有趣的活动，尤其是网络计划的学习。希望借助本教材，读者朋友能从枯燥无味的符号中脱离出来融入到实际的生活和工程中，并结合计算机软件应用提高自己的计算机应用能力，这不仅为其他专业课程学习奠定基础，而且对读者知识的丰富、能力的提升以及未来的职业生涯，乃至个人的工作与生活有所启迪和帮助。

作　者
2011 年 1 月

目录 contents

第一章 施工组织概论 ·· 1
第一节 施工组织研究的对象与任务 ··· 1
一、施工组织研究的对象 ·· 1
二、施工组织的任务和目的 ·· 1
三、施工组织所涉及的相关知识与手段 ···································· 1
第二节 公路工程产品的特点以及施工组织的特点 ····························· 2
一、公路工程产品的特点 ·· 2
二、公路工程施工组织的特点 ·· 2
第三节 公路施工组织设计的分类与内容 ····································· 2
一、施工组织设计概念 ·· 2
二、施工组织设计的作用 ·· 3
三、公路施工组织设计的分类和内容 ······································ 3
第四节 组织项目施工的基本原则 ··· 7
复习题 ·· 9

第二章 流水施工（流水作业）组织 ······································ 10
第一节 施工组织方法与流水施工的概念 ···································· 10
一、施工过程的组织 ··· 10
二、施工组织方法（方式） ··· 14
三、流水施工（流水作业）的概念与分类 ································· 16
第二节 平面流水施工组织 ·· 19
一、无节拍流水施工的组织 ··· 19
二、等节拍流水施工的组织 ··· 22
三、异节拍成倍节拍流水施工（等步距异节奏流水）的组织 ················· 22
四、异节拍分别流水施工（异步距异节奏流水）的组织 ····················· 25
五、无节拍流水按"不间歇"组织的计算和横道图绘制 ····················· 25
六、无节拍流水水平表和垂直图表中横线或斜线连续表示的含义 ············· 27
七、不窝工或者不间歇在实际工程计划简化表示中的应用 ··················· 27
第三节 空间流水施工组织 ·· 29
一、空间等节拍流水施工的组织 ··· 29
二、空间异节拍成倍节拍流水施工（等步距异节奏流水）的组织 ············· 33
第四节 无节拍流水施工段次（顺）序的优化 ································ 35
一、问题的提出和解决方法 ··· 35
二、只有两道工序时施工段最优次序的确定方法 ··························· 35

1

三、三道工序有特解时施工段最优次序的确定方法 ……………………………… 36
　　　四、多道(n道)工序时施工段较优次序确定的近似方法 ……………………… 37
　第五节　公路工程流水施工的特点 ………………………………………………………… 38
　　　一、线性工程(路面)的搭接施工(流水线法) ……………………………………… 38
　　　二、公路线性流水组织的注意事项 …………………………………………………… 38
　　　三、流水作业法的经济效果 …………………………………………………………… 38
　　　四、公路流水作业组织的分级 ………………………………………………………… 39
　复习题 ……………………………………………………………………………………… 39

第三章　网络计划的关键线路法(CPM) …………………………………………………… 44
　第一节　网络计划概述 …………………………………………………………………… 44
　　　一、网络计划技术的产生与发展 ……………………………………………………… 44
　　　二、网络计划的分类 …………………………………………………………………… 46
　　　三、网络计划图的构成 ………………………………………………………………… 46
　第二节　双代号网络计划的绘制与时间参数计算 …………………………………… 47
　　　一、双代号网络图的组成和工作之间的逻辑关系 …………………………………… 47
　　　二、双代号网络图绘制的规则和虚箭线的使用 ……………………………………… 50
　　　三、双代号进度网络图的绘制 ………………………………………………………… 52
　　　四、双代号网络图的时间参数计算和关键线路确定 ………………………………… 54
　　　五、双代号时标网络图 ………………………………………………………………… 60
　第三节　单代号网络计划的绘制与时间参数计算 …………………………………… 62
　　　一、单代号网络图的绘制 ……………………………………………………………… 62
　　　二、单代号网络图的时间参数计算 …………………………………………………… 63
　　　三、单代号网络计划的关键线路确定 ………………………………………………… 64
　第四节　关键线路的确定方法 …………………………………………………………… 65
　　　一、关键线路的确定方法以及适用的网络图形 ……………………………………… 65
　　　二、破圈法 ……………………………………………………………………………… 65
　　　三、标号法(双代号图) ………………………………………………………………… 66
　第五节　单代号搭接网络计划的绘制与时间参数计算 ……………………………… 66
　　　一、搭接问题的提出 …………………………………………………………………… 66
　　　二、搭接的类型和搭接时距 …………………………………………………………… 67
　　　三、路面施工线性流水的搭接施工 …………………………………………………… 67
　　　四、管涵施工的搭接关系(FTS) ……………………………………………………… 68
　　　五、桥梁下部结构流水施工段简化表示后的搭接关系 ……………………………… 68
　　　六、单代号搭接网络计划时间参数的计算(图3-50) ……………………………… 69
　复习题 ……………………………………………………………………………………… 72

第四章　公路工程进度控制与网络计划优化 ……………………………………………… 77
　第一节　公路工程进度控制 ……………………………………………………………… 77
　　　一、工程进度控制的概念 ……………………………………………………………… 77
　　　二、施工项目进度控制主要原理 ……………………………………………………… 79
　　　三、工程进度控制的强制时限 ………………………………………………………… 81

四、工程进度检查的方法 ··· 81
　　　五、工程进度延误的处理——延长工期或计划调整 ··· 92
　第二节　网络计划的优化 ··· 92
　　　一、工期优化 ··· 92
　　　二、资源优化 ··· 94
　　　三、工期——成本优化（即费用优化，工期——费用优化） ····································· 94
　复习题 ··· 101

第五章　公路工程施工组织设计 ··· 106
　第一节　公路施工组织设计编制依据和程序 ··· 106
　　　一、公路施工组织设计需要的资料 ··· 106
　　　二、施工组织设计的编制依据 ··· 107
　　　三、施工组织设计编制应遵循的基本原则 ··· 108
　　　四、施工组织设计的编制程序 ··· 108
　　　五、施工组织设计的特点 ··· 108
　　　六、施工组织设计编制的基本要求 ··· 109
　第二节　施工部署与施工方案 ··· 110
　　　一、施工部署 ··· 110
　　　二、施工方案 ··· 114
　　　三、施工阶段路桥工程施工方案确定时应注意的重点问题 ······························· 116
　　　四、施工顺序对桥梁工程工期影响的实例 ··· 117
　第三节　施工机械的性能与机械配置 ··· 120
　　　一、路基工程施工机械的性能与配置 ··· 121
　　　二、路面工程施工机械的性能与配置 ··· 125
　第四节　施工进度计划 ··· 128
　　　一、施工进度计划的形式和作用 ··· 128
　　　二、施工进度计划的编制 ··· 131
　　　三、进度计划编制中的关键步骤与主导资源数量确定 ··································· 134
　第五节　资源计划 ··· 136
　　　一、劳动力计划 ··· 137
　　　二、主要材料计划 ··· 139
　　　三、主要机具设备计划 ··· 140
　第六节　工地运输和临时设施组织与施工平面布置图 ··· 141
　　　一、工地运输组织 ··· 141
　　　二、临时设施组织 ··· 145
　　　三、施工平面布置图 ··· 150
　第七节　城市道路施工组织设计的特殊内容与交通组织方案 ··································· 154
　　　一、GJ路YZ区段工程概况、施工部署和施工方案 ··· 154
　　　二、旧路改造的交通组织方案 ··· 159
　　　三、地下管网保护方案和措施 ··· 163
　　　四、人行道施工 ··· 166

五、路灯施工 ……………………………………………………………… 166
　复习题 ……………………………………………………………………… 167

第六章　工程施工项目的信息化管理 ………………………………………… 169
　第一节　工程项目管理软件概述 …………………………………………… 169
　　一、项目管理软件辅助施工组织设计应提供的基本功能 ………………… 169
　　二、工程项目管理软件的应用 …………………………………………… 170
　　三、常用的工程项目管理软件 …………………………………………… 171
　第二节　项目管理软件在公路与桥梁施工组织设计中的应用 ……………… 174
　　一、项目管理软件编制施工组织设计中三大计划的目的和途径 ………… 174
　　二、项目管理软件编制施工组织设计的过程 …………………………… 174
　　三、计算机辅助进度计划编制和资源资金计划编制的应用 ……………… 177
　　四、投标文件中施工组织设计的附表生成和输出 ……………………… 196
　　五、工程施工项目的执行跟踪 …………………………………………… 198
　第三节　公路工程参与方的多项目管理和信息化技术（P3/e） …………… 200
　　一、多项目管理的设置与规划 …………………………………………… 200
　　二、计划编制 ……………………………………………………………… 204
　　三、资源及费用管理 ……………………………………………………… 209
　　四、计划的执行与跟踪 …………………………………………………… 211
　　五、资源费用分析和工程报表 …………………………………………… 213
　第四节　P3/e(P6)在建筑工程项目中的应用 ……………………………… 216
　　一、工程概况 ……………………………………………………………… 216
　　二、施工部署 ……………………………………………………………… 218

第七章　非肯定型网络与随机网络计划 ……………………………………… 225
　第一节　计划评审技术(PERT) …………………………………………… 225
　　一、符号规定和工作持续时间的计算 …………………………………… 225
　　二、计划评审技术计算的目的 …………………………………………… 225
　　三、计划评审技术的时间参数和方差计算 ……………………………… 226
　　四、计划评审技术的概率计算与计划评价 ……………………………… 227
　第二节　决策网络(Decision Network) …………………………………… 229
　　一、问题的提出(如何能在较短的工期内花费较少的费用完成工程) …… 229
　　二、决策网络计划的目标和实现目标的思路 …………………………… 230
　　三、决策网络的表示及其特点 …………………………………………… 230
　　四、决策网络计划的简化 ………………………………………………… 231
　　五、决策网络计划的求解 ………………………………………………… 234
　第三节　图示评审技术 GERT ……………………………………………… 236
　　一、随机网络图的构成和特点 …………………………………………… 237
　　二、随机网络图的计算基础(解析法原理)——流线图 ………………… 238
　　三、随机网络 GERT 的解析计算方法 …………………………………… 243
　第四节　仿真随机网络 GERTS …………………………………………… 253
　　一、GERTS 节点、箭线和释放次数 ……………………………………… 253

二、节点的类型 ·· 254
　　三、箭线的描述 ·· 255
　　四、建立 GERTS 模型 ··· 256
　　五、GERTS 的基本数据 ·· 258
　　六、隧道施工综合事例 ·· 259
　　七、各种主要网络方法的比较 ·································· 262
　复习题 ·· 264
第八章　竞标性公路施工组织设计实例 ······························ 267
　第一节　竞标性公路施工组织设计的特性与要求 ···················· 267
　　一、竞标性施工组织设计的特性 ································ 267
　　二、竞标性施工组织设计的要求 ································ 268
　第二节　公路工程施工组织设计实例 ······························ 269
　　一、竞标性公路工程施工组织设计实例的目录 ···················· 269
　　二、实例中总体施工组织布置及规划的内容 ······················ 271
　　三、实例中主要工程项目的施工方案、施工方法与技术措施的主要内容 · 276
　　四、实例中工期保证体系及保证措施的主要内容 ·················· 282
　　五、实例中工程质量体系及保证措施的主要内容 ·················· 283
　　六、实例中安全生产管理体系及保证措施的主要内容 ·············· 284
　　七、实例中第二部分附图表的主要内容 ·························· 285
附录　施工组织设计参考数据 ······································ 291
　　一、主要建筑材料数据 ·· 291
　　二、气象及环保数据 ·· 294
　　三、临时房屋设施数据 ·· 295
　　四、供水、供电、供压缩空气数据 ······························ 298
　　五、主要机械效率数据 ·· 303
　　六、施工平面图布置参考数据 ·································· 305
参考文献 ·· 307

第一章 施工组织概论

本 章 提 要

施工组织的研究对象是工程建设的统筹安排与系统管理的客观规律。施工组织涉及相关技术和管理的课程和知识。施工组织设计的基本内容是施工部署和施工方案、进度计划、资源计划以及施工平面图布置。施工组织设计的作用不同类别也不相同,重点要掌握标前施工组织设计的要求和内容,该部分内容可以与第五章内容合并学习。

第一节 施工组织研究的对象与任务

一、施工组织研究的对象

施工组织就是针对项目施工的复杂性,研究工程建设的统筹安排与系统管理的客观规律的一门学科。其规律性具体反映在施工组织的四个主要方面:时间问题——施工进度计划的编制;空间问题——组织机构设置和施工现场布置;资源问题——工、料、机的需要量计划;经济问题——以最低或合理的成本为目标组织施工任务的完成。

二、施工组织的任务和目的

施工组织的任务,概括地说就是根据项目产品生产的技术经济特点,国家基本建设方针和各项具体的技术政策,实现工程建设计划和设计要求,提供各阶段的施工准备工作内容,对人力、资金、材料、机械和施工方法等进行科学合理的安排,协调工程建设中各施工单位、各工种、各项资源之间以及资源与时间之间的合理关系。

施工组织的目的,是使工程建设在一定的时间和空间内,实现有组织、有计划、有秩序的施工,以期达到工程施工相对的最优效果。即在时间上耗时少、工期短;质量上精度高、功能好;经济上资金省、成本低。

资源的科学合理安排主要应考虑对物化资源"工、机、料、资金"的科学合理安排;同时为提高企业竞争力,应注重对非物化资源(如施工方法的研发和提升)以及信息的发掘和利用。

三、施工组织所涉及的相关知识与手段

(1)公路工程施工技术(可参见光盘中有关施工技术的内容);
(2)网络计划技术(参见第三、四章有关网络计划编制和应用的内容);
(3)应用数学的优化,力学分析与计算,模板和支撑的计算等;
(4)计算机作为手段(参见第六章有关网络计划与计算机结合的应用内容);
(5)定量和定性方法的结合应用,而非互相对立。

第二节　公路工程产品的特点以及施工组织的特点

为了科学地组织公路工程施工,提高公路建设的经济效益,必须了解公路工程产品的特点以及施工过程中施工组织的特点。

一、公路工程产品的特点

(1)公路工程产品的固定性。公路工程产品一般是位于一定地点不能移动。
(2)公路工程是线性工程。公路是沿着地面延伸的人工构造物。
(3)公路工程产品的多样性。公路等级和使用要求的不同,使得公路工程的类型多种多样。
(4)工程产品体积的庞大性。公路产品不论是路基、路面、挡土墙,还是隧道与桥梁,其体积都极为庞大。

二、公路工程施工组织的特点

(1)公路施工的流动性。由于公路工程产品的固定性决定了产品施工的流动性。这一点是公路流水施工与工业流水生产最大的不同点,因为公路工程产品不动,所以只能人员和设备流动。
(2)公路工程线性分布,流动性大。公路是线性的人工构造物,其线性分布造成流动性大,临时工程多,施工作业面狭长,施工组织与管理的工作量大,也给施工人员的工作和生活带来困难。
(3)类型繁多,施工协作性要求高。公路路线和构造物形式受地形、地质、水文等自然条件的影响,以及公路等级和使用要求的差异,使得公路工程的类型多种多样,标准化水平低,施工组织需个别进行,具有单件性和一次性特征。因此,在施工组织过程中综合平衡与合理调度,严密的计划和科学的管理是特别重要的。
(4)工程体积庞大造成占用土地多、技术难度大、施工周期长。公路工程既要本身大量的永久占地,也要大量的临时施工占地。工程体积庞大造成施工的技术难度加大,例如大体积水泥混凝土的浇筑,不但要考虑拌和能力的匹配,还要考虑防止由于体积庞大造成混凝土内外温差过大可能造成水泥混凝土的开裂等相关技术问题。一条公路施工周期一般都要一年以上,新建公路往往两三年甚至更长时间。
(5)露天作业多,易受自然界的影响。这一特点增加了施工技术和施工组织方面的困难。
(6)地下施工和高空作业多,属于高危行业。公路工程施工应注重安全生产,在施工组织设计内容中一定要编写专项安全施工方案。

第三节　公路施工组织设计的分类与内容

一、施工组织设计概念

施工组织设计是对拟建工程在人力、物力(材料、机械、资金)、时间、空间、技术(施工方法)、组织管理等方面所做的全面安排和部署,是对工程投标、签订承包合同、施工准备和施工全过程的指导性技术经济文件。

施工组织设计的内容,既包括技术又包括经济;既要解决技术问题,又要考虑经济效果;编制对象是项目整体;涉及内容全面具体;从投标开始到项目竣工结束的全过程,它都发挥着重要作用。施工组织设计是施工组织学的具体应用。

二、施工组织设计的作用

施工组织设计是对施工项目实行科学管理的重要手段。施工组织设计要根据项目具体条件确定施工方案、施工顺序、施工方法、施工进度,进行劳动组织、技术组织、资源组织,保证拟建工程项目按照合同约定的工期和质量,以尽可能低的成本完成项目建设。

施工组织设计对项目施工起着重要的规划、组织和指导作用,主要体现在:

(1)施工组织设计是施工准备工作的一项重要内容,同时又是指导施工准备工作的依据;

(2)施工组织设计要能体现建设计划的要求,并可验证设计文件中施工方案的合理性与可行性;

(3)施工组织设计是指导开展连续、均衡、有节奏施工活动的保证;

(4)施工组织设计中的各项资源需要量计划,是进行资源采购、供应工作的依据;

(5)施工组织设计中的施工现场规划与布置,为现场安全、文明施工创造了条件。

(6)施工组织设计可提高工程施工过程的预见性,减少盲目性;可使管理者和生产者做到心中有数,有备无患;

(7)施工组织设计是施工企业统筹安排生产要素的投入与工程产品产出过程的依据,是施工全过程计划、组织和控制的基础。

(8)项目的施工组织设计与企业的施工计划有着密切、不可分割的关系,它既是施工企业编制施工计划的基础,又要服从企业的施工计划;

(9)竞标过程中的施工组织设计是投标书的重要组成部分,要充分和准确的体现业主对工程建设的意图和要求,对能否中标起着重要作用。

三、公路施工组织设计的分类和内容

(一)公路施工组织设计的分类

1. 按其在生产中的作用(以及按照编制者和项目的实施阶段)分类

公路施工组织设计按其在生产中的作用可分为两种:一是作为设计文件的组成部分,由设计单位编制;二是实施性(施工用)施工组织设计,由施工单位编制。根据《公路工程基本建设项目设计文件编制办法》[1995]1036号文的规定。在设计的三阶段中,由设计单位编制的施工组织设计的内容和名称分别是:初步设计阶段称为施工方案;技术设计阶段称为修正施工方案;施工图设计阶段称为施工组织计划。施工阶段由施工单位编制的施工组织设计称为"实施性施工组织设计",此时的实施是相对于设计而言的。

2. 实施性施工组织设计按编制对象的时间段分类

从中标时间角度来分,施工组织设计可分为中标以前投标过程中编制的施工组织设计(简称"标前设计")和中标签订工程承包合同后编制的施工组织设计(简称"标后设计")。标后施工组织设计,许多人尤其施工单位的人员也称为"实施性施工组织设计",此时的实施是相对于中标而言的,是施工单位常用提法。因此,目前公路工程界的"实施性施工组织设计"要根据场合或上下文判断其含义,是相对于设计而言,还是相对于中标后施工而言;教科书中往往是指前者,而实际施工时绝大部分是指后者;本教材主要涉及施工阶段,实施性强调的是后者。

3. 按编制对象分

施工组织设计有施工组织总设计、单项(或单位)工程施工组织设计及分部工程的施工组织设计。施工组织总设计在公路工程的合同中也称为项目总体施工组织设计,是以整个施工项目对象编制的,是整个施工项目施工准备和施工的全局性、指导性文件;单项(或单位)工程施工组织设计是施工组织总设计的具体化,以单项(或单位)工程为编制对象,用以指导单项(或单位)工程的施工准备和施工全过程;也是施工单位编制月、旬作业计划的基础性文件。如果施工项目是指中标后某一合同段,则项目总体施工组织设计就是指该合同段施工组织设计,其施工项目总体施工组织设计的细节内容就是各个单位工程施工组织设计,如路基工程、路面工程、桥梁工程、隧道工程等施工组织设计。公路工程的单位、分部及分项工程划分可以参阅《公路工程质量检验评定标准》(JTG F80/1—2004)的划分表,见表1-1。

对于施工难度大或施工技术复杂的线路、桥梁和隧道工程,在编制单项(或单位)工程施工组织设计之后,还应编制主要分部工程的施工技术方案,用以指导分部工程的施工。

公路工程的单位、分部及分项工程划分表　　　　表1-1

单位工程	分部工程	分项工程
路基工程 (每10km或每标段)	路基土石方工程(1~3km路段)	土方路基,石方路基,软土地基,土工合成材料处治层等
	排水工程(1~3km路段)	管节预制,管道基础及管节安装,检查(雨水)井砌筑,土沟,浆砌水沟,盲沟,跌水,急流槽,水簸箕,排水泵站等
	小桥及符合小桥标准的通道,人行天桥,渡槽(每座)	基础及下部构造,上部构造预制、安装或浇筑,桥面,栏杆,人行道等
	涵洞、通道(1~3km段)	基础及下部构造,主要构件预制、安装或浇筑,填土,总体等
	砌筑防护工程(1~3km路段)	挡土墙,墙背填土,抗滑桩,锚喷防护,锥、护坡,导流工程,石笼防护等
	大型挡土墙,组合式挡土墙(每处)	基础,墙身,墙背填土,构件预制,构件安装,筋带,锚杆,拉杆,总体等
路面工程 (每10km或每标段)	路面工程(1~3km段)	底基层,基层,面层,垫层,联结层,路缘石,人行道,路肩,路面边缘排水系统等
桥梁工程 (特大、大中桥)	基础及下部构造(每桥或每墩、台)	扩大基础,桩基,地下连续墙,承台,沉井,桩的制作,钢筋加工及安装,墩台身(砌体)浇筑,墩台身安装,墩台帽,组合桥台,台背填土,支座垫石和挡块等
	上部构造预制和安装	主要构件预制,其他构件预制,钢筋加工及安装,预应力筋的加工和张拉,梁板安装,悬臂拼装,顶推施工梁,拱圈节段预制,拱的安装,转体施工拱,劲性骨架拱肋安装,钢管拱肋制作,钢管拱肋安装,吊杆制作和安装,钢梁制作,钢梁安装,钢梁防护等
	上部构造现场浇筑	钢筋加工及安装,预应力筋的加工和张拉,主要构件浇筑,其他构件浇筑,悬臂浇筑,劲性骨架混凝土,钢管混凝土拱等
	总体、桥面系和附属工程	桥梁总体,桥面防水层施工,桥面铺装,钢桥面铺装,支座安装,搭板,伸缩缝安装,大型伸缩缝安装,栏杆安装,混凝土护栏,人行道铺设,灯柱安装等
	防护工程	护坡,护岸,导流工程,石笼防护,砌石工程等
	引道工程	路基,路面,挡土墙,小桥,涵洞,护栏等

续上表

单位工程	分部工程	分项工程
互通立交工程	桥梁工程(每座)	桥梁总体,基础及下部构造,上部构造预制、安装或浇筑,支座安装,支座垫石,桥面铺装,护栏,人行道等
	主线路基路面工程(1~3km路段)	见路基、路面等分项工程
	匝道工程(每条)	路基,路面,通道,护坡,挡土墙,护栏等
隧道工程	总体	隧道总体等
	明洞	明洞浇筑,明洞防水层,明洞回填等
	洞口工程	洞口开挖,洞口边仰坡防护,洞门和翼墙的浇(砌)筑,截水沟、洞口排水沟等
	洞身开挖	洞身开挖,(分段)等
	洞身衬砌	(钢纤维)喷射混凝土支护,锚杆支护,钢筋网支护,仰拱,混凝土衬砌,钢支撑,衬砌钢筋等
	防排水	防水层,止水带、排水沟等
	隧道路面	基层,面层等
	装饰	装饰工程
	辅助施工措施	超前锚杆,超前钢管等
环保工程	声屏障(每处)	声屏障
	绿化工程(1~3km路段或每处)	中央分隔带绿化,路侧绿化,互通立交绿化,服务区绿化,取弃土场绿化等
交通安全设施(每20km或每路段/标段)	标志(5~10km路段)	标志
	标线、突起路标(5~10km路段)	标线,突起路标等
	护栏、轮廓标(5~10km)	波形梁护栏,缆索护栏,混凝土护栏,轮廓标等
	防眩设施(5~10km)	防眩板、网等
	隔离栅、防落网(5~10km路段)	隔离栅、防落网等
机电工程	监控设施	车辆检测器,气象检测器,闭路电视监视系统,可变标志,光电缆线路,监控(分)中心设备安装及软件调测,大屏幕投影系统,地图板,计算机监控软件与网络等
	通信设施	通信管道与光电缆线路,光纤数字传输系统,数字程控交换系统,紧急电话系统,无线移动通信系统,通信电源等
	收费设施	入口车道设备,出口车道设备,收费站设备及软件,收费中心设备及软件,IC卡及发卡编码系统,闭路电视监视系统,内部有线对讲及紧急报警系统,收费站内光、电缆及塑料管道,收费系统计算机网络等
	低压配电设施	中心(站)内低压配电设备,外场设备电力电缆线路等
	照明设施	照明设施
	隧道机电设施	车辆检测器,气象检测器,闭路电视监视系统,紧急电话系统,环境检测设备,报警与诱导设施,可变标志,通风设施,照明设施,消防设施,本地控制器,隧道监控中心计算机控制系统,隧道监控中心计算机网络,低压供配电等

(二)施工组织设计的内容

施工组织设计的内容,就是要根据不同工程的特点和要求以及现有和可能创造的施工条件,有针对性地确定各种生产要素(材料、机械、资金、劳动力)和施工方法等的结合方式。

在不同设计阶段编制的施工组织设计文件,内容和深度不尽相同,其作用也不一样。"标前施工组织设计"是概略的施工条件分析,提出创造施工条件和建筑生产能力配备的规划;施工组织总设计是对施工进行总体部署的战略性施工纲领;单位工程施工组织设计则是详尽的、实施性的施工计划,用以具体指导现场施工活动。

1."标前设计"的内容和格式要求(参见2009年版《公路工程标准施工招标文件》)

1)投标人应按以下要点编制施工组织设计(文字宜精炼、内容具有针对性,应控制在30000字以内):

(1)施工总体组织布置及规划;

(2)主要工程项目的施工方案、施工方法与技术措施(尤其对重点、关键和难点工程的施工方案、方法及其措施);

(3)工期保证体系及保证措施;

(4)工程质量管理体系及保证措施;

(5)安全生产管理体系及保证措施;

(6)环境保护、水土保持保证体系及保证措施;

(7)文明施工、文物保护保证体系及保证措施;

(8)项目风险预测与防范,事故应急预案;

(9)其他应说明的事项。

2)施工组织设计除采用文字表述外,可附下列图表:

(1)附表一 施工总体计划表;

(2)附表二 分项工程进度率计划(斜率图);

(3)附表三 工程管理曲线;

(4)附表四 分项工程生产率和施工周期表;

(5)附表五 施工总平面图;

(6)附表六 劳动力计划表;

(7)附表七 临时占地计划表;

(8)附表八 外供电力需求计划表;

(9)附表九 合同用款计划表。

其中的附表一、附表二和附表三可以在计算机编制进度、资源和资金计划时自动生成(参见第六章第二节的"投标文件中施工组织设计附表的生成和输出",以及自定义表格)。

2.施工组织总设计的内容

(1)工程概况。包括建设项目的特征、建设地区的特征、施工条件、其他有关项目建设的情况。

(2)施工准备工作计划。包括测量放线,障碍物拆除;确定采取的技术组织措施;新结构、新材料、新技术、新设备研究、试验,技术培训等工作;大型临时设施,施工用水、电、通讯、网络、电视、道路及场地平整作业的安排("六通一平");物资和机具的准备等。

(3)施工方案确定。包括施工任务的划分、主要工种的施工方法、机械设备的配置等。

(4)施工进度计划。用以控制工程项目(总)工期和单位工程的工期,确定施工搭接关系。

(5)施工现场平面布置。对施工现场空间(平面)的有效、合理利用进行规划和布置。

(6)组织机构设置。包括项目经理部组织机构设置和人员配置。组织机构设置和人员配置应考虑管理跨度、管理层、管理制度与工作流程等基本要素。

(7)资源计划。是指项目施工过程中所必须消耗的各类资源的计划用量,包括劳动力、建筑材料、机械设备,以及施工用水、电、动力、运输、仓储设施等资源使用计划。

(8)特殊季节施工措施。对一些特殊条件下的施工,如冬季、雨季、夏季等特殊季节施工而需要采用的技术、组织措施。

(9)质量与安全保证措施。是指为确保工程施工质量和安全而制订的技术、组织措施,如质量检查与验收、原材料的质量检验、安全检查制度、事故预防措施及事故处理程序等。

(10)主要技术经济指标。用以评价工程施工组织设计科学性、合理性、经济性等的指标,主要包括工期指标、劳动生产率指标、质量安全指标、降低成本指标、三大材料节约指标、主要工种机械化施工程度等。

<u>施工方案确定、施工进度计划、资源计划、施工现场平面布置,人们常称为施工组织设计的四大基本内容。</u>

3. 单项(或单位)工程施工组织设计的内容

(1)工程概况。工程概况应包括工程特点、建设地点特征、施工条件等几方面。

(2)施工方案。施工方案的内容包括确定施工顺序、施工流向、划分施工段,施工方法的选择、施工机械设备的配置,需要设置的临时工程,应采取的技术、组织措施等。

(3)施工进度计划。包括划分施工项目(细目、子目),计算劳动量和机械台班量,确定各施工过程的持续时间并绘制进度计划图。

(4)施工准备工作计划。包括技术准备、现场准备、劳动力和物资的准备。

(5)编制各项资源需用量计划。包括材料需用量计划、劳动力需用量计划、构件加工、半成品需用量计划、施工机具需用量计划等。

(6)施工平面图。表明单项(或单位)工程施工现场场地布置及临时设施的设置。

4. 分部工程施工组织的内容

分部工程施工组织的内容应突出作业性,主要涉及施工方案、施工作业计划和采取的技术措施等。

施工组织设计的内容,决定于它的任务和作用。但从上述各类施工组织设计内容来看,施工组织设计必然应具有以下基本内容:(1)施工方案;(2)施工进度计划;(3)施工现场平面布置;(4)各种资源需要量及其供应;(5)采取的技术、组织管理措施等。

施工组织设计的内容是有机地联系在一起的,既相互依存又彼此制约。因此,在编制施工组织设计时要抓住核心问题、有针对性;同时应处理好其相互关系。

第四节 组织项目施工的基本原则

组织项目施工就是更好地落实、控制和协调施工组织设计的实施过程。在组织项目施工过程中应遵守以下几项基本原则。

1. 认真执行工程建设基本程序

公路工程建设必须遵循交通运输部(原交通部)《公路建设监督管理办法》(2006年6号

令)规定的程序。严禁边设计边施工,一旦违背公路工程建设程序就会给施工带来混乱,造成资源损失、时间浪费、质量低劣等后果。

2. 根据施工规律科学合理地安排施工顺序或流向,既要保证重点又要统筹兼顾

土木工程施工的特点之一是产品的固定性,因而使施工活动在同一场地上同时或先后交叉地进行,或交错搭接地进行。施工顺序是反映客观规律的要求,而交错搭接进行则体现节约时间的主观努力;因此必须合理地安排施工顺序。安排好一个施工项目的施工顺序,要考虑到多方面的因素,由于每个具体工程项目不同,不可能有统一的模式,应进行具体的分析,根据施工规律、工艺及操作要求和场地情况等来确定施工顺序。经验证明可供遵循的共同规律有以下几方面。

(1)施工准备与正式施工的关系

先进行施工准备,后进行正式工程施工。首先必须及时完成有关施工准备工作,如场地清理,临时道路,水、电管线,临时房屋,料场,加工厂房等,为正式施工创造良好条件。对于施工准备只要准备工作能够满足基本的开工需要就可以了,因此,准备工作视施工的需要,可以是一次完成或是分期完成。

(2)全场性工程与单位工程的关系

在正式工程施工时,应该首先安排全场性工程的施工,然后根据工程的工艺顺序逐个安排各单位工程、分部和分项工程的施工。这方面在建设工厂或学校时尤其显现其特点,例如,应首先进行场地平整、架设电线、敷设管网、修建厂区或学校的道路等,都属于全场性工程。在城市的立交和大型桥梁的建设中也存在一些全场性工程与单位工程的关系,而公路工程由于是带状,各单位工程就是全场性工程。要注意这里所说的全场性工程是指永久性工程而不是指临时工程。

(3)场内与场外的关系

在安排管网敷设、临时道路(施工便道)时应该先场外后场内,场外由远而近。排水工程的施工要先下游后上游。这样安排施工既保证质量又能加快施工进度。

(4)地下和地上的关系

遵循"先地下后地上,先深后浅"的原则。

(5)工艺顺序和组织顺序的关系

在安排施工顺序时既要考虑工艺顺序也要考虑组织顺序。一般情况下优先考虑工艺顺序,而组织顺序重点是考虑施工流向;组织顺序要以工艺顺序为基础,但是有时处理好组织顺序会缩短多个作业的工程施工时间。施工段的次序优化、利用工作面进行合理搭接等内容,可参见第二章。

(6)永久工程与临时工程的关系

永久工程与临时工程相结合安排,是为减少临时工程施工,节约费用。在施工期间可以使用的某些永久性建筑可以先行建造,以减少临时工程施工。挖方要尽量与填方相结合,要考虑施工中的取土场、弃土场和场内运输等问题。同时在环境保护要求日益强化的形势下,尽量统筹安排土石方远距离调配以减少弃方和借方。

3. 尽量采用国内外先进的施工技术和科学管理方法

先进的施工技术和科学管理方法的结合,是提高人员素质、改善经营管理、保证质量、缩短工期、降低成本的有效途径。

(1)采用国内外先进的施工技术。例如,在公路路面工程中采用改性沥青材料,隧道施工

中采用隧道掘进机施工技术等。

（2）尽可能采用流水施工方法组织有节奏、均衡、连续的施工。流水施工具有专业化水平强、提高质量、劳动效率高、生产节奏性强、资源利用均衡、施工连续、工期较短、成本较低的特点,会带来很大技术经济效果(详见第二章内容)。

（3）网络计划技术是当代计划管理的最新方法。它具有逻辑严密、思维层次清晰、主要矛盾清楚,有利于计划的优化控制和调整,有利于计算机在计划管理中的的应用。尤其需要强调的是,计算机在工程计划或者工程项目管理中的应用必须建立在网络计划之上(详见第三章和第六章的内容)。

为此在组织工程项目施工时,尽可能地采用流水施工方法和网络计划技术。

4. 倡导标准化施工、提高建筑行业的工业化程度

建筑行业的技术进步的重要标志之一就是建筑行业的工业化,而要提高工业化或装配化就必须先行标准化。在公路工程的某些结构物和桥梁工程中,正加大标准化力度以提高机械化水平。公路和桥梁以及隧道施工劳动强度大,只有大力提倡机械化施工才能提高效率,同时保证质量。因此要进一步提高机械化施工水平,逐步提高预制装配程度。

5. 科学地安排冬、雨季施工,保证全年施工的均衡性和连续性

随着施工技术的发展,有些施工内容已经完全可以在冬、雨季进行正常施工。但是由于冬、雨季施工需要采取一些特殊的技术组织措施,必然会增加一些费用。因此在安排施工进度计划时要认真对待,恰当地安排冬、雨季施工的具体内容。

6. 合理地存储物资,减少运输量

采用物资库存的经济订购批量法和ABC分类法进行物资采购、储备。科学地布置施工平面图(施工平面布置图参见第五章),减少运距,特别是减少场内的二次运输。

复 习 题

1. 施工组织所研究的规律性具体反映在哪四个主要方面?
2. 组织项目施工的基本原则有哪些?
3. 根据《公路工程标准施工招标文件》(2009年版)所规定的施工组织设计的内容有哪些?
4. 施工组织设计的基本内容是什么?
5. 在设计的三阶段中施工组织设计的名称分别是什么?三阶段中都必须进行的设计是什么?所对应的施工组织设计是什么?
6. 施工组织中应考虑哪五大资源要素?哪些属于物化资源?哪些属于非物化资源?

第二章 流水施工(流水作业)组织

本章提要

  首先,了解施工过程的概念和组成内容,最主要是基本施工过程,一般要占用工程的时间。其次,流水施工组织,重点要解决的两大问题——窝工和间歇。在平面流水中,不窝工的无节拍流水应如何组织;有节拍流水中,等节拍流水和异节拍理想化流水如何组织;异节拍的分别流水如何组织。在理想化的空间流水中,流水施工段 m 与工序道数 n 或者专业队组总数 n_1 之间应满足一定的关系。第三,无节拍流水施工段的次序优化。第四,公路流水施工的流水段法和流水线法以及特点。

第一节 施工组织方法与流水施工的概念

一、施工过程的组织

1. 施工过程

  施工过程就是生产工程产品的过程,它是由一系列的施工活动组成的。施工过程的基本内容包括劳动过程和自然过程。一般情况下主要是劳动过程,在某些情况下还要包含自然过程,如水泥混凝土的自然养生等。水泥混凝土施工过程就是劳动过程和自然过程的结合。为了便于施工过程的时间组织,需要对施工过程进行分类。

2. 施工过程的分类

1)根据施工过程所需的劳动资料及其对产品所起的作用,施工过程作如下分类。

(1)施工准备过程

  施工准备过程是指产品在进行生产前所进行的全部技术和现场的准备过程。如施工放样测量、实验室的标准击实试验以及各种施工准备等。施工准备过程在时间组织中可能要占用工程项目总体时间,也可能不占用工程项目总体时间(即需要考虑是否影响工程的工期)。

(2)基本施工过程

  基本施工过程是指为了直接完成工程产品而进行的施工活动。如开挖基础、砌筑基础、回填土等。一般要占用工程项目总体时间,因此一定要反映在进度计划中。

(3)辅助施工过程

  辅助施工过程是指为保证基本施工过程的正常进行所必需的各种辅助施工活动。如动力(电、压缩空气)的供应、设备维护或维修、钢材的下料、机制砂的加工等。施工准备过程在时间组织中一般不占用工程项目总体时间,但可能某些情况下要占用工程项目总体时间。

(4)服务施工过程

  服务施工过程是指为基本施工过程和辅助施工过程服务的各种服务活动。如原材料、半成品、燃料的供应与运输。服务施工过程在时间组织时一般不占用工程项目总体时间。

基本施工过程是施工过程中最主要的组成，所以一般所说的施工过程就是指基本施工过程。施工过程所包括的范围可大可小，既可以指分部、分项工程以及工序，甚至也可以指单位工程或单项工程。基本施工过程可以由大到小依次逐层分解为单项工程、单位工程、分部工程、分项工程、工序、操作、动作。

2）基本施工过程的层次分解

（1）单项工程

具有独立设计文件，建成竣工后能独立发挥设计规定的生产能力或效益的工程。例如，独立的桥梁工程或隧道工程。这些工程一般包括与已有公路的连接线，建成后可以独立发挥交通功能。但是一条路线中的桥梁或隧道，在整个路线未修通前，并不能发挥交通功能，也就不能作为一个单项工程。一般情况下，一个合同段可作为一个单项工程。

一个单项工程可以由多个单位工程组成。

（2）单位工程

单位工程是单项工程的组成部分。它具有独立设计文件，可独立组织施工，并可单独作为成本计算对象的工程。单位工程建成竣工后一般不能独立发挥设计规定的生产能力或效益。例如，一个合同段内的路基工程、路面工程、桥梁（每座）、隧道（每座）、立交工程、交通安全设施、环保工程、机电工程。

一个单位工程可以由多个分部工程组成（具体可参见表1-1中的划分）。

（3）分部工程

分部工程是单位工程的组成部分。一般是按照单位工程中的结构部位、路段长度（一般3km）、施工特点或施工任务进行划分。例如，路基土石方、路基排水、大挡土墙，桥梁下部、基础与上部，隧道明洞、洞口、洞身开挖、隧道路面等。

一个分部工程可以由多个分项工程组成（具体可参见表1-1中的划分）。

（4）分项工程

分项工程是分部工程的组成部分。它按照不同的施工方法、施工部位、材料、工序、路段长度等进行划分。分项工程是概预算定额的基本计量单位，是工程量清单的分项细目。例如，路基土石方分部工程划分为土方路基、石方路基、软土地基等分项工程。

一个分项工程可以由多个工序组成（具体可参见表1-1中的划分）。

（5）工序

工序是指一个人或多个人，在工作地利用工具或机械对同一劳动对象连续的施工。工作地就是工人的施工场所，即工地或现场。劳动对象就是具体的工程产品或其部件。工序的主要特征是劳动者、劳动工具（机械）、劳动对象均不发生变化，如果其中一个发生变化，就意味着从一个工序转入另一工序。

工程施工中，大部分是固定性产品施工，一般情况下劳动对象的工作地不变，施工人员或工具（机械）顺序地经过工地对劳动对象进行加工活动。因此，施工中一般将每一个工人或班组所进行的技术上相同、组织上不可分开的施工活动称为一道工序。例如，"钢筋混凝土预制"这个分项工程（也有称之为操作过程）就由这几道工序组成：安底模→绑扎钢筋→安侧模→浇筑混凝土→拆除模板→养生。

施工过程至少能分解到工序。工序可以进一步分解为操作和动作，可是并非所有的分项工程都可以分解到操作和动作，但是至少可以分解到工序。所以，工序是施工组织的基本单元;同时也是施工过程时间组织计算所考虑的基本单元。

(6)操作

操作是指工人为完成工序产品的组成部分所进行的施工活动。例如"模板安装"工序是由取运模板、拼装模板等操作组成。操作是由一系列相关联的动作组成。

(7)动作

动作是指工人施工时一次能完成的最基本施工活动。如"拼装模板"这个操作由一块模板与另一块模板的拼接和固定这两个动作组成。

必须指出,就具体的施工对象而言,由于产品或项目的复杂程度不同,各种工程产品形成所经历的过程(即施工过程)是并不完全相同,有些分项工程就是工程产品,如底基层、基层;有些分部工程才是工程产品,如桥梁上部构造现场浇筑才是产品,而钢筋加工及安装只是半成品;而作为单位工程的桥梁工程,其最终产品则至少需要经过桥梁基础及下部构造、上部构造现场浇筑、桥面系及附属工程这三个分部工程产品的综合施工而组成。一般来说,分项工程(操作过程)得到半成品,分部工程(也有称之为综合过程)得到产品。对于一些复杂工程,则需要将几个分部工程组成单位工程形成最终的产品(参见表1-1)。

划分和研究施工过程的基本目的在于:正确划分工序,以便合理组织施工;正确编制施工进度计划和资源供应计划以及工程费用计划;科学地制定定额等。编制进度计划(时间计划)分部工程的施工时间绝不是其各分项工程施工时间的和;同理,分项工程的施工时间也不是各工序时间的简单和;在施工过程时间组织时应考虑施工的组织方法造成的不同,见本章第二节。而资源供应计划和费用计划,分部工程的资源数量与费用是其各分项工程资源数量的汇总和与其各分项工程费用的汇总和,以此类推。

3. 施工过程的组织原则

影响施工过程组织的因素很多,如施工性质、施工类型、机械设备条件、施工规模大小、自然条件等,使施工过程的组织难度加大,因此,科学合理地组织施工过程尤为重要。其原则归纳如下。

(1)施工过程的连续性

施工过程的连续性是指施工各阶段、各工序的进行中,在时间上是紧密衔接的,不发生各种不合理的中断(或停顿)现象。即施工中,劳动对象(施工对象)始终处于被加工或被检验状态;或者施工过程处于自然过程中,其劳动者不出现停顿的窝工现象。保持和提高施工过程的连续性,可以避免不必要的等待和窝工,提高劳动生产率;缩短建设周期,节省流动资金,非常具有经济意义。施工过程的连续性同施工技术水平有关,机械化和自动化水平高就容易实现施工的连续性。

(2)施工过程的协调性

施工过程的协调性,也称为比例性。它是指施工各阶段、各工序之间在施工能力上要保持一定的比例,各施工环节的劳动力、生产效率、设备数量等都要互相协调,不发生脱节和比例失调的现象。协调性是保证施工顺利进行的前提,使施工过程中人力和设备得到充分利用,避免了施工中的停顿和等待,从而缩短施工周期。从这一点来看,施工过程协调性是施工过程连续性的保证,没有协调性就可能没有连续性,例如在流水施工中施工能力的配置不当就会造成窝工或间歇。

(3)施工过程的均衡性

施工过程的均衡性,也称为节奏性。它是指施工过程的各个环节,都要按照施工计划的要求,在一定时间内完成相等数量的产品(工作量),或产品(工作量)数量的变化率相同。即单位时间的产量趋于相同或产量递增(减)量趋于相同。均衡施工,使各施工班组或设备的施工负荷保持相对稳定,不发生时紧时松或前紧后松现象。施工产量的均衡自然带来资源(工、料、机)消耗的均衡;能充分利用设备和工时,避免赶工造成费用增加,降低施工成本,保证施工质量;有利于资源的调配,使资源的使用也趋于均衡。

(4)施工过程的经济性

施工过程的经济性是指施工过程组织除应满足技术要求外,还必须追求经济效益,要用最小的施工投入得到尽可能大的施工产出。施工组织的根本目的就是在不影响工程质量和进度的条件下,尽可能降低工程造价。所以,连续性、协调性、均衡性这三项原则最终都要通过经济性来反映,以是否经济可靠作为衡量标准。

上述施工过程的组织的四原则,是相互制约互为条件的。在进行施工组织时,必须保证全面符合这四原则,不可偏废,但其中经济性是目的性原则。

4. 施工过程的组织

施工过程的组织可以分为空间组织和时间组织以及资源组织。时间组织直接影响资源组织。

(1)空间组织

施工过程的空间组织有两方面问题。第一,是施工项目各种生产、生活、运输、行政办公等设施的空间布置问题,即施工平面图设计(将在第五章中论述)。第二,是施工作业队伍在空间(主要是具体工程施工平面空间)的布置问题。施工作业队伍的设置也是施工组织机构的设置的内容,既要考虑技术因素,也要考虑组织因素。施工作业队伍的设置可以按照以下原则进行。

①工艺原则,又称工艺专业化原则。它要按照施工工艺性质的不同来设置施工作业队伍;在同一作业队伍里,配置着同工种的工人和同工种所需的机械、设备,进行着同类工艺的施工。这种形式的特点是能够充分发挥设备能力,便于进行专业化的技术管理,在一定程度上能适应多种规格施工的要求。但是,由于每道工艺不能独立地产出产品,所以作业队伍之间的协作关系增加,管理比较复杂。

②对象原则,又称产品专业化原则。它是按照产品(构件、分部工程等)的不同而分别设置的施工作业队伍。在产品专业化作业队伍里,集中着为制造某种产品所需要的各种设备和工种。对相同的产品进行不同工艺的施工,其工艺过程基本上是封闭的,能独立地产出产品(半成品)。这种形式简化了协作关系,便于管理。但是,这种形式需要较多的设备投资,技术工人和机械设备由于分散使用,不能充分发挥工人和设备的生产能力,对于产品品种变化适应能力较差。

③混合原则。通常在一个施工项目的施工过程组织中,上述两种作业都可能会存在,这样的施工作业组织即构成了施工过程组织中的混合原则。

(2)时间组织

进行施工过程时间组织的目的,就是要求在时间上,使各施工作业队伍之间,按设计的施工顺序紧密衔接,在符合工艺要求、充分利用工时和设备的条件下,尽量缩短生产周期。

施工过程的组织要考虑每个具体施工过程所花费的时间以及对工程施工项目总体时间(工期)的影响。时间组织的方法与施工组织方法(或者施工作业法)密不可分。施工组织方法的不同决定着时间和资源的不同;时间组织的基本作业法与施工组织的基本方法相同。

根据施工作业队伍在各施工段间的施工先后顺序,施工组织方法可以分为顺序作业法、平行作业方法、流水作业法三种基本施工组织方法(作业法),以及将其进行一定组合的方法。可根据施工组织方法进行施工过程的时间组织,即编制施工进度计划。

(3)资源组织

施工资源需要量计划的编制可根据施工进度计划进行,当然如果资源供应不能满足进度计划所需要的资源,那只有两种调整途径:一是调整资源供应计划以适应进度要求;二是反过来调整进度计划以符合资源供应情况(详见在第五章内容中阐述)。

二、施工组织方法(方式)

(一)施工组织的三种基本方法(方式)及其特点

要进行施工(即工序开工),必须具备两个基本要素:工作面和资源(生产力)。表2-1是3座盖板涵的施工工序和其相应施工时间。盖板涵的结构形式见图2-1。

三座涵洞施工时间表　　表2-1

时间(d)　施工段　工序	1号	2号	3号	人数
挖基	4	4	4	6
砌基	4	4	4	5
涵台	4	4	4	12
盖板	4	4	4	3

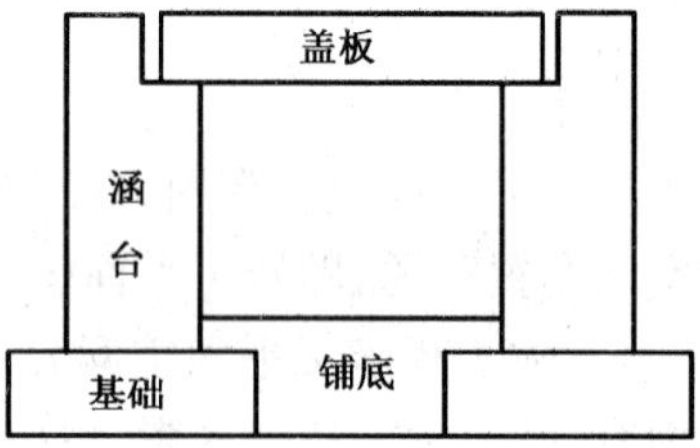

图2-1　涵洞结构图

例题2-1　以表2-1的三座涵洞施工为例,比较三种施工组织的基本方法(方式)和其特点,参见图2-2,这种图称为横道图,也称为甘特图(Gantt Chart),是美国工程师亨利·甘特在第一次世界大战时发明的进度表示法。

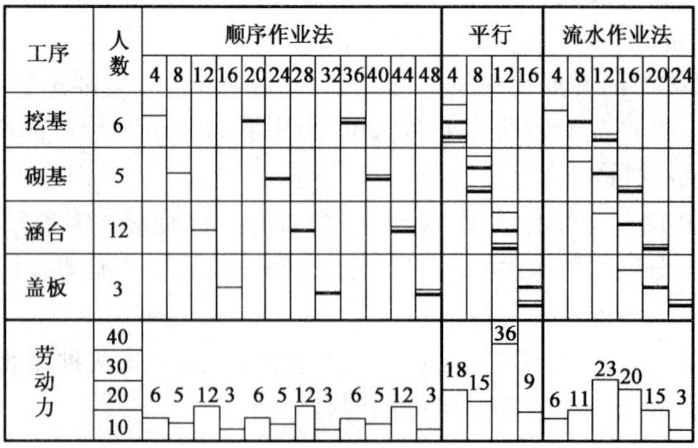

图2-2　三种基本施工组织方法比较图

1.顺序作业法(依次法)

指当有若干个施工任务时,在完成一个任务后,接着再去完成另一个任务,依次按顺序进行,直至完成全部任务的作业组织方法。

这种施工组织方法(作业法)具有如下特点:没有充分利用工作面进行施工,工期较长;

每天投入施工的劳动力、材料和机具的种类比较少，有利于资源供应的组织工作；施工现场的组织、管理比较简单；不需要专业分工协作。使用该方法时，若由一个施工队完成全部施工任务，该施工队的人员是多面手，而设备尤其不能实现专业化生产，不利于提高劳动生产率；若按工艺专业化原则成立专业工作队（班组），各专业工作队不能连续作业，劳动力和材料的使用可能不均衡，无法发挥专业优势，所以在专业分工条件下一定不要采用顺序作业法。

2. 平行作业法

指当有若干个施工任务时，各个施工任务同时开工、平行生产的一种作业组织方法。

平行作业法有以下特点：充分利用了工作面进行施工，工期较短；每天同时投入施工的劳动力、材料和机具数量较大，影响资源供应的组织工作；如果各工作面之间需共用某种资源时施工现场的组织管理比较复杂、协调工作量大；不需要专业分工协作与顺序作业法相同。

这种方法的实质是用增加资源的方法来达到缩短工期的目的，一般适用于需要突击性施工时的施工作业组织。

3. 流水作业法

指当有若干个施工任务时，各个施工任务相隔一定时间依次进行施工生产，相同的工序依次进行，不同的工序平行进行的一种作业组织方法。土木工程流水施工是借用工业流水生产的概念，首先劳动力必须专业分工，每个人或班组（专业队）只完成一道工序，在一个面加工完成该道工序，流动到另一个工作面施工相同的工序。与工业流水的最大不同是加工的工件不动（土木构造物固定于地面），人员（加工者）流动。

流水作业法具有以下特点：前提是必须分工，即必须按工艺专业化原则成立专业工作队（专业班组，工班），实现了专业化生产，有利于提高劳动生产率，保证工程质量；专业工作队能够连续作业，相邻工作队的开工时间能最大限度地搭接；尽可能地利用了工作面进行施工，工期比较短；每天投入的资源量较为均衡，有利于资源供应的组织工作，批量化生产优势最明显；需要较强的组织管理能力，满足施工过程的组织原则。

这种方法可以充分利用工作面，有效地缩短工期，一般适用于工序繁多、工程量大而又集中的大型构筑物的施工，如大型桥梁工程、立交桥、隧道工程等施工的组织。

（二）三种作业方法的总工日

总工日 = Σ（人工数量×日），即图2-2的柱状图的面积。不论是顺序作业法、平行作业法还是流水作业法，三个柱状图的面积都相同。将分项或分部工程的总工日数除以总人数来获得其施工持续时间（生产周期）的准确度较低，偏差较大，而且施工进度偏快。工序是施工组织的基本单元，最好是在工序这一级进行时间计算较准确，详见第五章的相关内容。

（三）施工组织的其他方法或方式（基本作业法的组合）

例如有8座涵洞，则可以利用施工组织的基本方法进行组合使用，主要有平行顺序法、平行流水法，如图2-3所示。当空间上可以划分工作面而且没有工艺关系制约时，可以采用立体交叉平行流水；如果有工艺制约关系时，则可进行空间流水施工（详见本章第三节空间流水施工组织）。

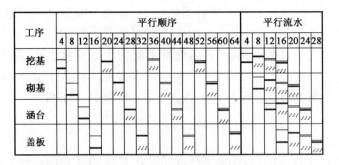

图2-3 8座涵洞施工组织的其他方法

三、流水施工(流水作业)的概念与分类

(一)流水施工应具备的条件

组织流水施工应具备一定的已知条件,也就是构成一条流水线的基本条件:分几道工序加工一个对象(工序数 n);有几个加工对象(施工段 m);每道工序加工的时间(即流水节拍 t)。表2-2所示为房屋建筑的基础工程流水节拍,它分为三道工序,即开挖基坑、砌筑基础、回填。

基础工程流水节拍　　表2-2

时间(d) 工序	施工段 ①	②	③	④
挖基	2	2	4	4
砌基	3	2	2	3
回填	2	3	3	3

(二)流水施工的组织以及如何判断可能出现的窝工与间歇

1. 流水施工的横道图

一般情况下只要满足开工条件就可以组织流水施工,即具备开工的工作面和资源。根据表2-2的流水节拍,图2-4就是一般人们组织流水施工的横道图

2. 流水施工组织中的窝工和间歇

如图2-4所示,砌筑工序在第8天、第11天、第12天出现了不连续,即表示砌筑工序出现窝工。同理,回填在第14、15两天出现窝工。

同样的方法,依据图2-4,②施工段在第4天开挖基坑完成后,第5天该施工段无人干活,第6天才开始砌筑,表明第5天②施工段的工地出现空闲,即出现间歇。而图2-4中这种间歇是由于无节拍造成的,是施工组织者所不愿意看到的,在概念和理解上应区别于本节中前面提到的由于技术要求所需要的技术间歇。例如,水泥混凝土浇筑完成后,至少需等待7天时间下一道工序才可继续进行,这个7天就是技术间歇。

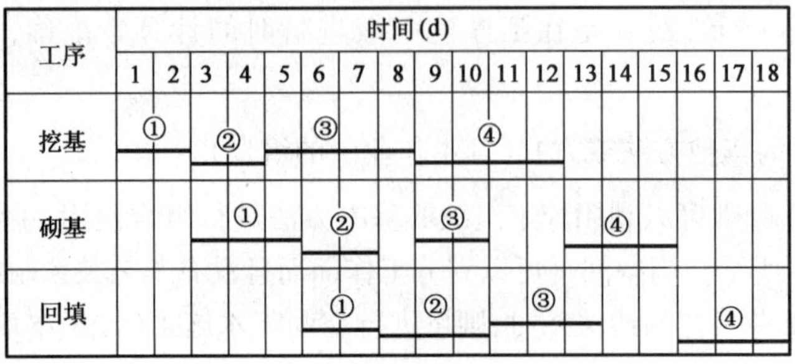

工序	时间(d)																	
	1	2	3	4	5	6	7	8	9	10	11	12	13	14	15	16	17	18
挖基	①		②			③				④								
砌基				①			②						③			④		
回填						①		②			③					④		

图2-4 有窝工有间歇的流水横道图

在图 2-5 中，××表示窝工。窝工是指，同一工序在两个施工段或工作面之间不连续，是资源闲置浪费属于经济问题。窝工归根到底是劳动者加工过程的停顿。ΔΔ 表示间歇，即施工段或工作面无人施工，也就是同一施工段或工作面前后工序之间不连续。间歇归根到底是被加工对象被加工过程的停顿，即对象不被加工。

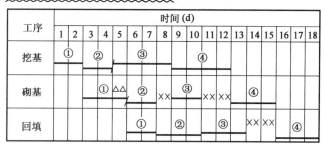

图 2-5　流水横道图中窝工的标识和间歇的标识

因此流水施工组织要解决的核心问题是消除窝工和消除间歇，追求施工过程的连续性。本章的重点就是如何解决这两大问题。要做到流水施工的理想化，也就是既无窝工又无间歇，要求流水节拍满足一定的条件。因此，需对流水施工进行分类。

（三）流水作业的分类

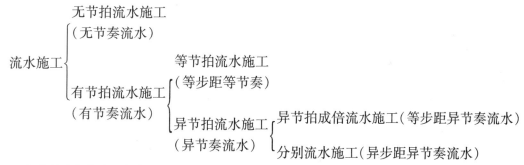

1. 有节拍（有节奏）流水

（1）等节拍（节奏）流水

也叫等步距等节拍（节奏）流水、稳定流水，是指每道工序的施工时间相同，在各施工段上的施工时间也相同，即流水节拍值全部相等。顺其自然所安排的流水施工就是既无窝工又无间歇的形式。如表 2-1（注：本章凡是平面等节拍流水都以表 2-1 为例）和图 2-2 的流水作业法。

（2）异节拍（节奏）流水

以五座通道流水施工为例，假设每座通道的工艺顺序和工序时间相同，具体如下：

挖基 2 天→清基 2 天→浇基 4 天→台身 8 天→盖板 4 天→回填 6 天

异节拍流水是指同一工序在各施工段上所花费的施工时间（即流水节拍）相同，而各个工序之间的施工时间却不相同，见表 2-3（注：本章凡是平面异节拍流水都以表 2-3 为例）。异节拍（节奏）流水可以有以下两种流水组织形式。

①异节拍成倍节拍流水［等步距异节拍（节奏）流水］

异节拍成倍节拍流水是一种将流水施工组织成为理想流水施工的形式，也就是既无窝工又无间歇的流水施工。为了使流水施工的效果更好，最好各道工序流水节拍之间还能成为倍数关系，如图 2-8 所示。

17

②分别流水[异步距异节拍(节奏)流水]

分别流水实质上是将有节拍的异节拍流水,按无节拍流水形式进行组织,如图2-9所示。

2. 无节拍(无节奏)流水

同一工序在各施工段上流水节拍不完全相同,各工序间流水节拍也不相同,如表2-2所示(注:本章凡是无节拍流水都以表2-2为例)。无节拍流水也是常见的流水施工形式,它有三种流水的表现形式:有窝工有间歇、不窝工有间歇、有窝工无间歇。施工组织设计既要考虑技术又要考虑经济,一般更偏向经济,所以在组织无节拍流水施工时,一般是选择不窝工有间歇形式的流水施工。请读者注意,一般情况下人们默认的流水施工形式都是指"不窝工"的形式。

(四)流水参数

流水参数共有三大类:工艺参数、空间参数、时间参数。

1. 工艺参数

(1)施工过程

在施工项目中,施工过程的范围可大可小。由大到小可分为单项工程、单位工程、分部工程、分项工程以及工序。在流水施工组织中为了简便和直观一般就称之为"工序"。施工过程数目(工序个数、工序道数)用 n 表示。

(2)流水强度(V):指施工过程在单位时间(多人)完成的工程数量,V(施工过程或工序每日的产量) = 人数(台数) × 产量定额

2. 空间参数

(1)工作面(个数 A)

专业工种的工人从事施工所具备的活动空间(作业空间数目)。

(2)施工段(段数 m)

施工的内容(细目)在平面上划分成若干劳动量大致相等的段落。一般情况下无特别约定或说明时,以1个施工段就只有1个工作面来处理。

施工段的划分应注意:划分界限应与结构物的界限相一致,如伸缩缝、沉降缝处;流水施工段的大小应保证施工有足够的作业空间,同时还应考虑施工机械的效率长度;各流水施工段上所消耗的资源量应尽可能相近,使流水施工的效果更理想;流水施工段的多少应与主导施工过程相协调,尤其在空间流水时特别重要。

流水作业法对批量化生产最有利,因而对施工对象的标准化程度要求高。施工中在不考虑施工工期限定条件时,同类型的施工段数量越多,流水作业法的优势越明显;但是,这绝非可以作为平面流水施工应满足 $m \geqslant n$ 的理由。

(3)施工层(r)

在组织流水施工时,为了满足专业工种对操作高度和施工工艺的要求,可将拟建工程在竖向上划分为若干个操作层。施工层可以是房屋的楼层,也可以不是(例如,框架结构一个楼层内的砌墙可以分为两个施工层:无脚手架层和有脚手架层)。在公路施工中,路基工程的高填方或深挖方地段、高桥墩等施工项目也可以在竖向划分为施工层。

施工层的划分要根据施工对象的具体情况和施工方法而定。例如,挖掘机施工土质路堑,施工层就由挖掘机的臂长决定;而石质路堑的施工层,取决于每次爆破作业的深度。

3. 时间参数

流水时间参数有流水节拍(t)、流水步距(K)、技术间歇(Z)、组织间歇(G)、搭接时间(C_D)、(总)工期(T)等。

(1)流水节拍

流水节拍也就是一个施工段上某施工过程(工序)从开始到完成的持续时间。影响其持续时间值的参数有四个:工程量(Q)、效率(C 表示产量定额,S 表示时间定额)、资源数量(N,人数或机械台数)、每天的班制(B_Z =1 或 2 或 3,每天 8 小时为 1),如式(2-1)。

$$t = \frac{Q}{CNB_Z} = \frac{QS}{NB_Z} = \frac{P}{NB_Z} \tag{2-1}$$

在式(2-1)中,P 表示完成该施工段的该施工过程所需的劳动量(工日)或机械台班数量。式(2-1)计算流水节拍的方法是定额计算法,此外还有经验估算法、类比法等其他方法,详见第三章和第五章内容。

(2)技术间歇

技术间歇是施工技术要求所必需的间歇时间,如油漆的干燥时间、水泥混凝土的凝固时间等。技术间歇有两种情况,一种是至少需要的间歇时间,即最小间歇时间(有些教科书简称为MI)。例如,管涵施工中水泥混凝土垫层浇筑完成后至少 3 天才能吊装涵管,少于 3 天不行,多于 3 天也可以。另一种是最多不能超过的间歇时间,即最大间歇时间(有些教科书简称为MA)。房屋的水磨石地面,对地面打磨要求就是既有最小间歇时间(假设要 3 天后),又有最大间歇时间(假设要 5 天前完成,否则水泥混凝土太硬不易打磨)。一般情况下,人们不做约定或说明的技术间歇都是指最小间歇时间,最小间歇时间是施工中最常见的技术间歇。

(3)组织间歇

组织间歇是施工组织所需要的间歇,如基底的检验时间、人员转移等。

(4)搭接时间

搭接时间是表示前一道工序还未全部完成,后道工序可以提前开始施工。实际上,搭接关系是从宏观上的施工段来看工序之间的关系,而从微观上工作面来看依然是衔接。例如,基坑开挖与砌筑基础两工序之间,当一个施工段的基坑足够大可以分成两个以上工作面时,只有一个开挖班组(专业队),只要第一个工作面的基坑先开挖完成就可以进行第一个工作面的砌筑基础,同时开挖的人员和设备转入第二工作面进行开挖基坑;这就形成了一施工段内开挖和砌筑基础之间的搭接关系。搭接时间与间歇时间的含义相反,计算符号也相反。

第二节 平面流水施工组织

一、无节拍流水施工的组织

从图 2-5 中可以看出,对于无节拍流水施工的组织,可能会发生窝工和间歇。为了组织不窝工的流水施工,最简单的方法是引入流水步距概念,其目的是通过计算的方法来消除流水施工组织中的窝工。为了方便表示,本教材一般用文字或字母代表施工过程或工序,用数字号码代表施工段,尽可能避免混淆。无节拍流水施工组织的计算和横道图的绘制过程介绍如下。(可以参见书后所附光盘中该章节的动画,对学习更有利)

(一)计算无节拍流水施工的流水步距(K)

1. 流水步距的概念

是指为了保证同一施工班组(专业队)能在各自施工段上连续施工(即不窝工)的条件下,相邻的施工班组(专业队)在各自的第一个施工段上开始施工的最小时间间隔。

注:一般的教科书中对于无节拍流水步距的定义没有"各自的第一个施工段"的表述,本书作者这样改动,是使这个无节拍流水步距的概念也适用于"异节拍成倍节拍流水(等步距异节奏)"中流水步距的概念。当"异节拍成倍节拍流水(等步距异节奏)"时的相邻施工班组(专业队)各自的第一个施工段可能不是相同的,有可能不是流水施工顺序中第一个序号的施工段[参见异节拍成倍节拍流水(等步距异节奏)内容]。同理,等节拍流水中该流水步距的概念也适用。

2. 流水步距的计算方法

计算流水步距采用的是累加数列错位相减取大差的方法,该方法由俄罗斯人潘特考夫斯基首先提出,所以也称为"潘特考夫斯基法"。计算时应注意累加的方向,即同工序各段流水节拍值累加。

3. 流水步距的计算过程

例题 2-2 以表 2-2 流水节拍为例,按①②③④的段顺序组织流水施工。

(1) 累加数列

	①	②	③	④
挖基	2	4	8	12
砌基	3	5	7	10
回填	2	5	8	11

(2-2)

基础工程流水节拍　表 2-2

时间(d)工序\施工段	①	②	③	④
挖基	2	2	4	4
砌基	3	2	2	3
回填	2	3	3	3

(2) 数列错位相减

```
   2  4  8  12
-)    3  5  7  10
   2  1  3  5 -10
```
(2-3a)

```
   3  5  7  10
-     2  5  8  11
   3  3  2  2 -11
```
(2-3b)

(3) 取大差

$$K_1 = K_{挖,砌} = 5$$
$$K_2 = K_{砌,填} = 3$$

(二)计算流水工期

按照流水步距 K_1、K_2 绘制的横道图见图 2-6。从图 2-6 可以知道流水工期主要可以分前后两个部分,前部分是流水步距的和,后部分是最后一个施工过程(最后一道工序)的流水节拍和。式(2-4)中,流水步距的个数是 $n-1$ 个(工序个数 -1),最后一道工序流水节拍和的累加个数为施工段数 m,这是流水工期的最基本计算式,在此基础上可以扩充为式(2-5)。

$$T = \sum_{i=1}^{n-1} K_i + \sum_{j=1}^{m} t_j \tag{2-4}$$

$$T = (5+3) + (2+3+3+3) = 8 + 11 = 19$$

式中的 $\sum t_j$ 可以不用计算,直接将累加数列的最后一行的最后一个累加结果取来使用。例如例题 2-2 式(2-2)中的 11 。

(三) 流水施工横道图的绘制

流水施工横道图的绘制应按照流水步距含义在横道图中开始错位,见图2-6。

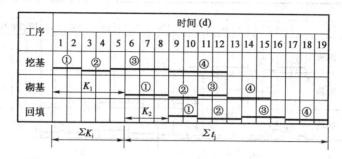

图2-6 无节拍不窝工流水横道图

(四) 无节拍流水施工组织的讨论

1. 累加数列错位相减差值与其流水步距之间再次相减差值的工程含义

从式(2-3a)中可知累加数列错位相减的前 m 个差值分别是2、1、3、5,如果将 $K_1=5$ 分别减去这几个数,再一次得到的差值分别是3、4、2、0。结合图2-6,可以看出这些数分别代表①②③④施工段挖工序与砌筑工序之间的间歇。同理,式(2-3b)中差的数字含义,分别与 $K_2=3$ 被减后的差含义也是其相应的间歇。

2. 流水步距除了保证不窝工之外的另外一层含义

从上一点的讨论分析中,可以得到另一结论,累加数列错位相减最大差的位置与 K 的差值为0,即没有间歇;其他施工段处或多或少都存在间歇。这点为我们在同一施工段的相邻工序之间需要增加技术间歇或搭接,提供了一种简单处理问题的方法思路和依据。只需要在流水步距的位置后面增加技术间歇(搭接是负值,扣除)就可以了。因此流水步距 K,既保证同工序连续施工(不窝工),也保证了至少有一个施工段在相邻工序之间连续施工(不间歇)。

3. 有技术间歇或搭接的流水施工组织

如果表2-4的流水施工允许基础开挖完成前1天进行砌筑,即搭接1天,则只需在流水步距 K 之前扣除搭接值 $C_D=1d$。

砌筑工序完成后需养护3天待砂浆达到强度要求后才可回填,则只需在流水步距 K 之后增加间歇值 $Z=3d$。参见图2-7,流水工期的计算见式(2-5), Z 表示技术间歇, C_D 表示搭接时间[此时应特别注意流水步距的含义是"相邻专业队(工序)之间的开始间隔"]。在基本公式的基础上,前部分增加了技术间歇(+)和搭接的和(-),如图2-7所示。

$$T = \sum_{i=1}^{n-1} K_i + \sum_{j=1}^{m} t_j + \sum Z - \sum C_D \tag{2-5}$$
$$T = (5+3) + 11 + 3 - 1 = 21$$

4. 消除窝工后反而使流水工期增长的原因

图2-5是有窝工有间歇的无节拍流水,流水工期为18天,例题2-2消除窝工后反而使流水工期增长为19天,增加了1天;如果就在图2-5中调整成为不窝工的流水也是19天。出现这种现象的主要原因是有窝工有间歇的流水施工时,只要具备开工条件,就立刻安排施工,所以是最快的;而无节拍不窝工的流水施工组织,为了不发生窝工,当具备了开工条件时并不立刻开始施工(如图2-6砌筑工序刻意推迟了3天),这样也就造成了后道工序的推迟开始,就可能造成整个流水工期的增长。因此不论是消除窝工或消除间歇都有可能使流水工期增长。影

响无节拍流水工期的主要因素是施工段的施工次序,本例题如果按照②①④③段顺序流水,工期将缩短为18天而不是19天;②④①③则只有17天,如何确定最优次序见本章第四节。

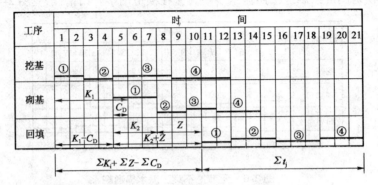

图2-7 无节拍有技术间歇和搭接的不窝工流水横道图

二、等节拍流水施工的组织

1. 等节拍流水的流水步距(等节奏流水、等步距等节奏流水、稳定流水)

$K=t$是等节拍流水的最重要特点,顺其自然安排的流水施工就是既无窝工又无间歇的流水。

2. 流水工期的计算

根据流水工期的基本公式(2-4),可以得出:

$$T = \sum_{i=1}^{n-1} K_i + \sum_{j=1}^{m} t_j$$

$$T = (n-1) \times K + m \times t = (n-1+m) \times K \tag{2-6}$$

$T =$(施工过程数或工序个数$-1+$施工段数)$\times$流水步距

如果考虑有技术间歇和搭接需要,则:

$$T = (n-1+m) \times K + \sum Z - \sum C_D \tag{2-7}$$

3. 等节拍流水的横道图

以表2-1的等节拍流水的横道图,参见图2-2三座涵洞施工的流水作业法内容。平面等节拍流水的施工组织及横道图绘制比较简单,难点在空间等节拍流水。

三、异节拍成倍节拍流水施工(等步距异节奏流水)的组织

1. 异节拍(奏)流水的形式

例题2-3 以五座通道流水施工为例,如果每座通道的工艺顺序和工序时间相同,具体如下:

挖基2天→清基2天→浇基4天→台身8天→盖板4天→回填6天(其形式见表2-3)。

五座通道异节拍流水节拍　　　　表2-3

时间(d) 工序	①	②	③	④	⑤	时间(d) 工序	①	②	③	④	⑤
挖基	2	2	2	2	2	台身	8	8	8	8	8
清基	2	2	2	2	2	盖板	4	4	4	4	4
浇基	4	4	4	4	4	回填	6	6	6	6	6

2. 异节拍成倍节拍流水(等步距异节奏流水)的组织

通过成倍节拍流水组织可以做到既无窝工、又无间歇。计算和组织的步骤如下：
(1)确定公共流水步距(K) = 各流水节拍的最大公约数 = 2
(2)计算各工序应配置的施工班组数(专业队数)

$$班组数(专业队数) = \frac{流水节拍值}{k} \qquad (2-8)$$

各工序应配置的班组数：1、1、2、4、2、3，班组总数 $n_1 = 13$。
(3)成倍节拍流水工期计算

$$T = (n_1 - 1 + m) \times K = (13 - 1 + 5) \times 2 = 34 \qquad (2-9)$$

式中，n_1 表示班组总数，即横道图行数。
(4)流水横道图的绘制：
流水横道图的绘制图2-8。

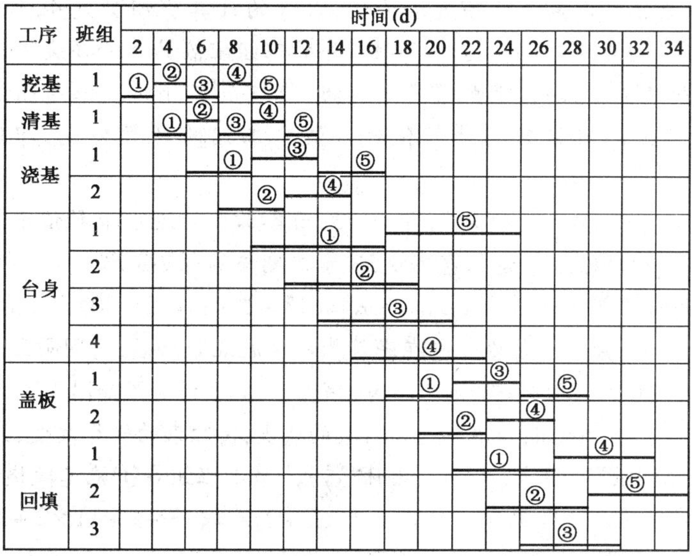

工序	班组	时间(d) 2	4	6	8	10	12	14	16	18	20	22	24	26	28	30	32	34
挖基	1	①	②	③	④	⑤												
清基	1		①	②	③	④	⑤											
浇基	1			①		③		⑤										
	2				②		④											
台身	1					①						⑤						
	2							②										
	3								③									
	4									④								
盖板	1										①		③		⑤			
	2											②		④				
回填	1												①			④		
	2													②			⑤	
	3															③		

图2-8 五座通道等步距异节拍流水

3. 异节拍成倍节拍流水有技术间歇要求的处理

例题2-4 以表2-3为例，假设五座通道中每座通道在浇筑基础水泥混凝土后，需间歇2天(待水泥混凝土凝固后)再做台身。要满足这个要求，只需在相邻工序之间后一道工序的第一班组(专业队)的流水步距K值后加上相应的Z值一次，即台身的流水步距的后面加2天。应注意，是在横道图相邻工序水平横线处的下一道工序的第一个班组上加，并且只能加一个所需的技术间歇值Z，而不能在该工序的每个班组都加，见图2-9。原理上，需加间歇的该道工序内的各个班组之间按照流水步距错位开始施工，各个施工段原本在相邻工序之间已经是不间歇了，如果第1施工段能达到技术间歇的要求，那么跟随其后的各施工段顺其自然就也满足了技术间歇的要求。式(2-10)是个全面的计算式。

$$T = (n_1 - 1 + m) \times K + \sum Z - \sum C_D = (13 - 1 + 5) \times 2 + 2 = 36 \qquad (2-10)$$

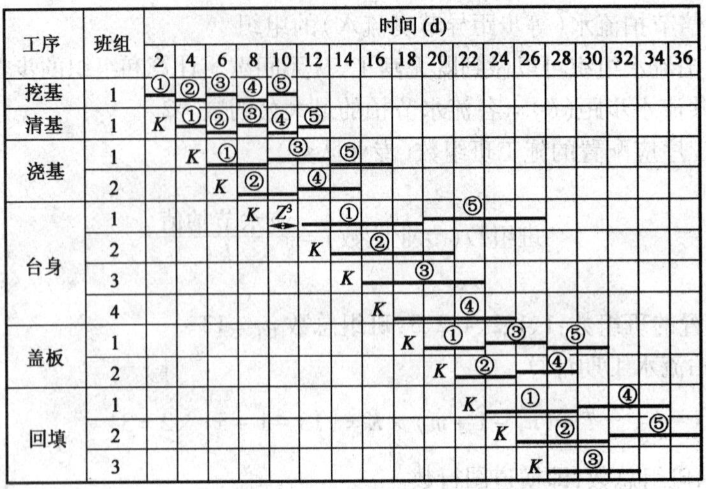

工序	班组	时间 (d) 2 4 6 8 10 12 14 16 18 20 22 24 26 28 30 32 34 36
挖基	1	①②③④⑤
清基	1	K ①②③④⑤
浇基	1	K ① ③ ⑤
	2	K ② ④
台身	1	K Z ① ⑤
	2	K ②
	3	K ③
	4	K ④
盖板	1	K ① ③
	2	K ② ④
回填	1	K ① ④
	2	K ② ⑤
	3	K ③

图 2-9　五座通道等步距异节拍有技术间歇的流水

4. 计算的工序班组数大于施工段数的异节拍成倍节拍流水

例题 2-5　以表 2-3 的成倍节拍流水为例，台身的计算班组数是 4，如果将施工段数 m 改为只有三座通道，则 $4 > m = 3$。这时台身工序的班组配置为 3 而不是 4，因为 1 座通道安排 1 个台身班组就足够了，即总共配置 3 个班组，应与 m 值相同。但是在计算流水工期时，班组总数却应该按工序班组数的计算值代入流水工期的计算公式，即班组总数的值不改变。

例题 2-5 是施工段数由 5 改变为 3，即 $m=3$，而各工序的流水节拍值不变，则各工序应配置的班组数也不变，所以班组总数 n_1 也不变，流水工期与例题 2-3 比只少了 (5-3) 个 K，即少了 $2 \times 2 = 4$，流水工期的计算 $T = (n_1 - 1 + m) \times K = (13 - 1 + 3) \times 2 = 30$。

假设，例题 2-5 的三座通道都要考虑在浇筑基础水泥混凝土后，需间歇 2 天(待水泥混凝土凝固后)再做台身，即技术间歇 $Z=2$，则可参考例题 2-4，流水横道图如图 2-10 所示。绘制横道图时应注意，由于减少了台身班组，造成横道图行数的减少，使原来的规律改变，只要抓住①施工段台身与盖板之间"不间歇"的特点，来确定此时"盖板"第 1 班组在①施工段横线的起点位置，具体如图 2-10 所示。则流水工期 $T = (n_1 - 1 + m) \times K + \sum Z = (13 - 1 + 3) \times 2 + 2 = 32$。

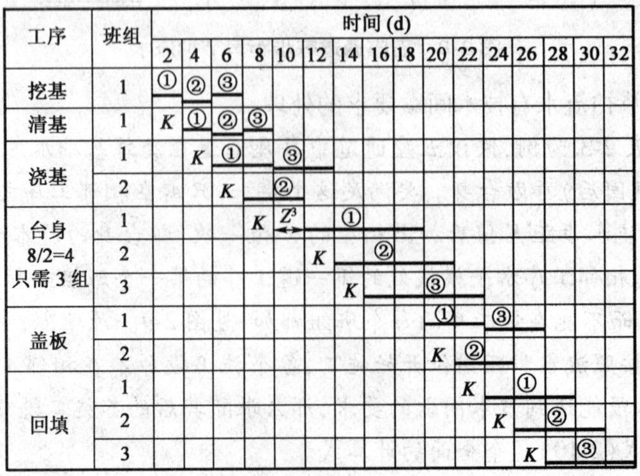

工序	班组	时间 (d) 2 4 6 8 10 12 14 16 18 20 22 24 26 28 30 32
挖基	1	①②③
清基	1	K ①②③
浇基	1	K ① ③
	2	K ②
台身 8/2=4 只需3组	1	K Z ①
	2	K ②
	3	K ③
盖板	1	① ③
	2	K ②
回填	1	K ①
	2	K ②
	3	K ③

图 2-10　三座通道等步距异节拍有技术间歇的流水

四、异节拍分别流水施工(异步距异节奏流水)的组织

分别流水实际上是按无节拍流水来组织的,其流水步距也按"累加数列错位相减取大差"计算。

1. 流水步距的确定

由于同工序流水节拍相同,加法可以变成乘法。所以最大差不是在数列的第1个,就是在数列的最后1个相减的结果。

(1) 当 $t_i(t_上) \leq t_{i+1}(t_下)$ 时

$$K = \max\{t_i, m \times t_i - (m-1) \times t_{i+1}\} = t_i(t_上) \qquad (2\text{-}11)$$

因 $t_i - [m \times t_i - (m-1) \times t_{i+1}] = (m-1) \times t_{i+1} - m \times t_i + t_i = (m-1) \times t_{i+1} - (m-1) \times t_i$
$= (m-1)(t_{i+1} - t_i) > 0$

(2) 当 $t_i(t_上) > t_{i+1}(t_下)$ 时

$$K = \max\{t_i, m \times t_i - (m-1) \times t_{i+1}\} = m \times t_i(t_上) - (m-1) \times t_{i+1}(t_下) \qquad (2\text{-}12)$$

因 $t_i - [m \times t_i - (m-1) \times t_{i+1}] = (m-1)(t_{i+1} - t_i) < 0$

2. 分别计算流水工期

例题 2-6 以表 2-3 的五座通道流水为例,流水节拍值是:2、2、4、8、4、6。流水步距值按照式(2-11)和式(2-12)计算结果分别是:2、2、4、24、4(注:也可以累加数列错位相减取大差)。

$$T = \sum K + \sum t = \sum K + m \times t_n = (2+2+4+24+4) + 5 \times 6 = 66d$$

3. 按流水步距画横道图

按流水步距画横道图如图 2-11 所示。

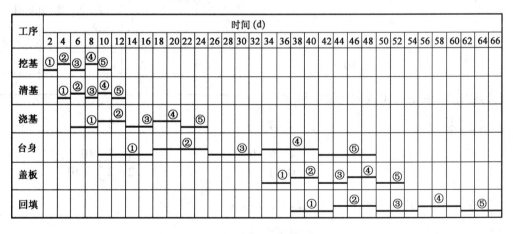

图 2-11　五座通道分别流水横道图

五、无节拍流水按"不间歇"组织的计算和横道图绘制

在工程实践中对于无节拍流水,人们通常从经济角度按照"不窝工"的形式组织流水施工;但是在某些情况下可能需要采用"不间歇"的形式组织流水施工,比如桥墩施工。

1. 有窝工有间歇无节拍流水施工横道图用垂直表形式表示(4段占4行,段排列)

前面介绍的横道图都是以工序排列的形式,称为水平表形式的横道图;以施工段排列的横

道图,称为垂直表形式的横道图。将表2-2的无节拍流水,可用垂直表形式的横道图表示成有窝工有间歇的流水,如图2-12所示。

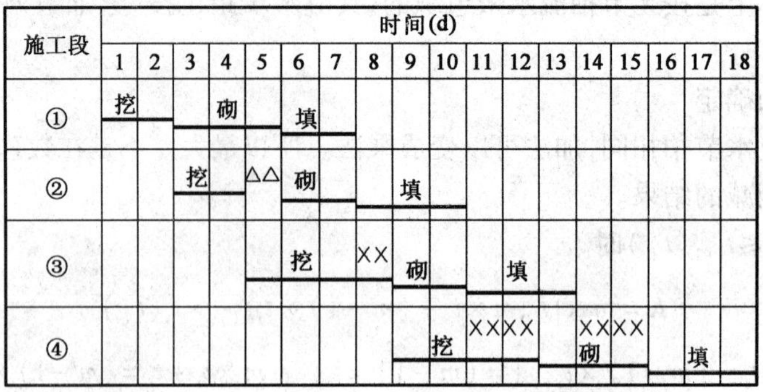

施工段	时间(d)
	1 2 3 4 5 6 7 8 9 10 11 12 13 14 15 16 17 18
①	挖　　砌　　填
②	挖△△砌　　填
③	挖××砌　　填
④	挖××××砌××填

图2-12 有窝工有间歇无节拍流水横道图的垂直表形式

2. 各施工段之间的时间间隔距离计算(L)

根据"累加数列错位相减取大差"的原理,要组织"不间歇"形式的流水施工,只要将同一施工段各流水节拍值累加,相邻施工段数列错位相减取大差,就计算出各相邻施工段之间第一道工序开始施工的时间间隔距离(L)。按照这个 L 值组织流水就可实现"不间歇"形式的流水施工。

(1) 如果按①②③④施工段顺(次)序流水施工,将同施工段流水节拍值进行累加构成如下数列:

　　　　挖　砌　填
① 　　 2　 5　 7
② 　　 2　 4　 7
③ 　　 4　 6　 9
④ 　　 4　 7　 10

基础工程流水节拍　　表2-2

时间(d) 工序 施工段	①	②	③	④
挖基	2	2	4	4
砌基	3	3	3	3
回填	2	3	3	3

(2) 错位减:相邻施工段数列错位相减

```
  2 5 7              2 4 7              4 6 9
-   2 4 7          -   4 6 9          -   4 7 10
─────────          ─────────          ──────────
  2 3 3 -7           2 0 1 -9           4 2 2 -10
```

(3) 取大差:一定是正数,得 $L_1 = 3, L_2 = 2, L_3 = 4$。

3. 不间歇的流水工期

不间歇的流水工期 = ($L_1 + L_2 + L_3$) + 最后一个施工段流水节拍和 = (3+2+4) + 10 = 19

4. 施工横道图

以垂直表形式表示的不间歇有窝工无节拍流水施工横道图,如图2-13所示。

5. "不间歇"流水与"不窝工"流水组织的区别

"不间歇"流水与"不窝工"流水组织的区别实际上就是各流水节拍值累加的方向不同。不窝工的流水步距(K)是同一工序各施工段流水节拍的累加,不间歇的时间间隔(L)是同一施工段各工序流水节拍的累加。

六、无节拍流水水平表和垂直图表中横线或斜线连续表示的含义

1. 不间歇有窝工的水平表和垂直表中连续线的比较（同施工段上各工序连续）

(1) 不间歇有窝工的垂直表，横线连续（图2-13）。

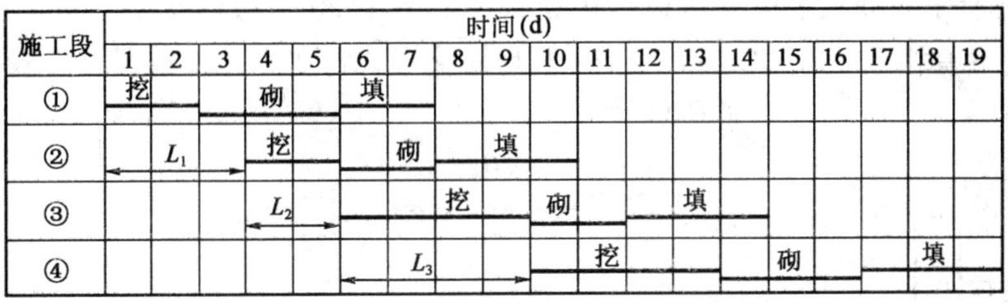

图2-13 表2-2 不间歇有窝工无节拍流水的垂直表

(2) 不间歇有窝工的水平表，斜线连续（图2-14）。

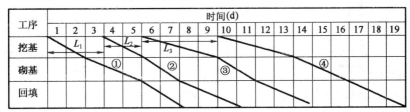

图2-14 表2-2 不间歇有窝工无节拍流水的水平表

2. 不窝工有间歇的水平表和垂直表的比较（同工序各施工段上连续）

(1) 不窝工有间歇的水平表，横线连续（图2-6）。

(2) 不窝工有间歇的垂直表，斜线连续（图2-15）。

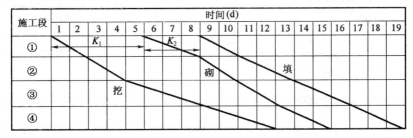

图2-15 表2-2 不窝工有间歇无节拍流水的垂直表

3. 水平表和垂直表的横线斜线连续比较

水平表也称为水平指示图表，垂直表也称为垂直指示图表（也称为垂直图、斜条图、速率图、平衡图）。

(1) 以水平表形式表示：横线连续表示不窝工，斜线连续表示不间歇；

(2) 以垂直表形式表示：横线连续表示不间歇，斜线连续表示不窝工。

七、不窝工或者不间歇在实际工程计划简化表示中的应用

1. 问题的提出

某大桥共有 20 个桥墩，每个桥墩（图2-16）的工序和持续时间（流水节拍）相同。具体工序和持续时间是：桩基础22→立柱28→盖梁25。这实际上属于异节拍流水施工。

27

本例中每个墩有3道工序,共计$20 \times 3 = 60$道工序,那么能否将60道工序进行简化表示?如果能简化应如何简化?哪种简化形式更好?

2. 在三种具有窝工或具有间歇的流水施工形式中选择适当简化的表示形式

(1)有窝工有间歇的流水形式

图2-17有窝工有间歇的流水可以简化为如图2-18的20个墩内有窝工和间歇的形式。每个墩的时间虽然有相差$28 - 22 = 6$的规律,但是简化形式与实际施工情况相差较大,因中间有大量的停工时间。

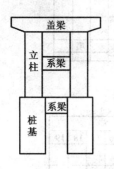

图2-16 某大桥桥墩示例

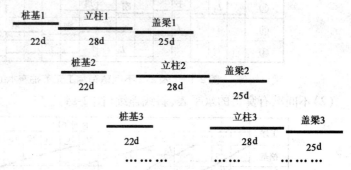

图2-17 20个桥墩有窝工有间歇的流水施工

(2)不窝工有间歇的流水形式

不窝工有间歇的流水实际上就是分别流水(异步距异节拍流水),如图2-19所示。

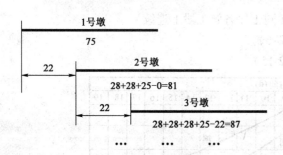

图2-18 20个桥墩有窝工有间歇的流水简化

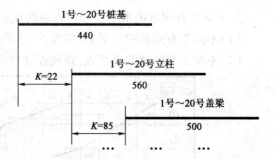

图2-19 20个桥墩不窝工有间歇的流水简化

$t_1 = 22, t_2 = 28, t_3 = 25$。根据式(2-11)第一道工序$t_1 = 22 <$第二道工序$t_2 = 28$,则流水步距$K_1 = 22$;根据式(2-12),$t_2 = 28 > t_3 = 25$,则$K_2 = 20 \times 28 - 19 \times 25 = 85$。

$$T = \sum K + \sum t = \sum K + mt = (22 + 85) + 20 \times 25 = 607$$

(3)不间歇有窝工的流水形式

按照同一施工段各工序流水节拍累加错位减取大差得每个L相同并且等于28。

$$T = 19 \times 28 + 75 = 607$$

相比较而言,此种形式最接近工程实际情况。如图2-20所示为20个墩内不间歇有窝工的流水形式的简化。

总之,有窝工有间歇的异节拍流水施工的流水工期,是不窝工有间歇的流水工期和不间歇有窝工的流水工期中的最小值。

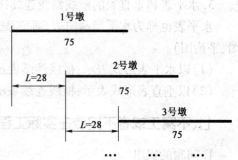

图2-20 20个桥墩不间歇有窝工的流水简化

第三节 空间流水施工组织

流水施工无论是在平面还是在空间角度考虑,其最高目标都是追求理想化的流水——既不窝工又没有间歇。对于空间流水,主要是研究"理想化的流水";而且最主要是追求在跨层时还依然是"既不窝工又没有间歇"。要实现这一目标,就要求施工段数(m)与工序数(n)之间满足一定的规律和关系,即无技术间歇的一般情况下 $m=n$ 是空间流水的基准式。平面流水(无施工层)时,m 与 n 无关。

一、空间等节拍流水施工的组织

(一)施工段数(m)=工序数(n)的空间跨层流水

例题2-7 某2层建筑物的楼板施工分为3道工序,支模板2天,绑扎钢筋2天,浇筑混凝土2天,见图2-21。该建筑物分为3个单元(即3个施工段)跨层流水。

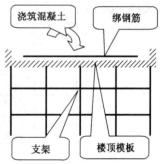

图2-21 一单元楼板浇筑混凝土

如图2-22所示的流水安排,不仅保证施工层内理想化流水,而且还保证跨层时也能做到既不窝工又没有间歇的理想化。

空间流水在无技术间歇的一般情况下,要求 $m=n$,这个关系式是空间流水的基准式,图2-22中的第一个 $m \cdot t(m \cdot K)$ 是指在第1施工层最后一道工序浇筑水泥混凝土的流水节拍和。当 $m<n$,流水施工跨层时会造成窝工,见图2-23;当 $m>n$,流水施工跨层时会造成跨层间歇,见图2-24。

施工层	工序	时间(d)							
		2	4	6	8	10	12	14	16
I	支模板	①I	②I	③I					
	绑钢筋		①I	②I	③I				
	浇筑			①I	②I	③I			
II	支模板				①II	②II	③II		
	绑钢筋					①II	②II	③II	
	浇筑						①II	②II	③II
			(n−1)K		m·t(m·K)			m·t(m·K)	

图2-22 理想的空间跨层流水

需要说明的是平面流水(无施工层)时,m 与 n 无关,空间理想化流水一般要求 $m \geq n$,但这不是平面流水时施工段数必须满足的限定条件,请读者注意不要将平面与空间混淆。

(二)施工段数(m)<工序数(n)的空间跨层流水(有窝工)

例题2-8 将例题2-7的施工段改为2个单元,其他不变;则 $m=2$,$n=3$,$t=2$,$r=2$。如图2-23所示,当 $m<n$ 时,5、6两天造成窝工,其原因是1层楼①单元楼顶的楼板还未浇筑水泥混凝土,所以支模板的人员只能在1层楼等待,无法到2层楼①单元为其楼顶支模板(用××表示),最早也只能7、8两天方能进行。

施工层	工序	时间(d)						
		2	4	6	8	10	12	14
I	支模板	①I	②I	××				
I	绑钢筋		①I	②I				
I	浇筑			①I	②I			
II	支模板				①II	②II		
II	绑钢筋					①II	②II	
II	浇筑						①II	②II

图2-23 空间流水跨层时形成的窝工

(三)施工段数(m)>工序数(n)的空间跨层流水(有间歇)

例题2-9 将例题2-7的施工段改为4个单元,其他不变;则$m=4, n=3, t=2, r=2$。如图2-24所示,当$m>n$时,7、8两天造成间歇。从图中可以看出5、6两天1层楼①单元楼顶的楼板已经浇筑水泥混凝土完成。但是由于1层楼④单元7、8两天还需要支模板,致使支模板人员无法上到2层楼①单元为其楼顶支模板。因此2层楼①单元的工作面出现空闲,形成7、8两天的间歇(用△△表示),见图2-24。

施工层	工序	时间(d)									
		2	4	6	8	10	12	14	16	18	20
I	支模板	①I	②I	③I	④I						
I	绑钢筋		①I	②I	③I	④I					
I	浇筑			①I	②I	③I	④I				
II	支模板				△△	①II	②II	③II	④II		
II	绑钢筋						①II	②II	③II	④II	
II	浇筑							①II	②II	③II	④II

图2-24 空间流水跨层时形成的间歇

综上所述,空间流水重点是关注跨层的分析。若想从水平表横道图上判断跨层有无窝工,应抓住同工序是否连续,关注点在于对跨层处的分析,即同工序第一施工层的最后一个施工段与第二施工层的第一个施工段连续与否。从水平表横道图上判断跨层有无间歇,还是抓住同施工段是否连续,不过关注点也是位于跨层处,即第一施工层第一个施工段的最后一道工序与第二施工层第一个施工段的第一道工序连续与否(同一号码施工段的跨层处前后工序连续否)。

(四)需要技术(或组织)间歇的空间流水的施工段数(m)与工序数(n)的关系

1. 施工层内有技术(或组织)间歇(Z_1)要求的空间流水施工

例题2-10 某2层建筑物的墙体和楼板施工分为3道工序:绑扎墙体钢筋并支模板2天,浇筑墙体水泥混凝土2天,安装预应力空心板2天。在墙体钢筋和模板完成后要用2天时间进行钢筋模板检查,合格后才可浇筑水泥混凝土(即模与混凝土$Z_1^1=2$);墙体水泥混凝土浇筑完成后需等待2天使水泥混凝土达到一定强度后才可以安装预应力空心板(混凝土与安$Z_1^2=2$)。如果希望该建筑物跨层施工时既不窝工也不间歇,则对该建筑物有几个单元(即几个施工段)就有一定要求,否则跨层时将无法达到理想化。也就是说施工段m与工序个数n必须满足一定关系,见式(2-13)。空间流水施工组织如图2-25所示,图中的第一个$m \cdot t (m \cdot K)$是指在第1施工层最后一道工序的流水节拍和。

$$施工段数\ m = n + \sum Z_1/K \tag{2-13}$$
$$m = 3 + (2+2)/2 = 5$$

流水工期 $T = (n-1+r \cdot m) \cdot K + \sum Z_1$ (2-14)

$$T = (3-1+2\times 5)\times 2 + (2+2) = 28$$

式中：Z_1——笼统表示施工层内技术（或组织）间歇，区别于 Z_2（跨层间歇）；

Z_1^i——具体表示施工层内第 i 道与第 $i+1$ 道之间的技术（或组织）间歇。

施工层	工序	时间(d)													
		2	4	6	8	10	12	14	16	18	20	22	24	26	28
I	钢筋模板	①I	②I	③I	④I	⑤I									
	浇墙混凝土		Z_1^1	①I	②I	③I	④I	⑤I							
	安空心板				Z_1^2	①I	②I	③I	④I	⑤I					
II	模板钢筋						①II	②II	③II	④II	⑤II				
	浇墙混凝土								Z_1^1	①II	②II	③II	④II	⑤II	
	安空心板										Z_1^2	①II	②II	③II	④II	⑤II

$\longleftarrow (n-1)K+\sum Z_1 \longrightarrow | \longleftarrow m \cdot t (m \cdot K) \longrightarrow | \longleftarrow m \cdot t (m \cdot K) \longrightarrow$

图 2-25 施工层内有技术（或组织）间歇的空间流水

2. 施工层内有技术（或组织）间歇，跨层时也有技术间歇（Z_2）要求的空间流水施工

$$m = n + \sum Z_1/K + Z_2/K \quad (2\text{-}15)$$

Z_2 表示跨层技术间歇，式（2-15）计算时不论有几个施工层只能考虑 1 个 Z_2 值。

虽然增加 Z_2，但是流水工期 T 仍然采用式（2-14）。因为 Z_2 影响了 m，从而影响了 T，而流水工期的计算公式不变，见图 2-26。这里所讨论的 Z_1 和 Z_2 都是指最小间歇时间的含义。

例题 2-11 将例题 2-10 的"安装预应力空心板 2 天"改为"现浇水泥混凝土楼板 2 天"，这时要考虑现浇水泥混凝土楼板完成后需养生 2 天，也就是增加一个跨层间歇 $Z_2 = 2$。按照式（2-15）和式（2-14）计算得：

$$m = 3 + (2+2)/2 + (2/2) = 3 + 2 + 1 = 6$$
$$T = (3-1+2\times 6)\times 2 + (2+2) = 28 + 4 = 32$$

施工层	工序	时间(d)															
		2	4	6	8	10	12	14	16	18	20	22	24	26	28	30	32
I	钢筋模板	①I	②I	③I	④I	⑤I	⑥I										
	浇墙混凝土		Z_1^1	①I	②I	③I	④I	⑤I	⑥I								
	浇楼板				Z_1^2	①I	②I	③I	④I	⑤I	⑥I						
II	钢筋模板						Z_2	①II	②II	③II	④II	⑤II	⑥II				
	浇墙混凝土								Z_1^1	①II	②II	③II	④II	⑤II	⑥II		
	浇楼板										Z_1^2	①II	②II	③II	④II	⑤II	⑥II

$\longleftarrow (n-1)K+\sum Z_1 \longrightarrow | \longleftarrow m \cdot t (m \cdot K) \longrightarrow | \longleftarrow m \cdot t (m \cdot K) \longrightarrow$
$\longleftarrow r \cdot m \cdot t (r \cdot m \cdot K) \longrightarrow$

图 2-26 施工层内和跨层都有技术间歇的空间流水

3. 施工层内和跨层时有技术间歇（Z_1 和 Z_2）的 m 与 n 关系的理论推导

因 $m > n$ 时，会产生间歇（跨层或层内），而且 $K = t$，工作面空闲数为 $m - n$，故每层内和跨层的间歇时间 $= (m-n)t = (m-n)K$。

为了保证不窝工，每层内和跨层的间歇时间 $(m-n)K$ 就应该正好等于 $(\sum Z_1) + Z_2$，即：

$$(m-n)K = (\sum Z_1) + Z_2$$

由式（2-15）得： $$m = n + \sum Z_1/K + Z_2/K$$

4. 施工层内的技术间歇(Z_1)不同以及跨层间歇(Z_2)也不同时,m 与 n 关系以及 T 值计算

(1)各施工层内的技术间歇不相同以及跨层之间的技术间歇也不相同应取大值,即:

$$m = n + \frac{\sum_{i=1}^{n-1}\max_q\{Z_1^{iq}\}}{k} + \frac{\max\{Z_2^q\}}{k} \tag{2-16}$$

式中:Z_1^{iq}——表示第 q 施工层层内第 i 道与第 $i+1$ 道之间的技术(或组织)间歇;

Z_2^q——表示第 q 施工层与第 $q+1$ 施工层之间的跨层技术间歇。

(2)各施工层内的技术间歇不相同,跨层之间的技术间歇也不相同的流水工期公式如下:

$$T = (n - 1 + r \cdot m)K + \sum_{i=1}^{n-1}\max_q\{Z_1^{iq}\} \tag{2-17}$$

例题 2-12 已知 $n=3, t=1, r=3$。三道工序分别是钢筋模板、混凝土墙浇筑、现浇楼板。混凝土墙和楼板之间的技术间歇 $Z_1^{2\,1}=1, Z_1^{2\,2}=2, Z_1^{2\,3}=3$;跨层 $Z_2^1=1, Z_2^2=2$。求:m 和 T,并画横道图。

$$m = n + \max\{Z_1^{2\,q}\} \div K + \max\{Z_2\} \div K = 3 + 3 \div 1 + 2 \div 1 = 8$$

流水工期 T 的计算:

$$T = (n - 1 + r \cdot m)K + \max\{Z_1\} = (3 - 1 + 3 \times 8) \times 1 + 3 = 29$$

横道图如图 2-27 所示,实际上将 $Z_1 = Z_1^{2\,3} = 3, Z_2 = Z_2^2 = 2$ 统一取大值来实现。

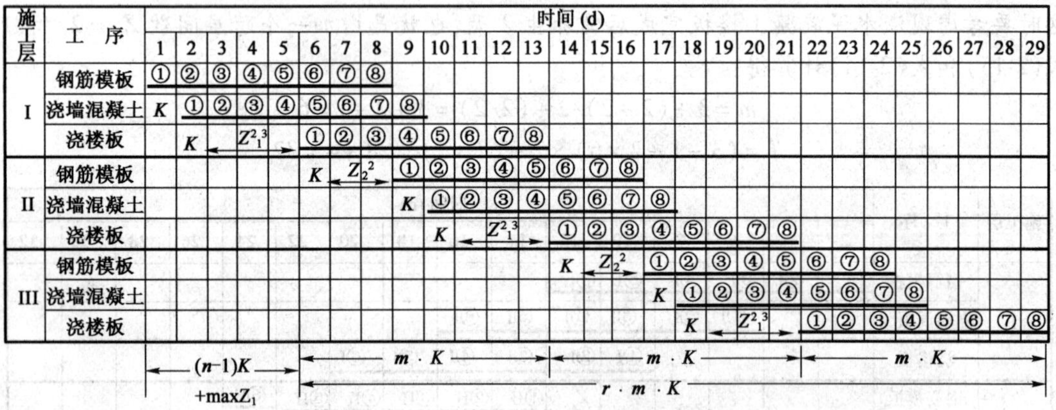

图 2-27 施工层内的技术间歇(Z_1)不同而跨层间歇(Z_2)也不同时的空间流水

例题 2-13 已知 $n=3, t=2, r=2$。三道工序分别是钢筋模板、混凝土墙浇筑、现浇楼板。钢筋板与混凝土墙 $Z_1^{1\,1}=4, Z_1^{1\,2}=2$;混凝土墙和楼板 $Z_1^{2\,1}=3, Z_1^{2\,2}=6$,跨层 $Z_2=2$。求:m 和 T,并画横道图。

$$\sum\max\{Z_1^{iq}\} = \max\{Z_1^{1\,1}, Z_1^{1\,2}\} + \max\{Z_1^{2\,1}, Z_1^{2\,2}\} = 4 + 6 = 10$$

$$m = n + \sum\max\{Z_1\}/K + Z_2/K = 3 + \frac{10}{2} + \frac{2}{2} = 9$$

$$T = (n - 1 + r \cdot m)K + \sum\max\{Z_1\} = (3 - 1 + 2 \times 9) \times 2 + 10 = 50$$

横道图如图 2-28 所示。

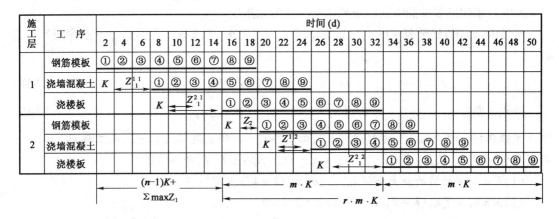

图 2-28 [例题2-13]横道图

二、空间异节拍成倍节拍流水施工（等步距异节奏流水）的组织

1. 无技术（组织）间歇要求条件下的空间异节拍成倍节拍流水组织

根据平面异节拍成倍节拍流水组织原理，应组织 n_1 个工序班组的总数，才能保证平面内的理想化流水——既不窝工又不间歇。即横道图共有 n_1 行，n_1 相当于等节拍流水的工序个数 n。

根据空间等节拍流水组织的原理，当 $m=n$ 时，就能做到空间流水跨层时的理想化——既不窝工又不间歇。所以，无技术间歇要求条件下的空间异节拍成倍节拍流水组织，要求 $m=n_1$，即施工段数等于工序班组的总数。流水工期 T 的计算也相似，将 n_1 替换空间等节拍流水公式中的 n。

例题 2-14 已知 $n=3$，支模板 $t_1=2$，绑钢筋 $t_2=4$，浇筑混凝土 $t_3=2$，施工楼层 $r=2$。组织流水施工，求：m 和 T，并画横道图。

(1) K = 各节拍值的最大公约数 = 2；$n_1 = \frac{2}{2}+\frac{4}{2}+\frac{2}{2}=4$；

(2) $m = n_1 = 4$；

(3) 流水工期 $T = (n_1-1+r\cdot m)\cdot K = (4-1+2\times 4)\times 2 = 22$；

(4) 绘制空间流水横道图，如图 2-29 所示。

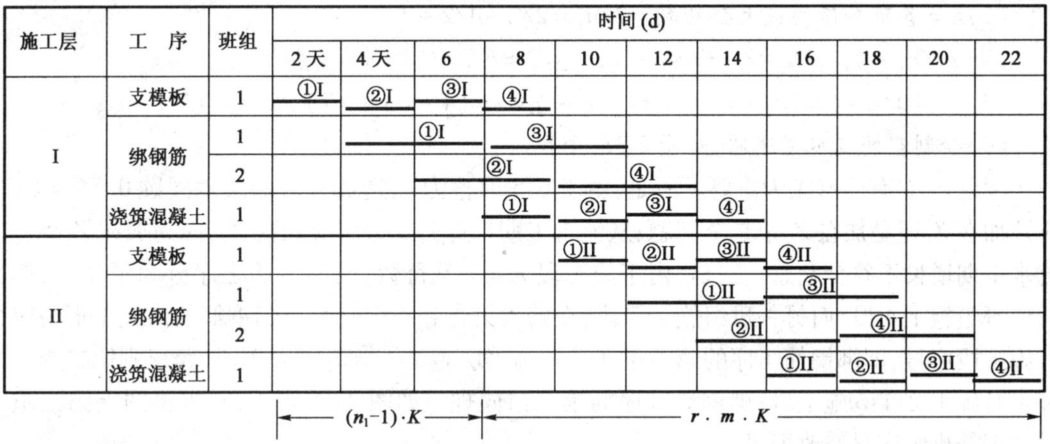

施工层	工 序	班组	时间(d)										
			2天	4天	6	8	10	12	14	16	18	20	22
I	支模板	1	①I	②I	③I	④I							
	绑钢筋	1			①I	③I							
		2			②I	④I							
	浇筑混凝土	1				①I	②I	③I	④I				
II	支模板	1					①II	②II	③II	④II			
	绑钢筋	1						①II	③II				
		2						②II	④II				
	浇筑混凝土	1								①II	②II	③II	④II

图 2-29 例题 2-14 横道图

2. 有技术间歇要求的空间异节拍成倍节拍流水组织

有技术(组织)间歇要求的空间异节拍成倍节拍流水,要求施工段数(m)>工序班组的总数(n_1)。

$$m = n_1 + \sum Z_1/K + Z_2/K \tag{2-18}$$

流水工期:
$$T = (n_1 - 1 + r \cdot m) \cdot K + \sum Z_1 \tag{2-19}$$

例题 2-15 已知 $n=3$,支模板 $t_1=2$,绑钢筋 $t_2=4$,浇筑混凝土 $t_3=2$,施工楼层 $r=2$。支模板与绑钢筋 $Z_1=2$,跨层 $Z_2=2$。组织流水施工,求:m 和 T,并画横道图。

(1) K=各节拍值的最大公约数=2;$n_1 = 2/2+4/2+2/2=4$;

(2) $m = n_1 + \sum Z_1/K + Z_2/K = 4+2/2+2/2 = 6$;

(3) 流水工期:$T=(n_1-1+r\cdot m)\cdot K+\sum Z_1 = (4-1+2\times6)\times2+2=32$;

(4) 绘制空间流水横道图,如图 2-30 所示。

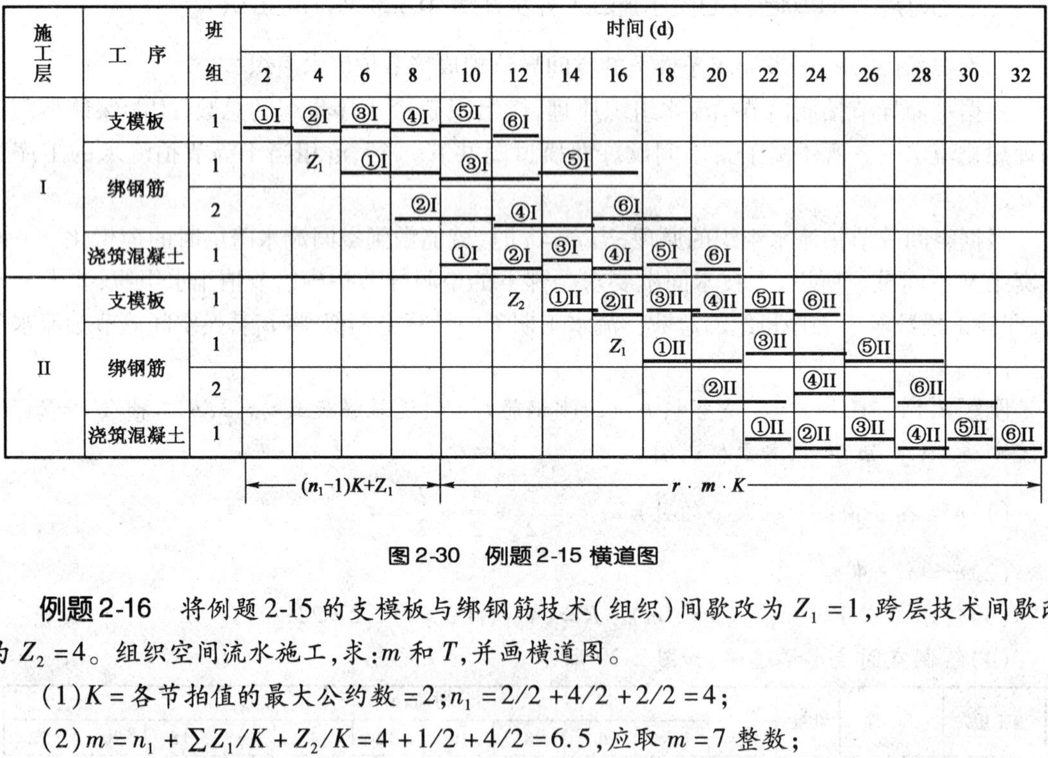

施工层	工序	班组	时间(d)														
			2	4	6	8	10	12	14	16	18	20	22	24	26	28	30	32
I	支模板	1	①I	②I	③I	④I	⑤I	⑥I										
	绑钢筋	1		Z_1	①I		③I		⑤I									
		2				②I		④I		⑥I								
	浇筑混凝土	1					①I	②I	③I	④I	⑤I	⑥I						
II	支模板	1						Z_2	①II	②II	③II	④II	⑤II	⑥II				
	绑钢筋	1								Z_1	①II		③II		⑤II			
		2										②II		④II		⑥II		
	浇筑混凝土	1										①II	②II	③II	④II	⑤II	⑥II

|← $(n_1-1)K+Z_1$ →|← $r\cdot m\cdot K$ →|

图 2-30 例题 2-15 横道图

例题 2-16 将例题 2-15 的支模板与绑钢筋技术(组织)间歇改为 $Z_1=1$,跨层技术间歇改为 $Z_2=4$。组织空间流水施工,求:m 和 T,并画横道图。

(1) K=各节拍值的最大公约数=2;$n_1 = 2/2+4/2+2/2=4$;

(2) $m = n_1 + \sum Z_1/K + Z_2/K = 4+1/2+4/2 = 6.5$,应取 $m=7$ 整数;

(3) 流水工期:$T=(n_1-1+r\cdot m)\cdot K+\sum Z_1 = (4-1+2\times7)\times2+1=35$;

(4) 绘制空间流水横道图,如图 2-31 所示。

例题 2-16 有两点尤为重要。一是,由于 6.5 取整为 7,造成放大的技术间歇 $0.5K=1$ 天,应该加在 Z_1 还是加在 Z_2 中是个问题;从流水工期计算公式分析应加在 Z_2,因为加在 Z_1 将造成流水工期增长不符合题意。二是,由于施工段 $m=7$ 是奇数,而绑钢筋工序分为了 2 组,那么一个班组施工 4 段,而另一班组施工 3 段;在跨入第二施工层流水时绑钢筋的两施工班组应交换施工段序号,即绑钢筋工序的第一组在第一施工层施工①③⑤⑦施工段,跨层到第二施工层施工时施工②④⑥施工段;绑钢筋工序的第二组同理。如图 2-31 所示,只需将图上第二施工层绑钢筋班组序号修改即可。

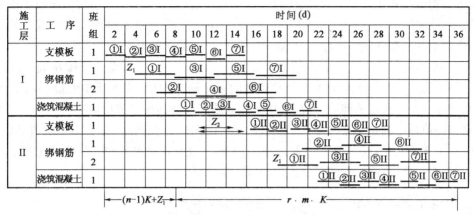

图 2-31 例题 2-16 横道图

第四节 无节拍流水施工段次(顺)序的优化

一、问题的提出和解决方法

1. 问题的提出

某工程有两道工序(第一道工序挖基础,第二道砌筑基础)、五个施工段,流水节拍如表 2-4 所列。

五个施工段按照自然顺序①②③④⑤流水施工,如图 2-32 所示,流水工期为 33 天。

挖和砌流水节拍　　　表 2-4

时间(d) 施工段 工序	①	②	③	④	⑤
挖基础 A	4	8	6	6	2
砌筑基础 B	5	1	4	8	3

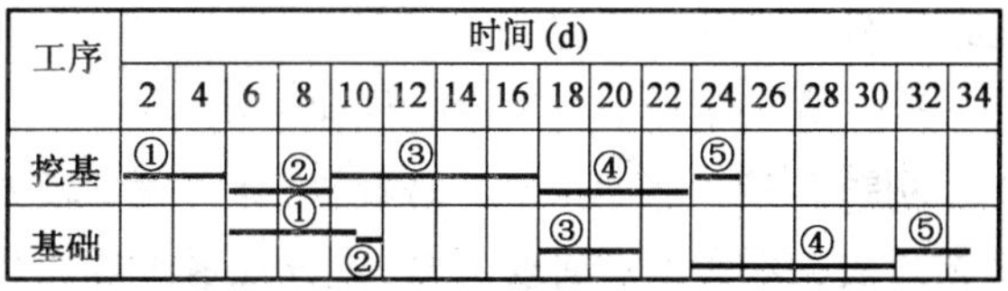

图 2-32 五个施工段按照自然顺序流水施工

五个施工段如果按照⑤①④③②顺序流水施工,如图 2-33 所示,则流水工期为 25 天。

同一个工程,由于施工段的流水顺序不同,造成流水工期的不同。如果能确定一个较好的顺序,则可以使流水工期缩短,说明流水施工中施工段存在最优的流水次序。该问题只发生于无节拍流水中。

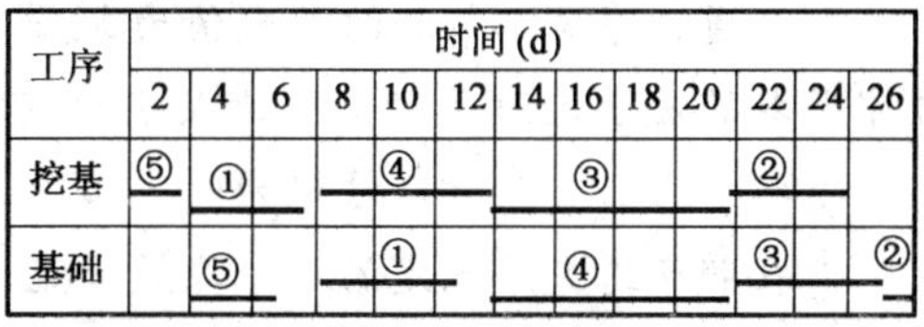

图 2-33 五个施工段按照优化顺序流水施工

2. 问题的解决方法

(1)枚举法:方法的计算数量级是 $m!$。
(2)不完全枚举法:主要有两道工序的最优解,三道工序的特解,n 道工序的近似解。

二、只有两道工序时施工段最优次序的确定方法

当 m 个施工段,只有 A 与 B 两道工序时,施工段的优化方法可参见运筹学中动态规划在排序中的应用(也称为"约翰逊-贝尔曼"法则),具体如下:

35

最小节拍值在 A 工序中时,该施工段号码排列在前;如在 B 工序中时,则该施工段号码排列在后。然后删除已经确定的该施工段及其流水节拍值,重复以上操作直到完成。如果最小值有两个以上并且都在同一工序中任选一个排列,说明最优解不止一个。

以表2-4为例。首先流水节拍值最小的是1,在 B 工序中,②施工段排在最后即第五位置,故去掉②施工段及其流水节拍。此时剩余的4个施工段中,流水节拍值最小的是2,在 A 工序中,⑤施工段排在最前即第一位置,故去掉⑤施工段及其流水节拍。在剩余的3个施工段中,流水节拍值最小的是4有两个,①施工段在 A 工序中,排在前面,位于第二位置;③施工段在 B 工序中,排在后面,位于第四位置,去掉①③施工段及其流水节拍。剩余的④施工段只能位于第三位置。所以,施工段的最优次序是⑤①④③②。

三、三道工序有特解时施工段最优次序的确定方法

1. m 个施工段三道工序时,施工段有最优特解的条件:
(1)第一道工序流水节拍的最小值≥第二道工序流水节拍的最大值;
(2)第三道工序流水节拍的最小值≥第二道工序流水节拍的最大值。

总结归纳为:第二道工序流水节拍的最大值,小于等于第一道的最小值或第三道的最小值。

2. m 个施工段三道工序时,施工段的优化过程
(1)方法:将第一道和第二道工序的流水节拍值累加为 A 工序时间值,将第二道和第三道工序的流水节拍值累加为 B 工序时间值,简化为 AB 两道工序。
(2)按照两道工序,确定最优顺序。

注,三道工序累加后转化为两道工序,只是为了获得最优顺序,并非是两道工序施工,事实上还依然是三道工序施工。

3. 三道工序五个施工段的优化事例

例题2-17 根据表2-5的数据,确定施工段最优流水顺序。分别组织不窝工有间歇、有窝工无间歇和有窝工有间歇流水,进行流水工期比较。

(1)确定施工段最优流水顺序
①判断三道工序是否满足具有特解条件
第二道工序流水节拍的最大值为5,第一道工序流水节拍的最小值为2,但是第三道工序流水节拍的最小值为5。5=5,满足有最优特解的条件。
②将三道工序累加后转化为两道工序,见表2-6。
③按照两道工序确定的施工段最优流水顺序为②①⑤④③。

(2)计算按照②①⑤④③顺序不窝工有间歇的流水工期
①按照②①⑤④③累加数列,即:

	②	①	⑤	④	③
挖基	2	5	10	20	28
基础	2	7	11	14	17
回填	6	11	18	27	34

三道工序五施工段的流水节拍 表2-5

工序	①	②	③	④	⑤
挖基 a	3	2	8	10	5
基础 b	5	2	3	3	4
回填 c	5	6	7	9	7

②错位相减取大差得:$K_1 = 14, K_2 = 2$;
③流水工期 $T = \sum K + \sum t(最后一道工序) = (14 + 2) + 34 = 50$。
(3)计算按照②①⑤④③顺序有窝工无间歇的流水工期
①按照②①⑤④③顺序,同施工段累加数列,即:

	挖基	基础	回填
②	2	4	10
①	3	8	13
⑤	5	9	16
④	10	13	22
③	8	11	18

三道工序转化为二道排序表　表2-6

工序	①	②	③	④	⑤
$A = a + b$	8	4	11	13	9
$B = b + c$	10	8	10	12	11

②错位相减取大差得:$L_1 = 2, L_2 = 4, L_3 = 5, L_4 = 11$;
③流水工期 $T = \sum L + \sum t(最后一个施工段) = (2 + 4 + 5 + 11) + 18 = 22 + 18 = 40$。
(4)绘制有窝工有间歇流水横道图

有窝工有间歇的工期,一般通过画横道图。也可通过阵列法计算,但远不如不窝工或者不间歇时的计算简单。阵列法计算参见光盘中内容。该事例有窝工有间歇流水横道图绘制如图2-34所示,流水工期则是39天。

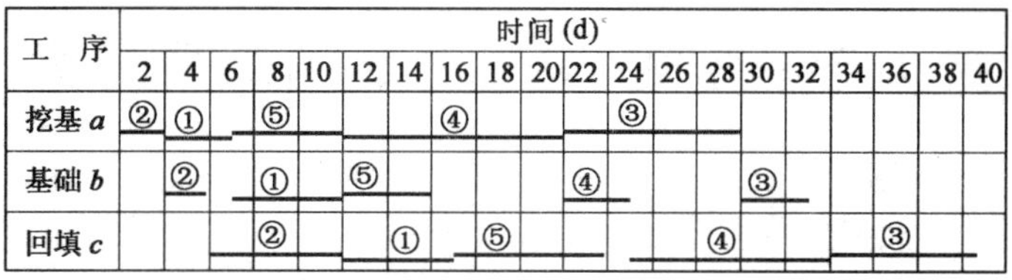

工　序	时间(d) 2 4 6 8 10 12 14 16 18 20 22 24 26 28 30 32 34 36 38 40
挖基 a	② ① ⑤ ④ ③
基础 b	② ① ⑤ ④ ③
回填 c	② ① ⑤ ④ ③

图2-34　三道工序五施工段最优顺序(次序)有窝工有间歇的流水横道图

比较以上三种形式的流水施工,所谓施工段最优顺序的流水工期最短,是指有窝工有间歇形式的流水施工,并不一定是不窝工形式或不间歇形式的流水(参见图2-34和2-35)。

四、多道(n道)工序时施工段较优次序确定的近似方法

1. m个施工段n道工序时,施工段的优化(近似法)

前 $n-1$ 道工序节拍值的累加作为第一道工序 A,将后 $n-1$ 道工序节拍值的累加作为第二道工序 B,转化为两道工序,按照两道工序确定最优顺序的近似解。一般情况下对于实际工程都能获得一定的缩短优化,但是该方法无法保证是最优解。

例题2-18　以表2-2数据为例,求较优的近似解。

(1)三道工序转换成两道工序累加过程

	①	②	③	④
A	5,	4,	6,	7
B	5,	5,	5,	6

表2-2

时间(d) \ 施工段 工序	①	②	③	④
挖基	2	2	4	4
砌基	3	2	2	3
回填	2	3	3	3

(2) 确定较优顺序的近似解,该例题有多种解,如:②①④③;②④③①;②④①③。
(3) 以②④①③顺序流水为例,有窝工有间歇的流水工期为17天,如图2-35所示,在第9天处①施工段有1天间歇。本例不窝工的流水工期也为17天;不间歇的流水工期则为18天,这也说明消除窝工或间歇都可能增加流水工期。

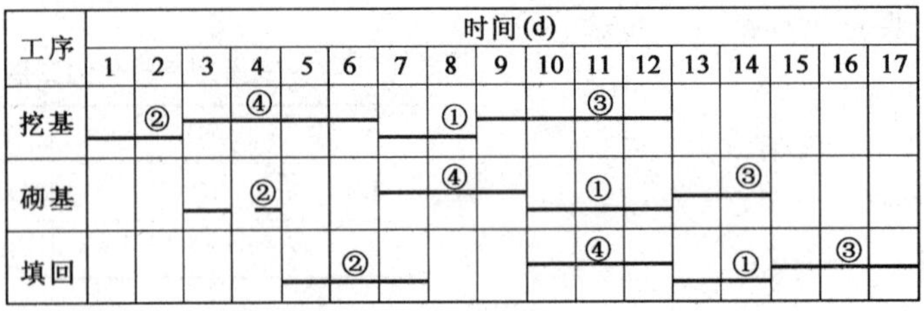

工序	时间(d)																
	1	2	3	4	5	6	7	8	9	10	11	12	13	14	15	16	17
挖基		②		④				①			③						
砌基				②				④			①			③			
填回						②				④			①		③		

图 2-35　按照近似解的较优顺序有窝工有间歇的流水横道图

2. 精确解法
(1) 修正法:在上述近似方法的基础上进行修正后,再进行迭代。该法计算量很大。
(2) 分支定界法。
以上修正或分支定界法两种方法,实质上都有可能会转变成为全枚举法,所以理论上是无意义的,在实际工程中一般采用近似法就足够了。

第五节　公路工程流水施工的特点

一、线性工程(路面)的搭接施工(流水线法)

公路流水施工有流水段法和流水线法。流水段法主要用于涵洞、桥梁的墩台等的施工;流水线法适合于线形工程,如公路、铁路、管线等。路面线性流水中各结构层速度不同时,对于其搭接类型的选择和搭接时距的确定,可参见第三章的第四节相应内容。

二、公路线性流水组织的注意事项

(1) 施工段划分:主要注意机械使用效率和结构物的整体性要求;稳定类路面的的延迟时间(水泥稳定类宜控制在3~4h内,作业长度以200m为宜);沥青路面关注温度的要求;同时考虑设备能力之间的匹配。
(2) 划分施工细目:要考虑工艺关系和组织关系,以及单位工程、分部分项工程、工序的划分要求。
(3) 建立施工专业队(或班组):注意工种的划分;数量的计算。
(4) 确定线性流水方向:考虑工程量的分布,材料供应和运输条件,通车要求等,如果是路面面层摊铺还应根据拌和站的位置来决定流水的方向(参见第五章的内容)。

三、流水作业法的经济效果

流水作业法的经济效果,主要表现为提高劳动生产率、缩短工期、降低成本、提高质量、有利于资源供应工作等。

四、公路流水作业组织的分级

根据流水作业组织范围的大小,公路流水作业组织通常可划分为以下四个等级。

1. 分项工程流水作业

分项工程流水作业也被称为细部流水作业。它是在一个分项工程(专业工种)内部按照工序组织起来的流水作业。如土方路基(挖方段)施工的挖土、运土、卸土、空回等;路拌法稳定类底基层施工的下承层准备、施工测量、备料、摊铺、拌和、整型、碾压、养生,这些都属于细部流水作业的组织。

2. 分部工程流水作业

分部工程流水作业也称为专业流水作业。它是在一个分部工程内部的各分项工程之间组织起来的流水作业。如大型挡土墙的基础、墙身、墙背填土等;路面工程路段的垫层、基层、面层、路缘石、路面边缘排水系统、人行道等。

3. 单位工程流水作业

单位工程流水作业也称为综合流水作业。它是在一个单位工程内部的各分部工程之间组织起来的流水作业。如路基工程的路基土石方工程、排水工程、挡土墙、防护工程等;桥梁工程的基础、下部构造、上部构造现场浇筑、桥面系和附属工程等。

4. 工程项目流水作业

工程项目流水作业也称为大流水作业或群体工程流水作业。它是在若干相互关联的单位工程之间组织起来的流水作业,最终是要完成一个工程项目的施工任务。如果将路基工程、路面工程、桥梁工程、隧道工程、环保工程、安全设施等组成流水作业,该流水作业完成公路项目施工即告结束。

复 习 题

1. 单选题(下列各题中,只有一个备选项最符合题意)

(1)某段公路由土方、路基、路面三道工序,每道工序组织一个专业施工队,分四段组织流水施工。设各个工序在每段施工的持续时间相同,分别为土方20天、路基15天、路面25天。则路基、路面的第一段开始施工的时间是分别于第(　　)天后。

　　A.15,35　　　　　　B.20,35　　　　　　C.25,40　　　　　　D.35,50

(2)某施工工地,总工作量为$10\,000m^3$,每个机械台班的计划工作量为$500m^3$,其中有4台相同型号机械进行施工,请问该土石方施工的流水节拍t_j=(　　)。

　　A.2　　　　　　　B.3　　　　　　　　C.4　　　　　　　　D.5

(3)施工过程组织应遵循的四原则中最重要的原则是(　　)。

　　A.连续性　　　　　B.协调性　　　　　C.均衡性　　　　　D.经济性

(4)流水节拍分别为3、4、3、3天和2、5、4、3天,则流水步距和流水施工工期分别为(　　)。

　　A.3、16　　　　　B.3、17　　　　　　C.5、18　　　　　　D.5、19

(5)某道路工程划分为三个施工过程,在五个施工段组织异节拍成倍节拍流水施工,流水节拍分别为4、2、6天,该工程的流水施工工期为(　　)。

　　A.28天　　　　　B.20天　　　　　　C.16天　　　　　　D.14天

(6)施工组织的基本单元是(　　)。

　　A.分部工程　　　B.分项工程　　　　C.工序　　　　　　D.施工过程

(7)不是流水作业参数的内容是(　　)
　　A.空间参数　　　　　B.工艺参数　　　　　C.分段参数　　　　　D.时间参数
(8)某分部工程有两个施工过程,各分为四个施工段组织流水施工,在组织流水施工时,用来表达流水施工在施工工艺方面进展状态的参数通常包括(　　)。
　　A.施工过程和施工段　　　　　　　　　　B.流水节拍和流水强度
　　C.施工过程和流水强度　　　　　　　　　D.流水步距和流水强度
(9)单项工程与单位工程最主要的不同点是(　　)。
　　A.路段长度的不同　　　　　　　　　　　B.建成后是否能独立发挥生产能力或效益
　　C.结构部位的不同　　　　　　　　　　　D.是否具有独立设计文件
(10)(　　)是可以独立组织施工,并可单独作为成本计算对象的部分。
　　A.分部工程　　　　　B.单位工程　　　　　C.分项工程　　　　　D.施工工序
(11)具有单独设计,可以独立组织施工的是(　　)
　　A.单项工程　　　　　B.单位工程　　　　　C.分部工程　　　　　D.分项工程
(12)分部工程和分项工程都具有的划分依据是(　　)。
　　A.结构部位　　　　　B.路段长度　　　　　C.施工特点　　　　　D.材料

2.多选题(在下列各题的备选答案中,有至少两个最多四个备选项符合题意)
(1)桥梁工程在组织流水施工时,需要纳入施工进度计划中的施工过程包括(　　)。
　　A.桩基础浇筑　　　　　　　　　　　　　B.梁的现场预制
　　C.商品混凝土的运输　　　　　　　　　　D.混凝土构件的吊装
　　E.混凝土构件的采购运输
(2)有节奏流水施工的种类有(　　)。
　　A.等步距等节奏　　　　　　　　　　　　B.等步距异节奏
　　C.异步距异节奏　　　　　　　　　　　　D.变化步距节奏
　　E.异步距等节奏
(3)施工组织的主要研究对象是(　　)。
　　A.时间问题　　　　　　　　　　　　　　B.空间问题
　　C.资源问题　　　　　　　　　　　　　　D.经济问题
　　E.劳动力问题
(4)施工组织的基本方法有(　　)。
　　A.顺序作业法　　　　　　　　　　　　　B.平行作业法
　　C.流水作业法　　　　　　　　　　　　　D.平行顺序法
　　E.平行流水法
(5)流水作业参数有(　　)。
　　A.空间参数　　　　　　　　　　　　　　B.工艺参数
　　C.时间参数　　　　　　　　　　　　　　D.分段参数
　　E.分时参数
(6)施工过程组织必须遵循的原则有(　　)。
　　A.最优性　　　　　　　　　　　　　　　B.经济性
　　C.协调性　　　　　　　　　　　　　　　D.连续性
　　E.均衡性
(7)下列选项中有关分别流水施工的正确说法有(　　)。
　　A.组织分别流水施工时各个施工段上均无空闲
　　B.确定相邻施工过程之间的流水步距是其关键步骤
　　C.相邻施工过程之间的流水步距应为常数

D. 流水节拍较长的施工过程需要组织多个专业队伍

E. 各专业工作队伍保持连续施工

(8) 在组织流水施工,划分施工段应满足的基本要求包括(　　)。

A. 应保证拟建工程结构整体的完整性

B. 流水施工段的大小应保证施工有足够的作业空间

C. 施工段的数量应与施工过程的数量相等

D. 各流水施工段上的工程量应相等

E. 流水段的多少应与主导施工过程相协调

(9) 分部工程一般是按单位工程中(　　)来进行划分的。

A. 结构部位　　　　　　　　　　B. 所用材料

C. 路段长度　　　　　　　　　　D. 施工任务

E. 施工特点

(10) 公路工程中的单项工程可进一步划分为(　　)。

A. 单体工程　　　　　　　　　　B. 单位工程

C. 分部工程　　　　　　　　　　D. 分项工程

E. 分层工程

3. 判断题

(1) 流水步距是指两个专业队(班组)相继投入同一(或各自的第一个)施工段开始工作的时间间隔。
　　　　　　　　　　　　　　　　　　　　　　　　　　　　　　　　　　　　　(　　)

(2) 窝工是指同一施工段前后工序施工的停顿,即前后工序施工的不连续。　　(　　)

(3) 间歇是指同一工序(施工过程)施工时的停顿,也就是指施工段出现的空闲而造成的施工不连续。
　　　　　　　　　　　　　　　　　　　　　　　　　　　　　　　　　　　　　(　　)

4. 根据表 2-2,按照②④①③的顺序组织流水施工,计算流水步距和流水工期并绘制横道图。

5. 根据习题图 2-1 横道图的表示,在空格中填入该流水施工所反映的"间歇值"或"搭接值"。

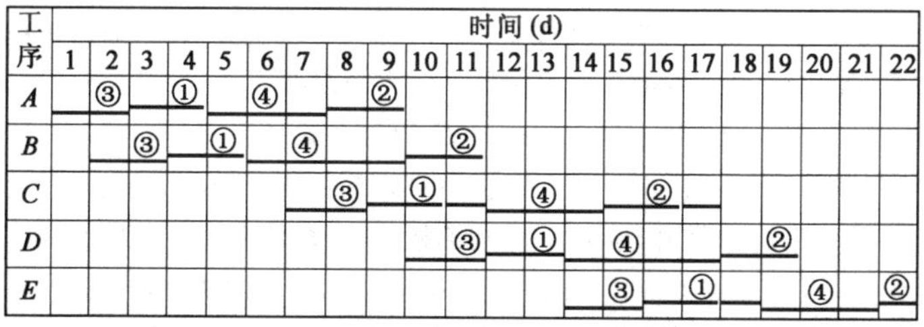

习题图 2-1

(1) AB 工序之间在③段是＿＿＿＿天,①段是＿＿＿＿天,④段是＿＿＿＿天,②段是＿＿＿＿天。

(2) BC 工序之间在③段是＿＿＿＿天,①段是＿＿＿＿天,④段是＿＿＿＿天,②段是＿＿＿＿天。

(3) CD 工序之间在③段是＿＿＿＿天,①段是＿＿＿＿天,④段是＿＿＿＿天,②段是＿＿＿＿天。

(4) DE 工序之间在③段是＿＿＿＿天,①段是＿＿＿＿天,④段是＿＿＿＿天,②段是＿＿＿＿天。

6. 根据习题图 2-1 横道图的表示(是正确的图),要求不能用"累加数列错位相减取大差"方法,直接从图中分析出该工程的技术要求间歇或允许的搭接和流水步距,进行下列填空(即还原题目的要求,填入搭接值或间歇值)。

(1) AB 工序之间允许的搭接或要求的技术间歇是＿＿＿＿天,K_1 是＿＿＿＿天。

(2) BC 工序之间允许的搭接或要求的技术间歇是＿＿＿＿天,K_2 是＿＿＿＿天。

(3) CD 工序之间允许的搭接或要求的技术间歇是＿＿＿＿天,K_3 是＿＿＿＿天。

(4) DE 工序之间允许的搭接或要求的技术间歇是＿＿＿＿天,K_4 是＿＿＿＿天。

在此分析填空的基础上,能否将此类问题抽象成为数学模型即相应最简单的数学表达式(也就是将实际施工问题变成数学问题来理解间歇与搭接)。

7. 假设有三座通道进行流水施工,每座通道的工艺顺序和工序时间相同,具体为:挖基 2 天→清基 2 天→浇基 4 天→台身 10 天→盖板 4 天→回填 6 天。

在浇筑水泥混凝土基础后需等待 2 天才可进行台身的施工,台身完成后需等待 4 天进行盖板施工。请按照异节拍成倍节拍流水(等步距异节拍)形式组织流水施工,计算并绘制横道图。

8. 根据表 2-3,组织流水施工,问题如下:
(1)计算不窝工有间歇的流水工期(即分别流水工期);
(2)计算不间歇有窝工的流水工期;
(3)绘制有窝工有间歇的流水施工横道图,并与问题(1)和问题(2)的计算结果比较有什么关系?

9. 按照表 2-7 来确定最优流水顺序的近似解,并比较各种顺(次)序的不窝工流水工期和有窝工有间歇流水工期(提示:该题有多种最优顺序的近似解)。

10. 某 16 层框架结构的建筑物,有 4 个单元,如习题图 2-2。每个楼层内的砌墙,可以分为两个施工层,无脚手架层和有脚手架层,①③⑤⑦表示无脚手架施工层,②④⑥⑧表示有脚手架施工层。请用最少的脚手架进行施工,排列出一个标准施工楼层最好的流水段顺序(次序)。

表 2-7

时间(d) 施工段 工序	①	②	③	④
挖	2	2	4	4
砌	3	2	2	3
填	2	3	3	2

楼层	各单元的施工层号			
3				
2	②	④	⑥	⑧
	①	③	⑤	⑦
1	②	④	⑥	⑧
	①	③	⑤	⑦

习题图 2-2

11. 某 3 层建筑物的墙体和楼板施工分为三道工序:绑钢筋并支墙模板 1 天,浇筑墙体水泥混凝土 1 天,安装预应力空心板 1 天。在钢筋墙模完成后要用 2 天时间进行模板检查,合格后才可浇筑水泥混凝土(模与混凝土 $Z_1^1=2$);墙体水泥混凝土浇筑完成后需等待 3 天使水泥混凝土达到一定强度后才可以安装预应力空心板(混凝土与安 $Z_1^2=3$)。请组织该施工的空间流水施工(要先求 m)。

12. 某 3 层建筑物的墙体和楼板施工分为三道工序:绑钢筋并支墙模板 2 天,浇筑墙体水泥混凝土 2 天,现浇楼板 2 天。在钢筋墙模完成后要用 1 天时间进行模板检查,合格后才可浇筑水泥混凝土(模与混凝土 $Z_1^1=1$);墙体水泥混凝土浇筑完成后需等待 3 天使水泥混凝土达到一定强度后才可以安装预应力空心板(混凝土与安 $Z_1^2=3$)。每层现浇楼板完成后需等待 3 天才能达到允许的强度。请组织该施工的空间流水施工(提示:0.5 段取整后间歇放大于何处合理)。

13. 已知 $n=3, t=2, r=2$。板和墙 $Z_1^{11}=4, Z_1^{12}=2$;墙和板 $Z_1^{21}=3, Z_1^{22}=6$;跨层 $Z_2=2$。请按照以下计算公式:

$$m = n + \frac{\max\{\sum Z_1\}}{k} + \frac{\max\{Z_2\}}{k}$$

求出 m 和 T,并画横道图。分析下该横道图中存在什么问题?是什么形式的错误?

14. 例题 8,采用图 2-31 中所述的在第二施工层修改施工班组序号,跨层流水时各施工班组交换施工段号,即绑钢筋工序的第一组在第一施工层施工①③⑤⑦施工段,跨层到第二施工层施工时施工②④⑥施工段。这种方法固然是最自然最简单最好的,请思考还有没有其他方法也可以实现施工班组跨层连续施工。

15. 某工程施工分为 ABC 三道工序,$t_A=2, t_B=4, t_C=2$,两个施工层,AB 工序之间搭接为 1 天,BC 工序之间技术间歇为 2 天,跨层间歇为 3 天。按理想化组织流水,请计算施工段数、工期,并绘制横道图和标示相关内容。

16. $n=3$(ABC 三道工序);$t_A=2, t_B=4, t_C=2; r=3; A$ 与 B 的技术间歇:1 层为 1,2 层为 2,3 层为 2;B 与 C

的技术间歇:1层为1,2层为2,3层为1。跨层$Z_2^1=1$,$Z_2^2=2$。请按理想化组织流水,计算施工段数、工期并绘制横道图和标示相关内容。

17. 某住宅小区有甲乙丙丁四栋住宅组成,其基础工程划分为基础土方、基础施工、回填土三个施工过程,其流水节拍为2、4、2周。基础施工与回填土时间间隔至少为1周。

(1)为缩短工期拟组织成倍节拍流水施工,确定流水步距、施工班组数和流水工期,并用水平横道图绘制其流水进度计划。

(2)按照项目原计划执行过程中,由于气候原因和变更设计,使甲栋住宅的基坑土方增加1周;乙栋的基础施工增加1周;丙栋基坑和基础施工各缩短1周。发生变化后该基础工程应如何组织流水施工更合理? 试确定变更后的流水步距、流水工期,并绘制其流水横道图。

18. 某工程包括三栋结构相同的砖混住宅楼。以每栋为一个施工段,试组织单位工程流水作业。已知:地面0.00m(正负零)以下部分按土方开挖、基础施工、底层预制板安装、回填土四个施工过程组织固定节拍流水施工,流水节拍为2周;地上部分按主体结构、装修、室外工程组织成倍节拍流水施工,流水节拍为:4、4、2周。

19. 某两层房屋的主体结构工程由A、B、C三个施工过程组成。它的平面上设有一道沉降缝(沉降缝将该建筑在平面上划分为2等分)。各施工过程在各个施工段上流水节拍依次为:4、2、2天。楼层之间至少应留2天的技术间歇。

(1)试划分施工段,绘制工期最短的流水施工方案并确定计划工期;
(2)绘制流水施工水平指示图表。

参 考 答 案(部分)

1. 单选题

(1)D (2)D (3)D (4)D (5)B (6)C (7)C (8)C (9)B (10)B
(11)B (12)B

2. 多选题

(1)ABD (2)ABC (3)ABCD (4)ABC (5)ABC
(6)BCDE (7)BE (8)ABE (9)ACDE (10)BCD

3. 判断题

1 × 2 × 3 ×

4~19题答案略

第三章 网络计划的关键线路法(CPM)

本章提要

本章重点介绍用网络计划的理论表示工程计划,主要有四个方面内容:(1)双代号网络图和单代号网络图的形式和绘制方法以及两种图形的区别联系;(2)网络计划的时间参数概念和计算,特别是要掌握时差的实际含义以及将在第四章网络计划的工程应用中所起的作用;(3)关键工作和关键线路的概念和判断方法,以及这几种方法的特点;(4)如何用单代号搭接网络图表示工程施工中存在的相互搭接关系以及时间参数计算方法。

第一节 网络计划概述

一、网络计划技术的产生与发展

网络计划技术是20世纪50年代国际上出现的一种计划管理的新方法。它将计划中的各个工作之间的关系建立在网络图的模型上,并把计划的编制、协调、优化和控制有机地结合起来,人们将这种方法称为网络计划技术。网络图来自"图论"。"图论"创立于18世纪,欧拉在1736年发表了"图论"方面的第一篇论文,解决了著名的哥斯尼堡七桥问题,证明了该问题无解,即一笔画不出。因为两边的河岸可看作为两个节点,河中的两座岛又看作为两个节点,共四个节点;七座桥看作为七条边,每个节点都是奇点(单数边的点);每两个奇点构成一个笔划,至少两次(图3-1)。

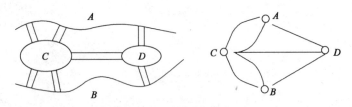

图 3-1 哥斯尼堡七桥问题

应用最早的网络计划技术是关键线路法(CPM)和计划评审技术(PERT)。前者于1956年由美国杜邦公司提出,并在1957年首先应用于一个价值一千多万美元的化工厂建设中,取得了良好的效果。后者在1958年由美国海军部武器局的特别计划室提出,首先应用于制定美国海军北极星导弹研制计划,它使北极星导弹研制工作在时间和成本方面取得了显著的效果。因此,美国三军和航天局在各自管辖的计划工作中全面推广这种技术。1962年美国国防部规定:凡承包有关工程的单位都需要采用这种有效方法来安排计划。

这两种方法的推广和应用过程中,不同国家根据本国的实际对其分别进行了扩展和改进。我国从20世纪60年代初在华罗庚教授倡导下,对网络计划技术进行了研究和应用,并于1991年颁布了《工程网络计划技术规程》(JGJ/T 1001—91),1992年形成国家标准,1999年重新修订和颁布了《工程网络计划技术规程》(JGJ/T 121—99),目前最新的规程正在修订中,即将颁布。

搭接网络计划技术可以大大简化图形和计算工作,特别适用于庞大而复杂的计划工作,主要用来编制工程项目的进度计划。网络计划技术主要有关键线路法(CPM,如图 3-2)、计划评审技术(PERT,如图 3-3)、流水作业网络计划、搭接网络计划(CNT)、决策网络 DCN、图示评审技术(GERT 如图 3-4)等多种方法。以海底隧道施工计划的表示为例,比较主要三种网络计划形式(CPM、PERT、GERT)的区别和联系,参见图 3-2～图 3-4。多年来我国项目管理工作者做了大量工作,网络计划技术得到进一步发展,正朝着随机网络计划(图示评审技术等)、决策网络等方向发展。

1. 海底隧道施工 CPM 网络图

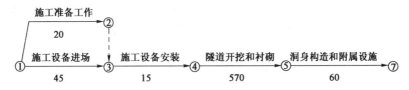

图 3-2　关键线路法双代号海底隧道施工网络图

2. 海底隧道施工 PERT 网络图(回答不同工期实现的概率)

图 3-3　海底隧道施工的计划评审网络图

3. 海底隧道施工 GERT 网络图(可回答不同施工方案实现的概率和平均时间)

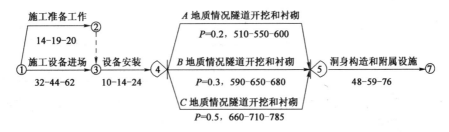

图 3-4　海底隧道施工的图示评审随机网络图

与横道图相比,网络计划图具有如下优点:网络图把施工过程中的各有关工作组成了一个有机的整体,能全面而且明确地表达出各项工作开展的先后顺序,以及各项工作之间的相互制约和相互依赖的关系;能进行各种时间参数的计算;在名目繁多、错综复杂的计划中找出决定工程进度的关键工作,便于计划管理者集中力量抓主要矛盾,避免盲目施工确保工期,能够从许多可行方案中选出最优方案;在计划的执行过程中,可以预见因某一项工作工期变化引起的对整个工程计划的影响,并能够根据变化了的情况,迅速进行调整,保证自始至终对工程计划的执行进行有效地控制与监督;利用网络计划中反映出的各项工作的时间储备(时差或机动时间),可以更好地调配人力、物力,以达到降低成本的目的;更重要的是,它的出现与发展,大大方便了人们采用现代化的计算机在工程项目计划管理中的应用。计算机在施工组织设计和项目管理中的应用,将在第六章中重点讲述。

二、网络计划的分类

施工计划以网络图形式表示,不同的网络图其形式、符号的含义也不同,因此要懂得网络图表示的含义,就应该了解网络图的分类。

1. 按箭线和节点表达的含义分类

(1)双代号(箭线)网络计划图;(2)单代号(节点)网络计划图。

2. 双代号网络按箭线的长度与时间的关系分类

(1)一般双代号网络图(也称为无时标网络图,极少部分人称之为标时网络图);(2)双代号时标网络图(注:单代号也有时标网络图,但不常见,很少使用)。

3. 按工作之间的连接关系分类

(1)衔接网络图;(2)搭接网络图(衔接是搭接的特例)。

4. 按目标多少分类

(1)单目标网络图(CPM);(2)多目标网络图(GERT 等)。

5. 按工程项目的组成分类

(1)分项工程网络图;(2)分部工程网络图,(3)单位工程网络图;(4)单项工程网络图。

6. 按性质分类

(1)肯定型网络图(CPM);(2)非肯定型网络图,是指工作、工作间逻辑关系和工作持续时间三者中任一项不肯定的网络计划。PERT 是时间非肯定,GERT 图示评审技术是结构非肯定,参见表 3-1。非肯定型网络图的具体内容将在第七章详细讲述。

网络图的时间和结构类型表 表 3-1

类型		时间参数	
		肯定型	非肯定型
逻辑关系	肯定型	关键线路法,搭接网络	计划评审技术(PERT)
	非肯定型	决策树型网络,决策网络	图示评审技术,排队图示,风险型随机网络

在工程施工管理中常用的主要有双代号或单代号(衔接)网络图,以及双代号时标网络图、单代号搭接网络图。

三、网络计划图的构成

1. 组成网络计划图的三要素

(1)箭线;(2)节点;(3)流:工作持续时间、费用和资源量(甚至包括第七章中的概率值等)。

2. 双代号网络计划图的构成

(1)箭线代表工作;(2)节点表示工作之间的连接关系。如图 3-2 所示的海底隧道施工双代号图。

3. 单代号网络计划图构成

(1)节点代表工作;(2)箭线表示工作之间的连接关系。如图3-5所示的海底隧道施工的单代号网络图形式。

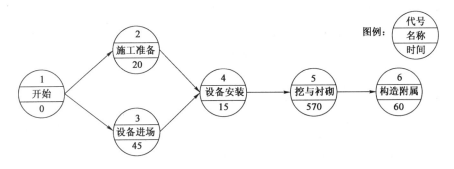

图3-5 关键线路法单代号海底隧道施工网络图

有关网络图的绘制、计算和优化内容参见本教材光盘中的PPT动画,以便加深理解。

第二节 双代号网络计划的绘制与时间参数计算

一、双代号网络图的组成和工作之间的逻辑关系

(一)双代号网络图中的符号规定

1. 箭线(Arrow)

一条箭线表示一项工作(Activity,也称工序、作业、活动、施工过程)。工作就是工程任务按需要划分而形成的、一个要消耗时间也可能同时需要消耗资源的子项或子任务。工作是网络计划的最主要的组成部分,它用一条箭线和两个节点来表示。通常,工作的名称标注在箭线的上面,工作持续时间标注在箭线的下面,箭头的方向是表示工作持续时间的推进方向。工作持续时间(Duration)是一项工作规定的从开始到完成的时间。箭线的箭尾端点表示工作的开始,箭头端点表示工作的完成或结束。两圆圈中的两个号码代表这项工作名称的代号,由于是两个号码表示一项工作,故称为双代号表示法,由双代号表示法构成的网络图称为双代号网络图(Activity-on-arrow network,箭线表示工作网络图),如图3-2所示。一个完整的网络图就可以代表一个工程项目,简称工程(或任务)。

在网络计划中,工作通常可以分为三种:需要消耗时间和资源(如桥台的基坑开挖)的工作;只消耗时间而不消耗资源的工作(如混凝土的养生);既不消耗时间也不消耗资源的"虚设工作"。前两种是实际存在的工作;最后一种是人为虚设的工作,主要是为了表示相邻的前后工作之间的逻辑关系而设,通常称其为"虚工作",以虚箭线表示,如图3-6所示。双代号网络图需要虚工作的主要原因,是由于某种情况下,在双代号网络图中只靠"实工作"难以表达其确切的意思,借助"虚工作"是最简单的解决方法(参见本教材光盘PPT课件中对此的说明)。

工程的具体工作内容是由一项工程的规模、范围及其划分的粗细程度所决定的,如果对于一个规模较大的建设项目来讲,一项工作可能代表一个单位工程或一个构造物;如果对于一个单位工程,一项工作可能只代表一个分部或分项工程。

箭线的长度:在无时标网络图中,箭线的长度原则上可以任意画,但必须满足网络图中工

47

作之间的逻辑关系和箭头方向的一致性;在时标网络图中,其实箭线长度必须根据工作的持续时间值大小按比例来画其长度。箭线的方向:水平箭头方向尽可能用从左往右的方向来表示。

内向箭线是表示指向某个节点的箭线,外向箭线是表示从某个节点引出的箭线。网络图中往往会存在进入一个节点的多条内向箭线,也会存在离开一个节点的多条外向箭线。这两个概念主要是相对节点而言,有时需要用到其概念。

2. 节点(Node)

节点表示工作间的衔接关系,起到连接作用以及号码的标识作用。节点也称为事件(Event)(事件的作用将在第七章讲述)。

在一个网络图中,表示整个计划(工程计划、工程)开始的节点称为起点节点,整个计划最终完成的节点称为终点节点,其余节点称为中间节点。

在双代号网络图中,节点不同于工作,它只标志着工作的完成或开始的瞬间,具有承上启下的衔接作用,而不需要消耗时间和资源,如图3-6中的节点⑦,它既表示 C、E、K 三项工作的完成时刻,也表示 F 工作的开始时刻。节点的另一个作用如前所述,在网络图中,一项工作可以用其前后两个节点的编号表示,如图3-6中,工作 E 用节点编号表示为"③→⑦"。箭线发出的③节点称为其工作的开始节点,箭线进入的节点⑦称为其工作的完成节点。在一个网络图中,除了整个网络计划的起点节点和终点节点外,其余任何一个节点都有双重的含义,既是前面工作的完成节点,又是后面工作的开始节点。

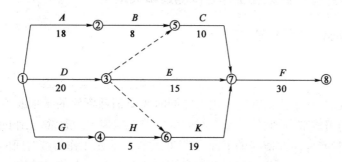

图3-6 双代号网络图

在一个网络图中,每一个节点都有自己的编号,以便计算网络图的时间参数和检查网络图是否正确。从理论上讲,对于一个网络图,只要不重复,各个节点可任意编号,但由于人们早期使用计算机表示网络计划时是通过节点号码表示工作(箭线)之间的关系,所以习惯上,从起点节点到终点节点,编号由小到大,并且要求每个工作(箭线),箭尾的编号一定要小于箭头编号,并且不重复号码,即网络图的编号规则,如图3-6中所示。节点编号简单和更实用的方法是:"从小到大地编号码(即从小到大一个一个给出号码),每编一个号码时看其紧前节点是否编过;如紧前节点未编过,则退回到未编过号码的节点,做同样的判断;如紧前节点编过则填入该编号。"

(二)网络图中各工作之间的逻辑关系及其表示方法

网络计划技术在公路工程施工中主要用来编制施工项目施工进度计划,因此,网络图必须正确地表达整个工程的施工工艺流程和各工作开展的先后顺序以及它们之间相互制约、相互依赖的关系,即工作之间的逻辑关系(Logical relations)。

1. 工作之间逻辑关系的类型

(1)工艺关系(Process relation):生产性工作之间由施工工艺所决定的先后顺序关系,非生产性工作之间由工作程序决定的先后顺序关系。

(2)组织关系(Organizational relation):工作之间由组织安排需要或资源调配需要而确定的先后顺序关系。

2. 工作之间逻辑关系的名称

工作之间逻辑关系的名称,相对于节点有紧前工作和紧后工作;相对于本工作(即参照工作)有紧前工作和紧后工作以及平行工作。

(1)紧前工作(Predecessors):紧靠本工作之前的工作,即施工中常说的前一道工序;在网络图中,通过辨认节点上的箭头或者以本工作箭尾节点上的箭头工作判断其是紧前工作。

(2)紧后工作(Successors):紧靠本工作之后的工作,即施工中常说的后一道工序,在网络图中,通过辨认节点上的箭尾或者本工作箭头节点上的箭尾工作判断其是紧后工作。

(3)平行工作(Concurrentactivity):与本工作同时进行的工作。

因此,从网络图上正确判断紧前工作与紧后工作是难点也是关键点,如果其中夹有表示"虚工作"的"虚箭线",判断时应延伸到实箭线为止。

(三)网络图中常见的工作之间逻辑关系的表示

1. 常见的工作之间逻辑关系的表示

常见的工作之间逻辑关系的表示具体见表3-2。

2. 相对复杂的逻辑关系图及其表示(往往要虚箭线连接)

(1)先确定各工作的先后位置。

(2)用虚箭线连接各工作的关系(以自来水比喻连接),有以下两种形式:

①直接连接,其利与弊是:容易连接、正确性高,但是易交叉;

②间接连接,其利与弊是:不易交叉,但是容易出错造成无关相连。

连接时的建议:尽可能先采用间接连接以避免交叉;如果间接连接时产生无关相连的错误,则应改用直接连接方法。应注意,如果一个工作只有一个去向时(如图3-9中的B工作),只能用直接连接而不能用间接连接,否则一定产生错误。

(3)去掉多余的虚箭线:最常见的是"一实一虚"或"一虚一实"的情况,见图3-7。

图3-7 最简单的多余虚箭线　　图3-8 各工作先后位置　　图3-9 连接方式

3. 复杂的逻辑关系图举例

以表3-2的第4个逻辑关系为例:A完成后进行C;A、B完成后进行D。

(1)先确定各工作的先后位置,见图3-8。

(2)用虚箭线连接各工作的关系,见图3-9。

(3)去掉多余的虚箭线,见图3-10。

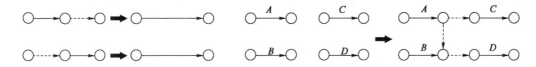

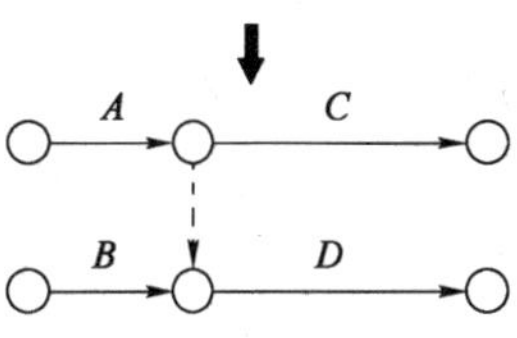

图3-10 去掉多余虚线后的逻辑关系

各种常见的逻辑关系图　　　　　表 3-2

序号	工作之间的逻辑关系	双代号网络图的表示方法
1	A 完成后进行 B 和 C	
2	A、B 完成后进行 C	
3	A、B 完成后进行 C 和 D	
4	A 完成后进行 C A、B 完成后进行 D	
5	A、B 完成后进行 D A、B、C 完成后进行 E D、E 完成后进行 F	
6	A、B 完成后进行 C B、D 完成后进行 E	
7	A、B、C 完成后进行 D B、C 完成后进行 E	
8	A 完成后进行 C A、B 完成后进行 D B 完成后进行 E	
9	A、B 两项工作分成三个施工段，分段流水施工：A_1 完成后进行 A_2、B_1，A_2 完成后进行 A_3、B_2，A_3 完成后进行 B_3。	

按照上述事例的方法，分别完成本章复习题中第 3 题的(1)、(2)小题的逻辑关系图绘制。

二、双代号网络图绘制的规则和虚箭线的使用

在绘制网络图时必须遵循一定的基本规则和要求。

1. 绘图规则

（1）必须正确地表达各项工作之间的相互制约和相互依赖的关系——逻辑关系。

（2）在网络图中，只允许一个起点节点和一个终点节点。如果出现多起点多终点情况，增加虚工作(虚箭线)使之变为一个起点或一个终点（图 3-11）。

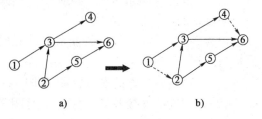

图 3-11　多起点终点的处理

(3)在网络图中严禁出现循环回路。例如,A、B、C这三个工序一旦形成循环回路,整个工程的后续工作就无法进行施工。图3-12a)是错误的,而图3-12b)形式就不构成循环回路。

(4)在网络图中不允许出现重复编号的箭线(工作)。即,一对节点之间只能有一条箭线。如出现此类错误,改正的方法是增加节点和虚箭线,即虚箭线的区分作用(图3-13)。

图3-12 循环回路的处理　　　　图3-13 重复编号箭线的处理

(5)在网络图中一条箭线只能是一个箭尾和一个箭头,不允许出现一个箭尾多个箭头或者多个箭尾一个箭头以及多个箭尾多个箭头工作。如图3-14a)是错误的;如果要想表示该含义,即该工作完成后,⑥⑦两节点的紧后工作可以开始,则应表示为图3-14b)形式。

(6)在网络图中不允许出现带有双向箭头或无箭头的工作。如图3-15所示是错误的。

图3-14 多箭头或箭尾的处理　　　　图3-15 两种错误的箭线形式

(7)箭尾号码小于箭头号码,并且号码不重复。

要注意在CPM(关键线路法)中,上述的绘图规则中最重要的规定是"严禁出现循环回路"。但是这点不适用于GERT(图示评审)。

2.网络图绘制应注意的事项

(1)网络图的绘图要正确;网络图的布局要条理清楚,重点突出。虽然网络图主要用以反映各项工作之间的逻辑关系,但是为了便于使用,还应安排整齐,条理清楚,重点突出。应尽量把关键工作和关键线路布置在图形中心位置;尽可能把密切相连的工作安排在一起;尽量少用斜箭线和竖直箭线,而多采用水平箭线和折线箭线;尽可能避免交叉箭线出现(不是禁止交叉)。

(2)交叉箭线的画法。当网络图中不可避免地出现交叉时,最好用"过桥法(暗桥法)"尽量不要画成直接相交的交叉形式(图3-16)。虽然还有其他标号指向法等,但都不如"过桥法"简单直观(某些国外网络计划软件,为节省开发成本,绘图是直接交叉的)。

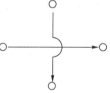

图3-16 过桥法

3.虚箭线的作用(或使用)

(1)连接作用。用虚箭线连接本应该有的联系,见图3-2。

(2)区分作用。避免不同工作的同代号。见图3-13。

(3)"断路法"作用。用于改错误,就是打断原本无逻辑关系,由于画图错误造成有逻辑相关的情况,见图3-17a)。具体的"断路"过程如下:

①先找到本无逻辑关系,却因画图错误造成有逻辑相关联的错误位置;

②再找到错误相连接的交叉节点(想象成自来水);

③顺着正确的箭线流向趋势,将该错误节点一分为二成两个节点。在分成两个节点时,应尽量保留原来的正确流向;

④用虚箭线连接两节点,见图3-17b)。

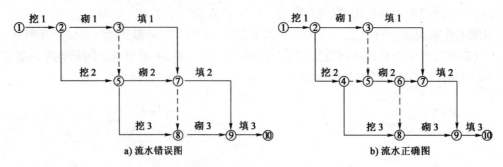

图 3-17 断路法的示例图

（4）多个起点和终点时的合并作用，见图 3-11。

4. 如何去掉多余的虚箭线

（1）在虚箭线的两节点中，如果其中一个节点上在该虚箭线的这一侧是唯一的一根箭线并且就是该虚箭线（唯一的虚箭线进或箭线进出），则该虚箭线是多余可去的。去掉多余虚箭线的方法就是：去掉该节点和虚箭线，然后延长另一侧所有箭线的相应部分。如图 3-18 和图 3-19 所示。

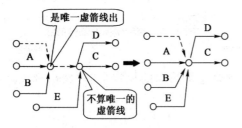

图 3-18 去多余虚箭线（出）

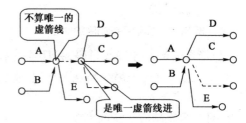

图 3-19 去多余虚箭线（进）

（2）全部是虚箭线构成的三边形处，往往有一根虚箭线是多余。如图 3-20 所示，在三根虚箭线构成的三边形时，构成同箭尾①点和同箭头③点的两条路（即"圈"），一条路是两根虚箭线①→②→③；而另一条路是一根箭线①→③，这一根①→③就是多余的虚箭线，可直接去掉。

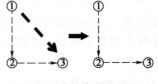

图 3-20 去掉多余的虚箭线

可以利用以上去掉多余虚箭线的方法来完成本章习题第 3 题中（3）、（4）小题的多余虚箭线。

（3）四条虚线构成的四边形，一般没有多余的虚箭线，是不能去掉。但是在某些情况下，例如在本章复习题第 3 题中（4）小题的习题图 3-3，经过分析可以调整其中某一根虚箭线，就由四边形变成三边形，此时就满足三边形中多余虚箭线的简化条件。

三、双代号进度网络图的绘制

（一）根据施工方案和工期要求结合计算机软件编制进度计划的步骤

第一步：收集编制进度计划所需有关数据。

第二步：确定编制进度计划的三要素（工作名称或者代号、持续时间、逻辑关系）。

（1）用 WBS（WorkBreakdownStructure，工作分解结构）方法对工程项目进行分解，以获得第一要素工作名称或者代号。

工作分解结构图 WBS,也称为项目结构图(参见第六章图 6-1)。
(2)确定各工作的持续时间。
确定各工作持续时间的方法有以下两种。
①计算法(定额法):正向计算法,先设资源量再算时间;倒排计算法,先设时间再反算资源量(主要用于关键工作、受控工作)。
总之,工作的持续时间是工程量、资源量和工作效率以及每天班制的函数[见第二章式(2-1)]。
②估算法:经验估计;专家估计;类比估计。
(3)分析各工作之间的逻辑关系(紧前工作或紧后工作):
①按施工工艺要求分析各工作之间的逻辑关系(工艺关系的紧前或紧后);
②根据组织意图或资源情况确定先后顺序(组织关系的紧前或紧后)。
最后就构成了一张工作关系时间表(参见第六章表 6-1)。
第三步:将工作关系时间表(进度计划三要素)输入计算机,进度计划网络图和横道图形就可自动生成,进度计划初稿的编制工作就已经完成了;紧接着对计划初稿进行修改与调整使之更加符合实际工程情况(参见第六章图 6-5~图 6-7)。

(二)根据工作关系时间表用"逐节生长法"手工绘制双代号网络图

一般情况下,工作关系时间表中各工作的排列次序不一定就是施工顺序[例如本章复习题第3 题(5)小题],顺着表格排列的次序"前进法"或者"后退法"是无法正确绘制出网络图的。

因此,本文所说的"逐节生长法",是借用计算机自动生成网络图的"逐节生长"方法和思路,结合作者的教学经验和绘图技巧,来手工绘制一般(而非特殊)网络图的方法。"前进逐节生长法",就是从逻辑关系时间表(或者逻辑关系表)中找到所有的第一道工序开始绘制,然后再找出所有的第二道工序,依次进行直到最后一道工序才完成绘制。而如果是"后退逐节生长法"就是从最后一道工序开始,依次后退绘制到第一道工序。

第一步:根据工作关系时间表中已知的紧前工作或紧后工作决定逐节生长的"前进"还是"后退"。
(1)工作关系时间表上只有紧前时,用"前进"逐节生长法;
(2)工作关系时间表上只有紧后时,用"后退"逐节生长法。
第二步:以表 3-3 为例用"前进"逐节生长法,绘制其双代号网络图的草图。

旧路改造工程工作关系时间 表 3-3

代号	A	B	C	D	E	F	G	H
名称	测量放样	路基土方	边坡防护	安装排水设施	清理杂物	路面施工	路肩施工	清理场地
紧前	—	A	B	B	B	C,D	C,E	F,G
时间(周)	1	10	2	5	1	3	2	1

(1)首先在表中找出所有的第一道工作,将箭尾并于起点节点,箭头上画圆圈节点。
(2)"新圈长新枝"(即找其紧后工作,可通过紧前与紧后的相对性来实现)一直到都找不到紧后工作为止。该重复过程应注意两点:
①多新枝的平行处理,以减少不必要的节点,进而减少多余虚箭线。
a. 新枝的紧前相同时,多个新枝共同一个箭尾节点。
b. 新枝的紧前不同时,每个新枝一个箭尾节点,即多新枝箭线不能共同一个箭尾节点。
②新枝与其紧前工作的连接,主要是选用节点连接还是选用虚箭线连接。

a. 新枝紧前的个数一个时,用节点连接。
b. 新枝紧前的个数多个时,用虚箭线连接。
画出的旧路改造工程网络草稿图,如图3-21所示。
第三步:整理草图。
(1)去掉多余的虚箭线,见图3-18、图3-19。
(2)检查网络图的逻辑关系正确与否。
(3)编节点号码:从小到大给出号码,每编一个节点号码看紧前节点,如紧前节点还未编号则退回到紧前节点做同样的判断,如紧前节点已经有编号就可以将该号填入。
(4)调整图形布局:调整线条位置以解决交叉,调整线条长短使箭线的箭头朝一个方向。
(5)填上各工作持续时间。旧路改造工程草图的整理结果如图3-22所示。

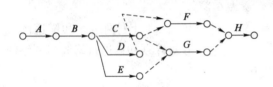
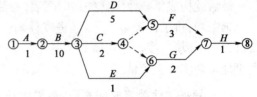

图3-21　旧路改造工程网络草图　　　　图3-22　旧路改造工程网络图

四、双代号网络图的时间参数计算和关键线路确定

(一)计算时间参数的目的

(1)确定关键线路;
(2)了解各工作的开工和完工时间(属控制性时间参数),以便进行进度的控制和检查;
(3)了解各工作的机动时间(即时差属协调性时间参数),以便进行计划的优化和调整;
(4)为了方便绘制双代号时标网络图。

(二)双代号网络图的工作时间参数计算(图上计算法)

1. 正向计算(即按工程的顺序排工期)求各工作最早开始或最早完成

(1)工作最早开始(或完成)时间参数的含义(Early Start 或 Early Finish)

是表示一个工作具备开工条件后,最早能够(或可以、可能)开始(或完成)施工的时间(即时刻),记为 ES_{ij}(或 EF_{ij})。工作下标 ij 表示本工作,hi 表示紧前,jk 表示紧后。

(2)前后工作的时间参数关系

　　　　本工作的最早开始 $ES_{ij} = \max\{EF_{hi}\}$,即取紧前工作最早完成的最大值　　(3-1)

(3)本工作的时间参数关系

　　　　本工作最早完成 EF_{ij} = 本工作最早开始 ES_{ij} + 本工作持续时间 D_{ij}　　(3-2)

(4)计算过程(包含持续时间为零的虚工作)

①假设所有的第一道工作的最早开始 = 0
②重复两个计算式的应用
　a. 用式(3-2)相加:求本工作的最早完工;
　b. 用式(3-1)取大:立足点后移,站在本身看紧前然后取大值作本工作最早开始。
③计算工期 = $\max\{$所有最后一道工作的最早完成$\}$　　　　　　　　　　　　(3-3)

正向计算的过程如图3-23所示。

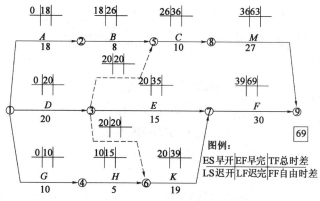

图 3-23 工序计算法的正向计算

2. 反向计算(即工程的倒排工期)求各工作最迟完成或最迟开始

(1)工作最迟完成(或开始)时间参数的含义(Late Finish 或 Late Start)

是指一个工作在不影响(总)工期的条件下,最迟必须完成(或开始)的时间(即时刻)。记为 LF_{ij}(或 LS_{ij})。式(3-2)和式(3-5)中的 D(Duration)表示工作的持续时间。

(2)前后工作的时间参数关系

本工作最迟完成 $LF_{ij} = \min\{LS_{jk}\}$,即取紧后工作最迟开始的最小值   (3-4)

(3)本工作的时间参数关系

本工作最迟开始 LS_{ij} = 本工作最迟完成 LF_{ij} - 本工作持续时间 D_{ij} (3-5)

(4)计算过程(包含持续时间为零的虚工作)

①假设所有的最后一道工作的最迟完成 = 工期(一般取计算工期)   (3-6)

②重复两个计算式的应用

a. 用式(3-5)相减:求本工作的最迟开工;

b. 用式(3-4)取小:立足点前移,站在本身看紧后然后取小值作本工作最迟完成。

反向计算的过程如图 3-24 所示。

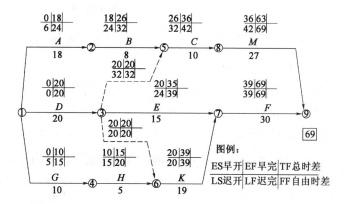

图 3-24 工序计算法的反向计算

3. 工作的时差计算(图 3-26)

(1)总时差 TF_{ij} = Total Float(或 Total Slack)

①含义:是指一个工作在不影响(总)工期的条件下所具有的最大机动时间。

②计算图和公式:

图 3-25 工作时差计算图

本工作总时差 = 本工作最迟完成 − 本工作最早开始 − 本工作持续时间 (3-7)

$$TF_{ij} = LF_{ij} - ES_{ij} - D_{ij}$$

$TF_{ij} =$ 最迟完成 $LF_{ij} −$ 最早完成 $EF_{ij} =$ 最迟开始 $LS_{ij} −$ 最早开始 ES_{ij} (3-8)

(2) 自由时差 FF_{ij} = Free Float(或 Free Slack)

①含义：是指一个工作在不影响紧后工作最早开始的条件下所具有的最大机动时间。

②计算式：

本工作自由时差 = 紧后工作最早开始 − 本工作最早开始 − 本工作持续时间 (3-9)

$$FF_{ij} = ES_{jk} - ES_{ij} - D_{ij}$$

$FF_{ij} =$ 紧后最早开始 $ES_{jk} −$ 本工作最早完成 EF_{ij} (3-10)

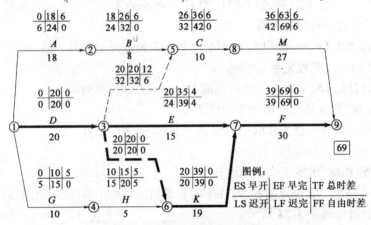

图 3-26 工作时差计算和关键线路图

当最后一道工作(工序)没有紧后工作时,自由时差计算用计算工期作被减数。

(三) 工期(Project Duration,工程的工期)的讨论

工期原来是泛指完成一件事情所需的时间。事情可大可小,小到一个工作(或工序),大到一个工程项目或合同段。因此,以往人们常将工作所需的时间称为工期(Duration);而工程项目所需的时间,一般情况下为了区别而称为"总工期"。但是,当今工程界的习惯是将工作所需花费的时间称为工作持续时间,而将工程项目或合同段施工所需时间称为工期(Project Duration)。本教材为避免工期一词带来的混乱,在谈及工期时都表示工程项目或合同段所需的时间,即总工期。

1. 工期的分类

(1) 计算工期:根据计划或网络计划的时间参数计算出来的工期值,用 T_C 表示。

(2) 要求工期:工程委托人所要求的工期,用 T_r 表示。例如,合同工期或指定工期。

(3) 计划工期:根据要求工期和计算工期所确定的作为工程项目实施目标的工期,用 T_P 表示。

2. 编制网络计划对工期的要求

(1) 当未规定要求工期 T_r 时：$T_P = T_C$。

(2) 当已规定了要求工期 T_r 时：$T_P \leqslant T_r$。

如果计算工期≤要求工期，有两种处理情况和结果。第一种，将计算工期就作为计划工期。第二种，将大于计算工期小于等于要求工期的数值作为计划工期，在网络图时间参数反向计算时，将该计划工期作为工期值进行网络计划时间参数的反向计算；这时，关键工作的条件是总时差最小而且大于零。这就是目前新潮流派的观点和方法，它改变了原来传统方法的边界条件，造成关键工作的条件是其总时差最小而不是等于零的变化，以及其他性质的变化。

如果计算工期＞要求工期，即不能满足合同工期的要求，则原计划不可行，需调整原计划使之满足合同工期要求，实现的途径和处理方法也有两种。第一种是传统的方法，分两步走，先按照传统的方法，在网络图时间参数反向计算时，将计算工期作为工期值进行网络计划时间参数的反向计算，作为计划的初稿而非执行计划。然后根据计算的结果进行计划时间的调整，使调整后的计划满足合同要求并作为计划工期。第二种，是在网络图时间参数反向计算时，将要求工期（如合同工期）作为工期值进行网络计划时间参数的反向计算；这时，关键工作的条件是总时差最小而且小于零。即使如此计算但由于原计划不可行，最后也还要调整原计划使之符合要求工期并以调整结果作为计划工期。从实际应用角度来说，第一种方法更简单具体可参见本文第四章第二节的工期优化内容；本教材的计划优化调整、时差分析都按照传统的边界条件进行。

(四) 关键工作和关键线路的确定

1. 关键工作和非关键工作

关键工作是指网络计划中总时差最小的工作。当计划工期等于计算工期时，总时差为零的工作就是关键工作。否则，只要总时差不是最小的工作，或者当计划工期等于计算工期时总时差不为零的工作，就称为非关键工作。应注意，关键工作的总时差最小是无条件的，而等于零是有条件的。

2. 关键线路和非关键线路

(1) 网络图的线路

从网络图的起点节点到终点节点，由节点和箭线所组成的通路，就称为线路。一个网络图一般有许多线路，例如图 2-26 中就有五条线路。

(2) 网络图的关键线路

网络图中关键线路的定义有两种观点。第一种是最普遍和最常用的定义，网络图中线路长度最长的线路称为关键线路。在非搭接网络图中（即常见的网络图，如图 3-26），线路长度就是线路中各工作持续时间的和（搭接网络图的线路长度在本章第五节中介绍）。另一种认为只要没有机动时间（即总时差小于等于零）的工作就是关键工作，其组成的线路才是关键线路，而且不论其线路长与短。本文关键线路定义按照第一种，第二种定义很少人使用。上述分歧都是由于反向计算时边界改变引起的。

(3) 网络图的非关键线路

线路长度不是最长的线路就称为非关键线路。非关键线路是包含有非关键工作的线路，并不一定都是由非关键工作所组成，如图 3-26 的①④⑥⑦⑨是非关键线路，既有非关键工作也有关键工作。因此，关键线路上的工作是关键工作；而"非关键线路上的工作"的说法是不肯定的表示,应该直截了当的表示为"非关键工作"即可。

3. 关键线路的确定

确定关键线路的方法有很多种:线路长度最长的全枚举法、网络图的关键工作法、双代号网络图的关键节点法和标号法,以及网络图的破圈法等。对于有工作时间参数计算结果的双代号网络图用关键工作法最简单,即将全部关键工作相连接的线路,如图3-26所示,采用粗实线或双箭线表示。

关键线路有以下性质:

(1)关键线路至少有一条,而不是只有一条;

(2)关键线路的线路长度最长,决定计算工期;

(3)关键线路上的工作是关键工作,关键工作的总时差最小;反之(在双代号网络图中)也成立,但是在单代号网络图中不一定成立;

(4)关键工作一旦拖延,则计算工期一定拖延;而关键工作缩短,计算工期不一定缩短。

(五)工作的开始时间参数和完成时间参数的计算小结

(1)节点前后工作时间参数的关系:以图3-27中⑥点为例。

节点前完成时间=节点后开始时间 $\begin{cases}正向:取大(后开始相同)\\反向:取小(前完成相同)\end{cases}$

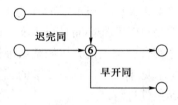

图3-27 节点前后工作时间参数的关系

(2)本工作时间参数的关系:

本工作完成(结束) = 本工作开始 + 本工作持续时间

(六)节点时间参数计算与关键节点法确定关键线路(节点计算法)

通过对上述工作(序)计算法进行工作时间参数计算的分析,可以发现每个节点紧后所有工作的最早开始时间是相同的;每个节点紧前所有工作的最迟完成时间是相同。这就引出了节点时间参数的概念和节点计算方法,从而简化了双代号网络时间参数的计算,而且使图上的时间参数更为简洁重点突出。

1. 节点时间参数的定义

(1)节点最早时间,记为 ET_i。

$ET_i = ES_{ij}$ 表示 i 节点紧后所有工作的最早开始,或者 ij 工作的最早开始,标注在其箭尾点。

(2)节点最迟时间,记为 LT_j。

$LT_j = LF_{ij}$ 表示 j 节点紧前所有工作的最迟完成,或者 ij 工作的最迟完成,标注在其箭头点。

2. 节点时间参数与工作时间参数的对应关系(图3-28)

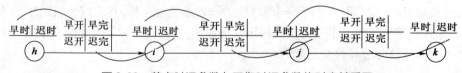

图3-28 节点时间参数与工作时间参数的对应关系图

3. 节点时间参数的计算

(1)正向计算,求节点最早时间(ET_i)

①设起点节点的最早时间=0

②顺着节点序号从小到大计算各节点最早时间

节点最早时间 $ET_i = \max\{$紧前节点最早时间 $ET_h +$ 相应工作持续时间 $D_{hi}\}$ （3-11）

③计算工期 = 终点节点上的节点最早时间

节点时间参数的正向计算,用式(3-11)求节点最早时间参数的过程如图3-29所示。

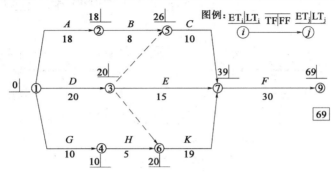

图 3-29 节点时间参数正向计算

(2)反向计算,求节点最迟时间(LT_j)

①设终点节点的最迟时间参数 = 工期(一般取计算工期);

②顺节点号码从大到小,依次计算节点最迟时间:

节点最迟时间 $LT_j = \min\{$紧后节点最迟时间 $LT_{jk} -$ 相应工作持续时间 $D_{ij}\}$ （3-12）

节点时间参数的反向计算,用式(3-12)求节点最迟时间参数的过程如图3-30所示。

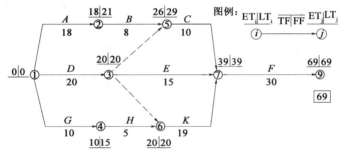

图 3-30 节点时间参数反向计算

4.节点时间参数的特点

当计划工期等于计算工期时,同一个节点的最早时间小于或等于其最迟时间($ET_i \leq LT_i$)。如果上述这个边界条件不具备,即计划工期不等于计算工期,则无此特征。

5.关键节点和关键线路

(1)关键节点的条件

当计划工期等于计算工期时,同一个节点最早时间 = 最迟时间,则该节点是关键节点。

$$ET_i = LT_i \tag{3-13a}$$

如果计划工期不等于计算工期,那么,同一个节点的最迟时间与最早时间的差应等于计划工期与计算工期的差,即节点时差等于计划工期与计算工期的差。

$$LT_i - ET_i = T_P - T_C \tag{3-13b}$$

(2)关键节点法确定关键线路(以线路最长为条件时)

关键线路上的节点是关键节点,但是全部由关键节点相连接的线路不一定是关键线路。例如图3-31中①③⑦⑨是关键节点组成的线路,却不是关键线路。因此,将关键节点相连接时还必须加上两关键节点之间是关键工作的判断条件,见式(3-14)。非关键节点间一定不关键。

箭尾节点的最早(或最迟)时间 + 本工作持续时间 = 箭头节点的最早(或最迟)时间 　　(3-14)

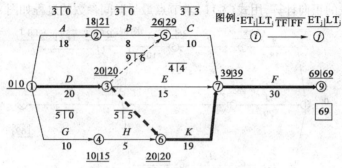

图 3-31　关键线路和工作时差计算

6. 利用节点时间参数计算工作的时差

(1) 工作时间参数与节点时间参数对应关系图和时差计算公式

工作时差计算中工作时间参数与节点时间参数对应关系图,见图 3-32。

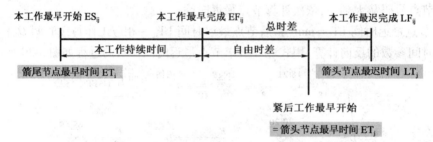

图 3-32　工作时间参数与节点时间参数对应关系图

时差计算公式如式(3-15)和式(3-16)。将式(3-15)减去式(3-16)得式(3-17)。

工作总时差 = 箭头节点最迟时间 − 箭尾节点最早时间 − 本工作持续时间 　　(3-15)

工作自由时差 = 箭头节点最早时间 − 箭尾节点最早时间 − 本工作持续时间 　　(3-16)

工作的总时差 TF_{ij} = 工作的自由时差 $FF_{ij} + (LT_j - ET_j)$ 　　(3-17)

工作的总时差 $TF_{ij} = FF_{ij}$ + 紧后工作总时差的最小值 $\min\{TF_{jk}\}$ 　　(3-18)

式(3-18)的使用是有条件的,只适合于双代号网络图且是图上紧后,不适用于单代号网络图。

(2) 计算举例

以图3-30中的B工作为例,按照式(3-15)和式(3-16)计算如下,其他计算参见图3-31的结果。

$$TF_B = 29 - 18 - 8 = 3 \quad FF_B = 26 - 18 - 8 = 0$$

五、双代号时标网络图

1. 双代号时标网络图的特点

双代号时标网络图与双代号无时标(一般)网络图相比较,其主要特点是双代号时标网络图实箭线的长度应按工作持续时间值的比例画其长度。时标网络图与横道图很接近,直观易懂,形象直观地反映工程各工作的时间进程,便于进度计划调整和资源调配;但是,手工绘制和修改较困难。

2. 时标网络图的类型

双代号时标网络图根据时间参数可以分为按最早时间的时标网络图;按最迟时间的时标网络图;按计划调整或优化后的时标图。最常用的是按最早时间的时标网络图,下面分别介绍最早时间的时标网络图和最迟时间的时标网络图的绘制。时标网络图的绘制可以分为间接法(先算后绘法)和直接法。

3. 工作时间参数所反映工作开始和完成具体时间的理解

工作的开始时间是表示该数值"以后"的时间(或时刻),例如,图3-33中$ES_{挖3}=4$表示挖3工作最早可以从第4天"后"开始施工,即第5天早晨开始施工。工作的完成时间是表示该数值"当时"的时间(或时刻),例如$EF_{挖3}=4+1=5$表示挖3工作最早可以在第5天的"当天晚上"完成施工,$LF_{挖3}=9$表示挖3工作最迟必须在第9天的"当天晚上"完成施工。

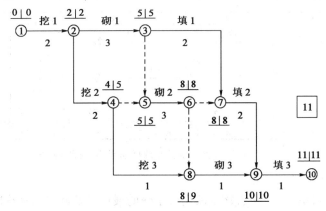

图3-33 挖砌填流水的双代号网络图

4. 最早时标网络图的间接绘制法

一般情况下,画双代号时标网络图之前,要先有一般双代号网络图,并且计算出各节点时间参数,也就是用间接法绘制时标网络图更容易。例如,将图3-33绘制成图3-34的步骤介绍如下。

(1)根据节点最早时间值,将其节点标定在相应的时标上。在标定节点时应注意将节点标定在时间坐标值靠后边的坐标线上。

(2)根据工作持续时间值,在两节点之间从箭尾节点开始画其实箭线长度。剩余部分画波形线,无剩余部分的虚工作还是用虚箭线表示(此时往往是竖直的),如图3-34所示。

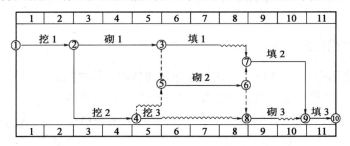

图3-34 挖砌填流水施工的双代号最早时标网络图

5. 双代号最早时标网络图的特性分析

(1)图上可直接反映出各工作的最早开始和最早完成时间。

(2)实箭线表示实际工作,两节点之间实箭线部分以外的剩余部分用波形线表示是代表工作的自由时差。

(3)无任何波形线的线路是关键线路(最长),如①②③⑤⑥⑦⑨⑩。

(4)流水施工组织中的出现窝工和间歇就是波形线,就是其自由时差,或更贴切的提法是"时间间隔"(参见本章第三节单代号网络图的内容)。

(5)每个工作的总时差等于自己的自由时差加上后续工作所组成路段的自由时差之和的最小值。此结论可以由式(3-18)推出。

6. 最迟时标网络图的间接绘制法和特性

(1)根据节点最迟时间值,将其节点标定在相应的时标上。在标定节点时应注意将节点标定在时间坐标值靠后边的坐标线上(完成时间末端)。

(2)根据工作持续时间值,在两节点之间从箭头节点开始倒画其实箭线长度。箭尾的剩余部分画波形线,无剩余部分的虚工作还是用虚箭线表示(此时往往是竖直的),如图3-35所示。

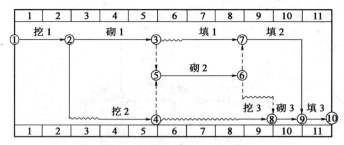

图3-35 挖砌填流水施工的双代号最迟时标网络图

(3)最迟时标网络图的特性

双代号最迟时标网络图上可直接反映出各工作的最迟开始和最迟完成时间。最迟时标网络图中波形线没有含义,既不是自由时差也不是总时差。关键线路仍然是无任何波形线的线路(最长),如①②③⑤⑥⑦⑨⑩。

7. 调整或优化后的时标网络图

调整或优化后的时标网络图往往是在前两种时标图基础上优化调整后的结果,既不是最早也不是最迟的时标图。特别要注意有竖直虚箭线情况下,调整时不要违背紧后工作开始不能早于其紧前工作完成时间。

第三节 单代号网络计划的绘制与时间参数计算

一、单代号网络图的绘制

在双代号网络图中,为了正确的表达工程计划的各项工作之间的逻辑关系,往往需要引用虚工作,这给绘图和计算增加了难度和工作量。因此,随着时代的进步,人们创造了第二种网络计划图——单代号网络图,从而解决了双代号网络图的上述缺点。

1. 符号规定

(1)节点:代表工作。节点的形式有多种,有圆的或方的;节点内的区域至少要两个以上(名称和时间),一般常用的是三个(代号、名称和时间),如图3-36所示。

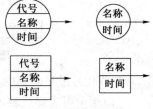

图3-36 节点的形式

(2)箭线:代表联系,主要是衔接关系的连接,就是将两个节点所代表的工作相连接。

单代号网络图的绘图很简单,有几个工作就画几个节点,本工作有一个紧前工作就从紧前工作连接一条箭线到达本工作。

2. 单代号网络图的绘图规则

单代号网络图的绘图规则与双代号的绘图规则基本相同。当多起点多终点需合并处理时,虚工作要用为时间值为零的节点而不是虚箭线;其他只需将双代号的"箭线"理解为"工作"用于单代号就没有什么变化。单代号网络图节点编号的要求与双代号相同,在实际应用中单代号网络图节点号码的功能和作用远不如双代号图,单代号图中即使不用代号也不影响使用,因此本教材单代号图常将代号省去。

3. 单代号与双代号网络图的区别和联系

(1)单代号与双代号网络图最根本的区别就是符号的含义互换。

(2)单代号网络图一般没有虚箭线(不包括单代号搭接网络图),但是可能还需要虚工作(时间值为0的节点,例如图3-37的K虚工作),主要有以下两种情况:

①多个第一道工作或多个最后一道工作时,需引入虚起始或虚终止工作,如图3-38所示。

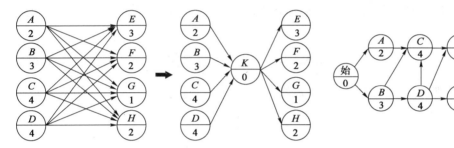

图3-37　引入虚工作K避免严重交叉　　　　图3-38　多个第一道或最后一道工作时引入虚工作

②为了避免严重的交叉,如图3-37所示。特别提醒:不是严重的交叉不需要避免,可以交叉。

二、单代号网络图的时间参数计算

1. 单代号网络图工作时间参数的概念

单代号网络图工作时间参数的概念与双代号网络图工作时间参数的概念完全相同。因此单代号网络图工作时间参数的计算也就是工作(序)计算法,而且单代号只有一种时间参数计算法。

2. 单代号网络图工作时间参数的计算(图3-39、图3-40、图3-41)

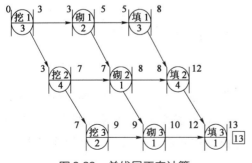

图3-39　单代号正向计算

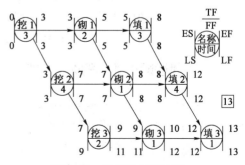

图3-40　单代号反向计算

(1) 工作时间参数中开始与完成 4 个参数与双代号完全相同

单代号网络图中工作的最早开始、工作的最早完成,工作的最迟开始、工作的最迟完成,与双代号网络图完全相同,就是计算公式的下标由双下标变成单下标,见图 3-39、图 3-40。

(2) 工作的自由时差与双代号有些差异

在双代号网络图中,图上的紧后工作的最早开始都是相同的,在自由时差计算时紧后最早开始随便哪一个都可以作为被减数,其结果一样;但

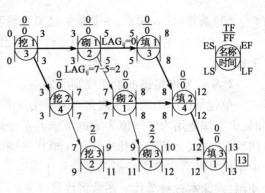

图 3-41 时差计算和关键线路

是在单代号网络图中,紧后工作的最早开始可能不相同(如图 3-41 中"砌 1"的紧后工作最早开始分别是 5 和 7),此时应取最小值,见式(3-19)。

$$FF_i = 紧后工作最早开始的最小值 \min\{ES_j\} - 本工作最早完成 EF_i \quad (3-19)$$

紧后工作的最早开始时间与紧前工作的最早完成时间之间的差值称为相邻工作之间的时间间隔 LAG_{ij},简称时间间隔,是网络计划很重要的概念,在接下来的学习和应用中经常用到。

$$LAG_{ij} = 紧后工作最早开始 ES_j - 紧前工作最早完成 EF_i \quad (3-20)$$

式中以箭线为参照,i 节点表示紧前,j 节点表示紧后。工作 i 的自由时差也可以表示为:

$$FF_i = \min\{LAG_{ij}\} \quad (3-21)$$

单代号网络图自由时差计算如图 3-41 所示。

(3) 工作的总时差与双代号基本相同但内容有扩充

工作的总时差 $TF_i = LF_i - EF_i = LS_i - ES_i$ 与双代号的式(3-8)相同,只是将双下标变成单下标。单代号网络图总时差计算如图 3-41 所示。工作总时差计算公式的扩充形式见式(3-22)。

$$TF_i = \min\{紧后工作总时差 TF_j + 本工作与紧后工作之间的时间间隔 LAG_{ij}\} \quad (3-22)$$

式(3-22)不仅在单代号成立,双代号也适用。而式(3-18)$TF_{ij} = FF_{ij} + \min\{TF_{jk}\}$ 只适用于双代号。这点尤其要注意。下面对式(3-22)进行推导:

因根据式(3-8)和式(3-4):　　　$TF_i = LF_i - EF_i = \min\{LS_j\} - EF_i$

又因 EF_i 对于 i 工作来说是定值常数,故　　$TF_i = \min\{LS_j - EF_i\}$

又因从式(3-20)得知:　　　　　　$EF_i = ES_j - LAG_{ij}$

所以　　$TF_i = \min\{LS_j - EF_i\} = \min\{LS_j - (ES_j - LAG_{ij})\} = \min\{TF_j + LAG_{ij}\}$

三、单代号网络计划的关键线路确定

单代号网络图将关键工作相连接不一定是关键线路,还需要判断两个关键工作之间的时间间隔为 0 才是关键线路。如图 3-41 所示,"砌 1"与"砌 2"之间不是关键线路,因为它们的时间间隔是 2 = 7 - 5,所以该网络图只有两条关键线路。或者沿着最长的线路相连接也是关键线路,用加粗的箭线表示关键线路。

第四节 关键线路的确定方法

一、关键线路的确定方法以及适用的网络图形

1. 线路枚举法

列出各条线路并比较线路的长度,最长的则为关键线路。单代号和双代号网络图都能用。

2. 关键工作法确定关键线路

工作总时差最小(或者 $T_P = T_C$ 时,为零)的工作称为关键工作,双代号图将这些关键工作全部相连接则就是关键线路。但是单代号网络图则应注意最长的线路,或关键工作之间的时间间隔为零时才是关键线路。

3. 双代号网络图的关键节点法确定关键线路

(1) 先确定关键节点

按式(3-13a)计算,同一节点上的节点最早时间 = 节点最迟时间;或者按式(3-13b)计算。

(2) 沿关键节点从开始节点连接出关键线路。注意连接时要判断同性质的节点时间参数:

箭尾(最早/最迟)节点时间 + 本工作持续时间 = 箭头(最早/最迟)节点时间

4. 破圈法

单代号和双代号网络图都能用,而且确定关键线路的速度快。

5. 标号法

只适合于双代号网络图。

二、破圈法

1. "圈"的概念

圈即同箭尾、同箭头的两条路。

2. 如何"破圈"

(1) 计算出"圈"两边长度(单代号可以不计算箭尾点和箭头点);

(2) 只能去掉"短边"中最后那一根箭线(即短边中指向同箭头节点的那一根箭线)。

以图3-42为例,"破圈"做法如下。

第一步:①和④构成"圈",①②④为 7+0=7,①③④为 5+4=9;去掉短边长 7 的②④虚箭线,请注意应去掉"最后一根箭线"只"破圈",而不能去掉①②。

第二步:①和⑤构成"圈",①②⑤为 7+3=10,①③④⑤为 5+4+2=11;去掉短边长 10 的②⑤实箭线,⑤点就不构成圈了。

第三步:①和⑦构成"圈",①②⑦为 7+5=12,①③④⑤⑥⑦为 5+4+2+3+0=14;去掉短边长 12 的②⑦实箭线,那么①②自然也就应去掉了,此时①点也就不构成圈了,以此类推。

第四步:④和⑨构成"圈",④⑤⑥⑨为 2+3+0=5,④⑧⑨为 6+0=6;去掉短边长 5 的⑥⑨虚箭线。

第五步:④和⑩构成"圈",④⑤⑥⑦⑩为 2+3+0+8=13,④⑧⑨⑩为 6+0+3=9;去掉

短边长 9 的 ⑨⑩实箭线,以及 ⑧⑨虚箭线。

第六步:还是 ④和⑩构成"圈",④⑤⑥⑦⑩还依然为 2 + 3 + 0 + 8 = 13,④⑧⑩为 6 + 0 + 5 = 11;去掉短边长 11 的 ⑧⑩实箭线,然后接着去掉 ④⑧实箭线。最后剩下的就是关键线路①③④⑤⑥⑦⑩,线路长度 13 + 5 + 4 = 22。

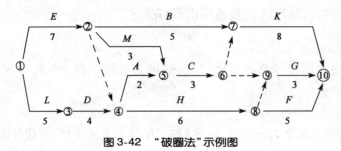

图 3-42 "破圈法"示例图

三、标号法(双代号图)

相似于节点计算法的正向计算,算出节点最早时间的同时记下相应紧前节点的编号,如果有来自紧前节点的多个最大计算值时,应记下相应的多个紧前节点编号,一直到达终点节点。然后从终点节点开始根据每个节点上标注的编号,倒着连接关键工作形成关键线路,如图3-43 所示。

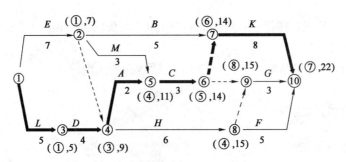

图 3-43 标号法示例图

第五节 单代号搭接网络计划的绘制与时间参数计算

一、搭接问题的提出

(1)生产实践中某些工作之间的关系不是衔接关系而是搭接关系。例如,路面施工中三个结构层间的施工就是搭接关系;管涵施工中水泥混凝土垫层与吊装涵管之间的技术间歇也属于搭接关系。如果应用网络计划图应如何表示既简单又自然。

(2)原本是衔接关系的各施工工序之间,由于工序的数目太多施工中往往合并简化表示其关系,一旦合并简化表示就使原本衔接的关系变成搭接关系。例如,20 个桥墩流水施工,每个桥墩的基础施工时间为 22d,墩柱施工时间为 28d,盖梁的施工时间为 25d。经过每 5 个墩合并简化表示如图 3-44,该图是错误的。此时基础与立柱间应该变成为搭接关系。

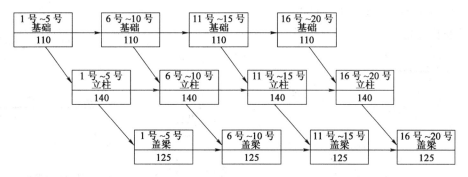

图 3-44 错误的桥墩流水施工网络简化图

二、搭接的类型和搭接时距

1. 搭接关系的类型(图 3-45)
(1) 开始到开始(STS,软件中 SS)
(2) 完成到完成(FTF,软件中 FF)
(3) 完成到开始(FTS,软件中 FS)
(4) 开始到完成(STF,软件中 SF)

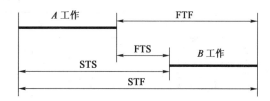

图 3-45 搭接关系的类型

2. 搭接关系的时距

搭接时距就是搭接网络计划中相邻工作的时间差值。与搭接类型相对应的有四种基本搭接时距:开始到开始时距、完成到完成时距、完成到开始时距、开始到完成时距。在搭接网络计划中,工作之间的逻辑关系是由相邻两个工作的不同类型的搭接时距决定的。搭接时距在表示上就是搭接类型加上时距值。

三、路面施工线性流水的搭接施工

1. 选择搭接的类型
(1) 当 A 工作的速度 > B 工作的速度:选择"开始到开始"STS;
(2) 当 A 工作的速度 < B 工作的速度:选择"完成到完成"FTF。

2. 计算相应搭接类型的搭接时距
(1) 搭接时距计算(搭接时距不一定是间歇):

时距值 = 后道工序的工作面最小长度 ÷ 前后工序中较快的速度

因为不论前快后慢,还是前慢后快,留出的工作面最终都是快速度的工序所完成的。
(2) 举例计算:

如果路面总长 = 3 600m,底基层速度 100m/d,基层速度 50m/d,面层速度 80m/d。
① 如果基层工作面需要的最小长度 = 200m,底基层速度 > 基层速度,选底基层 100m/d。

STS 搭接时距值 = 200 ÷ 100 = 2d

② 面层工作面最小长度 = 600m,基层速度 < 面层速度,选面层 80m/d。

FTF 时距值 = 600/80 = 7.5d,取 8d,如果考虑到基层水泥稳定碎石需保养 7d,取值为 8 + 7 = 15d。注意,技术间歇不论何种搭接类型只需加在搭接时距中,而不应加在持续时间中。

3. 横道图、单代号搭接网络图、表格的各自表示

(1) 横道图表示如图 3-46 所示；
(2) 单代号搭接网络图表示如图 3-47 所示。

图 3-46 横道图　　　　　　图 3-47 单代号搭接网络图

(3) 计算机软件中的表格表示见表 3-4（代号可用字母时搭接时距外加 [ ]，只用数字时不加）。

计算机软件中的表格表示　　　　表 3-4

代号	工 作 名 称	时间	紧前（同州）	紧前（同望 Easyplan、微软）
21	底基层	36	路基代号	路基工作的代号数字
22	基层	72	21[SS+2]	21SS+2
23	面层	45	22[FF+15]	22FF+15
46	混凝土垫层	2	挖基础代号	挖基础工作的代号数字
47	吊装涵管	5	46[FS+4]	46FS+4

四、管涵施工的搭接关系（FTS）

如果管涵的混凝土垫层浇筑后需要等待 4 天后才能安装涵管，单代号搭接网络图表示见图 3-48。

前面介绍的衔接网络计划是搭接网络计划 FTS=0 的特例。

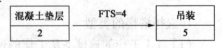

图 3-48 单代号搭接网络图

五、桥梁下部结构流水施工段简化表示后的搭接关系

(1) 当选用开始到开始搭接类型时 STS = 前道工序持续时间（取二者中快节拍）；
(2) 当选用完成到完成搭接类型时 FTF = 后道工序持续时间（取二者中快节拍）。
桥梁下部结构流水施工原来衔接，简化后变为搭接关系的表示如图 3-49 所示。

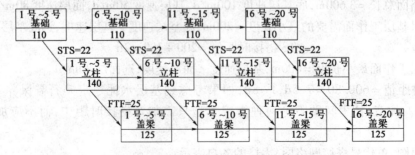

图 3-49 正确的桥墩流水施工网络简化图

六、单代号搭接网络计划时间参数的计算(图3-50)

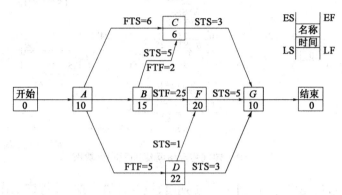

图3-50 单代号搭接网络图原始图

1. 正向计算要点

单代号搭接网络计划正向计算过程如图3-51所示,下列计算式的大写字母表示计算的本工作,小写字母,正向计算时表示来自紧前的工作,反向计算时表示来自紧后的工作。如果节点有代号时,h是紧前工作代号,i是本工作代号,j是紧后工作代号,n一般表示终点代号。

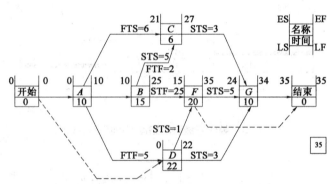

图3-51 单代号搭接网络图正向计算图

(1)与单代号网络图相似,但要考虑搭接时距的情况下所有的最早时间取最大值;$ES_{C-a} = 10 + 6 = 16$,$EF_{C-b} = 25 + 2 = 27$、$ES_{C-b} = 27 - 6 = 21$,则 $ES_C = \max\{16, 21\} = 21$;$ES_{G-c} = 21 + 3 = 24$,$ES_{G-f} = 15 + 5 = 20$,$ES_{G-d} = 0 + 3 = 3$,则 $ES_G = \max\{24, 20, 3\} = 24$。

(2)当工作最早开始为负数或0时,设为0,并将该工作(工序)作为第一道工序;例如图3-51中的 D 工作,$ES_{D-a} = 10 + 5 - 22 = -7$,则令 $ES_D = 0$。

(3)某个工作(工序)即使不是最后一道工序,只要其最早完成是所有工序的最大值,则该最大值作为计算工期,并将该工序也作为最后一道工序。例如图3-51中的 F 工作。

2. 反向计算要点

反向计算如图3-52所示。

(1)与单代号网络图相似,但要考虑搭接时距的情况下所有的最迟时间取小值;$LF_{B-c} = 22 - 5 + 15 = 32$、$LF_{B-c} = 28 - 2 = 26$,$LF_{B-f} = 35 - 25 + 15 = 25$,$LF_{B-c} = \min\{32, 26, 25\} = 25$;$LF_{A-c} = 22 - 6 = 16$,$LF_{A-b} = 10$,$LF_{A-d} = 35 - 5 = 30$,$LF_A = \min\{16, 10, 30\} = 10$。

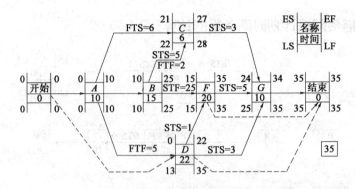

图 3-52 单代号搭接网络图反向计算图

(2) 某工作的最迟完成时间大于计算工期时,设为计算工期,并将该工作作为最后一道工作(工序);例如 F 工作,$LF_{F-g} = 25 - 5 + 20 = 40$,$LF_{F-终} = 35$(计算工期),因为 $40 > 35$,所以 $LF_F = 35$,连接终点节点作为最后一道工作;例如 D 工作,$LF_{D-f} = 15 - 1 + 22 = 36$,$LF_{D-g} = 25 - 3 + 22 = 44$,因为 $36 > 35$,所以 $LF_D = 35$ 并连接终点节点作为最后一道工作。

3. 时差计算

总时差计算很简单,与单代号相同;自由时差计算则需考虑与紧后搭接时距影响下的时间间隔,然后取最小值。搭接工作之间的时间间隔,如图 3-53 中的波浪线,看图比字母公式更直观。时差计算过程见图 3-54。

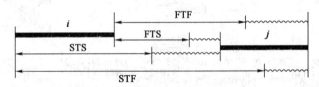

图 3-53 单代号搭接网络图时间间隔示意图

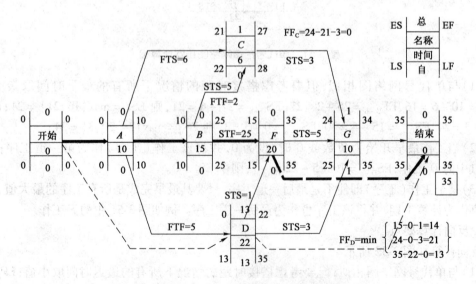

图 3-54 单代号搭接网络图时差计算图和关键线路

4. 关键线路

总时差为 0 的关键工作相连接,同时还要判断它们的时间间隔 0。

5. 搭接网络计划中技术间歇的 MI 和 MA 问题

一般的技术间歇是最小间歇时间,简称 MI。但是施工中还存在技术间歇值最多不能超过某数值的情况,即最大间歇时间,简称 MA。对于 MA 的情况,参见计算图 3-55。总之一个原则,正向计算增大紧前工作最早开始和最早完成时间值来缩短搭接时距以满足 MA 的要求,也就是正向计算时间参数取大为原则;而反向计算减小紧后工作最迟开始和最迟完成时间值来缩短搭接时距以满足 MA 的要求,也就是反向计算时间参数取小为原则。

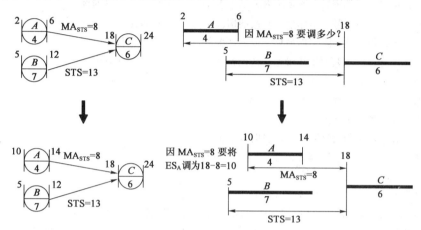

图 3-55 有 MA 的单代号搭接网络图和横道图调整的比较

搭接网络计划的最大时距 MA 公式(可以少于最大时距)按照表 3-5 计算。

搭接网络计划的最大时距的公式 表 3-5

搭接关系	最 早 时 间	最 迟 时 间	自 由 时 差
FTS	(1)令 $ES_j = EF_i$,即取 FTS = 0 (2)若 $ES_j - EF_i \leq$ FTS 则满足,否则令 $EF_i = ES_j -$ FTS	(1)令 $LF_i = LS_j$,即取 FTS = 0 (2)若 $LS_j - LF_i \leq$ FTS 则满足,否则令 $LS_j = LF_i +$ FTS	$FF_i = ES_j - EF_i$ $FF_j = EF_i +$ FTS $- ES_j$
STS	(1)令 $ES_j = ES_i$,即取 STS = 0 (2)若 $ES_j - ES_i \leq$ STS 则满足,否则令 $ES_j = ES_i -$ STS	(1)令 $LS_j = LS_i$,即取 STS = 0 (2)若 $LS_j - LS_i \leq$ STS 则满足,否则令 $LS_j = LS_i +$ STS	$FF_i = ES_j - ES_i$ $FF_j = ES_i +$ STS $- ES_j$
FTF	(1)令 $EF_j = EF_i$,即取 FTF = 0 (2)若 $EF_j - EF_i \leq$ FTF 则满足,否则令 $EF_i = EF_j -$ FTF	(1)令 $LF_j = LF_i$,即取 FTF = 0 (2)若 $LF_j - LF_i \leq$ FTF 则满足,否则令 $LF_j = LF_i +$ FTF	$FF_i = EF_j - EF_i$ $FF_j = EF_i +$ FTF $- EF_j$
STF	(1)令 $ES_j = ES_i$,即取 STF = 0 (2)若 $EF_j - ES_i \leq$ STF 则满足,否则令 $ES_i = EF_j -$ STF	(1)令 $LS_j = LF_i$,即取 STF = 0 (2)若 $LF_j - LS_i \leq$ STF 则满足,否则令 $LF_j = LS_i +$ STF	$FF_i = EF_j - ES_i$ $FF_j = ES_i +$ STF $- EF_j$

复 习 题

1. 单选题(下列各题中,只有一个备选项最符合题意)

(1) 不属于网络计划计算时间参数的是( )。
　　A. 工作最早开始时间　　　　　　　　B. 工作持续时间
　　C. 相邻两项工作时间间隔　　　　　　D. 计算工期

(2) 工作的总时差的含义是( )。
　　A. 不影响任何一项紧后工作最早开始的情况下,该工作的极限机动时间
　　B. 不影响任何一项紧后工作最迟开始的情况下,该工作的极限机动时间
　　C. 不影响任何一项紧前工作最早完成的情况下,该工作的极限机动时间
　　D. 不影响任何一项紧前工作最迟完成的情况下,该工作的极限机动时间

(3) 网络计划中,工作的局部时差等于( )。
　　A. 紧后工作最早开始时间减本工作最早完成时间
　　B. 本工作与紧后工作的时间间隔
　　C. 本工作总时差与所有紧后工作总时差差值的最小值
　　D. 本工作与所有紧后工作之间最小的时间间隔

(4) ( )不是确定关键线路的方法。
　　A. 线路枚举法　　B. 关键工作法　　C. 关键节点法　　D. S曲线法

(5) 在网络计划中,若某工作的( )最小,则该工作必为关键工作。
　　A. 局部时差　　B. 总时差　　C. 持续时间　　D. 时间间隔

(6) 时标网络计划中,局部(自由)时差的表示用( )。
　　A. 虚箭线　　B. 实箭线　　C. 双箭线　　D. 波形线

(7) 已知某工程网络计划中工作 M 的自由时差为3天,总时差为5天。监理工程师在检查进度时发现该工作的实际进度拖延,且影响工程(总)工期1天。在其他工作均正常的前提下,工作 M 的实际进度比计划进度拖延了( )天。
　　A. 3　　B. 4　　C. 5　　D. 6

(8) 根据《工程网络计划技术规程》,在双代号时标网络计划中是( )。
　　A. 以波形线表示工作,以虚箭线表示虚工作,以实箭线表示工作的自由时差
　　B. 以波形线表示工作,以实箭线表示虚工作,以虚箭线表示工作的自由时差
　　C. 以实箭线表示工作,以波形线表示虚工作,以虚箭线表示工作的自由时差
　　D. 以实箭线表示工作,以虚箭线表示虚工作,以波形线表示工作的自由时差

(9) 工程网络计划中的关键工作是指( )的工作。
　　A. 自由时差最小　　B. 总时差最小　　C. 工作时间最长　　D. 时距为零

(10) 下列关于工程网络计划的表述中,正确的是( )。
　　A. 单代号搭接网络计划属于肯定型网络计划
　　B. 双代号网络计划属于非肯定型网络计划
　　C. 双代号时标网络计划属于非肯定型网络计划
　　D. 单代号网络计划属于事件网络计划

(11) 在工程网络计划中,关键工作是指( )的工作。
　　A. 最迟完成时间与最早完成时间的差值最小
　　B. 双代号时标网络计划中无波形线
　　C. 单代号搭接网络计划中时间间隔为零
　　D. 双代号网络计划中两端节点为关键节点

(12)某工程网络计划中工作 M 的总时差和自由时差分别为 5 天和 3 天,该计划执行进程中经检查发现只有工作 M 的实际进度拖后 4 天,则工作 M 的实际进度( )。

A. 既不影响(总)工期,也不影响其后续工作的正常进行

B. 将其紧后工作的最早开始时间推迟 1 天,并使总工期延长 1 天

C. 不影响其后续工作的正常进行,但使总工期延长 1 天

D. 不影响(总)工期,但将其紧后工作的最早开始时间推迟 1 天

(13)某工程双代号时标网络计划如复习题图 3-1 所示(单位:周),则在不影响总工期的前提下,工作 E 可以利用机动时间为( )。

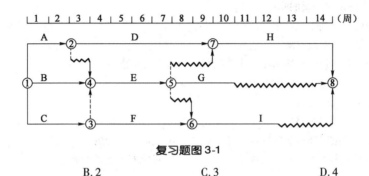

复习题图 3-1

A. 1   B. 2   C. 3   D. 4

(14)在不影响其紧后工作最早开始时间的前提下,本工作可以利用的机动时间指的是( )。

A. 总时差   B. 自由时差   C. 机动时差   D. 最小时差

(15)以时间坐标为尺度编制的网络计划是( )。

A. 双代号网络计划   B. 单代号网络计划

C. 双代号时标网络计划   D. 单代号搭接网络计划

(16)某双代号网络计划中(以天为时间单位),工作 K 的最早开始时间为 6,工作持续时间为 4;工作 M 的最迟完成时间为 22,工作持续时间为 10;工作 N 的最迟完成时间为 20,工作持续时间为 5。已知工作 K 只有 M、N 两项紧后工作,工作 K 的总时差为( )天。

A. 2   B. 3   C. 5   D. 6

2. 多选题(在下列各题的备选答案中,至少两个最多四个备选项符合题意)

(1)在工程网络计划中,关键线路是指( )的线路。

A. 单代号搭接网络计划中相邻工作时间间隔均为零

B. 双代号网络计划中由关键节点组成

C. 单代号搭接网络计划中相邻工作时距之和最大

D. 双代号时标网络计划中没有波形线

E. 双代号网络计划中总持续时间最长

(2)网络计划中,工作的总时差等于( )。

A. 该工作的最迟完成时间与其最早完成时间之差

B. 该工作的紧后工作的最迟开始时间与本工作最迟完成时间之差

C. 该工作的紧后工作的最早开始时间与本工作最迟完成时间之差

D. 该工作的最迟开始时间与其最早开始时间之差

E. 该工作不影响工程(总)工期的最大机动时间

(3)双代号网络计划中引入虚工作,是为了( )。

A. 表达不需要消耗时间的工作   B. 表达不需要消耗资源的工作

C. 表达工作间的逻辑关系   D. 满足绘图规则的要求

E. 节省箭线和节点

(4)工程双代号网络计划的特点是(　　)。
　　A. 关键线路上相邻工作的时间间隔为零　　B. 关键工作的总时差为零
　　C. 关键工作两端的节点为关键节点　　D. 关键线路的总持续时间最长
　　E. 关键节点的最早时间与最迟时间相等
(5)在 CPM 网络图中,允许(　　)。
　　A. 有多个起点　　B. 只有一个终点节点
　　C. 有闭合回路　　D. 箭头节点编号大于箭尾节点编号
　　E. 有箭头上引出另一条箭线
(6)关于关键线路说法错误的是(　　)。
　　A. 双代号网络计划中没有虚箭线的工作组成
　　B. 时标网络计划中没有波形线的线路组成
　　C. 单代号网络计划中相邻两项工作之间间隔均为零的线路
　　D. 双代号网络计划中由关键节点组成
　　E. 关键工作组成的线路
(7)在网络计划中,关键线路(　　)。
　　A. 是工作总持续时间最长的线路　　B. 是固定不变的一条线路
　　C. 是总时差最小工作的连成的线路　　D. 可能有若干条线路
　　E. 只有一条

3. 绘制网络图
(1)根据下列逻辑关系,绘制双代号逻辑关系图。
　　A、B 完成后是 F　　　　B、C 完成后是 G　　　　C、D 完成后是 H
(2)根据下列逻辑关系,绘制双代号逻辑关系图。
　　A、B、C 完成后是 L　　B、C、D 完成后是 M　　C、D、E 完成后是 N
(3)请根据第(2)题的逻辑关系,简化下列复习题图 3-2 中多余的虚箭线。
(4)请根据第(2)题的逻辑关系,分别用两种不同的方法去掉复习题图 3-3 中多余的虚箭线。

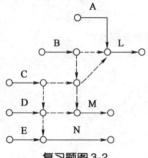

复习题图 3-2

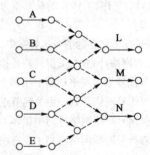

复习题图 3-3

(5)某工程计划时间和逻辑关系如下表。根据表中逻辑关系绘制其双代号图和单代号图。

工序名	紧前	时间	工序名	紧前	时间	工序名	紧前	时间
A	G,M	3	E	C	5	I	A,L	2
B	H	4	F	A,E	5	K	F,I	2
C	—	7	G	B,C	2	L	B,C	6
D	L	3	H	—	5	M	C	3

(6)某工程计划时间和逻辑关系如下表,绘制其双代号网络图和单代号网络图。

代号	名称	紧前	时间(周)	代号	名称	紧前	时间(周)
A	临建工程	—	5	I	修筑预制场	E	1
B	施组设计	A	3	J	主梁预制	I	6
C	平整场地	A	1	K	施工盖梁	H	4
D	材料进场	B	3	L	安吊装设备	F	1
E	主桥放样	B	1	M	吊装准备	L	1
F	配合比试验	C	1	N	主梁安装	J,K,M	3
G	基础施工	D	4	P	桥面系统	N	2
H	桥墩施工	G	3				

4. 如果关键线路是按照第二种定义:即只要没有机动时间(即总时差小等于零)的工作就是关键工作,将其组成的线路才是关键线路,而且不论其线路长与短。请列出此定义下关键节点的条件和两关键节点之间是关键工作的判断条件。提示:按此定义,凡是线路长度大于等于计划工期(或要求工期)的线路都是关键线路,或者总时差小于等于零都是关键工作。

5. 某公路路面工程,合同段里程桩号为 K5+000~K17+000,总长度为12km。路面结构层分为级配砾石底基层、水泥稳定碎石基层、沥青面层(单层)。建设单位(业主)希望施工单位尽可能用最短时间完成该路面工程施工。施工单位根据自己的能力准备组织1个路面施工队分三个结构层专业班组完成该合同段路面工程。根据以往类似工程的施工经验,底基层专业班组施工进度(速度)200m/d(已经包含各种影响,下同);水泥稳定碎石基层专业班组施工进度150m/d,养生时间至少7天,所需工作面的最小长度为1 000m;沥青面层专业班组施工进度为160m/d,所需最小工作面长度1 200m。要求施工单位用最快方式,根据上述给定条件组织路面工程流水施工。求:

(1)计算各结构层工作的持续时间;
(2)确定各结构层的搭接类型和时距;
(3)用横道图、单代号网络图表示其进度计划。

6. 根据图3-53写出搭接网络计划自由时差的计算公式。

参 考 答 案(部分)

1. 单选题
(1)B (2)B (3)D (4)D (5)B (6)D (7)D (8)D (9)B (10)A
(11)A (12)D (13)B (14)B (15)C (16)A

2. 多选题
(1)ADE (2)ADE (3)CD (4)ACD (5)BD
(6)ADE (7)AD (8)AC

5. 解答:该合同段路面施工的进度计划编制计算和施工进度计划横道图与搭接网络图如下:

(1)各结构层工作的持续时间计算为底基层60d,基层80d,面层75d。

(2)底基层速度快于基层,底基层与基层之间的逻辑关系选用STS(开始到开始)搭接关系,搭接时距计算结果为STS=1 000/200=5d。

基层速度慢于面层,基层与面层之间的逻辑关系选用FTF(完成到完成)搭接关系,搭接时距计算结果为=1 200/160=7.5d,应该取8d(只入不舍)。考虑到基层的养生至少7d,所以基层与面层的FTF(完成到完成)搭接时距为FTF=8+7=15d。

工程工期=5(STS)+80+15(FTF)=100d。

(3)进度计划的表示

横道图为:

施工队	工作内容	时间(天)																			
		5	10	15	20	25	30	35	40	45	50	55	60	65	70	75	80	85	90	95	100
路面队	底基层																				
	基层																				
	面层																				

单代号搭接网络图为:

底基层 60 — STS=5 → 基层 80 — FTF=15 → 面层 75

6. 单代号搭接网络计划自由时差计算公式:

$$FF_i = \min\begin{Bmatrix} ES_j - ES_i - STS_{ij} \\ EF_j - EF_i - FTF_{ij} \\ ES_j - EF_i - FTS_{ij} \\ EF_j - ES_i - STF_{ij} \end{Bmatrix}$$

第四章 公路工程进度控制与网络计划优化

本 章 提 要

本章重点是网络计划的应用,将第三章的网络计划理论应用于工程实践,主要是两个方面。一是工程进度控制的进度检查,侧重点是网络计划原理的应用,同时与横道图等形式的进度检查进行比较,发挥各自的特点相互取长补短;二是网络计划的优化应用,通过网络计划的优化,掌握在工程实施过程中计划调整的方法,同时利用时差分析来引导计划调整,也强化了网络计划理论知识的掌握和具体工程的应用。

第一节 公路工程进度控制

一、工程进度控制的概念

(一)施工项目进度控制概念

进度控制是指在既定的进度目标内,由施工单位(承包人)编制出合理的工程施工进度计划。报经监理工程师审批后,施工单位(承包人)按计划进行施工。在施工过程中,经常检查施工实际进度情况并将其与计划进度相比较。若出现偏差,应分析产生偏差的原因和对工程进度目标(含工期目标)的影响程度,采取一定的措施并要求承包人加强进度管理,调整后续进度计划或考虑给予延长工期。不断地如此循环,直到工程竣工。

(二)反映进度的指标和进度目标

1. 进度指标

进度通常是指工程项目实施结果的进展情况。在工程实施过程中要消耗时间、资源(工、料、机)和资金才能完成工程项目任务,项目实施结果应该以项目任务的完成情况(如工程的数量)来表达。由于工程项目对象的复杂性往往很难用一个恰当又统一的指标来全面反映进度。在工程管理中人们已赋予进度综合的含义并形成一个综合指标。通常可以用以描述进度的指标有:

(1)时间指标即持续时间。人们常用某工作已经使用的持续时间与其工程进度计划时间相比较来描述工程的完成程度,但是要注意区分(总)工期与进度在概念上的不一致性。因为工程的效率(速度)不是线性的,因此工程的工期进行一半并不能表示工程进度到达了一半。工程是以"S 曲线"形式分布,往往工程的中期是施工的高潮期,投入也最大。所以进度控制与工期控制的含义不同。

(2)工程活动的结果状态数量。如工程量,路基工程土石方数量(m^3),桥梁工程的混凝土数量(m^3)等。但是不同类型的工程量不具有可累加性和可比性。

(3)共同适用的某种计量单位。如货币形式的工作量。它是最具有统一性和较好可比性的指标,既可以在工程施工的各个环节也可以在整个项目使用该指标。不同类型的工程量不具有可累加性,但是它们的工作量(货币形式产值)具有可累加性。可比性是指"甲公路工程"与"乙公路工程"在工作量上的比较,例如图 4-5 美国加州公路分局的进度管理曲线被形象地称为"香蕉曲线",就是采用工作量指标,才可以将该曲线作为动态衡量该地区类似公路工程进度的参考标准。

2. 进度目标

从进度的指标分析和讨论中可以得出一个结论,即使"工作量或产值"在反映工程进度方面具有统一性,但也不能用单一的指标来反映工程进度,应该用上述三个指标来综合反映进度状况。进度目标是一个综合指标体系,进度目标包含工期目标;施工过程中应该动态的控制进度的各项指标使其符合预期的进度目标。在后面的内容中,有关进度控制的检查方法时侧重讨论进度控制中的工期控制,而网络计划优化时则会涉及工程量和资源与工期的关系。

如果只考虑施工进度的工期目标而且进度计划是用网络计划表示,那么实际进度情况与其计划进度相比较所出现偏差的含义是什么?是表示被检查工作的实际进度与其计划进度的最早时间相比较,还是与其最迟时间相比较的偏差呢?因此就要对进度检查涉及的相关概念有清晰和全面的了解。

(三)工程进度检查中涉及的有关概念

1. 延误(Delay)

延误是指施工中实际进度与计划进度相比较的拖延或耽误,即进度偏差的不利一面。在工程施工过程中我们所谈及延误时,往往是指某些被检查正在施工或者已经完成的工作(分项工程)的延误,在网络计划中一般是与计划的最早时间相比较的拖延,在网络计划检查计算方法中详细解释。所以在无限定词时的延误一般是泛指工作拖延或耽误,是局部的,通常指某一分项、分部、单位工程的拖延,而不是针对整个工程项目或合同段。

2. 工期(Project Duration)

工期原来是泛指完成一件事情所需的时间。事情可大可小,小到一个工作(或工序),大到一个工程项目或合同段。因此人们常将工作所需的时间称为工期(Duration,某些国内和国外软件中目前也还称为工期),工程项目所需的时间一般情况下为了区别而称为总工期。但是目前工程界的习惯是将工作所需的时间称为工作持续时间,而将工程项目或合同段施工所需时间称为工期(Project Duration)。可参见第三章"工期"的说明,本教材为避免工期一词带来的混乱,在谈及工期时都表示工程项目或合同段所需的时间,即过去习惯的总工期。

3. 工期拖延(或延误工期 Fail to Comply with the Time for Completion)

延误工期(或工期拖延)是指工程项目所需的时间超过计划或合同规定的竣工时间。简称为误期或拖期。误期是业主、监理、承包人都不愿意发生的事件,从进度控制目标的角度应尽量避免误期的发生。误期这个词并不涉及造成误期的原因与责任,在 FIDIC 合同条件和《公路工程标准招标文件》中既有承包人原因造成误期的处理条款,也有非承包人原因造成误期的处理条款。如果给误期一词加上是承包人原因造成,就会使得用词表达时很不方便,例如,在进度检查时,我们需分析工期的影响,常常提到"将会延误工期"或"将造成工期拖延"。因此"工期拖延"或"延误工期"只是中性词,无责任的含义。"误期"是整个工程项目或合同段的拖延,应注意与"逾期"这一词的关联和不同。

二、施工项目进度控制主要原理

(一)进度控制的动态控制原理

进度控制与质量控制和费用控制是同等重要的工程项目管理的内容。工程的动态控制包含主动控制和被动控制。工程施工管理人员在进行进度控制时,要知道进度计划的不变是相对的,而进度计划的变化是绝对的。实际进度与计划进度完全一致几乎不可能,因此动态控制常常是从主动控制到被动控制的过程,纠偏尤其是关键。作为工程施工管理人员在施工过程中应分清主次,即密切关注关键工作,避免造成工作盲目和被动;多观察,多记录,尽快发现影响进度的不利因素,及时采取措施和对策,或由承包人调整后续进度计划,使进度符合目标要求。

1. 进度控制的内容

进度控制是一个动态的管理过程。它包括：

(1)进度目标的分析和论证,其目的是论证进度目标是否合理,进度目标是否可能实现；如果经过科学的论证,目标不可能实现,则必须调整目标。

(2)在收集资料和调查研究的基础上编制进度计划。

(3)进度计划的跟踪检查与调整。它包括定期跟踪检查所编制进度计划的执行情况,若其执行有偏差,则采取纠偏措施,并视必要调整进度计划。

进度控制的目的是通过控制来实现工程的进度目标；施工进度控制不仅关系到施工进度目标能否实现,它还直接关系到工程的质量和成本。

2. 进度控制的措施——主动控制和被动控制的实现

进度控制的措施主要有:组织措施、管理措施(包括合同措施)、经济措施、技术措施。

(1)组织措施。在施工项目组织结构中应有专门的工作部门和符合进度控制岗位资格的专人负责进度控制工作。其工作的任务和相应的管理职能应在任务分工表和管理职能分工表中标示并落实。应编制施工项目进度控制的工作流程,建立和完善各参与方的进度控制体系。

(2)管理措施(包括合同措施)。为了实现进度目标,应选择合理的合同结构,以避免过多的合同交界面而影响工程的进展。工程物资的采购模式对进度也有直接的影响,对此应作比较分析。在分析的基础上采取风险管理措施,以减少进度失控的风险量。常见的影响工程进度的风险,如:组织风险、管理风险、合同风险、资源(人力、物力和财力)风险、技术风险等。具体措施可用工程网络计划的方法编制进度计划,并将网络计划与信息技术结合应用于进度控制。

(3)经济措施。分析由于经济的原因而影响施工项目目标实现的问题,并采取相应的措施,如落实加快工程施工进度所需的资金和经济激励措施所需要的费用。

(4)技术措施。分析由于技术(包括设计和施工的技术)的原因而影响施工项目目标实现的问题,并采取相应的措施,如调整设计、改进施工方法和改变施工机具等。

3. 进度控制(被动控制)的纠偏和调整措施

(1)组织措施有:调整项目经理部的成员;强化制度建设和落实;调整任务分工和优化工作控制流程。

(2)管理措施(包括合同措施)有:增加工作面,组织更多的施工队伍;增加每天的施工时间(多班制或加班);增加关键工作的资源投入(劳力、设备等),实施强有力的调度;改善劳动条件和外部配套条件;以及分包等合同措施。

(3)技术措施有:改进施工工艺和技术,缩短工艺技术间歇时间(如添加混凝土的早强剂等);改进的施工方法以缩短施工过程的持续时间(如现浇方案改为预制装配,但预制装配的控制难度大于现浇);采用先进的施工机械。

(4)经济措施有:用物质刺激和精神鼓励的方法提高效率;对所采取的技术措施给予相应经济补偿。

(二)进度控制的系统原理

1.施工项目进度计划系统

为了确保施工项目进度目标实现,施工单位(承包人)要编制一套围绕施工项目进度总目标的进度计划系统。施工项目进度计划系统是由多个相互关联的进度计划组成的系统,它是施工项目进度控制的依据。由于各种进度计划编制所需要的必要资料是在项目进展过程中逐步形成的,因此项目进度计划系统的建立和完善也有一个过程,它是逐步形成的。

施工项目进度计划系统可以是由多个相互关联的不同计划功能的进度计划组成的计划系统,例如控制性进度计划、指导性进度计划、实施性进度计划等。

施工项目进度计划系统也可以由多个相互关联的不同计划深度的进度计划组成其计划系统,例如施工项目总体进度计划、单项(位)工程进度计划等。

施工项目进度计划系统还可以是由多个相互关联的不同计划周期的进度计划组成的计划系统,例如,年度计划,季度、月份、旬、周生产计划。

国际上如 FIDIC 条款所说的总进度计划(系统)还包括与这些进度计划相适应的资源供应计划(或需求计划),资金需求计划,以及施工方案等,相当于我国的施工组织设计中的计划。

2.施工进度计划实施的保证系统

施工进度计划实施的保证从内容上可概括为组织保证、技术保证、合同保证、资源与经济保证。从施工项目的参与方来分主要有承包人、监理人和发包人(业主),还有设计单位、分包人、供应商;在施工过程中,重点是落实承包人、监理人和发包人(业主)保证系统。

(1)承包人进度计划实施的保证系统

承包人的项目经理部是进度计划顺利实施的重要保证,是保证系统的组织保证。从项目经理到项目经理部的各职能部门,为确保工程进度目标,要齐心协力,各尽其职,加强内部管理,尤其应注重人、机、料三大要素的优化配置与协调工作。承包人应将整个工程逐项分解,由粗到细,最后形成月生产计划和周工作计划下达并上报监理工程师,以便实施和接受监督。对工程进度的控制应派专人记录进度的实际情况,收集反映进度的数据,统计整理汇总实际进度的数据(开、完工时间,完成的工程数量等)形成实际进度报表,并将其与计划进度相比较和分析,以利于后续工程施工,详见下文图4-4 工程进度表。不同层次人员有不同的进度控制职责,做到分工协作,共同组成一个纵横连接的承包人进度控制保证系统。

(2)监理方进度计划实施的保证系统

监理人应加强内部管理,提高人员的素质。从项目总监理工程师到合同段驻地监理工程师以及监理机构是整个施工监理的组织保证,也是监理人进度计划实施保证系统的组织保证。这些人员应负责审批项目或合同段工程进度计划。监理人不仅要加强组织保证,还要加强技术保证、合同保证和经济保证。监理人员应提高自身的监理业务水平,在严格监理的同时,又能热情服务,这才符合中国特色的施工监理的要求;尤其在不良地区和不良气候条件下监理人员应具有现场处理应急事件的能力,想承包人所想,急承包人所急,及时和果断处理好现场中发生的问题,使工程的进度不受较大影响。例如,基础和结构物下部等部位,这些部位如不及时处理,一旦下雨就直接影响工程进度。合同保证方面应加强对承包人分包工作的管理,分包工程与总承包人工程的衔接也直接影响工程进度。经济保证方面应及时验收计量和签认支付,资金是影响整个工程进度中最重要的因素之一,尤其重要。

(3)发包人(业主)进度计划实施的保证系统

发包人(业主)为保证进度目标的实现,应及时完成征地拆迁工作;筹措工程所必需的资金在施工过程中及时支付工程进度款;及时向监理人提交设计图纸以便监理人交与承包人,以保证及时照图施工;发包人(业主)要积极努力协调与施工周边环境的关系以保证施工的顺利进行。

(三)进度控制的信息反馈原理

施工项目的基层控制人员收集实际进度,经加工处理逐级向上反馈直到主控部门,再经比较分析做出决策和调整使其符合预定工期目标。信息反馈依赖于工程进度检查的过程。

三、工程进度控制的强制时限

工作的开始和完成有4个时间参数,分别是最早开始 ES、最早完成 EF、最迟开始 LS、最迟完成 LF。仅有这4个时间参数还不能够反映真实的工程进度实际情况,在工程项目中,某些工作必须在某个特定的时间限制条件下才可以开始,或者必须结束,这就是强制时限。

例如,桥梁工程预制场地的征地拆迁工作较困难,业主答应在整个工程开始的三个月后才可能提交给施工方,那么施工单位编制的进度计划中第一道工序"预制场的平整和桥梁预制"的开始时间就必须加上强制开始时限"最早不早于"工程开工后的三个月。如果公路工程的路基工程工期为两年,整个工程从2010年10月1日开工到2012年9月30日完工,而路基工程的土石方部分要求在2011年5月30日必须完成,因为6月份以后进入雨季而且业主要准备开始路面工程的招标。在这种情况下路基土石方工程的完成时间就必须加上强制结束时限"最迟不迟于"2011年5月30日完成,这样才能真实地反映工程的进度要求;否则,由于路基土石方此时没有紧后工作,当2011年5月30日按时完成时,其总时差本应为0,但是按照没有强制时限要求所计算出其工作总时差就有16个月(相对于两年工期来说24 - 8 = 16)。所以实际应用中,主要有三种强制时限:强制开始时限——最早不早于;强制最迟时限——最迟不迟于;中断时限,主要考虑到实际施工中某些工作可能需要中断施工而设。

强制时限的应用在使用有关项目管理的计算机应用软件时很简单,只需在工作属性中加入所需要的强制时限就可以了。计算机软件中的工作属性可以多达9种,包含大家熟悉的最早、最迟和上述的最早不早于、最迟不迟于。要注意最迟完成和最迟不迟于之间的区别,以上述路基土石方工程为例,如果路基土石方没有紧后工作时,其最迟完成时间根据计算而得为2012年9月30日,在计划中反映出该工作将不是关键工作;而最迟不迟于时间是人为设置为2011年5月30日,则在计划中反映该工作为关键工作。

四、工程进度检查的方法

进度检查就是将实际进度与计划进度作对比,判断有无偏差。偏差不外乎有三种可能性

——实际进度提前完成、按时(正常)完成或拖延(延误)了;这些偏差是指正在接受检查工作(工序或分项工程等)的快慢,同时最好还应分析这些偏差对工程项目或合同段工期有何影响,也就是工程总体进度发展的趋势。检查的方法主要有横道图法、工程进度曲线法(S曲线)、网络图法。

(一)**横道图法**(即横道图比较法)

横道图比较法是将施工项目施工中检查的实际进度信息经加工整理后直接用横线长度或数值反映在横道图上,进行直观的比较。缺点是不便判断对工程工期的具体影响情况。

1. 匀速横道图比较法

细实线表示计划进度,用**粗实线**的长度(或称为涂黑)反映实际进度所完成工程量达到的位置。例如,支模板计划工程量为 $100m^2$,持续时间为 6 天;当检查日是第 8 天末(即晚上),实际工程量完成了 $90m^2$,则 $(90 \div 100) \times 6 = 5.4$ 天,用**粗实线**标注 5.4 天长度在其相应的位置。对于未完成工作的实际粗实线的末端位于检查日的左侧,则表示实际进度延误(拖延);粗实线的末端位于检查日的右侧,则表示实际进度提前;与检查日重合则表示实际进度与计划一致。参见图 4-1,支模板拖延 0.6 天,绑钢筋提前 1 天;而挖土方从图中只表示已经完成却不能表示按时,挖土方工作的实际进度应从第 6 天以前的检查情况中反映。

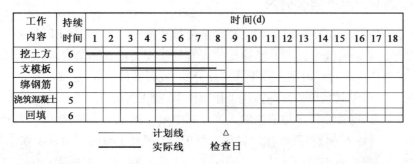

图 4-1 匀速横道图比较法

2. 非匀速双比例单侧横道图比较法(即数值表示比较法)

由于施工速度的不均匀,该方法用细实线表示计划进度,用粗实线的长度(或称为涂黑)反映实际进度的同时,在计划线的上方标出对应时刻计划所需完成工程量的累计百分数,在计划线的下方标出对应时刻实际已经完成工程量的累计百分数。粗实线标出的实际进度线从实际开工时间开始,同时反映出施工过程连续与间断的情况,在实际完成时间位置终止。

参见图 4-2,以支模板为例。原计划第 3 天早晨(第 2 天后)开始支模板工作并要求完成 10% 的支模板工程量,由于准备工作不充分推迟了 1 天开工,所以实际量为 0,实际开始于第 4 天早晨,粗实线从第 4 天起始画图表示。第 4 天计划要求当天完成 15% 累计完成 25%,实际当天完成 15% 累计完成 15%,进度偏差 = 实际累计值 - 计划累计值 = 15% - 25% = -10%,说明进度延误 10%。第 5 天,计划要求当天完成 20% (45% - 25%),累计完成 45%,实际当天完成 40% - 15% = 25%,累计完成 40%,进度延误 5%。第 6 天,计划要求当天完成 25%,累计完成 70%,实际当天完成 25%,累计完成 75%,进度提前 5%。第 7 天,计划要求当天完成 15%,累计完成 90%,实际当天停工完成 0,累计完成 75%,进度延误 15%。第 8 天,计划要求当天完成 10%,累计完成 100%,实际当天停工完成 13%,累计完成 88%,进度延误 12%。

应注意,非匀速双比例单侧横道图比较法中的粗实线表示的实际线,只表示实际时间而不表示实际工程量,例如挖土方工作实际第 7 天完成粗实线就画到第 7 天,如图 4-2 所示,工程量通过计划线上下方的数值表示。而匀速横道图比较法中的粗实线表示的实际线只表示实际工程量,如图 4-1 所示的支模板 5.4d 粗实线横线长度。

工作内容	持续时间	时间(d)																
		1	2	3	4	5	6	7	8	9	10	11	12	13	14	15	16	17	18
挖土方	6	10	25	40	55	80	100												
		5	15	30	50	75	90	100											
支模板	6			10	25	45	70	90	100										
				0	15	40	75	75	88										
绑钢筋	9						10	15	25	40	50	60	75	90	100				
							5	15	25	55									
浇筑混凝土	5										10	30	50	80	100				
回填	6													15	30	50	70	85	100

——— 计划线　　△ 检查日
——— 实际线

图 4-2　非匀速横道图比较法

(二) 工程进度曲线("S"曲线)

工程进度曲线是以横坐标表示进度时间,纵坐标表示累计完成的工程量或工作量(产值),而绘制出一条按照计划时间累计完成量的曲线,因为所绘制曲线的形状如同英文字母S,因此也称为S曲线。当只分析比较自己本身工程时,横坐标所表示的进度时间一般采用绝对时间,如果是多个工期不同的同类工程进行比较分析时则必须采用相对时间。纵坐标反映累计完成的工程量时可以用绝对量(如图 4-3)或相对量,该形式较少使用;反映整个工程项目时,就必须用累计工作量的百分数(即相对量,如图 4-6),是"S"曲线最主要最常用的形式。

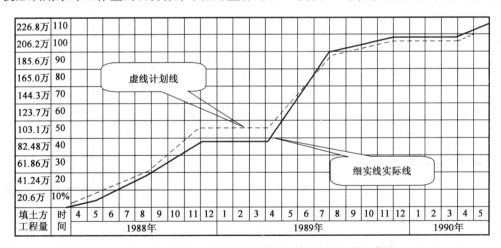

图 4-3　京津唐高速公路某合同段土方填筑工程量 S 曲线

工程进度曲线检查进度可以从两个方面进行比较和判断。第一,实际线的点在计划线的上方说明实际进度提前,提前值为高差对应的水平时间值,表明工程进度快;否则在下方说明实际进度延误,延误值为高差对应的水平时间值,表明工程进度慢,如图 4-3 或图 4-6。第二,"S"曲线的斜率可以反映进度的快慢,斜率越大工程进度越快,斜率越小工程进度越慢,斜率为零工程停工;斜率是反映工程内部不同阶段的进度速率。

《公路工程标准施工招标文件》(2009版)中要求的"进度率图(斜率图)"实际上就是公路工程中9个主要单位工程或分部工程的S曲线图的集合。严格地说各时间段的速率是不同的,应该是S曲线(折线),只不过在斜率图中人们常常简单地将其画成了一条斜直线。

(三)工程进度管理曲线("香蕉"曲线)

工程进度管理曲线是由两条S曲线组合而成的闭合曲线。利用网络计划的最早时间可以获得一条反映工程工作量按照最早时间完成的S曲线(EF曲线),同时利用网络计划的最迟时间获得另一条反映工程工作量按照最迟时间完成的S曲线(LF曲线),就构成了工程进度管理曲线。工程进度管理曲线指出了工程进度允许偏差的范围,将实际工程进度S曲线与工程进度管理曲线比较看其偏离多大,只要未超出最迟完成(EF)曲线范围,工程的进度目标预计可以如期完成。如图4-4。请注意符号的表示,有的书将最早完成线的符号表示为ES曲线,最迟完成线的符号表示为LS曲线,考虑到这样容易与ES时间参数和LS时间参数混淆,因此本书将其符号改为EF和LF以便与时间参数符号相对应。工程进度管理曲线的形状呈香蕉状,所以也称为"香蕉曲线"。

工程进度管理曲线的另一种表示形式是来自多个同类型的工程经过分类整理统计其平均值形成最早完成S曲线和最迟完成S曲线组合称为"香蕉曲线",此时纵横坐标必须使用相对量。例如,美国加州公路分局对典型45个工程进行分析和统计编制了该区域的公路工程进度管理曲线,如图4-5。这种评价和比较,可以动态反映该地区同类工程的各阶段进度综合指标,该香蕉曲线就是工程动态的工期指标与其对应工作量之间关系的评判标准。因此,《公路工程标准施工招标文件》(2009年版)要求在公路工程使用"工程管理曲线"(即工程进度管理曲线),以便判断投标人编制的工程进度计划科学合理与否;在公路工程施工中要求应用"工程管理曲线"检查实际进度,从中判断施工项目的工程进度的偏差范围,做到心中有数,以便工程进度的调整与控制。

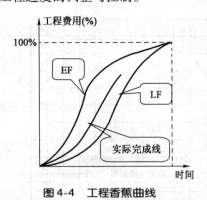

图4-4 工程香蕉曲线　　图4-5 美加州公路分局45个典型公路分析形成的进度管理曲线

(四)公路工程进度表(横道图法与"S"曲线法的结合)

工程进度表是反映每个月工程实际进度与计划进度的图表。它实际上就是双比例单侧横道图与"S"曲线的结合,只是某些约定有一点不同,并简化掉实际意义不大的画实际粗实线(或称为涂黑)表示。图表中,用横道图反映每月相应各分项的计划量与实际量以及开、完工时间;用"S"曲线表示本月整个工程的工作量实际值(实线表示)与计划值(虚线表示)的累加值对比。横道图中横线下方数值为计划完成量百分数(或用累加百分数更好),上方为实际完成量百分数(或用累加百分数更好)。参见图4-6,图表中其他数据项的关系为:

京津塘高速公路第×号合同段工程进度表　　截止到 1990 年 5 月期末

交通部：公路局　中国公路工程	合同开工日期：1987.12.23	合同工期：30 月	合同总价：148,430,399 元	工程变更：
世界银行贷款档号 2811-CHA-国际开发售货档号 1792 — CHA	合同完成日期：1990.6.23	延长工期：25 天	增加的工程费用：25,475,300	减少的工程费用：
由　至　全长：34.5km	修订合同完成日期：1990.7.18		增加的成本：	
承包人：　监理机构：			估计最终价格：173,905,698	

清单号	名称	合同数量	单项占合同价(%)	单项完成(%)	完成占合同价(%)
100	总则	9,218,805 元	6.21		
200 土方工程	准备	1,409,614 元	0.95		
	填筑土方	2,061,764 m³	11.45		
	填筑选料	52,769 m³	1.24		
	结构挖方	92,403m³	0.29		
	路基(整修)	991,754m²	0.37		
	其他	594,417 元	0.4		
300 排水	涵洞	134 座	2.78		
	排水沟渠等	3,027,982	2.08		
400 路面	底基层	903,220m²	4.87		
	基层	926,814m²	10.06		
	底面层	787,521m²	11.76		
	中面层	775,231m²	5.75		
	表面层	637,985m²	6.48		
	其他	3,190,001 元	2.15		
500	钻孔桩	13,368m	3.67		
600～900 桥梁	高速公路桥	535.82m/10 座	3.60		
	跨线桥	646.82m/10 座	4.14		
	通道	840.78m/26 座	3.11		
1000	道路附属物	10,366,493 元	6.98		
1100	绿化	1,680,105 元	1.13		
1200	机电设备	6,860,918 元	4.62		
1300	建筑物	7 座	5.18		
1400	计日工	603,922 元	0.41		
总计		148,430,399 元	100.00		

按月计划与实际完成（%）

名称	1988年1	2	3	4	5	6	7	8	9	10	11	12	1989年1	2	3	4	5	6	7	8	9	10	11	12	1990年1	2	3	4	5	6	7	8	9	10	
总则																			76/74	75	76	77	78	79	80	81	82	84/83	85/85	88	94	96	98	100	100
准备												100																121	122						
填筑土方																			89/88	90	93	96	94/98				94	105/100	107						90
填筑选料											100																	182	186						
结构挖方																			17/26	39	52	65	78	87	91	95	95/100								
路基(整修)																			2/24	46	71	96	98					99	100						80
其他																			17	27	37	47	50	65			73	7/83	7/93	100					
涵洞																			55/76	90	92	94	95/96				97/97	99	100						70
排水沟渠等																		0.3					10	27			38	54	71	87	100				
底基层																			14/25	37	53	66/66	74				72	76/80	80/92	100					
基层																			9/19	33	48	61/61	74				71	72/73	80/85	96	100				60
底面层																			9	19	39	39/52	44				48	70/60	76/79	84	98	100			
中面层																				9	32	15/5	40				38	61/55	76/73	88	94	97	100		50
表面层																												5	26	50	59		87	100	
其他																					4	8						27	46	65	85	88	97	100	
钻孔桩																			92/96	98	100														40
高速公路桥																			20/33	49	65	85	60/93				90	95/95	98	99	100				
跨线桥																			14/24	40	56	76	60/89	91			60	80/93	97	99	100				30
通道																			69/64	71	84	97	100/100												
道路附属物																			1.4/2	4	6	9	13	14	15	16	17	29	43	53	67	80	92	100	
绿化																				9	22	31					37	60	80	87	92	94	100		20
机电设备																				1	9	18	27	33			51	60	60	78	80	83	91	100	
建筑物																			1.7/4	6	13	21	29	34			49	11/57	16/65	73	81	86	94	100	10
计日工																			1	2	3	4	5	6	7	8	9	10	11	12	72	73	74	100	
总计																																			

截止日期			图例	1989年7	8	9	10	11	12	1990年1	2	3	4	5	6	7	8	9	10	
实际	月计	%	虚线计划完成支付量	1.8	3.3	2.6	4.5	10.5					(4.7)	5.3 (5.1)						0
	累计	%	粗实线实际完成量	28.1	31.4	34.0	38.5	49.0				(54.9)	52.4 (60.3)	57.7 (65.4)						
预计	月计	%		5.1	6.5	9.5	9.0	2.7	1.1	0.7	0.7	1.0	6.6	9.6	8.6	4.6	1.8	4.2	2.2	
	累计	%	细实线实际完成支付量	31.2	37.7	47.2	56.2	58.9	60.0	60.7	61.4	62.4	69.0	78.6	87.2	91.8	93.6	97.8	100	

制表：　　高级驻地监理工程师：　　总监理工程师(代表)：　　业主财务负责人：

图 4-6　工程进度表

单项占合同价(%) = 单个细目合同金额(元)/合同总价×100%
单项完成(%) = 单(分)项的累加完成量(元)/合同数量(元)×100%
         = 横道图中各月实际量百分数的累加
完成占合同价(%) = 单(分)项的累加完成量(元)/合同总价×100%

工程进度表实现了横道图法与 S 曲线法的优势互补,取长补短,克服了横道图不便反映工程整体进度的弱点和工程 S 曲线(工程实践中一般不作分项工程的 S 曲线)无法反映各分项工程进度的弱点。所以工程进度表是公路工程进度控制的重要形式,世界银行贷款项目一般都要求提供此表。

(五)网络计划法

1.时标网络图的进度检查——实际进度前锋线

在网络计划图中进行进度检查能做到一举两得,检查时,各工作实际进度情况与其计划最早时间相比可了解到各工作本身的进度状况,也可了解到对后续工作可能造成的影响;同时与其计划最迟时间相比可了解其对工程项目工期的影响即各工作的误期值,也等于各工作的延误值与其总时差的差值;各工作误期值的最大值就是工程工期延误。这是网络计划图的最显著优点,使计划管理人员能从局部的工作预计未来的工程全局。用网络计划图进行进度检查,既全面又简单、快捷,真正做到了局部和全局都一目了然。

最早时间的双代号时标网络图是最直观和常用的进度计划形式。最早时标图很直观地表示工程各工作的最早开工、完工时间和各工作的自由时差,但各工作的总时差必须通过自由时差反向逐个计算,或从该工作往后看线路上各工作的自由时差之和的最小值来求得。

实际进度前锋线是网络计划技术中用时标网络图的形式动态反映工程实际进度,是工程施工动态管理的科学方法。实际进度前锋线形象地表示出某个时刻工程实际进度所到达的"前锋",反映出工程实际执行状态以及与其计划的目标差(即偏差)。通过对前锋线形态变化的分析,发现计划执行中的问题,预测未来的进度状况和发展趋势。为计划的管理者提供许多有用信息,揭示了解决问题的最佳途径,以指导工程管理者从实际出发有预见地采取有效措施,争取最佳经济效益。

(1)实际进度前锋线

实际进度前锋线是指计划实施过程中某一时刻正在施工的各工作实际进度到达的连线。它在时标网络图上,从检查时的时间线(或日期线)开始自上而下依次连接正在施工的各工作实际到达点,通常形成一条折线,参见图 4-7。检查日一般约定为当天晚上收工时。

(2)实际进度前锋线的标定方法

绘制实际进度前锋线的关键是标定某检查时刻正在施工的各工作的实际进度到达点。有以下两种标定方法。

①按已完成的实际工程量标定

当一项工作的工程量确定后,其工作的持续时间与其工程量成正比。以该工作的总工程量在计划持续时间内全部完成为假设前提,用已完成的实际工程量表示实际进度点。

$$\frac{已完成工程量}{总工程量} = \frac{已施工的标定时间}{计划工作持续时间} \tag{4-1}$$

标定时是从该工作的最早开始时间点起(即箭尾),从左向右画在相应位置上。例如某土方工程(即工作),土方量为 1 000 m³,计划持续时间为 10 天,检查时已完成了 600 m³ 土方,则该工作实际进度前锋点应在该箭线实线部分的 3/5 处或 3/5×10 = 6 天处。

②按尚需时间来标定

在工程施工中,特别是公路工程施工,有些工作的持续时间难以用工程量来计算,只能根据经验或其他方法估算,所以无法获得已完成的工程量,只能凭经验估计尚需时间。另一方面,第一种标定方法没有考虑依照目前效率对本工作未完成部分进度的预测,用尚需时间表示就能反映出未完成部分的工作依照目前的实际效率施工的进度结果。尚需时间的标定方法是将计算或估算的尚需时间,从该工作最早结束时间点(即箭线中实线的末端)起,反向从右向左画在相应位置上。

当工作实际效率不等于计划效率,实际工程总量如果也不等于计划总量时,尚需时间按式(4-2)计算

$$尚需时间 = \frac{预计实际工程总量 - 已完成工程量}{目前实际效率} \tag{4-2}$$

式中的目前实际效率 = 已完成的工程量 ÷ 已施工的有效时间。已施工有效时间是指到检查日为止施工中已经消耗的有效时间,即实际开工时间到检查时间再扣除该工作在施工中的停工时间(例如雨天)。如果后续施工过程中可能由于气候原因而停工时,尚需时间还应再加上可能会出现的停工时间。我们应注意到工程施工中的情况是复杂、多变的,这些方法只是相对准确,不可能也无必要绝对精确。

这里的尚需时间计算是假设该工作的后续施工是连续地、均匀地按目前效率进行。例如,某土方工程,计划持续时间为 10 天,原计划工程量为 1 000m³,已施工了 4 天时间,完成了 600m³ 工程量,由于工程变更造成工程量增加了 800m³。该工作尚需多少时间完工?

效率 = 600 ÷ 4 = 150m³/天

尚需日 = (1000 + 800 - 600) ÷ 150 = 8(天)

对于实际与计划的效率和工程量差异不大时,尚需时间也可按式(4-3)计算:

$$尚需时间 = 计划持续时间 - 已施工的时间 \tag{4-3}$$

在工程施工中,管理人员用前锋线进行进度检查,就必须要求计划的编制人在提交的报告中有反映进度的上述数据,而管理人员也应注意这些进度数据的收集和记录,以及影响进度的其他数据。具有了上述数据才能绘制出前锋线,才能对未来的施工进度做出预测。

(3)前锋线对工程进度描述的预测和评价

实际进度前锋线的功能之一就是对工程进度的描述。以检查时的日期线作为基线,若前锋线与工作的交点在日期线之前(右侧),则表示该工作比计划提前;若交点正好在检查日期线上,则表示该工作与计划相比是按时的正常情况;若交点在日期线之后(左侧),则表示该工作与计划相比延误。偏差值就是交点与日期线的差值。前锋线反映了正在施工的各工作实际进度与计划进度的偏差。处于前锋线波峰的工作比相邻的工作进度快,处于前锋线波谷的工作比相邻的工作进度慢;但不能认为波峰的工作一定是提前,波谷的工作一定是延误。波峰和波谷是相对于相邻工作而言,而提前和延误是相对检查日期线而言。

例如,图 4-7 中,从第 5 天晚上检查情况分析,E 工作延误 2 天,F 工作延误 1 天,B 工作按时,I 工作按时,K 工作提前 1 天。此时的进度发展趋势,虽然关键工作 B 是按时,进度正常,但 E 工作延误 2 天过大,扣除其 1 天总时差后 E 将造成工期拖延 1 天(2-1=1),即(总)工期拖延 1 天。工作总时差在时标网络图中的计算参见第三章第二节的时标网络图部分,按式(3-18)或按式(4-4)计算。

$$TF_{ij} = FF_{ij} + 后续线路中工作自由时差之和的最小值 \tag{4-4}$$

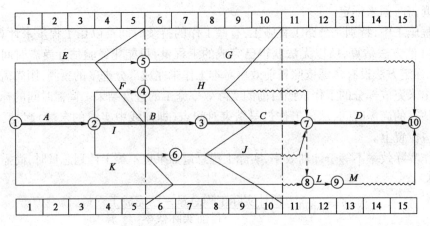

图 4-7 实际进度前锋线进度检查图

$$工作的误期值 = 工作的延误值 - 工作总时差 \quad (4-5)$$

$$工期影响 = \max\{工作误期值\} \begin{cases} <0 & 工期提前 \\ =0 & 按期 \\ >0 & 延误工期 \end{cases} \quad (4-6)$$

根据前锋线提供的信息,就可以对后续的施工做出合理调整,加快那些会造成工期延误的工作或其后续工作,即 E 或 G 工作。而对有较多机动时间的延误工作,如 F 工作,可暂不作处理;甚至还有可能要抽调有较多机动时间工作中的同类型资源支持关键工作。此时,应注意原本是关键工作的 B 工作现在已经不再是关键工作,而 E 工作却变成关键工作。

当工程继续施工到第 10 天末,其检查结果如图 4-7 的第 10 天位置处,G 工作延误 1 天,H 工作延误 2 天,C 工作延误 1 天,J 工作延误 3 天,K 工作延误 1 天。对工期有影响的有 2 个工作,C 工作造成误期 1 天,J 工作造成误期 2 天,所以 CJ 两个工作的综合影响,造成工程工期将拖延 2 天。要加强对 J 工作管理,分析延误原因采取措施,尽快使工程达到进度目标。上述事例也反映出工程进度控制是一个动态过程,网络计划技术最适合于动态管理。

在计划实施过程中,我们不仅可通过前锋线预测工程项目的总进度目标的情况,还可按照一定的时间间隔对计划的执行情况进行检查,通过依次画出不同时刻的实际进度前锋线进行进度预测,例如图 4-7 中,①—⑤—⑩这条线路的工程内容在加快进度,①—②—⑥—⑦—⑩这条线路的工程进度过于缓慢。可以用进度比指标来衡量。

$$进度比 = 线路上两前锋线的时间差 \div 日期线差 \quad (4-7)$$

进度比值大于 1 表示进度快,比值小于 1 表示进度慢,比值为 1 是基准,说明不快也不慢。通过现在时刻和过去时刻两条前锋线的分析比较,则可反映出过去计划和现在计划的执行情况,在一定范围内对进度计划未来的变化趋势做出预测。

2. 一般网络图(无时标)进度检查的割线法——完工时点计算法

用网络图来进行进度检查是进度控制中计划检查最简单和最有效的方法。在检查时需记载实际进度情况,收集进度的实际信息与实际进度前锋线方法相同。

一般网络图(无时标)的进度检查,可用割线将正施工的各工作进行切割,只需关注被切割到的工作,通过对这些工作实际进度和计划进度进行计算比较和分析,找出进度偏差和工期影响程度,以及对后续工作的影响。

(1)各工作延误的比较计算与分析判断

工作发生延误有两种可能性,一种是开工延误,另一种是工作持续时间增长。根据前面对延误含义的理解:

$$开工延误 = 工作的实际开工 - 工作的计划最早开始(ES) \tag{4-8}$$

$$工作持续时间增长 = 工作实际持续时间 - 计划持续时间(D) \tag{4-9}$$

$$\begin{aligned}工作延误值(综合) &= 开工延误 + 工作持续时间增长\\ &= 工作实际结束时间 - 计划最早结束(EF)\end{aligned} \tag{4-10}$$

考虑到检查时某些工作正在施工,还未真正完工,式(4-10)中的工作实际结束时间可以改为"预计工作的实际结束时间",见式(4-11):

$$工作延误值(综合) = 预计工作的实际结束时间 - 计划最早结束(EF) \tag{4-11}$$

式(4-11)中的预计工作的实际结束时间为:

$$预计工作的实际结束时间 = 检查日 + 尚需日 \tag{4-12}$$

检查日数值一般定为下午收工的日期(即日期末),如果是早晨检查则减1天。尚需日可按时标网络图检查中的尚需日计算方法来计算或估算,见式(4-2)或式(4-3)。

各工作进度偏差分析评价与判断

$$工作延误值 \begin{cases} <0 \text{ 说明该工作提前} \\ =0 \text{ 说明该工作按时(正常)} \\ >0 \text{ 说明该工作延误(拖延)} \end{cases} \tag{4-13}$$

(2)各工作进度延误(偏差)对后续工作的影响

$$工作延误值 - 工作自由时差 \begin{cases} \leq 0 \text{ 后续工作不推迟开工} \\ > 0 \text{ 后续工作要推迟开工} \end{cases} \tag{4-14}$$

我们只考虑延误是否对后续工作开工的影响。对于工作提前是否使后续工作可以提前开工的问题较复杂,必要条件是双代号网络图中唯一的内向箭线或是唯一自由时差为零的工作并且紧后不是虚工作。

(3)工期的影响计算和分析判断

工期的影响应通过正在施工的各工作误期值的计算来分析。工作的误期值就是各工作单独对(总)工期的影响;工期的影响则是在比较各个工作单独影响工期的误期值中,取其最大值,它就是工程项目或合同段的工期影响。

$$工作的误期值 = 工作延误值 - 工作总时差 \tag{4-15}$$

将式(4-11)和总时差 = LF - EF 代入上式可得:

$$工作的误期值 = 预计工作的实际结束 - 计划最迟结束 \tag{4-16}$$

工期影响判断:

$$\max\{工作的误期值\} \begin{cases} <0 \text{ 说明(总)工期提前} \\ =0 \text{ 说明工程如期竣工} \\ >0 \text{ 说明(总)工期拖延} \end{cases} \tag{4-17}$$

(4)完工时点计算法的步骤

①用式(4-2)或(4-3)先确定出各工作检查时刻的尚需完成日,即尚需日;

②用式(4-12)计算出各工作预计实际完成时间;

③用式(4-11)计算各工作的延误值,并式(4-13)判断各工作延误情况;

④用式(4-16)计算各工作的误期值;

⑤用式(4-17)判断对工程工期的影响;

⑥用式(4-14)对有延误的工作判断其对紧后工作开工的影响。

(5)计算事例

例题 4-1 已知某工程网络计划图如图 4-8 所示,第 10 天晚上进度检查 G 工作尚需 5 天才能完成,H、C、J、K 工作的尚需日分别为 1 天、2 天、3 天、1 天。如网络图中[ ]中的数值表示为尚需日。用割线完工时点计算法进行各工序的进度检查与评价,以及对后续工作的影响和工程总体进度的状况评价。

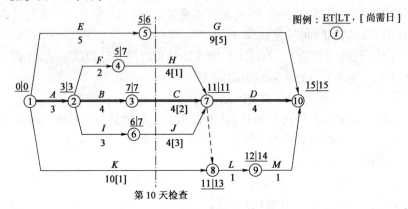

图 4-8　某工程网络计划图

(1)评价各工作(工序)的进度状况(即计算各工序的延误值并评价)

G 工序的延误 = 预计实际完成 − 计划最早完成

$\qquad$ = (检查日 + 尚需日) − (箭尾节点最早时间 + 本工作持续时间)

$\qquad$ = (10 + 5) − (5 + 9) = 1　　G 工序拖延 1 天

H 工序的延误 = (10 + 1) − (5 + 4) = 2　　H 工序拖延 2 天

C 工序的延误 = (10 + 2) − (7 + 4) = 1　　C 工序拖延 1 天

J 工序的延误 = (10 + 3) − (6 + 4) = 3　　J 工序拖延 3 天

K 工序的延误 = (10 + 1) − (0 + 10) = 1　　K 工序拖延 1 天

(2)评价工程的总体进度状况(即工期有无拖延)

各工序的误期值计算(即工序造成的工期拖延量,图上只有节点时间参数,无时差)

G 工序的误期值 = 预计实际完成 − 计划最迟完成

$\qquad$ = (检查日 + 尚需日) − 箭头节点最迟时间 = (10 + 5) − 15 = 0

H 工序的误期值 = (10 + 1) − 11 = 0

C 工序的误期值 = (10 + 2) − 11 = 1

J 工序的误期值 = (10 + 3) − 11 = 2

K 工序的误期值 = (10 + 1) − 13 = −2

工程工期(总工期)拖延的判断:

$\max\{0, 0, 1, 2, −2\} = 2$,所以工程的工期将拖延 2 天。

(3)对各后续工作的影响

H 工序对后续工作的影响 = 工作延误值 − 工作自由时差 = 2 − 2 = 0,对后续工作没影响

C 工序对后续工作的影响 = 1 − 0 = 1,对后续工作有影响,推迟 1 天

J 工序对后续工作的影响 = 3 − 1 = 2,对后续工作有影响,推迟 2 天

K 工序对后续工作的影响 = 1 - 1 = 0,对后续工作没影响

对于上述计算过程,也可列表计算,如表 4-1。其中第(4)列的计划最早完成(EF_{ij}) = 各工作箭尾节点最早时间(ET_i) + 本工作持续时间 D_{ij}。

例题 4-1 工程进度完工时点计算法计算表　　　　　　　　　　　表 4-1

工作名称	检查时尚需日	预计实际完成	计划最早完成(EF)	工作延误值 (3)-(4)	工作进度判断	计划最迟完成(LF)	工期误期值 (3)-(7)	工期影响判断	工作自由时差	紧后工作影响 (5)-(10)	紧后开工影响判断
(1)	(2)	(3)	(4)	(5)	(6)	(7)	(8)	(9)	(10)	(11)	(12)
G	5	15	14	1	延误1天	15	0	max{误期} = +2 所以工期将拖延2天	1	0	无
H	1	11	9	2	延误2天	11	0		2	0	无
C	2	12	11	1	延误1天	11	1		0	1	推迟1天
J	3	13	10	3	延误3天	11	2		1	2	推迟2天
K	1	11	10	1	延误1天	13	-2		1	0	无

3. 一般网络图(无时标)进度检查的割线法——时差列表分析比较法

该方法是通过各工作原有总时差和尚有总时差之间的比较判断工作的延误和工期影响,如表 4-2。以例题 4-1 为例。

例题 4-1 工程进度时差列表分析比较法计算表　　　　　　　　　表 4-2

工作代号	工作名称	检查时尚需日	计划最迟完成	到计划最迟完成尚需日 (5)=(4)-检查日	原有总时差	工作尚有总时差 (7)=(5)-(3)	本工作反映的进度延误 (8)=(6)-(7)比较	工期判断
(1)	(2)	(3)	(4)	(5)	(6)	(7)	(8)	(9)
5-10	G	5	15	15-10=5	1	5-5=0	工作延误1天	不影响
4-7	H	1	11	11-10=1	2	1-1=0	工作延误2天	不影响
3-7	C	2	11	11-10=1	0	1-2=-1	工作延误1天	有影响1天
6-7	J	3	11	11-10=1	0	1-3=-2	工作延误3天	有影响2天
1-8	K	1	13	13-10=3	3	3-1=2	工作延误1天	不影响

检查时尚需日,例题 4-1 中是已知条件,在施工中可以按式(4-2)或式(4-3)计算。计划最迟完成时间就是箭头节点最迟时间。原有总时差从网络图的节点时间参数计算可以得到。工作尚有总时差等于到计划最迟完成尚需日减去检查时尚需日。

实际进度与计划进度的偏差有以下两种情况:

(1)若工作尚有总时差小于原有总时差,但仍然为正值,则说明该工作的实际进度比计划进度拖后,产生的偏差值就是二者的差值;即工作延误值 = 原有总时差 - 尚有总时差,大于零延误,小于零提前,等于零按时;如果是判断本工作进度(而不是工作延误)最好用式(4-18),这样就与赢得值法(挣得值)的约定一致,正值是提前,负值是拖延,零是按时。

$$\text{工作的进度偏差} = \text{尚有总时差} - \text{原有总时差} \tag{4-18}$$

(2)若尚有总时差为负值,则说明对工程工期有影响,应关注后续的施工或调整计划。

$$\text{工程的进度偏差}(\text{工期影响的提前值}) = \min\{\text{尚有总时差}\} \tag{4-19}$$

正值是工期提前,负值是工期拖延,零是可以按期完工。

综上所述,时差列表比较法与完工时点计算法实质是一样的,但是不如完工时点计算法直

观,简单易记。本章复习题第 7 题就是练习推导出两种方法的一致性,请读者练习。

五、工程进度延误的处理——延长工期或计划调整

1. 工程延误的原因

(1)非承包人的原因:业主、监理、自然界、社会,这 4 大类。

(2)承包人的原因:除上述非承包人原因外的所有情况。

2. 工程延误的处理

(1)如果是非承包人的责任造成的工期延误,承包人延长工期的申请手续又符合合同规定,从监理人处可以获得延长工期的批准。以例题 4-1 为例合同工期可以延长 2 天。

(2)如果是承包人的责任造成的工期拖延,就应该在后续的施工中加快进度抢回时间的损失。

3. 计划的调整

压缩工期的内容在本章第二节"网络计划优化"中介绍。

4. 延长工期处理原则和应注意的问题

(1)合同原则。必须是非承包人的原因,符合合同条款的规定,同时要符合延长工期的申请程序。

(2)损害事实原则。必须造成工程工期的损害,即工期拖延。一般在申请表中要注明是关键线路或关键工作。要注意关键线路是变化的,如果非关键工作的延误量过大一旦超过总时差,就从非关键变成为关键,应动态的理解关键线路。一般情况下工期拖延量就是应该延长的工期值,但有时要根据做了补救的实际情况对损失进行折减,就是体现了损害事实原则。

第二节　网络计划的优化

网络计划的优化主要有工期优化(也称为时间优化)、资源优化、工期与成本(费用)优化。网络计划优化采用双代号网络图进行,比单代号直观,如果是双代号时标网络图就更加直观,因此以下介绍时均使用双代号网络图,可以用双代号时标网络图帮助理解。

一、工期优化

时间在施工管理中是一主要要素。当网络计划编制完成后常遇到计算工期大于要求工期的问题,此时就需要调整进度计划,压缩工期,即对工期进行优化;而对于工期要求紧迫的施工任务,也需要千方百计采取措施,调整网络计划,以达到工期最短的目的。这种以工期为目标,即工期最短或达到要求工期,而进行调整网络计划的过程,称为网络计划的工期优化,也称为时间优化。工期优化的实质就是缩短工程工期到要求工期或使其最短,要缩短工期就必须缩短关键线路。缩短关键线路的方法和途径主要有两种:一是网络计划中关键线路的结构调整(也称为调整工作关系),二是关键工作持续时间的缩短(也称为强制法和时差利用)。

1. 缩短关键线路的方法或途径

(1)主要是调整关键线路上的关键工作之间的关系,可采取下述措施

①将顺序施工的关键工作改为平行施工、交叉或者搭接施工。

②将顺序施工的关键工作调整为流水作业方式。

(2)缩短关键工作的持续时间。压缩关键工作持续时间的强制法主要有：
①平均法，关键线路上各关键工作平均压缩相同的数值。
②加权平均法，即按关键工作持续时间长短的百分比进行压缩。
③顺序(依次)法，按关键工作开始时间确定，先开始的工作先压缩。
④选择法，即有目的的分析和选择关键工作，例如缩短持续时间对质量影响不大的关键工作，有充足备用资源的工作，赶工费率最低的工作等。选择法是最常用的方法。

缩短关键工作持续时间的途径，可以通过增加资源来缩短关键工作的持续时间；也可通过抽调非关键工作的同类资源来支援关键工作以缩短关键工作持续时间，也称为时差利用法。这种利用时差的调整虽然增长相应非关键工作持续时间，但只要未超过其总时差就不增长工期。也就是人们常说的"向关键线路要时间，向非关键工作要资源"。

2. 网络计划工期优化(时间优化)的计算方法和步骤

网络计划工期优化的基本方法就是循环优化法，缩短工期就必须压缩关键线路，因此必须从关键线路入手。循环优化法的基本原理是：计算初始网络计划图的计算工期并确定关键线路，将计算工期与要求工期比较求出需缩短的时间，采用适当的时间优化措施和途径压缩关键工作持续时间，从而压缩了关键线路长度，并重新计算网络计划的工期并确定新的关键线路。此时，如果网络计划的计算工期小于或等于要求工期，时间优化即告完成；否则，重复上述步骤，再次压缩关键线路，直到满足要求工期为止。工期优化的结果是不唯一的，例如图4-9的网络图，计算工期是52，要求工期49；优化的方案不同，其结果也就不同。

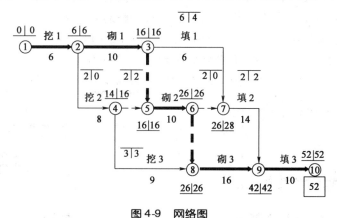

图4-9　网络图

(1)循环法方案1：先选择"砌3"压缩3天，计算工期为50天；这时"填2"为关键工序，然后再选择"填2"还要压缩1天，工期才能缩短为49天。

(2)循环法方案2：选择"砌2"压缩3天，计算工期为49天。

(3)循环法方案3：选择"砌3"压缩2天和"填3"压缩1天，计算工期为49天。

3. 在压缩关键线路过程中应注意以下几个问题

(1)选择需压缩的关键工作，最好是包含在多条关键线路上的共同部分。

(2)要压缩的关键工作，应注意其压缩量取多少时间较为合适，相对值应较小为好。

(3)多条关键线路时，所压缩的关键工作必须使多条的关键线路长度一起缩短。可能需要同时压缩平行的关键工作。

(4)如果需要得到网络计划最短工期，采用循环压缩关键线路长度，直到不能再压缩为止(这需要给定每个工作的极限持续时间)。

二、资源优化

资源优化主要有两大内容——工期一定资源均衡和资源有限工期最短。

1. 工期一定资源均衡（目标就是使资源随时间分布的柱状图高差较小）

工期一定资源均衡通俗的说法就是：在工期不变而且每天使用的资源量不受限的条件下，对资源的柱状图进行"削峰填谷"。就是在时标网络图（或横道图）上，对资源峰值高的有波浪线（自由时差）的工作进行前后移动，调整到资源峰值较低的时间段位置。一般是一种资源的调整，多种资源调整难度很大。所以实际工程要借助计算机，项目管理软件具有这方面的功能，第六章的事例就讲述了这方面的应用，不用计算机就很难用好网络图。

2. 资源有限工期最短

主要是当两个以上的工作平行施工时，单位时间内的资源数量无法满足平行施工的要求，需进行进度计划调整以满足资源的供应条件。例如，有 A 和 B 两项路基填筑工作平行施工，如图 4-10，此时只有 1 台压路机，无法实现平行施工。解决的方法只有两种：一是，花钱购买或租赁压路机；二是，将"平行"施工改为"顺序"施工。那么第二种解决方法就产生了问题，哪项工作先施工使用资源。判断解决方案好的标准是什么？因此，解决资源有限情况下造成资源冲突的方案好的标准就

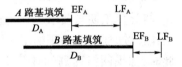

图 4-10　AB 二项平行施工

是调整后的进度计划使工程工期增加的最少。将平行施工改顺序施工后，工期值增加最少的顺序施工方案就是资源优化的方案。参见图 4-11，调整的方法是：

方案 1　A 先施工 B 后施工，工期增加值 $= EF_A + D_B - LF_B$

方案 2　B 先施工 A 后施工，工期增加值 $= EF_B + D_A - LF_A$

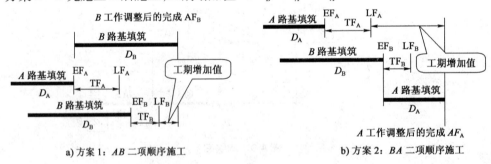

a) 方案 1：AB 二项顺序施工　　　　b) 方案 2：BA 二项顺序施工

图 4-11　路基填筑工作工期调整

比较两个方案，其中工期增加值最少的方案就是最优方案。从图上看方案 1 要优于方案 2。

三、工期——成本优化（即费用优化，工期——费用优化）

（一）工程的时间（工期）和工程的费用（工程成本）关系

一个工程施工项目是由许多工作组成的，这些工作绝大部分都要消耗资源（工、料、机），也就构成了施工费用（成本）。工程的施工费用（成本）由工程的直接费（直接成本）和工程的间接费（间接成本）所组成，工程直接费（直接成本）随着工期增加而减少，随着工期的减少而增加；而工程间接费（间接成本）随着工期增加而增加，随着工期的减少而减少；施工总费用

（总成本）与工期之间就存在最优的平衡点，即最优工期。如图4-12所示，工期小于最优工期时总费用（总成本）增加，工期大于最优工期总费用（总成本）也增加。最优工期是针对工程而言的，工作（工序）是没有最优工期的。在实际工作中，一般很难找出最优工期，所以通常是以合理工期为目标，即以最优工期为中点，在它附近一定范围内的工期值作为合理工期；工程实践也只需要追求合理工期，这时的工程费用相对最低。工程的费用（成本）是由各工作（工序）的费用（成本）所组成，因此必须掌握工作（工序）的持续时间与其费用（成本）的关系。

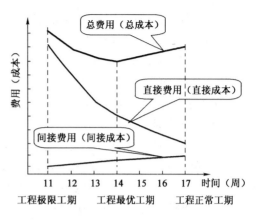

图4-12 工程的工期与费用关系

（二）工作的持续时间与其直接费用（直接成本）的关系

工作（工序）的持续时间与其直接费用（直接成本）的关系分为两种形式：一种是连续型的，例如某工作（工序）主要采用人工时的直接费用或直接成本；另一种是离散型的，例如某工作（工序）采用不同机械时的直接费用或直接成本。

1. 连续型工作持续时间和直接费用的关系

（1）直接费的计算：

$$直接费 = 劳动量 \times 每工日（台班）费用$$

（2）连续型工作持续时间和直接费用的关系一般是非线性的，是曲线关系，因此每个时刻的直接费变化率不是固定值。考虑到工程实际直接费的曲线值与直线值相差不大，为了计算简便将曲线近似为直线，那么直接费变化率近似为定值，如图4-13a）。直接费的变化率工程界习惯称为赶工费率或直接成本斜率。

$$直接费的变化率（赶工费率） = \frac{C_b - C_a}{t_a - t_b} \tag{4-20}$$

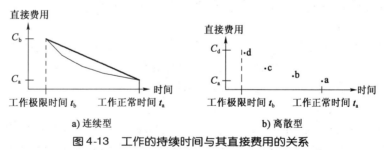

a) 连续型　　b) 离散型

图4-13 工作的持续时间与其直接费用的关系

2. 离散型工作持续时间和直接费用的关系

离散型直接费用不存在变化率，只有直接费用的数值（或直接成本），选用不同的时间就有相应的直接费用值，如图4-13b）。本章复习题第8题就是对这部分知识的练习。

（三）工期—成本优化的方法

1. 工期—成本优化的目标

工期—成本优化的目标就是要获得如图4-12所示工程在不同工期情况下直接费用最低的曲线，并将其与间接费用线（一般为斜直线）叠加后形成总费用曲线，从而找到总费用最低的最优工期。

2. 工期—成本优化的方法和思路

将工程进度网络计划从正常工期开始,压缩关键工作的持续时间,从而压缩了工程的工期,一直压缩到工程的极限工期。在此压缩工程工期过程中应保证每次压缩所引起直接费用的增加是最少的,才是该工程直接费最低曲线,从而总费用最低点的工期值才是最优工期。否则,压缩过程中工程直接费曲线某一时点的直接费如不是最低,图中总费用最低点就不能保证是工程最优工期。

3. 工期—成本优化方法应注意的事项

工期—成本优化过程有两个难点:一是如何选择压缩的关键工作,即压缩方案;二是已经选择的关键工作压缩量应取多少才能既不超压也不欠压(要考虑优化计算效率)。

(1) 选择压缩的关键工作

选择压缩的关键工作应保证直接费增加最少,即应选择综合赶工费率最低的关键工作。由于关键线路的复杂性,有一条关键线路的简单情况和多条关键线路的复杂情况。

① 只有一条关键线路时,选择关键线路中赶工费率最低的关键工作;

② 两条以上关键线路时,问题较复杂,要根据具体网络计划进行分析和选择。因为有时多条关键线路中共同包含某一关键工作,只需压缩该关键工作工程的工期就能缩短;有时需要平行压缩多个关键工作工程工期才能缩短。因此需具体情况具体分析比较后进行选择。所以原则上,如果此时需要平行压缩多个关键工作才能缩短工期,那么它们的赶工费率之和应最低。

关键线路较少而且简单时,可以直接将各种可能的组合进行比较。关键线路复杂时可以用网络最大流理论来确定压缩方案,但是要注意多个压缩关键工作的赶工费率之和最低所对应的却应该是此时该网络流是所有方案中的最小值而不是最大值。运筹学教材中运用该理论是寻找网络流的最大值,而我们需要最小值,这点在使用该理论时正好是相反使用,很难保证所选的方案是最小值,因此很难使用;不过可以利用割线的思想和方法来计算赶工费率的和,是很好掌握又不易产生错误的,在下面的事例中会涉及到。

(2) 确定关键工作的压缩量

压缩多少才既不超压也不欠压,应同时满足以下两点要求。

① 不超过该关键工作的极限持续时间;

② 应保证压缩后的关键工作,仍然是关键工作,即不能超压。这一点难度很大。

最简单但却耗时的方法是线路全枚举法,即将所有线路长度计算出来,逐条比较,来综合决定压缩量。为什么要综合呢?因为不能采用简单比较就下结论为:"压缩量等于非关键工作的最小总时差,$\Delta = \min\{TF\}$"。例如某网络图有三条线路,一条关键线路为100,另外两条非关键线路分别是98和95;那么为了使关键工作没有超压不一定只能压缩100-98=2单位,有可能可以压缩100-95=5单位,因为当被压缩的关键工作也包含在98的非关键线路中时,关键工作每缩短1个单位,原98长度的线路也随之缩短,不会制约关键工作的压缩而担心超压,此时就可以压缩5个单位。因此压缩量的确定要综合分析,是属于非肯定的问题,不能将特殊代表一般,参见本章复习题第10题的压缩。当然有的方法是每次只压缩1个单位然后重新计算关键线路,循环重复进行压缩优化,这种方法手工计算,优化效率太低,适合计算机计算。

另外一种确定压缩量的方法是通过时差分析,判断"圈"内的自由时差和总时差,避免超压和欠压。这种方法需要对网络计划知识掌握的很扎实,尤其需要进行时差分析。这样通过网络计划优化可以促进网络计划知识的学习和掌握。在进行时差分析时可借助双代号时标网络图的直观性帮助理解,一旦掌握了时差分析方法后就不需要在优化时绘制成双代号时标网络图了。双代号网络图的时差分析主要应用式(3-18)或式(4-4)。"圈"的概念见破圈法。

(四)工期—成本优化示例

某工程计划网络图如图 4-14 所示。表 4-3 是该工程各工作的时间和费用数据。整个工程的间接费率为 10 万元/周,正常工期时间接费为 70 万元。对此工程进行工期—费用优化,确定工期—费用曲线并求最优工期。图 4-14 中圆括号内的数值表示工作极限持续时间;没有圆括号的时间是正常持续时间,在以下计算时未被划去就代表正常值。

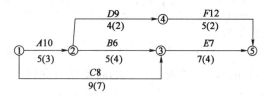

图 4-14 某工程网络计划图

各工作时间与费用数据表　　　　　　　　　　表 4-3

工作代号	正常持续时间	极限持续时间	正常直接费	极限直接费	赶工费率
1-2	5	3	80	100	$(100-80)/(5-3)=10$
1-3	9	7	160	176	$(176-160)/(9-7)=8$
2-3	5	4	90	96	$(96-90)/(5-4)=6$
2-4	4	2	50	68	$(68-50)/(4-2)=9$
3-5	7	4	100	121	$(121-100)/(7-4)=7$
4-5	5	2	120	156	$(156-120)/(5-2)=12$
合计	无		600	717	无

(1)根据式(4-20),在表 4-3 中的最后一列计算每项工作的直接费变化率(赶工费率)并将计算结果标注在每项工作箭线的上方,便于优化压缩时分析和计算。

(2)按照各工程正常持续时间计算网络计划的时间参数和关键线路,如图 4-15。

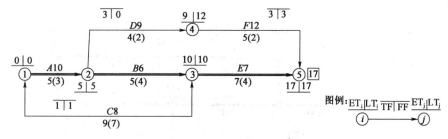

图 4-15 按正常持续时间的网络计划计算结果

(3)按照工期—成本优化的方法和注意事项逐步(循环)压缩关键工作,以获得直接费用最低的曲线数据,如表 4-4。

网络计划工期—成本优化循环压缩的过程　　　　　表 4-4

循环次数	压缩方案	压缩时间	工期（周）	增加费用	增加总费用	工程直接费	工程间接费	工程总费用
0	原始网络图不调	0	17	0	0	600	70	670
1	压缩 B	1	16	6	0+6=6	606	60	666
2	压缩 E	2	14	2×7=14	6+14=20	620	40	660
~~3~~	~~压缩 ED~~	~~各1~~	~~13~~	~~1×(7+9)=16~~	~~20+16=36~~	~~636~~	错误	删除
3	压缩 AE 增加 B	各1	13	10+7−6=11	20+11=31	631	30	661
4	压缩 AC	各1	12	1×(10+8)=18	31+18=49	649	20	669
5	压缩 BCD	各1	11	6+8+9=23	49+23=72	672	10	682

循环压缩优化的具体过程如下：

循环 1：关键线路中 B 工作的赶工费率最低，选择 B 工作压缩 1 周。此时网络计划的时间参数发生变化，与 B 工作平行的有两个"圈"，它们的时差会有变化。①③"圈"中的 C 工作变成关键工作，关键线路增加一条；②⑤"圈"中 D 和 F 工作时差都会改变，根据双代号时标网络图的特性和式(3-18)或式(4-4)，B 工作的缩短 1 周将相应减少 F 工作的自由时差 1 周和总时差 1 周，从而减少 D 工作总时差 1 周。变化后的工期和时差结果如图 4-16，费用计算如表 4-4。此时只需关心时差和工期，不需再计算和关注节点时间参数了。

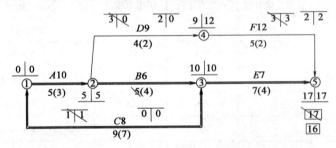

图 4-16　经过第 1 次压缩优化后的工期和时差变化结果

循环 2：从图 4-16 的在两条关键线路中进行比较，E 工作是两条关键线路的共同组成，而且赶工费率最低，选择压缩 E 工作。E 工作压缩量的极限虽然可以 7−4=3 周，考虑到与之平行的②⑤"圈"中 D 和 F 的总时差只有 2 周，因此 E 工作的压缩量取 2 周。D 和 F 工作变成关键工作，关键线路再增加一条，三条都是关键线路。变化后的工期和时差结果如图 4-17，费用计算如表 4-4。

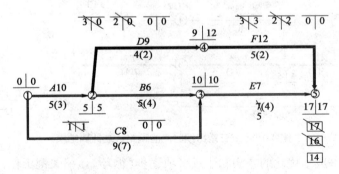

图 4-17　经过第 2 次压缩优化后的工期和时差变化结果

循环3：根据图4-17三条关键线路的比较，人们一般从直观判断有两种组合压缩方案，AD各压1周的费率10+8和DE各压1周的费率9+7比较，选择DE各压1周的费率16最低。工期可以压缩到13周，这个方案实际上是错误的，有比它更低赶工费率的方案即下面的方案。

如果压缩A和E工作各1周，将B工作增加1周，则不影响与之平行的两条关键线路而工期又能缩短1周，而赶工费率等于10+7-6=11比16还要低，所以D和E工作各压1周的方案是错误的。变化后的工期结果如图4-19，费用计算如表4-4。该方案的获得确有困难。因此可以借助网络流最大理论的割线方法去寻找各种可能的割线方案，该方案是分别割到ABE三项工作的割线，如图4-18；采用割线分割时，应保证网络图的起点节点和终点节点分别位于割线两侧，请读者关注图形下部分的节点①和③，如果约定位于割线起点节点同一侧节点上箭尾的赶工费率为正值同时还表示可以缩短，而节点上箭头的赶工费率为负值同时还表示对已经压缩的还原增加，则赶工费率的和为10-6+7=11。不过在保证赶工费率和为正值前提下，如果作为赶工费率负值的工作是正常持续时间还未压缩过，则方案不可行。

循环4：根据图4-19三条关键线路中，AC组合共同压缩赶工费率是18，BCD组合共同压缩赶工费率是23，所以选择AC组合共同压缩1周。变化后的工期结果如图4-20，费用计算如表4-4。

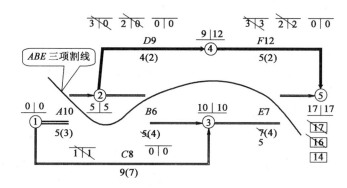

图4-18 将图4-17网络图分割为上下两部分

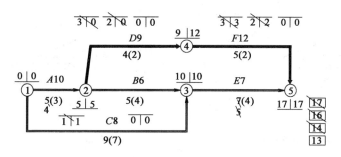

图4-19 经过第3次压缩优化后的工期变化结果

循环5：根据图4-20三条关键线路中，只有BCD组合共同压缩赶工费率是23最小，所以选择BCD组合共同压缩1周。最终变化后的工期结果如图4-21，各工作A=3，B=4，C=7，D=3，E=4，F=5（未压缩）；费用计算如表4-4。最优工期是14周，见图4-22。

在压缩优化过程中只需画一个一般双代号网络图就够，将优化过程和时差变化全标注在图上进行比较，同时将计算结果填在表4-4中就可以了。在利用时差分析时应正确使用式(3-18)或式(4-4)，以及"圈"的概念，多做多练就能达到熟能生巧。

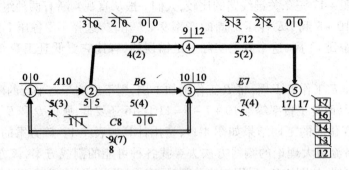

图 4-20　经过第 4 次压缩优化后的工期变化结果

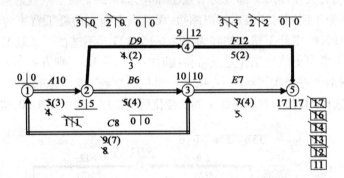

图 4-21　经过第 5 次压缩优化后的最终工期变化结果

(4) 工期—费用曲线，如图 4-22。

(5) 优化过程的分析对比，见图 4-23。

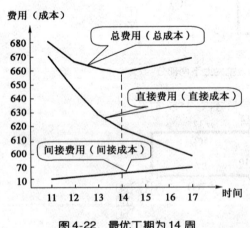

图 4-22　最优工期为 14 周

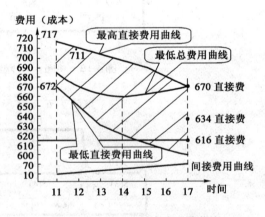

图 4-23　最低和最高直接费曲线

在直接费用压缩优化过程中工程的每个工期值，可以对应的求出其相应的最低值，这是我们所希望的。如果此时我们在优化过程所选择的方案有错误，不是最低的赶工费率，则所得到的直接费一定是位于阴影区域内，因为最高直接费曲线是每次相应工期值的情况下将非关键工作都按照极限持续时间的直接费计算而得，是对应工期值的最大值。

(五) 将工期—成本优化方法应用于计划调整以确定最经济的工期

某工程网络计划如图 4-24，合同工期为 60 周。工期提前奖励 20 千元/周，拖延赔偿 15 千元/周。施工到第 18 周检查 A 工序刚完成。施工单位应如何调整进度计划最经济。

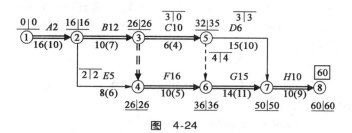

图 4-24

箭线上方的数字表示赶工费率。施工计划的调整过程参见表 4-5。

网络计划工期调整循环压缩的过程   表 4-5

循环次数	压缩方案	压缩时间	工期（周）	增加费用	增加总费用	奖赔值	盈亏值	备注
0	不调	0	62	0	0	2×(-15)=-30	-30-0=-30	
1	压缩 H	1	61	1×10=10	10	1×(-15)=-15	-15-10=-25	压后所有时差不影响
2	压缩 B	2	59	2×12=24	34	1×20=+20	20-34=-14	E 控制 B 压 2，E 关键
3	压缩 G	3	56	3×15=45	79	4×20=+80	80-79=+1	压后 CD 关键，⑤⑥虚工作不影响
4	压缩 BE	各 1	55	1×(12+5)=17	96	5×20=+100	100-96=+4	最经济
5	~~压缩 DF~~	~~各 5~~	~~50~~	~~5×22=110~~		错误删除		压 4 周，⑤⑥就关键了，压 5 周出错
5	压缩 DF	各 4	51	4×(6+16)=88	184	9×20=+180	180-184=-4	只能压 4 周

在循环 2 压缩了 B 工作 2 周后，E 工作已经是关键工作了。B 工作可以与 E 关键工作组合一起压缩，赶工费率是 12+5=17，比只压 G 的赶工费率 15 大，不可取；所以选择压缩 G 工作。

在循环 5，DF 的组合只能压缩 4 周，因为此时⑤⑥虚工作是关键工作，压 5 周就超压了 1 周。在组合压缩关键工作时要注意，如果是 CG 关键工作组合压缩，会使⑤⑥虚工作的时差增加；而 DF 关键工作组合压缩，会使⑤⑥虚工作的时差减少。所以在循环 5 中 DF 的组合只能压缩 4 周。压缩过程图如图 4-25，该图不是最终结果图。

所以选择循环 4 的结果施工计划最经济。

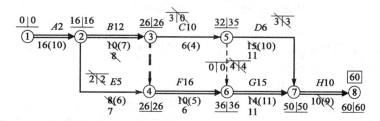

图 4-25 合同工期 60 天施工计划调整图

复 习 题

1.单选题（下列各题中，只有一个备选项最符合题意）

（1）某网络计划中有一项非关键工作，总时差为 5 天，局部时差为 3 天。由于业主未能按时提供施工场地，造成施工耽误 6 天，施工单位申请工程延长工期，监理工程师应批准的延长工期的时间为（　　）。

　　A.1 天　　　　　　B.5 天　　　　　　C.6 天　　　　　　D.不同意延长工期

(2)工作的误期值=工作延误值-工作总时差,当max{工作的误期值}>0时说明( )。
　　A.(总)工期提前　　B、工程按期竣工　　C.(总)工期拖延　　D.无法判断
(3)网络计划工期优化的目的是( )。
　　A.确定最低成本工期　　　　　　B.确定最短工期
　　C.确定满足目标工期的计划方案　　D.缩短关键线路
(4)工程费用与工期的关系为( )。
　　A.直接费随工期缩短而减少,间接费随工期缩短而增加
　　B.直接费随工期缩短而增加,间接费随工期缩短而减少
　　C.直接费和间接费均随工期缩短而减少
　　D.直接费和间接费均随工期缩短而增加
(5)在反映工程进度的指标中,最具有统一性和较好可比性的指标是( )。
　　A.持续时间　　　　　　　　　　B.工程活动的结果状态数量(工程量)
　　C.单位时间完成的实物工程量　　D.共同适用的某种计量单位(货币形式的工作量)
(6)施工现场的进度控制影响因素很多,被认为最大的干扰影响因素是( )。
　　A.资金　　　　B.技术　　　　C.人员　　　　D.设备
(7)工程施工进度计划必须经过( )审批。
　　A.业主　　　　B.上级主管部门　　C.监理工程师　　D.承包商
(8)由于非承包人原因发生的工程延误,监理工程师( )。
　　A.必须批准工程延期　　　　B.一定不批准工程延期
　　C.不一定批准工程延期　　　D.按业主意图办
(9)采用网络计划对工程进度实施动态控制是属于进度控制的( )。
　　A.组织措施　　B.管理措施　　C.经济措施　　D.合同措施
(10)在公路工程施工进度的实施过程中,为了加快施工进度,可以采取的管理措施是( )。
　　A.增加劳动力和施工机械的数量　　B.改进施工工艺及技术
　　C.对所采取的技术措施给予补偿　　D.采用先进的施工机械
(11)控制工程进度的技术措施是指( )。
　　A.改进施工工艺及技术　　　　　　B.建立进度控制目标体系
　　C.及时办理工程进度款支付手续　　D.建立进度信息沟通网络
(12)就工程项目进度控制的主要工作环节而言,其正确的工作程序为( )。
　　A.编制计划、目标的分析和论证,调整计划、跟踪计划的执行
　　B.编制与调整计划、跟踪计划的执行、目标的分析和论证
　　C.目标的分析和论证、跟踪计划的执行,编制与调整计划
　　D.目标的分析和论证、编制计划、跟踪计划的执行、调整计划
(13)工程项目进度控制的最终目的是( )。
　　A.确保项目工期目标的实现　　　　B.在保证质量的前提下,确保项目提前完成
　　C.确保项目进度目标的实现　　　　D.在保证质量的前提下使项目进度目标得以实现
(14)进度通常是指工程项目实施结果的( )。
　　A.持续时间　　B.工程量　　C.工作量　　D.进展情况
(15)进度控制的组织措施是( )。
　　A.组织流水作业提高效率　　　　　B.对工期提前给予奖励
　　C.缩短作业时间加快进度　　　　　D.建立和完善各参与方的进度控制体系

2.多选题(在下列各题的备选答案中,至少2个最多4个备选项符合题意)
(1)关于工程进度的表述正确的是( )。
　　A.当所有工期延误值<0时,说明是工期提前

B. 关键线路只能是一条
   C. EF = LF 则说明该工序在关键线路上
   D. 关键线路工期是可以压缩的
   E. 非关键工序延长不会导致关键线路的改变

(2) 下列的工作进度偏差,对工期产生影响的有(　　)。
   A. 关键工作的持续时间的延长
   B. 非关键工作的开始时间晚于其最迟开始时间
   C. 非关键工作的持续时间的延长至原持续时间加上它的自由时差
   D. 非关键工作的持续时间的延长至其原持续时间加上它的总时差
   E. 非关键工作的完成时间晚于其最迟完成时间

(3) 实际进度前锋点的标定方法有(　　)。
   A. 按已完成的实际工程量来标定   B. 按已计量的工程量来标定
   C. 按尚需时间来标定   D. 按已用去的时间来标定
   E. 按已支付的工程量来标定

(4) 工程网络计划中工期优化的目的是(　　)。
   A. 缩短计算工期达到指定要求
   B. 寻求资源有限条件下的最短工期
   C. 寻求资源均衡条件下的最优工期
   D. 寻求最低成本时的最优工期
   E. 在一定的约束条件下使工期最短

(5) 网络计划优化的内容包括(　　)。
   A. 时间优化   B. 时间—费用优化
   C. 资源优化   D. 施工管理组织优化
   E. 施工人员组成优化

(6) 在施工进度计划调整工程中,压缩关键工作持续时间的技术措施有(　　)。
   A. 增加劳动力和机械数量   B. 改进施工工艺和施工技术
   C. 采用更先进的施工机械   D. 改善外部配合条件
   E. 采用工程分包方式

(7) 为满足要求工期,在对网络计划进行工期优化时应(　　)。
   A. 在多条关键线路中选择直接费变化率最小的一项关键工作缩短其持续时间
   B. 按经济合理的原则将所有的关键线路的总持续时间同时缩短
   C. 在满足资源限量的前提条件下,寻求工期最短的计划安排方案
   D. 缩短工期的同时,尽可能地选择对质量和安全影响小,并使所需要增加费用最少的工作
   E. 在满足资源需要均衡的前提条件下,寻求工期最短的计划方案

(8) 非承包人的原因或责任造成的延误大体可分为(　　)。
   A. 业主   B. 气候   C. 监理工程师   D. 自然界   E. 社会

3. 进度目标就是工期目标吗? 反映进度的指标有哪些?

4. 根据第三章的复习题3(5)小题网络图计划的时间参数进行进度检查。工程施工的第10天晚检查结果为:$E[4], M[3], G[1], L[3]$;用割线完时点计算法评价各工序进度状况,工程进度前途如何? 如果是非施工单位责任造成的以上结果,那么对于此延期申请(理论上)应批几天?

注:题中[数值],方括号中的数值是"尚需日",表示尚需多少日可以完工。

5. 以第三章的复习题3(5)小题网络图为依据,由于非施工单位的责任 H 工作第8天晚上才完成,其他工作正常,第一次应批几天延期? 在后续施工的第16天检查发现 L 工作变更数量过大尚需5天完成,第二次应批几天延期? 两次共批几天延期?

103

6. 如果人们认为"延误"应该是表示工作的实际进度与其计划最迟时间相比较的拖延或耽误。例如,某一个非关键工作(或工序),工作最早开始时间 ES = 12,工作持续时间 t = 6,工作最早结束时间 EF = 18,而工作最迟结束时间 LF = 21,工作总时差 = 21 - 18 = 3;如果该工作实际开工为 12 即按时开工,而实际工作持续时间用 6 天才完成该工作,那么按照以上与最迟时间比的约定,12 + 6 - 21 = - 3 则该工作提前 3 天;如果该工作实际开工为 12 即按时开工,而实际工作持续时间用 8 天才完成该工作,那么按照以上与最迟时间比的约定,12 + 8 - 21 = - 1 则该工作提前 1 天;如果实际开工为 12 即按时开工,而实际工作持续时间用 11 天才完成该工作,那么按照以上与最迟时间比的约定,12 + 11 - 21 = 2 则该工作延误(拖延)2 天。这样的结论似乎可以自圆其说。那么你认为与我们常说的:"关键线路上任何工作(即关键工作)有延误,则一定会造成(总)工期的拖延或增长,非关键工作的延误只要不超过其总时差就不会造成(总)工期的拖延或增长"这句话有矛盾吗? 矛盾点在何处?

7. 试证明,割线法中时差列表分析比较法,本工作延误和工期延误计算式和分析结论,与完工时点计算法的结果是一致的。即将时差列表分析比较法的计算式演变为完工时点计算法的计算式。

8. 已知某施工项目网络计划如图 4-26 所示,②→⑤工作是离散型正常持续时间 16 天时的直接费为 600,可加快到时间 12 天的直接费为 1 000,不是选 16 天就选 12 天只有两个离散点。整个工程间接费率 150 元/天,极限工期的间接费为 500 元。正常工期的直接费为 9 800 元。优化压缩工期求直接费用曲线和总费用曲线以及最优工期。【注意:如果将①→②工作的直接费率 150 改为 50,④→⑤工作持续时间改为 12 (9),原来的结果有哪些变化】

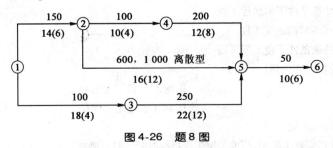

图 4-26 题 8 图

9. 某工程如图 4-27,计算节点时间参数和时差。合同工期为 60 周。工期提前奖励 20 千元/周,拖延赔偿 15 千元/周。施工到第 19 周检查 A 工序刚完成。施工单位应如何调整进度计划最经济。

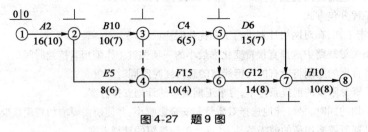

图 4-27 题 9 图

10. 将上述第 9 题的 D 工作的正常持续时间由 15 改为 13。在第一次压缩 G 工作时应该压缩多少才能既不超压也不欠压。

参 考 答 案(部分)

1. 单选题

(1) A (2) C (3) C (4) B (5) D (6) C (7) C (8) C (9) B (10) A (11) A (12) D (13) D (14) D (15) D

2. 多选题

(1) AD[注:C 是有条件的最好不选] (2) ABE (3) AC[注:D 项含义不等于 A 所以不能选] (4) AE (5) ABC (6) BC (7) BD (8) ACDE

4. 计算双代号网络图节点时间参数,关键线路粗线并进行进度检查(图4-28)。

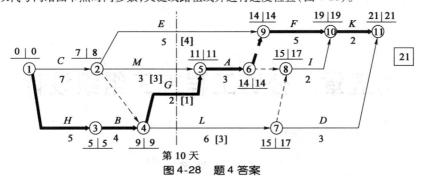

图 4-28 题 4 答案

(1)各工序进度:

E 延误 = 预计实际完成 − 计划最早完成时间 EF

   = (检查日 + 尚需日) − (箭尾节点最早时间 + 本工作持续时间)

   = (10 + 4) − (7 + 5) = 2   延误 2 天

M 延误 = (10 + 3) − (7 + 3) = 3   延误 3 天

G 延误 = (10 + 1) − (9 + 2) = 0   按时

L 延误 = (10 + 3) − (9 + 6) = −2   提前 2 天

(2)各工序对总工期的影响:

E 误期值 = 预计实际完成 − 计划最迟完成时间 LF

   = (检查日 + 尚需日) − 箭头节点最迟时间

   = (10 + 4) − 14 = 0

M 误期值 = (10 + 3) − 11 = 2

G 误期值 = (10 + 1) − 11 = 0

L 误期值 = (10 + 3) − 17 = −4

max{0, 2, 0, −4} = 2,工期将拖延 2 天。

(3)理论上应批 2 天延期。

5. 由于非施工单位的责任 H 工序第 8 天晚上才完成,其他工作正常。H 工作是关键工作,第一次延长工期应批 8 − 5 = 3 天。在后续施工的第 16 天检查发现 L 工作变更数量过大尚需 5 天完成,那么 16 + 5 − 17 = 4,因为 4 天是相对 21 工期而言的,对于已经延长到 21 + 3 = 24 的工期而言那么第二次延长工期应再批 4 − 3 = 1 天。两次延长工期共批 3 + 1 = 4 天。这个事例就是要解释工程界中常说的"第二次延长工期应扣除第一次延长工期的影响";要正确的理解这句话,不要教条的死搬硬套,注意时间的相对性。

10. 将上述第 9 题的 D 工作的正常持续时间由 15 改为 13。在第一次压缩 G 工作时,虽然此时最小总时差⑤→⑥为 4,因为 G 工作包含在⑤→⑥的线路,因此对于 G 工作应该压 5 才是既不超压也不欠压。请思考由此产生的另一个问题,如果要坚持压缩量是最小总时差观点,根据这个事例可能加上一个例外条件,修改为"在最小总时差不是虚工作时,压缩量是最小总时差"。你认为正确吗?为什么?

第五章 公路工程施工组织设计

本 章 提 要

公路施工组织设计是公路施工全过程的指导性技术文件。本章围绕着施工组织设计的主要内容,讲述如何编制施工组织设计以及应注意的问题,特别是对施工组织设计的四大基本内容和旧路改造中保证交通畅通以及保护地下管网等重点内容做了较全面的介绍。

第一节 公路施工组织设计编制依据和程序

一、公路施工组织设计需要的资料

编制施工组织设计所需要的资料,与建设工程的类型和性质有关,通常包括建设地点的各种自然条件和技术经济条件的资料。这些资料,一部分可以从建设单位、设计单位取得;但更多的要通过现场实地考察、市场调查、社会调查和企业内部经营能力调查来取得。

(一)自然条件资料

建设地区自然条件资料,主要包括地形资料、工程地质资料、水文地质资料、气象资料等。

1. 地形资料

需要地形资料的目的在于掌握建设地区的地形及特征,以便进行施工组织。地形资料主要涉及建设区域的地形图和建设工地及相邻区域的地形图。

建设区域地形图,其比例尺一般不小于1:2000,等高线高差为0.5~1m。图上对居民区、厂矿、供排水、电力、电信网、车站、码头、铁路、公路交通状况、河流、湖泊位置、大型建筑物、构筑物位置,地方材料产地等应标明。建设区域地形图主要用于各种临时设施、临时工程的布设。

建设工地及相邻区域地形图,其比例尺一般为1:2000或1:1000,等高线高差为0.5~1m。图上应标明主要水准点和坐标距100m或200m的方格网,有关的建筑物、构筑物、管线、河流及水面标高、最高洪水位警戒线等。建设工地及相邻区域地形图是设计施工总平面图、布置各项建筑物和设施等的依据。

2. 工程地质资料

需要工程地质资料的目的在于掌握建设地区的地质构造、人为的地表破坏现象(如土坑、古墓等)和土壤特征、承载能力等。主要有:

(1)建设地区钻孔布置图、地质勘察报告、工程地质剖面图、土壤的物理力学性质指标。

(2)土壤压缩试验和关于承载能力的结论等文件。

(3)有古墓的地区还应包括古墓勘察情况报告等。根据这些资料,可以拟定特殊地基的处理措施、基础工程的施工方法和技术措施,复核设计中规定的地基基础与当地地质情况是否相符等。

3. 水文地质资料

水文地质资料包括地下水和地面水两部分,需要地下水资料的目的在于掌握建设地区的地下水在全年不同时期内水位的变化、流向、流速和水的化学成分等主要内容。根据这些资料,可以决定基坑工程、排水工程、打桩工程、降低地下水位等的施工方法。

需要地面水资料的目的在于掌握建设地区附近的河流、湖泊的水系、水质、流量和水位等。主要涉及年平均流量、逐月的最大和最小流量、流速和水位,湖泊、水库的蓄水量;冰冻的开始与终止日期以及最大、最小和平均的冻结深度,航运及漂浮物情况等。

4. 气象资料

需要气象资料的目的在于掌握建设地区的气候条件。主要通过向气象部门调查取得工程所在地的气温、降雨、季风、积雪、冬季冻土深度等有关资料。

(二) 技术经济条件资料

收集建设地区技术经济条件资料,目的在于查明建设地区地方工业、交通运输、能源和生活福利设施等可能利用的程度。主要有:

1. 地方调查资料

通过对项目所在地的全面调查,掌握如下资料:地方材料的生产、供应、运输情况;外购材料的采购、运输情况;运输条件、运输方式、运费;供水、供电条件;生活供应条件;劳动力市场状况;当地施工企业的状况;当地设备租赁市场状况;地方性法规规定;当地民风、民俗等。各项地方调查资料,应当进行实地勘察、调查、核实,务必准确。

2. 施工现场实地勘察、调查资料

现场实地勘察、调查资料,如地质调查、水文调查资料,地下、地面建筑物、构筑物调查资料,拆迁情况调查资料,取土场、弃土场设置调查资料等。

施工现场实地勘察、调查,应当根据项目具体情况作必要的删减或补充,其内容必须切合实际需要,过繁或过简都有碍于编制施工组织设计工作的顺利进行。

3. 设计文件

施工需要的设计图、表、设计说明书等必须齐全、完整。在可能条件下,还应有:工程的结构形式和细部结构特点资料;各分项工程的工程数量及其分布情况;工程所需各种材料与构件、成品的数量和规格;永久工程配置的设备情况;对施工的特殊要求;本项目设计中采用新材料、新结构、新工艺、新技术的资料;预算定额、预算单价、编制依据等资料。

4. 招标文件或施工合同以及相关文件

招标文件或施工合同(合同文件)是编制标前或标后施工组织设计的基本依据之一,应备有完整的该类资料。

5. 施工技术资料

施工技术资料主要包括施工技术规范、操作规程、安全作业规程、质量检验评定标准等。此外还应收集国家或地方推广采用的新工艺、新技术、新材料、新设备等资料;国家或地方限制或淘汰的施工技术、建筑材料等资料。

二、施工组织设计的编制依据

(1) 计划文件,建设单位的意图和要求,如项目立项的批复等;

(2) 设计文件,包括施工图和标准图等;

(3)合同文件,合同工期,质量的要求等;
(4)建设地区基础资料;
(5)有关的标准、规范和法律、法规;
(6)类似工程项目的资料,以及施工企业经验、能力、管理水平。

三、施工组织设计编制应遵循的基本原则

(1)科学合理选择施工方案,根据施工规律合理地安排施工顺序和施工流向;
(2)根据合同工期要求统筹安排施工进度,并适当留有余地,既保证重点又兼顾一般;
(3)尽量采用国内外先进的施工技术和科学管理方法,重视管理创新和技术创新;
(4)尽可能采用标准化施工以提高工业化生产水平;
(5)科学合理地安排冬、雨季施工,尽可能做到全年施工的均衡性和连续性;
(6)合理地存储物资,减少运输量;科学地布置施工场地,贯彻经济节约原则,实现文明施工。

四、施工组织设计的编制程序

施工组织设计的编制要根据施工组织设计的具体内容来考虑其编制的程序。施工组织设计的内容,在第一章已经介绍,施工组织设计的编制程序(图 5-1)如下:

(1)分析设计资料,计算工程量;
(2)提出施工整体部署,组建项目组织机构,拟定施工方案、施工方法;
(3)编制工程进度计划图;
(4)计算人工、材料、机具需要量,制订供应计划;
(5)编制临时工程计划,临时生活生产设施、供水、供电、供热计划;
(6)工地运输组织,布置施工平面图;
(7)编制安全、质量、工期等保证措施;
(8)重点或特殊工程部位控制措施;
(9)计算技术经济指标;
(10)编写编制说明书。

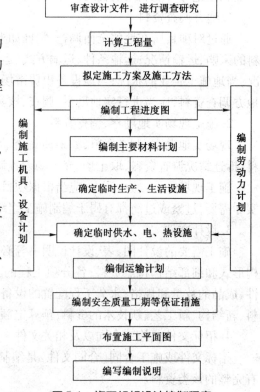

图 5-1 施工组织设计编制程序

五、施工组织设计的特点

1. 科学性

进行施工组织设计是项目施工中行之有效的科学管理方法,在编制中采用科学的方法和手段(如计算机技术,优化科学等),在认识上符合由浅到深、由粗到细、由低级到高级、由局部到全面的发展规律。

2. 综合性

路桥工程产品的固定性决定了生产人员、设备的流动性,施工过程是长期露天作业,受季

节和环境影响大;产品种类繁多、差异大,实施方法的多样化等。所以施工生产涉及面广而复杂,是一项综合性很强的生产活动和经济活动。

3. 先进性

施工组织设计的先进性,体现在施工方案的选择和现代化管理手段的应用上。一般来说,每一种方案的确定往往是经过计算、分析、比较的过程。许多重大工程的建设,还要在技术和管理领域有所创新。施工组织设计的先进性,既体现在技术领域,又可反映在管理手段的现代化、管理方法的科学化。目前计算机已普遍应用在施工企业管理的各个业务部门,计划管理更强调用网络图的表示形式。高质量的计算机绘图,改变了工程制图手工作业的历史。而一个高水平的施工组织设计,是经过多方案的反复推敲,不断优化,并通过若干指标评审比较,择优选定的技术、经济文件。

4. 可行性

一个先进合理、切实可行的施工组织设计,其方案一定要是有效、可行的,这也是衡量其是否适合生产实际,是否体现其施工过程的内在发展规律,是否能指导施工实践的基本质量标准。

5. 针对性

施工组织设计是针对每个工程项目的具体情况而编制的,具有较强的针对性。哪怕是常规性的施工,也要能体现本项目施工组织的特点。

6. 适用性

施工组织设计强调"能用"。比如有的施工方案虽然可行,但结合具体工程,还并不一定适用,可能有更好的施工方案。

六、施工组织设计编制的基本要求

为了使施工组织设计能更好地起到组织和指导施工的作用,在编制施工组织设计时必须满足以下基本要求:

(1)编制前,必须对施工有关的技术经济条件进行广泛和充分的调查研究,收集各方面的资料,广泛征求意见。

(2)施工组织设计的编制,一般来说,先提出初稿,然后组织参加编制的人员及部门进行讨论,逐款逐条研究修改,最后报公司审查。

(3)在施工组织设计编制过程中,要充分发挥各职能部门的作用,充分听取他们的意见。

(4)对结构复杂、施工难度大以及采用新工艺和新技术的工程项目,要进行专业性的研究,要编制单项(关键)工程施工组织,必要时应邀请有经验的专业工程技术人员组织专门会议讨论。

(5)竞标中的施工组织设计,要能体现业主对工程的要求,要符合招标文件的规定。第八章的实例,就是按照《公路工程标准施工招标文件》(2009年版)要求编写的施工组织设计。

(6)施工单位中标后,必须编制具有实际指导意义的标后(实施性)施工组织设计,报监理审批。当工程实行总包和分包时,应由总包单位负责编制施工组织设计或者分阶段施工组织设计。分包单位在总包单位的总体部署下,负责编制分包工程的施工组织设计。

施工组织设计最后形成正式文本,要根据规定送相关部门审批或备查。

第二节 施工部署与施工方案

一、施工部署

施工部署是对整个建设项目从全局上做出的统筹规划和全面安排，它主要解决影响建设项目全局的重大战略问题。

施工部署的内容和侧重点根据建设项目的性质、规模和客观条件不同而有所不同。一般应包括组织机构设置、确定工程开展顺序、拟定主要项目的施工方案、明确施工任务划分与组织安排、编制施工准备工作计划等内容。

（一）施工组织机构设置

1. 路桥施工项目管理组织机构

路桥施工项目的组织机构——项目经理部，是以具体路桥施工项目为对象，以实现质量、工期、成本、安全和文明施工相统一的综合效益为目标的一次性、临时性组织机构，是施工企业派驻施工现场实施管理的权力机构，它负责施工现场的全面管理工作。

2. 项目经理部的功能

（1）项目经理部实行项目经理负责制。在项目经理的领导下，负责施工项目从开始到竣工的全过程施工生产管理活动。它对作业层负有管理与服务的双重职能并向公司负责。

（2）项目经理部是项目的办事机构，项目经理的"参谋部"。项目经理部要为项目经理的正确决策提供信息依据；同时又要执行项目经理的决策意图，其工作要向项目经理负责。

（3）项目经理部是一个组织整体。其作用包括完成企业赋予的基本任务——项目管理和专业管理的任务。要促进管理人员的合作，协调部门之间、管理人员之间的关系；要凝聚管理人员的力量，调动每个人的积极性，发挥其应有的作用，为共同的目标而努力工作。

（4）项目经理部是代表施工企业履行工程承包合同的主体，是最终产品质量责任的承担者，要代表企业对业主全面负责。

3. 路桥施工项目经理部的组织结构模式

路桥施工项目经理部的组织结构模式一般有四种，即直线式、职能式、直线职能式、矩阵式。目前主要采用的组织结构模式有直线式和直线职能式，而大型项目可采用矩阵式。

（1）直线式。也称军队式组织，是组织发展初期的一种最早、最简单的结构模式。这种组织结构的基本特点是：权力自上而下按垂直系统直线排列，一级服从一级，下一级只对顶头上司负责，组织结构呈金字塔形，如图5-2所示。这种组织形式不太适应生产技术较为复杂、专业化较强的大型路桥施工项目。

（2）职能式。这是一种注重发挥专业职能机构的功能的组织形式，这种组织结构是将职能授予不同的专业部门，上级职能部门对下级也拥有指挥权。职能式组织形式如图5-3所示。

这种组织形式适用于工作内容复杂，专业技术性强，管理分工较细而且明确的组织，缺点是多头领导易造成指令矛盾。

（3）直线职能式，亦称直线参谋式结构，又称"法约尔模型"。这种组织形式的特点是有两套系统，一套是按命令统一原则设置的组织指挥系统，他们可以对下级发号施令，一套是按专业化原则设计的组织职能系统,他们是直线指挥人员的参谋,只能对下一级机构进行业务指导而不能发号施令,如图5-4所示。

(4)矩阵式。这是一种弹性工作组织机构,它对于大型复合式项目较为适宜,能够充分适应项目生产力要素在流动中结合,以及在时间、空间上投入的不均衡这一特点,见图5-5所示。

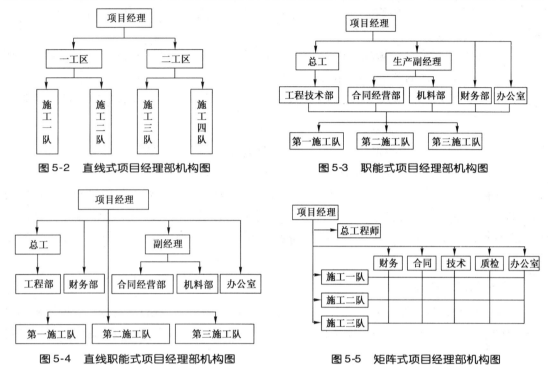

图5-2 直线式项目经理部机构图　　图5-3 职能式项目经理部机构图

图5-4 直线职能式项目经理部机构图　　图5-5 矩阵式项目经理部机构图

施工项目机构将根据本工程的实际情况,由项目经理组织项目机构,并成立"项目经理部",实行项目经理负责制,对公司和项目全面负责。项目经理部一般设置工程技术部、办公室、材料设备部、合同经营部、财务部五个职能部门,职能部门设置和人员的配备应适应工作的需要,力求精干、高效,做到合理分工与密切协作相结合,责权具体,便于指挥和管理。在管理层下再设置各专业作业队,即作业层。作业队下设作业班组。

(二)确定工程开展顺序

根据工程项目总目标的要求,确定合理的工程建设分期、分批开展的顺序。在确定施工开展顺序时,主要应考虑以下几点:

(1)在保证总工期的前提下,实行分期、分批开工建设。这样既可使各具体项目迅速建成,尽早投入使用,又可在全局上实现施工的连续性和均衡性,减少临设数量,降低工程成本,充分发挥国家基本建设投资的效果。至于分几期施工,各期工程包含哪些项目,则要根据建设资金、交通量预测、总体交通规划要求、工程规模和施工难易程度等情况来确定。

(2)统筹安排各类项目施工,保证重点、兼顾其他,确保项目按期完成。要根据其重要程度及在施工生产中所处的地位进行排序。通常,应优先安排的项目有:

①按生产工艺要求,须先期投入生产或起主导作用的项目;
②工程量大、施工难度大、工期长的项目;
③运输系统、动力系统;
④公路运行需要的服务区、收费站的办公楼及部分建筑等,以便施工临时占用;

⑤供施工使用的工程项目,如采砂(石)场、木材加工厂、各种构件加工厂、混凝土搅拌站等施工辅助项目;以及其他施工服务项目,如临时设施等。

对于工程项目中工程量小、施工难度不大,周期较短而又不急于使用的辅助项目,可以考虑与主体工程相配合,作为平衡项目穿插在主体工程的施工中进行。

(3)所有项目施工顺序均应按照"先地下、后地上,先深、后浅,先主体、后附属,先结构、后装饰"的原则进行安排。

(4)考虑施工的季节性影响。例如大量土方的施工,最好避开雨季;水中基础的施工,要避开洪水期;高寒地区的冬季,应停止混凝土的施工等。

如果是采用项目总承包模式,上述内容的第(1)点就是必须考虑的问题,而且尤为重要。

(三)拟定主要项目的施工方案

施工组织总设计中要拟定一些主要工程项目的施工方案。这些项目通常是工程项目中工程量大、施工难度大、技术复杂、工期长,对整个项目的建成起关键性作用的建筑物(构筑物),以及全场范围内工程量大、影响全局的特殊分部分项工程。拟定主要工程项目施工方案的目的是为工程项目开工进行技术和资源的准备,同时也是为了现场的合理布置。施工方案的拟订包括选择施工方法、确定工艺流程、配备施工机械设备、确定需要的临时工程(临时设施)等。

(四)专业分包施工队伍选择

需要并经允许进行专业分包的工程,要选择合适的专业分包队伍;通过分包合同明确其总包与分包的关系,划分其责任;要明确各专业分包单位之间的分工协作关系,确定其分期分批的主攻任务和穿插任务。

(五)编制施工准备工作计划

1. 施工准备工作的分类

根据施工阶段的不同,可将施工准备工作分为两类:

(1)工程项目开工前的施工准备(全场性)。这是在工程正式开工之前所进行的全面的施工准备工作,其目的是为工程正式开工创造必要的施工条件。

(2)各施工阶段,施工前的施工准备(分部分项工程施工准备)。这是在工程项目开工之后,每个施工阶段正式施工之前所进行的施工准备工作,其目的是为该施工阶段正式施工创造必要的施工条件。施工场地的临时排水是公路工程施工准备工作中很重要的内容。

从上述的分类可以看出:不仅在工程项目开工之前要做好施工准备工作,而且随着工程施工的进展,在各个施工阶段开展施工之前同样也要做好施工准备工作。施工准备工作既要有阶段性,又要有连贯性;要有计划、有步骤、分期、分阶段地进行,要贯穿于工程项目施工的全过程。

2. 施工准备工作计划的内容

要按照施工部署和施工方案的要求以及施工总进度计划的安排,编制施工准备工作计划,内容主要包括:技术准备、劳动组织准备、物资资源准备和施工现场准备等。

(1)技术准备

技术准备是施工准备的核心。由于任何技术上的差错和隐患都可能导致人身安全事故或质量事故的发生,造成生命、财产和经济损失。因此,必须认真做好技术准备工作。技术准备的具体内容有：

①熟悉设计文件、研究核对设计图纸。

为使参与施工的工程技术人员充分了解和掌握设计意图、结构特点以及技术、质量要求，做到按照设计要求顺利地进行施工，在正式施工前，应组织技术人员读图，要研究核对技术文件和设计图纸，全面领会设计意图，检查核对设计图纸及其各组成部分之间有无矛盾或错误，在几何尺寸、坐标、高程、说明等方面是否一致，技术要求是否正确等。在进行研究、核对时，要将从设计文件和图纸中发现的疑问、问题或错误进行详细记录，并向有关单位尽早提出，及时协商解决。

②进一步调查、核实、分析原始基础资料。

调查、核实、分析的主要内容包括：对自然条件的调查、核实、分析，如对地质、水文、气象、植被等的调查、核实、分析。对技术经济条件的调查分析，如调查施工现场的动迁、当地可利用的地方材料、砂石料场、水泥生产厂家及产品质量、地方能源和交通运输、地方劳动力和技术水平、当地生活物资供应、可提供的施工用水用电条件、设备租赁、当地消防治安、分包单位的技术力量和技术水平等状况。

③施工前的设计技术交底。

施工前的设计技术交底工作，一般由建设单位主持，设计、监理和施工单位参加。设计单位要详细说明工程的设计依据、设计意图、项目的功能要求，以及施工中应注意的关键技术、应控制的重点和难点等。施工单位要根据对设计文件和图纸的熟悉情况，以及对设计意图的理解，提出对设计图纸的疑问、建议。进行设计技术交底后，要以书面形式形成"设计技术交底纪要"。

④编制施工组织设计。

编制施工组织设计是施工准备工作的重要组成部分，它是指导施工现场生产活动的基本技术经济文件。因此，在施工之前，要编制一份能切实指导该工程施工活动的施工组织设计。这一点在竞标性施工组织设计中准备工作的内容描述时也必须说明做了这件准备工作。

(2)劳动组织准备

①设立施工组织机构。

施工组织机构设立参见前面组织机构设置的内容，同时应根据路桥工程项目的规模、结构特点和工程的复杂程度来决定。

②设置施工班组(或专业工作队)。

施工班组的设置应认真考虑专业和工种之间的合理配置、技工和普工的比例要求，并符合作业方式的要求；同时要制订劳动力需要量计划。

③人员进场与培训。

应根据各分部、分项工程的开工日期和劳动力需要量计划，分批组织劳动力进场，并及时进行上岗前的培训教育工作。对需要持证上岗的工种，相关人员要经过培训并取得岗位证书后才允许上岗。

④向施工班组(或专业工作队)和操作工人进行技术交底。

在单位工程或分部、分项工程开工之前，应详尽地向施工班组和操作工人进行技术交底。技术交底的内容主要有工艺要求、质量标准、技术措施、安全保证、降低成本措施、施工技术规范要求、验收标准、作业时间以及对新技术、新设备、新材料、新工艺的特殊要求等。

班组和操作工人在接受交底后,要组织他们认真讨论并深刻领会所担负的工作,在施工中贯彻执行。

⑤建立健全各项管理制度。

必须建立健全各项管理制度,实行责任制,使得各施工活动能顺利进行。一般应建立岗位责任制、质量责任制、技术交底制度、考核制度、学习制度、材料和构件检查验收制度、工程质量检查与验收制度、材料出入库和保管制度、安全操作制度等。

(3)物资资源准备

物资资源是工程开工的最基本条件。物资资源准备主要包括工程所需各种材料的准备、构件和预制品的加工准备、施工机具设备的准备、各种工具和配件的准备等。

(4)施工现场准备

施工现场准备主要是为工程的施工创造有利的施工条件和物资保证。其准备工作内容有:

①做好施工测量控制网的复测和加密工作。要按照设计单位提供的总平面图及测量控制网中给定的基线桩、水准基桩和重要标志的保护桩等资料,在施工现场进行三角控制网的复测、补充加密施工所需的各种标桩、建立满足施工要求的工程测量控制网。

②施工现场的补充钻探。当地质勘察资料不能反映实际地质情况,需要进行补充钻探时,应进行补充钻探;以查明实际地质情况或可能存在的地下障碍物,为基础工程的施工创造有利条件。

③搞好"六通一平"。"六通一平"是指路通、水通、电通、电话通、网络通、电视通和平整场地,如采用蒸气养生和寒冷冰冻地区取暖的需要,还要考虑做好供热工作。

④临时设施建设。按照施工总平面图的布置,修建各种生产、办公、生活居住和料场等临时房屋,以及施工便道、便桥、码头、混凝土搅拌站和构件预制场等大型临时设施。当有永久建筑物可以利用时,应尽量利用。

⑤安装调试施工机具。按照施工机具需要量计划,组织施工机具进场,并根据施工总平面图的布置将施工机具安置在规定的地点;在开工前,应对施工机具进行检查和试运转;需要取得使用许可证的,应及时向主管部门办理。

⑥原材料的试验和储存堆放。按照材料的需要量计划,应及时提供材料试验,如钢材的机械性能试验,预应力材料的力学性能试验,水泥、砂石等原材料的试验,以及混凝土的配合比试验等;材料的进场要及时组织,进场后应按规定的地点和指定的方式进行储存和堆放。

⑦做好冬季和雨季施工安排。按照施工组织设计的要求,落实冬季和雨季的临时设施和技术措施,做好施工安排。

⑧落实消防、安全保卫措施。要建立消防、安全保卫组织,制订有关规章制度,配置消防和安全保卫设施。

二、施工方案

施工方案包含的范围可大可小。施工方案大范围的内容包括有:施工方法的确定、施工机械和设备的配置、施工顺序的安排、施工作业的组织、施工进度的确定、施工现场的布置及施工措施的拟定。例如在初步设计阶段,施工方案的范围就大。而在施工阶段编制施工组织设计时,施工方案所涉及的范围有时就较小,有时主要是施工方法的确定、施工机械和设备的配置以及施工流向与作业组织;例如在施工组织设计**内容**中所列的施工方案就是小范围的内容,进度计划、资源计划和施工平面布置是单独的内容,但是在考虑施工方案的施工方法、施工机械、施工流向时,必然与施工进度、资源使用以及施工平面布置密切相关,有时很难绝对划分出哪部分是施工方案。这一点对于初学者尤其要注意内容划分的相对性和包容性。施工部署包含施工方案,施工方案包含进度安排,但是进度计划又是施工组织设计的独立内容,同时进度计划与资源计划之间又存在着作用和反作用的关系等。

施工方案的六项内容中前两项属于施工技术问题,也称为施工技术方案;后四项属于科学施工组织和管理问题,也称为施工组织方案。施工技术是施工方案的基础,同时又要满足科学施工组织与管理方面的要求,科学施工组织与管理又必须保证施工技术的实现,两者是相互联系、相互制约的关系。为了更好地协调各种关系,互相创造条件,施工技术组织措施成为施工方案各项内容必不可少的延续和补充。

当进行旧路改造时,一般不允许中断交通,因此施工组织设计的施工部署或施工方案中一定要单独编写保证交通畅通的措施。这对设计方和施工方尤为重要,参见本章第七节。

1. 施工方法的确定

施工方法的确定,是指施工工艺方法的选择与确定。施工方法是施工方案的核心,起着决定性作用。选择施工方法时,应就其技术上的先进性、经济上的合理性、方法上的适用性、可行性等方面综合评价后来选定。在第八章的实例中讲述几种主要的公路施工方法。

(1)施工方法的选择通常应遵守的原则

①可行、适用原则。选择的施工方法应具有实现的可能。

②保证工期原则。应考虑对工期的影响,保证合同工期的实现。

③经济合理原则。选择的施工方法在耗费上应合理,能够降低成本费用。

④保质量、保安全原则。选择的施工方法要能够保证工程质量和施工安全。

⑤有利于提高劳动生产率。通过机械化施工、厂(场)化预制、装配化施工生产来实现。

⑥尽可能选择先进的施工技术。

(2)施工方法的选择依据

①合同文件(或招标文件)及业主对施工的要求。

②设计(图)的要求。

③现场条件的限制。

④施工力量(人员、技术、设备、管理等)。

⑤工期要求。

⑥安全、质量、环保要求等。施工方法的确定要受企业机械和设备的限制。

2. 施工机械和设备的配置

施工方法确定后,要配置与施工方法相适应的施工机械和设备。施工机械和设备的配置应遵循需要与可能、先进与适用、经济与合理的原则。通常要考虑以下方面:

(1)技术条件。包括技术性能、工作效率,工作质量,能源耗费,劳动力的节约,使用中的安全性、适用性,通用性和专用性,维修的难易程度等。

(2)经济条件。包括购置价、使用寿命、使用费、维修费用等;如果是租赁机械,则应考虑租赁费。

(3)企业现拥有的机械设备及当地可租赁的机械、设备。

3. 施工顺序的安排

施工顺序的安排是施工方案中的重要内容之一。路桥工程点多、线长，结构各异，自然条件复杂等特点决定了安排一个项目的施工顺序，要考虑多方面的影响因素。要根据技术规律、工程特点、工艺及操作要求等来安排施工顺序。在安排施工顺序时，应注意：

(1) 影响全局的关键性工程应优先安排施工；
(2) 对工期起控制作用(即位于网络计划关键线路上)的工程应优先安排施工；
(3) 应充分考虑自然因素的影响，以及施工现场条件对施工顺序的影响；
(4) 施工顺序要与选择的施工方法、施工机械设备协调一致；
(5) 应符合工艺过程的要求，符合工程质量的要求，符合安全生产的要求；
(6) 要体现施工过程组织的连续性、协调性、均衡性以及经济性；
(7) 方便流水作业或平行流水作业的组织。

4. 施工作业的组织以及进度和资源的安排

施工中要将大量的各种建筑材料、构件配件、机械设备，通过具有一定生产经验和劳动技能的劳动者使用劳动工具，把这些物质资源按照技术规律、结构组合、设计文件的要求，在空间上按照一定的位置、时间上按照先后顺序、数量上按照要求的比例将它们合理地结合在一起，形成工程实体。这一过程为公路工程产品的形成过程，即施工生产过程。对此施工生产过程如何进行组织，也是施工方案中应当考虑的，尤其要重视资源的配置和组织。

5. 施工现场布置

要对施工中涉及的材料、机械设备、施工作业、临时工程、临时设施等占用的空间或所处的空间位置在有限的施工场地范围内进行布置。一般可用平面布置图将其表示出来。

6. 采用的技术和组织措施

是指为保证工程质量、工程工期、施工安全、节约成本等方面所采用的技术措施和组织措施。主要涉及以下几个方面(具体内容参见本章第七节和第八章实例)：

(1) 保证质量措施。要从全面质量管理的角度，建立质量保证体系，制订防治质量通病的措施，制订特殊工艺、关键工序、关键环节、重点部位的质量保证措施，以保证工程质量。

(2) 安全施工措施。要制订切实可行的安全施工措施，如建立安全保证体系、建立安全责任制度、制订安全操作规程、制订应急预案等，以确保施工安全。

(3) 保证工期措施。施工人员和施工设备配置合理，满足进度需要；要有足够的材料储备，材料供应及时并做到保质保量以符合工程进度的安排；避免事故发生和质量返工。

(4) 控制成本和降低成本措施。在保证工程质量、施工安全，满足进度要求的条件下，尽可能控制成本和降低成本。主要包括节约劳动力、节约材料、节约机械设备费用、节约工具费、节约间接费、节约临时设施费、节约资金等措施。

(5) 季节性施工措施。当工程施工处于冬季、雨季、夏季、洪水期时，要制订相应措施，以保证工程质量、施工安全，控制施工成本、满足进度要求。

三、施工阶段路桥工程施工方案确定时应注意的重点问题

1. 施工段落的划分和施工流向以及施工顺序(侧重组织问题)

(1) 路基土石方段落划分和路基工程的施工顺序及施工流向

重点考虑地形，挖填尽可能在一个组织段落内，还有环境、机械、人员组织等影响因素。施工便道往往会决定路基工程的施工顺序及施工流向，例如借用先完成的路基作桥梁场地。

(2)结构物的施工组织

主要有挡土墙、涵洞等位置对施工顺序的影响,以及桥梁位置对施工流向的影响。

(3)路面工程

拌和场的位置往往会决定施工流向,参见图5-11。而沥青混合料的温度和水泥稳定土类的延迟时间等技术要求往往决定施工段的长度。

2.施工方法选择时对工艺方法应考虑的主要因素

(1)工程特点:技术、规模、构造这几个主要方面影响施工方法的选择。

(2)工期要求:例如为了加快进度,需权衡采用预制还是现浇方法的利弊等。

(3)施工组织条件:首先考虑自然客观条件,它决定或影响施工方法的选择。其次企业的条件和经验,往往偏好选择自己成熟和擅长的施工方法,发挥企业的主观能动作用。

3.施工机械选择应重点考虑的问题

(1)确定哪些是重点的或主控的机械设备,以及其类型和数量。

(2)根据企业自有机械设备的类型和数量最大限度地提高其机械设备利用率。

(3)考虑最佳或最有效的机械的配合或组合。

(4)以经济适用为目标来选择机械设备。

四、施工顺序对桥梁工程工期影响的实例

某桥梁工程项目是一座三孔钢筋混凝土梁桥,如图5-6。其基础工程施工,四个墩台按着不同顺序开工,从进度计划网络图中可反映出施工工期不同。

1.工程概况

该桥为 $3 \times 31.7m$ 预应力钢筋混凝土梁桥。两桥台均为U形桥台,高10m,基础为扩大基础,两桥墩均为圆形桥墩,高22.4m,B墩的基础为沉井,高8m,C墩为钻孔桩基础,桩径1m,长23m,共6根。主要工程数量见表5-1,工程要求11月初主体工程开工,来年1月底以前桥墩筑出水面,

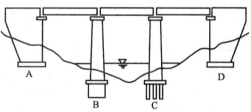

图5-6 三孔钢筋混凝土梁桥立面示意图

2月底墩台主体工程完工迎接架梁,工期共四个月,实际施工90d。投入劳力150人,出工率按80%计,每月平均工作22d。

桥台基坑采用明挖,桥台模板只有一套。

主要工程数量表　　　　　　　　表5-1

工程项目	单位	工程数量				合计	
		A台	B墩	C墩	D台	工程数量	工日
挖基坑	m³	1 456		918	1 456	3 830	1 263
人工筑岛	m³		228	173		401	160
围堰	m³			42		42	21
基础混凝土	m³	178			178	356	274
沉井混凝土	m³		281.1			281.11	371
钻孔桩混凝土	m³			131.1(6根)		131.1	164

117

续上表

工程项目	单位	工程数量				合计	
		A台	B墩	C墩	D台	工程数量	工日
墩(台)混凝土	m³	241.1	262.1	261.1	241.1	1 006.4	1 130
基坑回填	m³	1 253		824	1 253	3 330	832
锥体护坡	m³	618			618	1 236	618
沉井开挖	m³		263			263	410
钻孔	m³			162		162	203

B 墩沉井基础用吊车带抓斗挖土下沉；C 墩的钻孔桩用 CZ-30 型钻机钻孔。圆形墩模板只一套，两墩倒用。

工地配备两台混凝土搅拌机；1 台 9m³ 空压机为清洗钻孔用；吊车 1 台为吊钢筋笼和转移钻机使用。

2. 划分工作(工序、作业、活动)

以建此三孔桥为一个系统，分解出此系统的基本元素——各项工作。由于是制订施工方案，各项工作尽可能分得粗些，尽量合并一些最基本的工作为一个大工作。如制沉井，可把制模、立模、拆模合并为制沉井工作；又如灌钻孔桩，可把制钢筋笼、吊钢筋笼、清孔等合并为灌钻孔桩工作等。如果是制订施工工艺网络计划则应分细些，再把各工作分开。本例所划分的各工作，以及按定额计算并留有余地的各工作持续时间如表 5-2。

工作及其持续时间 表 5-2

编号	工作	持续时间(d)	编号	工作	持续时间(d)	编号	工作	持续时间(d)
1	挖 A 基础	13	9	钻 1 号桩孔	6	17	灌 C 承台	2
2	筑 B 岛	5	10	钻 2~6 号桩孔	30	18	C 墩回填	2
3	筑 C 岛围堰	6	11	灌 1~5 号桩	5	19	灌 A 桥台	18
4	挖 D 基础	13	12	灌 6 号桩	1	20	灌 B 墩	18
5	制沉井 1	6	13	灌 A 基础	9	21	灌 C 墩	18
6	下沉井 1	5	14	灌 D 基础	9	22	灌 D 桥台	22
7	制沉井 2	4	15	沉井封底	1	23	填 A 锥体	11
8	下沉井 2	9	16	挖 C 承台坑	9	24	填 D 锥体	11

3. 问题

(1) 试分析分别有哪几种不同的施工顺序。

(2) 根据不同的施工顺序绘制出其相应的施工进度网络图并分析其对工期的影响。

4. 分析求解

(1) 如何确定施工顺序并且分析其共有几种施工顺序

确定施工顺序,就是如何合理安排工程的各个部位之间的先后顺序,显然,按照不同的施工顺序安排施工,其(总)工期是不同的。因此可得到不同的方案,这就给决策者提供选择最佳方案的依据。例如本例中,我们可以把挖基础工作先从 A 台开始,然后依次向 B、C、D 顺序进行;也可以从 D 开始,依次按 C、B、A 的顺序施工等。从理论上讲,每一座桥台、桥墩都作为开始点,以后的顺序也可各不相同,其他顺序是将它们进行排列组合。本例有 4 个元素参加排列,应有 4!=24 种不同排列。显然要编出这样多的方案是没有必要的。通常是根据经验先把不合理的方案舍弃,选择几种可行的方案,然后分别进行施工网络的编制和比较。现有三种施工顺序排列:

①从桥台 A 开始,按 A→B→C→D 顺序施工;
②从桥墩 B 开始,按 B→C→A→D 顺序施工;
③分两段平行施工,即 B→A、C→D。

(2)按①方案的 A→B→C→D 顺序绘制网络图(见图 5-7)

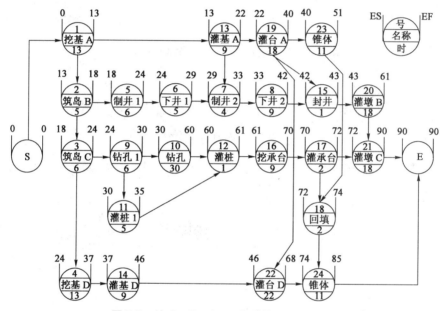

图 5-7 按 A→B→C→D 顺序施工的网络图

此施工顺序把两台混凝土搅拌机分设在河两岸建成拌和站,穿插为灌基础、制沉井、灌墩(台)、沉井封底提供混凝土。这样先从 A 做起,应先挖 A 基坑,然后 B 筑岛、C 筑岛再挖 D 台基坑。在挖 A 基坑工作完后就可进行灌基础 A,然后是灌制沉井 B,沉井 B 分两节制作,而且要等第一节沉井制好后,并挖土下沉到了水面方能接制第二节沉井,这期间拌和机提供混凝土可穿插进行。筑岛 C 完后开始钻孔,钻完一根桩孔就灌注一孔桩。挖基坑 D 完后开始灌基础 D。C 和 D 的混凝土灌注由一台拌和机穿插供应,而灌 D 桥台时要受到 A 桥台模板的控制,也就是说必须等 A 桥台灌注完并拆模后,D 桥台才能灌注。同样 B 与 C 的桥墩灌注只有一套模板,B 灌完后才能灌 C。根据这些关系,绘制出网络图,如图 5-7 所示。此方案(总)工期为 90d,正好和规定工期相等。

(3)按②方案绘制网络图如图 5-8 所示。此方案工期 84d,比①方案少 6d。

(4)按③方案绘制网络图并重编节点号码如图 5-9 所示。此方案工期 78d,比①方案少 12d。

图 5-9 中,三条箭线表示关键线路,有两条路;两条箭线表示次关键线路。

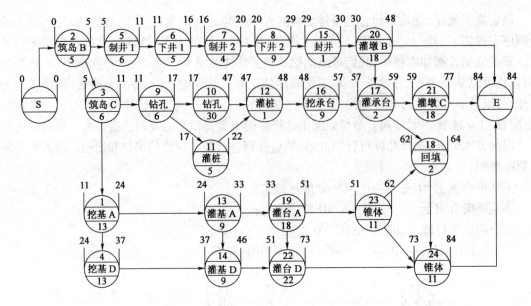

图 5-8 按 B→C→A→D 顺序施工的网络图

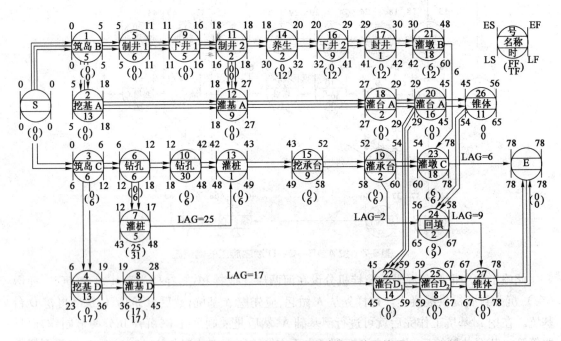

图 5-9 按 B→A 和 C→D 平行顺序施工的网络图

第三节 施工机械的性能与机械配置

在公路工程施工中,施工机械种类、规格繁多,各种机械都具有其独特的技术性能和作业范围。一种机械可能有多种用途,而某一项施工内容往往可以采用不同的机械来完成,为了获得最佳的技术经济效果,可以根据施工机械的技术性能,针对工程的具体情况,进行机械的合理配置。

一、路基工程施工机械的性能与配置

(一)路基工程施工机械的使用场合和适用范围

在路基工程中,常常使用的施工机械有推土机、铲运机、平地机、挖掘机、装载机、压路机、凿岩穿孔机械等。

1. 推土机

推土机是一种多用途的施工机械,主要用于 50~100m 的短距离作业,适宜于Ⅳ级以下土的推运,一般适合于季节性较强、工程量集中、施工条件较差的施工环境。通常推土机可以进行路基修筑、基坑开挖、平整场地、清除树根,并可配合铲运机、挖装机械进行松土;在石方爆破后的清理中,推土机可在 30~40m 以内完成推运工作;而在稳定土拌和场和沥青混凝土搅拌厂,推土机还可以配合完成松散集料的堆集作业。推土机在路基施工中常常作为主导机械之一。推土机的适用范围见表 5-3。

常用土方机械适用范围　　　　　　　　表 5-3

机械名称	适用的作业项目		
	施工准备工作	基本作业	施工辅助作业
推土机	①修筑临时道路; ②推倒树木、拔除树根; ③铲草皮、除积雪及建筑碎屑; ④推缓陡坡地形,整平场地	①高度 3m 以内的路堤和路堑; ②运距 100m 内的挖填及压实; ③傍山坡挖填结合路基	①路基缺口填方回填; ②路基粗平,取弃方、整平; ③填土压实,斜坡挖台阶; ④配合挖掘机与铲运机松土
自动平地机	除雪、扫雪、松土	修筑高 0.75m 以内路堤及深 0.6m 以内路堑,挖填结合路基的挖和运	开挖排水沟,平整路基,整修边坡
松土器 (推土机牵引)	翻松硬土		①破碎 0.5m 深以内的冻土层; ②Ⅲ~Ⅳ类土的翻松
挖掘机		①半径 7m 以内挖、卸土; ②装土供汽车远运	①挖坑槽; ②水下捞土

2. 铲运机

铲运机主要用于中距离的大规模土方铲挖转移工作,能独立完成铲土、运土、卸土、填筑、压实等工作。铲运机常用于开挖路堑、填筑路堤、大面积平整场地,适宜在Ⅰ、Ⅱ级土以及,含水率较小的砂黏土上作业,而在干燥的粉土、砂加卵石与含水率过大的湿黏土上作业时,生产效率则大为下降。铲运机的选用是根据土质特性、运距、地形、机械本身的性能和道路状况来进行的,其中经济运距和作业阻力是选择铲运机的主要依据。铲运机的经济运距随铲斗容积而不同,见表 5-4。一般情况下,斗容量为 4~8m³ 的铲运机适用于 400m 以内的运距,9~12m³ 的铲运机适用于 600m 以内的运距。铲运机运行道路的坡度一般应不大于 15%。

铲运机的适用范围　　表5-4

铲运机类别			斗容量(m³)		适用运距(m)		道路坡度
			一般	最大	一般	最大	
拖式铲运机			2.5~18	24	100~1 000	100~300	15%~25%
自行式铲运机	单发动机	普通装载式	10~30	50	200~2 000	200~1 500	5%~8%
		链板装载式	10~30	35	200~1 000	200~600	5%~8%
	双发动机	普通装载式	10~30	50	200~2 000	200~1 500	10%~15%
		链板装载式	9.5~16	34	200~1 000	200~600	10%~15%

3. 平地机

平地机是公路工程施工的专用机械之一，路基施工时主要用于平整场地、修整路基顶面和路拱，还可用于修筑高度为 0.75m 以下的矮路堤及深度为 0.5m 以下的浅路堑及平整边坡、开挖边沟或排水沟等。平地机的刀片铲切深度视土类和施工要求可在 0.08~0.25m 范围内确定。平地机的适用范围见表5-3。

平地机的主要工作装置是刮刀，它可以调整成四种作业动作，即刮刀平面回转、刮刀左右端升降、刮刀左右引伸和刮刀机面外倾斜，分别做刮刀刀角铲土侧移以开挖边沟、刮刀刮土侧移以填筑路基及回填沟渠、刮刀刮土以平整路基顶面、刮刀机外倾斜以清刷路基边坡等作业。

4. 挖掘机

挖掘机是土石方工程施工的主要机械，是挖方段路基施工的主导机械之一，适于Ⅰ~Ⅳ级土以及Ⅴ级已松动的土，可挖装爆破后的石方和不大于斗容的石块。挖掘机的效率高，产量大，机动性差，适合开挖量较大的路堑和填筑高路堤等大工程量，宜和运输车辆配合组织施工。当工程量较小，但又必须使用挖掘机时，可选斗容量较小，机动性强的轮胎式挖掘机。

运输车辆和挖掘机配合工作时，为了使挖掘机充分发挥生产能力，应使运土车辆的载重量 Q 与挖土机的每斗土重保持一定的整数倍率关系，并有足够数量的车辆以保证挖掘机连续工作。一般情况下，汽车载重量宜为每斗土重的 3~5 倍。而运输车辆的配合数量，可以通过预估，再进行实际调整。汽车数量 N 可按式(5-1)计算：

$$N = \frac{T_q}{T_w} \tag{5-1}$$

式中：T_q——汽车一个循环所用时间(装、运、卸、回)，min；

T_w——挖掘机装满一车所用时间，min。

5. 装载机

装载机是一种效率较高的铲土运输机械，兼有推土机和挖掘机的功能，可进行铲掘、推运、整平、装卸、牵引等作业，它既可以铲、装、运松散物料，也可对岩石、硬土进行轻度铲掘。在公路施工中主要用于路基工程的填挖，沥青和水泥混凝土料场的集料、装料等作业。

在运距和道路坡度经常发生变化，且装载机的铲、装、运作业循环时间在 3min 以内时，装载机自铲自运是经济合理的。轮胎式装载机可代替挖掘机和自卸汽车配合装运，其合理运距见表5-5，通常装载机的斗容与自卸汽车车厢容积的匹配以 2~4 斗装满一车厢为宜。

轮胎式装载机与自卸汽车配合的合理运距　　　　　　表5-5

年产量(万t)	10	30		50		80		100 以上	
挖掘机斗容(m³)	2.25	2.25	4	2.25	4	2.25	4	2.25	4
自卸汽车载质量(t)	10	10	27	10	27	10	27	10	27
装载机质量(t)	装载机合理运距(m)								
2	470	170	260	110	160	80	110	71	65
4	760	280	450	190	280	130	190	118	108
5	920	350	540	240	340	170	230	155	143
9.9		800	1 190	560	750	420	520	384	347
16		890	1 330	630	830	440	570	432	387

6. 压实机械

在路基、基层、沥青混合料压实中主要的压实机械有：静力式光轮压路机、轮胎压路机、振动压路机以及夯实机械。在施工中，应根据被压的物料类型、压实层厚度、工程质量标准、压路机的类型以及施工条件等进行压路机的选择。

(1)根据工程质量要求选择

若想获得均匀的压实密度，可选用轮胎式压路机。轮胎式压路机在碾压时不破坏土壤原有的黏度，各层土壤之间有良好的结合性能，加之前轮可摆动，故压实较为均匀，不会有虚假压实情况。若想使路面压实平整，可选用全驱动式压路机；对压路机压实能力要求不高的地区，可使用线压力较低而机动灵活的压路机；若要尽快达到压实效果，可选用大吨位的压路机，以缩短工期。

(2)根据铺层厚度选择

在碾压沥青混凝土路面时，应根据混合料的摊铺厚度选择压路机的质量、振幅及振动频率。通常，在铺层厚度小于60mm的薄铺层上，最好使用振幅为0.35~0.60mm的2~6t的小型振动式压路机，这样可避免出现堆料、起波和损坏集料等现象；同时，为了防止沥青混合料过冷，应在摊铺之后紧跟着进行碾压。对于厚度大于100mm的厚铺层，应使用高振幅(可高达1.0mm)、6~10t的大中型振动式压路机。

(3)根据被压物料的种类选择

对于岩石填方压实，应选用大吨位压路机，以便使大型块料发生位移；对于黏土的压实，最好使用凸块捣实式压路机；对于混合料的压实，最好选择振动式压路机，以便使大小粒料掺和均匀；深层压实宜采用重型振动压路机慢速碾压，浅层则应选用静力作用式压路机。

各种压路机所适用的物料种类以及压实厚度如表5-6所示。

常用压路机的适用范围　　　　　　表5-6

机　　型	适宜的厚度(cm)	适用的土质
8~10t 静光轮	15~20	非黏性土
10~20t 静光轮	20~25	非黏性土
9~20t 轮胎	20~30	亚黏土、非黏性土
30~50t 拖式轮胎	30~50	各类土
2~6t 拖式羊脚	20~30	黏性土
14t 拖式振动	100~120	砂砾土、砾石

7. 凿岩穿孔机械

凿岩穿孔机械主要有凿岩机、穿孔机及其辅助机械,它们都是钻凿炮孔的石方工程机械。凿岩机属于小型机具,有风动凿岩机、液压凿岩机、电动凿岩机和内燃凿岩机等形式,适用于钻凿小直径炮孔。穿孔机适用于钻凿大直径炮孔。

(二) 路基工程施工机械配置

路基工程施工中,主要根据施工对象的特点、地下水位高低和土壤含水率等进行机械选择。首先可根据各种施工机械的适用范围(土质、运距、坡度等)进行机械类型的选择见表5-7。

根据运距和道路条件选择施工机械表　　表5-7

机械	履带式推土机	履带式装载机	轮胎式装载机	拖式铲运机	自行式铲运机	轮式拖车	自卸汽车
经济运距(m)	<80	<100	<150	100~500	200~1 000	>200	>2 000
道路条件	土路不平	土路不平	土路不平	土路不平	土路不平	平坦路面	一般路面

(1)当地形起伏不大,坡度在20°以内,挖填平整土方的面积较大,土的含水率适当,平均运距短(一般在1km以内)时,采用铲运机较为合适。如果土质坚硬或冬季冻土层厚度超过10~15cm时,必须由其他机械辅助翻松再铲运。当一般土的含水率大于25%,或坚硬的黏土含水率超过30%时,铲运机要陷车,必须将水排干后再施工。

(2)地形起伏较大的丘陵地带,一般挖土高度在3m以上,运输距离超过1km,工程量较大且又集中时,一般可采用下述方式进行挖土和运土:

①采用挖掘机配合自卸汽车进行施工,并在弃土区配备推土机平整土堆。选择挖掘机铲斗容量时,应考虑到土质情况、工程量和工作面高度。当开挖普通土,集中工程量在1.5万 m³以下时,可采用0.5 m³的铲斗;当开挖集中工程量为1.5万~5万 m³时,以选用1.0m³的铲斗为宜,此时,普通土和硬土都能开挖。

②先用推土机把土推集成一堆,再用装载机铲装,汽车运走,效率也很高。

(3)按照施工条件选择土方机械可参照表5-8。

(4)对于施工机械的数量应根据工程量、工期以及机械的生产率等进行配置。

施工机械数量 N 的计算:

$$N = \frac{QK_1}{WCK_2} \qquad (5-2)$$

式中:Q——计划时段内应完成的工程量,m³;

K_1——工程量的不均匀系数,一般大于1;

W——计划时段内的台班制度数;

C——机械的台班生产率(产量定额),m³/台班;

K_2——机械的时间利用率,一般小于1。

实际上在配置了 N 台设备情况下完成的工程量 $QK_1 = N \cdot C \cdot K_2 \cdot$ 时间(d)·每天的班次,所以,式中计划时段内的台班制度数 W = 计划时段内的天数×每天的班次。

对于施工期长的大型工程,常以年为计划时段。对于小型和工期短的工程,或特定在某一时段内完成的工程,可根据实际需要选取计划时段。

例题 5-1 图纸的挖方共 600 万 m^3,松方系数 $K_1=1.05$;挖掘机的效率 $C=475m^3/$ 台班,机械完好率 $K_2=90\%$;工程工期 3 年,每月平均有效工作日为 25d,每天工作 12h(即 1.5 班次)。则:

挖掘机的数量

$$N=\frac{(1.05\times600\text{ 万})\div3}{(12\text{ 月}\times25\text{ 天}\times1.5)\times475\times0.9}=10.92\text{ 台},取 11 台。$$

土方施工机械的选用条件   表5-8

路基形式及施工方法	填挖高度(m)	土方移运水平直距(m)	主要施工机械名称	辅助机械	机械施工运距(m)	最小工作段长度(m)
一、路堤							
路侧取土	<0.75	<15	自动平地机			300~500
路侧取土	<3.00	<40	58.9kW 推土机		10~40	—
路侧取土	<3.00	<60	73.6~103kW 推土机		10~60	—
路侧取土	>6.00	20~100	6m³ 拖式铲运机		80~250	50~80
路侧取土	>6.00	50~200	6m³ 拖式铲运机	58.9kW 推土机	250~500	80~100
远运取土	不限	<500	6m³ 拖式铲运机		<700	>50~80
远运取土	不限	500~700	9~12m³ 拖式铲运机		<1000	>50~80
远运取土	不限	>500	9m³ 自动铲运机		>500	>50~80
远运取土	不限	>500	自卸汽车		>500	(5 000m³)
二、路堑							
路侧弃土	<0.60	<15	自动平地机			300~500
路侧弃土	<3.00	<40	58.9kW 推土机		10~40	—
路侧弃土	<4.00	<70	73.6~103kW 推土机		10~70	—
路侧弃土	<6.00	30~100	6m³ 拖式铲运机	58.9kW 推土机	100~300	50~80
路侧弃土	<15.0	50~200	6m³ 拖式铲运机		300~600	>100
路侧弃土	>15.0	>100	9~12m³ 拖式铲运机		<1 000	>200
纵向利用	不限	20~70	58.9kW 推土机	推土机	20~70	—
纵向利用	不限	<100	73.6~103kW 推土机		<100	—
纵向利用	不限	40~600	6m³ 拖式铲运机	58.9kW 推土机	80~700	>100
纵向利用	不限	<80	9~12m³ 拖式铲运机		<1 000	>100
纵向利用	不限	>500	9m³ 自动铲运机		>500	>100
纵向利用	不限	>500	自卸汽车		>500	(5 000m³)
三、半挖半填路基							
横向利用	不限	<60	73.6~103kW 斜角推土机		10~60	—

二、路面工程施工机械的性能与配置

路面工程中各施工工序可以采用不同类型的机械,不同类型的机械具有不同的工艺要求和生产率,所以路面机械化施工需要考虑机械的合理选择和配套,配置应遵循以下原则:

(1)要适应作业条件。

(2)作业效率高,运转费用低。

(3)施工机械的作业性能水平能够满足工程设计要求的质量标准。

(4)提高自动化程度,做到省时省力、操作简单、维修方便、工作可靠。

(5)使用安全且不污染、破坏环境,不会影响已有建筑,不会影响人们的正常生活。

(6)按工期长短、工程量大小及施工难易程度决定配套的机械组合类型及数量。

(7)每一个机械组合的设备数量应尽量减少,因为机械组合的运转生产率等于组合中各机械生产利用率的乘积。

(8)流水作业应保持机械组合中各机械作业能力的平衡。

(9)尽量减少机械型号,以便于统一管理和维修。

(一)水泥混凝土路面的机械选择、配置

水泥混凝土路面施工机械的合理配套主要指拌和机、摊铺机、运输车辆之间的配套。首先应进行主导机械的选型,而决定水泥混凝土路面质量和使用性能得施工工序,主要是混凝土的拌与摊铺。通常以混凝土摊铺机为第一主导机械,拌和机械为第二主导机械。主导机械的选型应根据机械的技术性能、生产率以及施工质量、进度等进行确定,确保摊铺机生产率充分发挥的前提下,拌和机的生产率得到正常发挥,并保持施工过程的连续性、均衡性。

配套机械主要是指混凝土运输车辆。运输车辆的配套主要根据混凝土的运量和运距来决定。应充分考虑到在运输过程中混凝土水分的散失和离析等问题。通常运距在5km左右,选用5~8t的中型自卸汽车较经济,更远距离的宜选用混凝土搅拌运输车运输。

其他各种配套、小型机具如:切缝机、灌缝机、洒水车、拉毛机、发电机、装载机等。

(二)沥青混凝土路面的机械选择、配置

在沥青混凝土路面施工过程中,为保证机械化施工的连续性,沥青混凝土搅拌设备、混合料运输车辆、沥青混凝土摊铺设备、压实机械的合理选配密切相关,并在很大程度上决定了沥青混凝土路面施工机群的生产率。因此,在沥青混凝土路面施工中第一主导机械是沥青混凝土拌和设备,第二主导机械是沥青混凝土摊铺设备。

1.沥青混凝土拌和设备

沥青混凝土搅拌设备分间歇式和连续滚筒式,生产能力按每小时拌和成品料的数量确定。主要有小型(40t/h以下)、中型(40~350t/h)和大型(400t/h以上)三种。间歇式搅拌设备的生产能力最高达700t/h,连续滚筒式搅拌设备的生产能力最高达1 200t/h。强制间歇式搅拌设备的特点是冷矿料的烘干、加热与热沥青的拌和,先后在不同的设备中进行,国内外应用广泛;连续滚筒式搅拌设备的特点是冷矿料的烘干、加热与热沥青的拌和在同一滚筒内连续进行。按我国目前规范要求,高等级公路建设应使用间歇强制式搅拌设备,连续滚筒式搅拌设备用于普通公路建设。

沥青混凝土搅拌设备的选型要保证拌和质量要稳定,其生产能力应根据工程量(面积和厚度)、工期来决定。

沥青混合料拌和设备的生产能力,即生产率是按每小时拌制混合料的吨数计算的。

(1)根据路面工程量计算沥青混凝土搅拌设备应满足(达到)的生产能力

$$Q_1 = \frac{SH\rho}{8TK_B}(\text{t/h}) \tag{5-3}$$

式中:Q_1——搅拌设备的生产能力,t/h;
 S——铺筑面积,m^2;
 H——铺层厚度,m;
 ρ——混合料压实密度,t/m^3;
 T——计划铺筑天数;
 K_B——时间利用系数。

(2)选用满足生产能力的沥青混合料拌和设备

①间歇式设备生产率 Q_j 的计算公式:

$$Q_j = \frac{n_f G_j K_B}{1\,000} \quad (t/h) \tag{5-4}$$

式中:G_j——每拌制一份料的质量,kg;
 n_f——每小时拌制的份数;
 K_B——时间利用系数,$K_B = 0.8 \sim 0.9$。

$$n_f = \frac{60}{t_1 + t_2 + t_3}$$

式中:t_1——搅拌器加料时间,min;
 t_2——混合料搅拌时间,min;
 t_3——成品料卸料时间,min。

②连续式设备生产率 Q_L 的计算公式:

$$Q_L = \frac{60 G_L K_B}{1\,000 t} \quad (t/h) \tag{5-5}$$

式中:G_L——搅拌器内的料重,kg;
 t——拌和时间(混合料在搅拌器内的停留时间),min。

2. 沥青混凝土摊铺设备

摊铺机的选配应保证路面铺设质量,摊铺机的连续作业,摊铺机的生产率应大于搅拌站生产率1.2~1.3倍,然后用调整摊铺机速度的办法与搅拌设备协调,保证连续作业,减少停车而造成的路面不平整。

沥青混合料摊铺机的性能指标是以其最大摊铺宽度确定,一般按摊铺宽度分为小型(3.6m),中型(4~6m),大型(6~10m)和超大型(10~12m)四类。小型:最大摊铺宽度小于3 600mm,主要用于路面养护和城市街道路面修筑工程;中型:最大摊铺宽度在4 000~6 000mm,主要用于一般公路路面的修筑和养护;大型:最大摊铺宽度在7 000~9 000mm之间,主要用于高等级公路路面工程;超大型:摊铺宽度大于9 000mm,主要用于业主有要求的高速公路路面施工。

沥青混合料摊铺机的生产率以每小时的吨数来计算,计算公式如下:

$$Q = hBv_0\rho K_B \quad (t/h) \tag{5-6}$$

式中:h——铺层厚,m;
 B——摊铺带宽,m;

v_0——摊铺工作速度,m/h;
ρ——沥青混合料密度,t/m³;
K_B——时间利用率(0.75~0.95)。

3. 沥青混凝土压实设备

选择压实机械种类、大小和数量时,应考虑摊铺机的生产率、混合料特性、摊铺厚度和施工现场的具体条件等因素。摊铺机的生产率决定了需要压实的能力,从而影响压路机吨位和数量的选用;而混合料的特性则为选择压路机的吨位、最佳频率与振幅提供了依据。如混合料矿料含量的增加、集料最大尺寸的加大、沥青稠度的提高都会使压路机的工作能力下降,要达到要求的密实度就需要较大压实能力的压路机。选择压路机质量和振幅,应与摊铺厚度相适应,摊铺层厚度小于6cm,最好使用振幅为0.35~0.6mm的中小型振动压路机(2~6t),以避免材料出现堆料、波浪。

4. 沥青混凝土运输设备

对于沥青混凝土混合料的运输,应根据施工现场具体位置、施工条件、摊铺能力、运输路线、运距和时间,以及混合料的种类和数量,合理配置运输车辆的型号和数量。配置时在保证沥青混凝土拌和设备及摊铺设备连续作业的同时又不使车辆因装料、卸料和等待时间过长而造成浪费。运输车辆的数量 N 由下式计算:

$$N = \alpha \frac{t_1 + t_2 + t_3}{T} \tag{5-7}$$

式中:α——储备系数,一般取 =1.11~1.12,视交通情况而定;
t_1——载重运输时间,min;
t_2——空载运输时间,min;
t_3——卸料和等待的总时间,min;
T——拌制一车混合料所需的时间,min。

(三)稳定类基层(底基层)设备

稳定类基层(底基层)施工分为厂拌法和路拌法。高速公路要求厂拌法和摊铺机进行摊铺作业。厂拌法主要的拌和机械有强制式拌和机、双转轴桨叶式拌和机等。摊铺可以用专用稳定土摊铺机,也可用沥青混合料摊铺机。

第四节 施工进度计划

一、施工进度计划的形式和作用

施工进度计划是在确定了施工方案的基础上,以工程项目为对象、以合同工期要求为依据,对工程的施工顺序和施工时间以及各单位、分部、分项工程之间的搭接关系,工程的开工时间、竣工时间及工期等做出的安排。在这个基础上,可以编制劳动力计划,材料供应计划,成品、半成品计划,机械需用量计划等。所以施工进度计划是施工组织设计中一项非常重要的内容。施工进度计划的合理性,会直接影响施工速度、施工成本和工程质量。

施工进度计划的形式主要有四种:横道图、垂直图(斜条图)、网络图、S曲线图。施工投标时还要求提交斜率图表示施工进度,要注意斜率图不是垂直图(斜条图),可参见第一章和第六章的相关内容。横道图、网络图和 S 曲线图在第四章中做了较全面的介绍和应用,此处主要介绍公路工程的垂直图的应用。进度计划的每种图形都有各自的特点和各自擅长反映进度状况的优势,这几种进度图应互相补充,取长补短。在绘制进度计划图时,应发挥每种进度图的优点和特色,切不可要求一种进度图就能全面反映工程施工进度。

(一)施工进度计划的形式和特点

1. 横道图的形式和特点

直观,计划粗细都行;逻辑关系不太明确。图 5-10 是 40km 长的公路工程进度横道图。

2. 垂直图(斜条图)的形式和特点

垂直图也称为垂直坐标图(简称垂直图),它以横坐标表示公路里程(即工程位置),纵坐标表示施工时间,用不同的线条或符号表示各工作内容及其进度。垂直图最适合线形工程,如公路的路基和路面工程,一般用斜折(直)线表示;而结构物在图中有明确的位置并且相对路线来说是点,一般用竖直线,其竖直长度表示持续时间。垂直图直观地反映施工组织的顺序和流向,以及专业施工队的数量等;它可以综合反映工程的总体施工安排,在绘制时所反映的施工内容不易过多过细,否则就失去了该图的优点。如图 5-11 所示,它是图 5-10 工程的进度垂直图。比较图 5-10 和图 5-11 可以发现,没有必要将这类既没有里程位置又没有反映全局的临时通信工作表示在垂直图中;同时路基清除和整修工程也没有反映在垂直图中,这就是为了突出工程施工的主要内容和总体安排。

编号	工程名称	施工方法	工程量		2010 年										起止时间	
			单位	数量	1月	2月	3月	4月	5月	6月	7月	8月	9月	10月	开工	结束
1	临时通信	人工为主	km	40	6										1月初	7月底
2	沥青混凝土基地	人工安装	处	1	35										1月上旬	5月中旬
3	清除路基	机械	m²	350 000			4								3月初	7月底
4	路用房屋	人工	m²	1 300	60			40							1月初	5月底
5	大桥	半机械化	座	1					94						5月中旬	8月中旬
6	中桥	半机械化	座	5			53								3月中旬	7月下旬
7	集中性土方	机械	m²	230 000				20							4月上旬	8月下旬
8	小型构造物	半机械化	座	23					30						5月初	9月底
9	沿线土方	机械为主	m³	89 000					36						5月初	9月底
10	基层	半机械化	m²	280 000						48					6月中旬	10月中旬
11	面层	半机械化	m²	280 000							18				7月中旬	10月底
12	整修工程	人工为主	km	40					10						5月上旬	10月底

图 5-10 40km 长的公路工程进度横道图(水平图表)

用垂直图表示应注意的事项:

(1)反映的内容不宜过多和过细,图中不便也不宜将细部内容画出。例如路基工程的挖方和填方;桥梁和其他结构物的基坑开挖等,在图中不便也不易表示。

(2)斜线的斜率是表示施工速度,斜率越陡施工速度越慢,否则越快。

(3)路基土石方即使匀速施工时,路基土石方线也应该是折线,因为沿线的土石方一般不是均匀分布;再有土石方线一般表示为完成的示意线。当简化表示时往往用斜直线替代折线,以反映其时间段和施工流向。由于土方和石方在地理位置上分布的复杂,一般很少某一段全是土方,另一段全部是石方;同时考虑到挖方和填方作业的具体施工时间段在图中也很难表示,所以路基挖填施工就简单而且模糊地表示为路基土石方工程一条斜折线(或斜直线)。

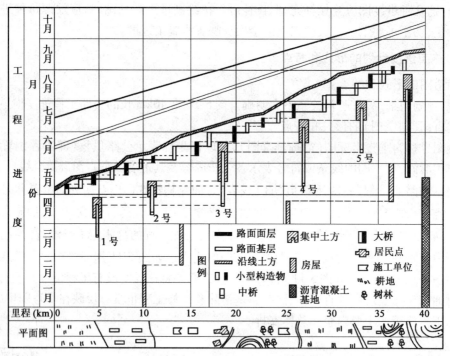

图 5-11　40km 长的公路工程进度垂直图

(4)对于小型构造物路肩墙、路堤墙、护脚,路堑挡土墙和护面墙,涵洞等,根据施工时间的先后,在结构物桩号位置的路基线上方或下方画其竖直线。

①路肩挡土墙、路堤墙和护脚先于路基填筑,位于路基土石方完成线的下方;路肩墙施工应注意施工的可行性,较合理的方案是路肩墙砌体的砌筑和路基土石方的填筑基本同步,此时就无需脚手架。路堤墙和护脚一般要大大早于路基的完成,所以路堤墙和护脚的完成点离路基土石方完成线的时间可以远些。当护脚工程量较少时,其时间较短则竖直长度较短。路堑挡土墙和护面墙一般要在路基土石方完成后进行施工,其竖直线一般位于路基土石方线的上方。

②涵洞工程的垂直图中表示。填方段涵洞(如管涵)可以先挖基并修筑涵洞然后填土,也可为了保证压实度先填土压实后"反挖"涵洞的基坑,不论哪种方式最后都要在涵洞完成后填筑涵洞顶以上的路基土,所以填方段涵洞一般都是早于路基土石方完成,反映在垂直图上是位于路基土石方线的下方。如果是较为少见的挖方段涵洞,则一般应在路基土石方线的上方。

(5)垂直图中的线条最好不要发生交叉。交叉点的含义表示为:在同一地点同时(时刻)进行两项以上的工作(分项工程或工序)。一般情况下最好不要如此安排施工,因为如此安排易造成互相干扰,协调困难。

3.网络图的形式和特点

网络图可发挥工作之间细化表达的优势,逻辑关系明了,关键线路明了;用搭接网络还可以表示搭接关系。参见第三章内容。

4.工程进度曲线图(S曲线)的形式和特点

S曲线图以工作量为指标时,最适合反映施工总体进度情况。主要有:

(1)工程进度曲线(S曲线图):如图4-3或图4-6。
(2)工程进度管理曲线(香蕉曲线):时间轴是时间的百分数,相对时间。如图4-5。

(二)施工进度计划的作用

(1)施工进度计划确定了各个作业(单位、分部、分项工程)的施工顺序和开、竣工时间;
(2)施工所需的各种资源要以施工进度计划为依据进行准备;
(3)施工现场各项管理工作要围绕施工进度计划进行。

二、施工进度计划的编制

(一)施工进度计划编制的依据

(1)工程设计图纸。
(2)合同规定的工期,工程开工、竣工日期;还要注意有无工程的阶段工期要求。因为,阶段工期需要用"最迟不迟于"、"最早不早于"等强制时限来表示。参见第四章相关内容。
(3)工程所在地有关水文、地质、气象和经济资料。
(4)主要工程施工方案。
(5)各类定额数据和影响施工的经济技术条件。
(6)劳动力、材料、机械的供应情况。

(二)施工进度计划编制的步骤

一般来讲,施工进度计划的编制要经过以下步骤:

1. 研究施工图纸与有关资料以及施工条件和工期要求
2. 根据施工方法(或施工方案)用WBS方法划分施工细目(作业、工作)

要编制施工进度计划,首先要划分施工细目,用WBS方法划分施工细目的原则参见第六章第二节。施工细目划分时还应注意:

(1)划分的施工细目应与选择的施工方法一致。
(2)划分的施工细目的"粗细"程度要适当,一般可按施工定额的细目或子目划分,这样既简明清晰,又便于使用定额来计算有关参数。
(3)施工细目在进度计划表内填写时,应尽可能按工程的施工顺序排列,并应首先考虑安排主导(主控)工程。
(4)施工细目的划分要结合工程结构特点分项填列,不可漏项,以免影响进度计划的准确性。WBS方法有助于克服漏项的失误。

3. 计算工程量和劳动量(作业量)

(1)工程量计算

施工细目划分好后,可根据施工图纸及有关工程数量的计算规则,按照施工细目的排列,分别计算各个施工细目的工程数量并填列表中。工程数量的计算单位,应与相应定额的计量单位相一致。

(2)劳动量(作业量)计算

劳动量(作业量)等于工程细目的工程数量乘以相应时间定额,或者工程数量除以相应产量定额;劳动量也等于使用的工人数与工作(作业)时间的乘积,当机械台数与工作(作业)时间的乘积时称为作业量。劳动量(作业量)的计算如式(5-8)所示。EXCEL的电子表格有助于作业量的计算。

$$P = \frac{Q}{C} \text{ 或 } P = Q \times S \tag{5-8}$$

式中：P——劳动量或作业量（工日或台班）；
  Q——工程数量；
  S——时间定额；
  C——产量定额。

4. 生产周期（持续时间）确定

生产周期（持续时间）是工程量、资源量和工作效率以及班次的函数。因此需搜集这些数据和资料尤其是企业现有的资源数量和种类；企业的定额效率（时间定额、产量定额）等。

生产周期（持续时间）确定可分为计算法和估算法。对于计算法，一旦工程量和效率（定额消耗）确定后（即已知），其劳动量或作业量就是确定的值（即已知），如式（5-8）所示。而劳动量或作业量＝人数（台数）×持续时间，在资源数量和时间这两个变量中应先假设一个数值才能计算出另一个值，所以计算法又分为两种，一是先设资源数量后试计算持续时间；二是先设时间后试计算资源数量。不论哪种试计算还是估算，最终都要进行进度计划与资源计划之间的平衡，使工程的计划工期满足合同工期，资源的计划需要量不突破其供给量；因此进度与资源之间是相互制约、相辅相成的关系，存在着作用与反作用。

（1）先设资源数量然后试算持续时间

以施工单位现有的人力、机械的实际生产能力以及工作面大小，计算完成已知劳动量所需的生产周期（持续时间）。一般按式（5-9）计算：

$$t \text{ 或 } D = \frac{P}{NB_Z} \tag{5-9}$$

式中：t——生产周期（即持续时间 D）；
  P——劳动量（工日或台班）；
  N——人数或机械台数；
  B_Z——一天的生产工作班制数。

施工进度计划编制中常会遇到工作班制的安排问题。采用"二班制"或"三班制"作业，可以加快施工速度，提高施工机械的利用率；但也会引起加班费、工地照明、材料消耗等方面的费用增加、工效的降低。对于那些使用大型机械的主要施工过程，为了充分发挥机械使用效率，就有必要采用"二班制"或"三班制"施工；而某些技术上不能中断的连续施工过程，如大体积混凝土的连续浇筑，则只能采用"二班制"或"三班制"作业。

机械的使用数量时还需考虑设备完好率的影响。对于先设资源数量然后试计算生产周期方法的难点在于如何确定主导资源和数量，这一点将在下面专门讲述并计算例题 5-2。

（2）先确定时间然后计算所需的资源数量

对于某些技术上的主控工程或重点工程（细目），在施工组织管理的进度计划编制过程中应将其安排在关键线路上。这体现了施工重点和难点的主控工程要与关键线路一致性的进度计划评价原则。因此这类主控施工细目根据规定的工程工期倒排确定出各工作的持续时间，从而计算专业队（作业队、班组）人数或机械台数，如式（5-10），或者按照式（5-2）计算。

$$N = \frac{P}{tB_z} \tag{5-10}$$

式中符号意义同前。

例如,以路基土石方为主要工程量的公路施工,其路基土石方工程就是公路路基施工甚至是合同段的主控工程,此时往往以业主给定的工期反算资源量。

(3)估算法

经验估计法,即根据过去施工的同类型、相似工程的经验进行估计,施工经验丰富时其准确性相当高;而对于一些无定额可循的工程亦常常采用经验估计。当个人经验不足时,可采用专家估计法,借助有经验的专家估计时间;或者采用类比法,借助同类型工程的资料类比估计时间。

5. 确定各施工细目之间的逻辑关系以及可能的搭接关系(相关内容参见第三章)

施工细目(作业、工作)之间的逻辑关系分为工艺关系和组织关系,一般先根据施工方法考虑工艺关系然后再考虑组织关系。确定各作业间的搭接关系时,要遵循施工技术规律和合理的组织关系,并应尽可能以流水作业的方式进行安排。

6. 绘制施工进度图

根据需要分别绘制横道图、垂直图、网络图和工程进度曲线。

7. 检查和调整施工进度计划使之更加符合实际更加完善

对于第4步的生产周期(持续时间)确定,往往很难一次就能确定得很合理,尤其施工经验不足时进行试算或估算更显得有难度。因此整体施工进度计划编制要经过多次分析、调整修改才能确定下来。具体分析、调整的方法见第四章或第六章进度与资源计划调整的相关内容。

8. 施工进度计划的评价

通常采用下列指标对施工进度计划编制的质量进行评价:

(1)工程工期。计划工期应当符合合同约定的工期,并尽可能留有余地。

(2)劳动量消耗的均衡性。每天需要的人工数变动幅度不要过大,劳动力需要量力求均衡。一般用劳动量不均衡系数(K)来衡量劳动量消耗的均衡性。

$$K = \frac{\text{施工期间工人人数最高峰值}}{\text{施工期间每天平均工人人数}} \tag{5-11}$$

劳动量不均衡系数K的值通常大于1,一般不要超过1.5,最理想的情况是接近于1。在组织流水施工的情况下,不均衡系数可以大大降低。

在考虑施工进度的劳动量消耗均衡以后,还需要分别按照各个工种来考虑劳动量消耗的均衡情况。

在计算各工种工人人数时,可能有些零星工作没有考虑在内,工人的劳动生产率可能比定额的规定有所提高,如果变动的幅度不超过15%,通常可以认为是均衡的。

当施工对象为多个单项工程(或单位工程)时,则一个单项工程(或单位工程)的劳动量消耗是否均衡就不是主要的问题;在这种情况下,应当绘制整个工程项目需要的劳动量图,力求项目劳动量消耗是均衡的。

(3)主要施工机械的利用程度。一般来说,主要施工机械指挖掘机、推土机、沥青混凝土摊铺机、履带式起重机等。这些机械的台班费高、进出场费用大,提高其利用程度对降低施工成本和加快施工速度起一定作用。

三、进度计划编制中的关键步骤与主导资源数量确定

施工进度计划编制中的关键步骤是确定编制进度计划的三要素:即工作名称(或代码)、工作的生产周期(持续时间)、工作之间的逻辑关系。尤其在应用计算机软件编制进度计划时只需输入这三个要素,进度计划就能自动生成。参见第六章的相关内容。

在三个关键步骤中,使用计算法确定各工作的生产周期(持续时间)对没有施工经验的初学者是最困难。先设资源数量然后计算持续时间的关键点是如何确定分项工程的主导资源数量和主导劳动量。

1. 确定主导资源考虑的因素

主导资源是对生产周期起控制作用的资源。一般情况下,某一施工过程(工作、作业)中同时使用多种资源时,就是占用时间最长的资源。用定额计算法确定主导资源考虑的因素,是相对而言。首先将主控作用的资源作为主导资源,同时还可以从这几方面入手。

(1)施工中可以达到满负荷资源;

(2)施工中的主控设备或工种;

(3)便于快速试算的资源。

2. 根据分项工程性质和施工方法确定主导资源和数量(相对)

(1)路基土石方工程

路基土石方工程以机械为主导,土方的挖方主要选择推土机、挖掘机,汽车是配合机械,一般不作为主导资源考虑。填方主要选择压路机为主导,平地机、推土机为配合。石方开挖要考虑凿岩设备与装运设备之间的配合。

(2)小型构造物(挡土墙等)砌筑工程以砌筑工人为主导。

(3)桩基础:挖孔桩以人工为主;钻孔桩以钻机为主导资源。

3. 考虑工作面或施工段的大小来确定配置资源的数量

4. 考虑施工组织方法

顺序作业、平行作业、流水作业确定主导资源和数量。

5. 主导劳动量确定

人们一般取生产周期(持续时间)最长的劳动量作为主导劳动量,它的生产周期(持续时间)叫主导生产周期(持续时间)。在先设资源量再计算工作持续时间时,主要是先确定主导资源,然后估计数量经过几次试算最后确定。在编制施工进度计划图时,应尽量调节各平行作业所需的人工、机械投入数量,使各种作业的持续时间大致一致,即都成为主导作业。但在施工阶段,由于条件限制,往往不能使各种作业的持续时间相等,此时,则应以主导作业的主导持续时间作为控制该施工过程的持续时间,绘制施工进度图;而其他非主导作业所需的人工、机械数量只能供统计之用。

在先确定时间的情况下,再确定资源的数量以满足进度要求,此时应注意首先选择那类资源的劳动量作为主导劳动量(作业量)进行重点资源调配,可参见第六章利用计算机对挖掘机主导作业量进行资源优化的内容,此时不能选择汽车的作业量作为主导作业量。

6. 使用定额计算法应注意的问题

理论上讲,生产周期的计算是有两种方法,但是在实际工作中,生产周期往往是首先取决于合同工期。一般做法是先根据施工的先后顺序和当前技术控制的要求,理清各分部分项工

程的逻辑关系,正确选择安排施工组织方法(式),也就是安排顺序作业、流水作业还是平行作业的问题;然后再按照合同工期适当考虑富裕时间(考虑雨季、内部资源供应不足或外界干扰对工期的影响),来决定施工单位的内控总工期;再把内控总工期分布到各分部分项工程直至工序上,再由各工序允许的施工持续时间参考产量定额反算配置资源(工人、设备)的数量,同时要考虑设备的配套性。

7. 路基土石方工程计算法示例

例题5-2 建设单位(业主)要求8个月完成路基土方90万 m^3,其中挖土方50万 m^3,填方40万 m^3。确定主导资源并计算主导资源所需要的数量。

根据题意路基土方自然应该是施工网络计划中的关键工作,土方施工的持续时间就不能大于8个月;这时应该计算8个月完成土方90万 m^3 所必须满足的各种资源配置,机械数量按式(5-10)计算(也可参考例题5-1的计算式)。本例题是挖土方大于填方,一般的施工方法是:先修筑施工便道,然后对原始地面进行推土机清表处理,确定挖填范围,然后移挖做填,多余方做弃方处理。因此,挖方是控制整个工程进度的主导工序,而挖方的挖掘机是主导资源,以挖土方工程量和挖掘机的产量定额作为计算的主要依据。扣除清表、收尾等工作的占用时间,假定正常挖方施工时间控制在7个月内,不考虑多班制,按照公路工程施工定额2.0m^3斗容量的挖掘机的效率计算。则挖方挖掘机数量计算为:

$$P = \frac{Q}{C} = \frac{500\,000}{862} = 580 \text{ 台班}, \quad N = \frac{P}{tB_z} = \frac{580}{7 \times 30 \times 1} = 3 \text{ 台}$$

以3台挖掘机考虑挖方的配套机械推土机和汽车(运距影响)等;此时挖移作填,填方与挖方是平行工作,考虑填方40万 m^3 在7个月左右时间的机械设备压路机、推土机或平地机等,最后计算人的数量。

例题5-3 以例题5-2的工程量为例,合同工期为3年。此时该合同段的隧道工程是主控工程,除了隧道进出口之外的路基土方是辅助工程,在没有施工经验时,如何试算路基土方工程主导资源的数量和计算生产周期。

假定施工单位既有2.0m^3斗容量的挖掘机2台(可以开辟2个工作面)。正常情况下,企业定额每台班产量为850m^3,考虑每天施工时间12h,即$B_z = 1.5$班制,设备完好率按80%考虑,则需要的施工时间计算为:

$$P = \frac{Q}{C} = \frac{500\,000}{850} = 589 \text{ 台班}, \quad D = \frac{P}{NB_z} = \frac{589}{(2 \times 80\%) \times 1.5} = 246\text{d}$$

计算出的路基土方工程246d,要与相关的分项工程分析衔接关系,比较判断是否合理可行,以及适当调整等。

例题5-4 在例题5-3的基础上将路基土方工程改为路基土石方工程,数量做些调整。路基土石方90万 m^3,其中挖方50万 m^3,土方为35万 m^3,石方为15万 m^3;填方40万 m^3。如何考虑挖土方与挖石方工序之间的逻辑关系,从而影响路基土石方分项工程的生产周期。

仍然假定:施工单位既有2.0m^3斗容量的挖掘机2台(可以开辟2个工作面)。正常情况下,企业定额每台班产量为850m^3,考虑每天施工时间12h,即$B_z = 1.5$班制,设备完好率按80%考虑,则土方与石方需要的施工时间分别计算为:

土方,$P = \dfrac{Q}{C} = \dfrac{350\,000}{850} = 412 \text{ 台班}, \quad D = \dfrac{P}{NB_z} = \dfrac{412}{(2 \times 80\%) \times 1.5} = 172\text{d}$

挖石方的机械不仅要用挖掘机挖装石方,还需要凿岩设备和爆破器材进行石方的开炸。

那么石方与土方之间的逻辑关系又是如何确定呢?这个问题较为复杂,要根据具体情况从工艺关系和组织关系的角度去分析。最普遍和最简单的情况是,石方开炸与石方挖装之间的工艺关系虽然是顺序关系;但是从组织关系角度分析,一个路段中在保证爆破安全的距离的情况下石方开炸与石方挖装分别是两个不同的工作面,它们之间是平行关系。那么此时石方开炸与石方挖装之间的逻辑关系就是组织关系为主,谁的时间长谁就是主导工序,从施工组织合理的角度石方挖装工序是主导工序,石方开炸服务于石方挖装;因此主导资源仍然是挖掘机。

$$石方,P = \frac{Q}{C} = \frac{150\ 000}{850} = 177\ 台班,\ D = \frac{P}{NB_z} = \frac{177}{(2 \times 80\%) \times 1.5} = 74d$$

土方和石方之间的逻辑关系,如果仅从土石方的地理分布,往往会得出不完整的偏颇结论:位于同一处上层土方下层石方时是顺序关系;土方与石方分别位于不同桩号位置时是平行关系。事实上该结论忽视了逻辑关系中的组织关系,仅从一个工作面判断其顺序或平行往往只是工艺关系,是不全面的;而放在一个路段中,从主导资源的角度分析,同一台挖掘机不是在挖装土方就是在挖装石方,站在这个角度判断其结论就不相同,它们之间的逻辑关系是顺序关系。所以路基土石方分项工程的时间是 172 + 74 = 246。因此,如果路基土石方是以挖装为主导工序时只需按照挖掘机的能力计算时间和数量。

如果土石方与其他工程相互影响,可根据具体情况用上述介绍的方法分析处理。

8. 路面水泥稳定碎石基层时间计算的关注点

路面水泥稳定碎石作为高等级路面的底基层时一般设计为 30cm,水泥掺量一般为 4% 左右;作为基层时一般设计为 20cm,水泥掺量一般为 6% 左右;宽度一般为路面宽度两边各增加 25cm,边缘呈 45°角放坡。工期主要和材料供应的速度有关,根据供料情况选择机械摊铺或是人工摊铺,碾压在摊铺后 2h 以内完成都可以。规范规定每层一般不能超过 20cm,但最薄也不得低于 8cm。如果压实机具效果好,可以适当放宽,由试验路段来决定。垫层、底基层、基层和面层的间隔时间和时间比例主要由材料来决定,一般掺水泥的材料,要么上下层连续施工,要么预留不少于 3d 的养护期。

9. 路面面层时间计算的关注点

沥青混凝土路面一般 830m^2/h,其工序一般是先铺稀浆封层,再铺下面层,再中面层,后上面层。一般采用两台摊铺机并排梯级作业,在双车道路面范围内一次成型。每层之间的搭接时间由成型路面的温度来定。

10. 涵洞计算的关注点

涵洞的形式很多,大致分为拱涵、盖板涵、箱涵、管涵,其开挖深度、孔径、地质情况、使用材料、施工方法不同,所以效率也不同,要具体分析。开挖到位后,一般 1 延长米大概需要 1~2d 时间,管涵要快些,箱涵要慢些。

11. 挡土墙砌体时间计算的关注点

一般 2m^3/工日,1 个工人的工作面一般考虑不超过 4m^2,若是砌条石,需要两人抬石头,工作面要考虑大些。一座 100m^3 左右的砌体,高度不超过 3m,10 人需要 5d 的时间。

第五节 资 源 计 划

资源计划包括资源需要量计划与资源的供应计划。工程施工项目的资源需要量计划,是在确定了施工方案及施工进度计划的基础上编制的。资源需要量计划应满足施工方案、施工进度对资源的要求。所以一般情况下是由进度计划决定资源需要计划,但是,如果根据进度计划编制出的资源需要量计划超出资源可供应的能力,那么就需要调整进度计划改变资源的需要量,以满足资源的供应;参见第四章第二节的相关内容和第六章第二节计算机应用的内容。

资源需要量计划与资源的供应计划在概念上原本是不同的,一个是需求,另一个是供给,但是由于资源的供应计划应满足资源的需要量,所以有时资源需要量计划与资源的供应计划的实际意义基本上是相同的,作为施工方的计划管理人员按照进度计划编制的是资源需要量计划,而业主方要求施工方提交的是资源供应计划。在本章第六节工地运输组织中就要考虑在不同的材料供应计划情况下,如何编制运输计划最合理。

项目施工中需要的物质资源包括各种原材料(含周转性材料)、构配件等,应根据施工进度的需要编制其需要量计划;对需要的施工机械、劳动力也要编制需要量计划,以便及时组织进场。资源需要量计划既要保证正常施工的需要,又要保证进度加快时的需要,还要考虑材料储存成本,且与流动资金的周转率和利用率有直接关系。所以资源需要量计划的内容大致可以归为三大类:劳动力需要量(需求量)计划,材料需要量计划,机械设备需要量计划。

资源供应计划编制的原则是:遵守国家法律、法规的规定;符合物资管理的要求;符合市场规律;符合合同要求;合理的库存量;考虑采购、供应的时间;留有余地,有应急措施。

资源需要量计划编制的依据主要有:设计图纸及工程量;施工方案及施工进度对资源的要求;合同(合同文件)中的特殊要求;资源消耗定额标准。

一、劳动力计划

工程进度确定之后,根据工程进度计划和人工消耗定额,很容易计算出各个施工作业(工作、子目)每天的人工需要数量。将同一天(或同一统计周期)所有施工作业需要的人工数量累加起来,就可得到如图 5-13 所示的每日的施工人数随时间变化的劳动力需要量图,该图是第六章事例由计算机根据进度时间和定额消耗自动绘制而成的,所以用计算机辅助施工组织设计的计划编制是很方便的。以下介绍劳动力具体数据形成的计算过程。

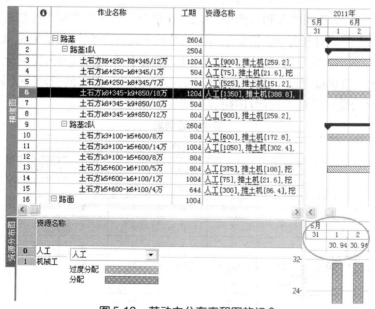

图 5-12　劳动力分布表和图的组合

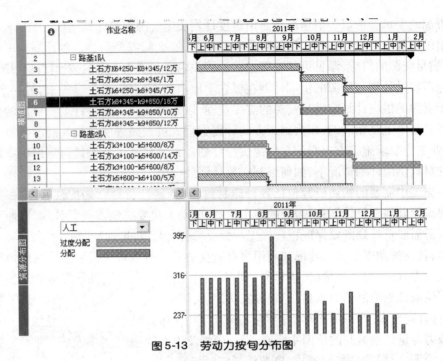

图 5-13 劳动力按旬分布图

图 5-12 中时间刻度为"天","人工"在第一天 2011 年 6 月 1 日的每天使用量从图中显示为 30.94 个工日,即平均 30.94 个人。这个数值计算方法是,根据 5-12 横道图表示第 1 天开工的共有 4 道工序,每道工序的人工计算如下:

土石方 K6+250~K8+345/12 万的人工数 = 900 工日(从图上人工数量)÷120d = 7.5 人

土石方 K8+345~K9+850/18 万的人工数 1 350÷120 = 11.25

土石方 K3+100~K5+600/8 万的人工数 = 600÷80 = 7.5

土石方 K5+600~K6+100/12 万的人工数 = 375÷80 = 4.69

7.5+11.25+7.5+4.69 = 30.94 人。

图 5-13 是图 5-12 相同的工程事例中"人工"在整个工程工期范围内按照时间刻度为"旬"的分布图。当按照定额计算劳动力需要量时往往是按照满负荷计算,数量偏少,而实际施工会存在着窝工的情况,所以在实际的劳动力供应计划中的数量往往比劳动力需要量计划的数值要大。

表 5-9 是第七节市政道路工程事例中业主方要求施工方提交的劳动力计划,这种表格形式与 2009 年版《公路施工组织设计》的附表六的要求相同。

劳动力计划表　　　　表 5-9

工　种	按工程施工阶段投入劳动力情况(单位:人)								
	30d	60d	90d	120d	150d	180d	210d	240d	270d
管理人员	20	20	20	20	20	20	20	20	20
测量人员	6	6	6	6	6	6	6	6	6
试验人员	3	3	3	3	3	3	3	2	2
材料员	3	3	3	3	3	3	3	3	2
机手	10	20	20	20	20	20	16	12	6
电工	2	6	6	6	6	6	6	6	4
汽车驾驶员	10	28	28	28	20	18	16	16	8
钻炮工	10	30	30	30	18	18	8	0	0

续上表

工 种	按工程施工阶段投入劳动力情况(单位:人)								
	30d	60d	90d	120d	150d	180d	210d	240d	270d
木工	2	4	6	6	6	6	6	5	0
模工	8	25	25	30	30	30	30	20	0
钢筋工	10	20	40	40	40	50	50	50	0
架子工	0	10	20	30	30	25	25	25	8
混凝土工	10	30	40	40	40	40	40	40	10
普工	60	80	120	140	140	140	140	140	130
合计	154	287	369	400	384	387	369	345	196

二、主要材料计划

主要材料包括施工钢材、钢筋、水泥、沥青、石灰、砂、石料、木材、爆破器材等。这些材料是公路施工中使用量最大的材料,在特殊情况下,还需要土工织物、加筋带、外掺剂等主要材料。

主要材料计划包括施工需要的材料、构件和半成品等的名称、规格、单位、数量以及来源和运输方式等内容。它是运输组织和筹建工地仓库的依据。

材料的需要量计划与劳动力需要量计划的编制相同,如图5-14。

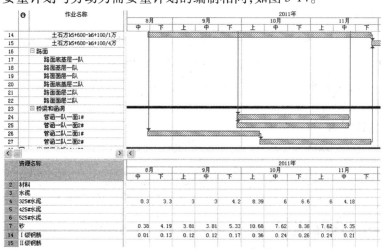

图5-14 材料分布表和横道图组合

表5-10是第七节市政道路工程事例中业主方要求施工方提交的主要材料计划表。

主要材料计划表 表5-10

材料名称	单位	按工程施工阶段投入情况								
		30d	60d	90d	120d	150d	180d	210d	240d	270d
钢筋	t		130	1 350	1 500	1 100	900	800	300	
钢材	t						90	89		
商品混凝土	m³		2 000	9 100	9 100	9 200	10 800	11 000	2 600	
水泥	t	300	300	1 000	1 300	1 400	1 300	2 100	1 800	

续上表

材料名称	单位	按工程施工阶段投入情况								
		30d	60d	90d	120d	150d	180d	210d	240d	270d
碎石	m³	2 000	2 500	2 500	2 500	2 500	15 800	15 800	15 800	
块条石					3 200	9 500			1 670	
砂	m³	270	900	4 200	4 800	4 700	5 500	5 500	1 300	
防水卷材	m²			2 000	1 300		4 000			
胶质导线	m						15 000	45 000	50 000	
钢筋混凝土管	m						350	300		
双壁波纹管	m			3 000	5 000	10 000	8 000	3 200	1 100	
夹砂波纹管	m				300	800	1 000	500	260	
沥青混凝土	m³									10 500
电缆	m						15 000	16 000	30 000	4 700

三、主要机具设备计划

在确定施工方法时，就必须考虑哪些施工作业需要何种施工机具或设备。为了做好机具设备的供应，在工程进度确定之后，根据工程进度计划和机械消耗定额将每个施工作业采用的机械名称、规格和需要数量以及使用日期等综合汇总编制成施工机具设备需要量计划。如图 5-15，是第六章实例由计算机根据进度时间和定额消耗自动绘制而成的，数据形成的方法与劳动力需要量计划相同。

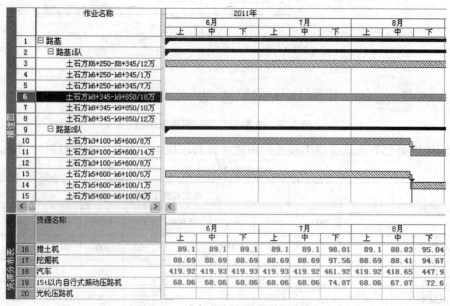

图 5-15 设备分布表和横道图组合

表 5-11 是第七节市政道路工程事例中业主方要求施工方提交的主要设备计划表。

拟投入本工程的主要施工机械设备表 表5-11

序号	机械或设备名称	型号	数量	用电功率(kW)	备注	序号	机械或设备名称	型号	数量	用电功率(kW)	备注
1	挖掘机		6			21	钢筋切断机	GJ40-1	2	2.2	
2	装载机	ZL50	1			22	钢筋弯曲机	WJ-40	2	2.8	
3	推土机	TY220	2			23	钢筋连接机械		2	7.5	
4	平地机	PQ190	2			24	钢筋调直机	GTJ-8/14	2	1.5	
5	压路机	YZ-18J	2			25	钢筋对焊机	UNI-100	1	100kVA	
6	路面破碎机	大宇280	1			26	交流电焊机	BX3-300	5	24.5kVA	
7	自卸汽车	15T	30			27	木工压刨	MB-104	2	2.2	
8	750混凝土搅拌站	HZS75E	1	15		28	木工圆锯	MJ-116	2	2.2	
9	400搅拌机		4	7.5		29	柴油发电机	150GC	1		备用
10	砂浆搅拌机		5	4		30	水泥混凝土切缝机	HQS6型	1	5.5	
11	钢轮压路机	DA50	2			31	内燃空压机	12m³/min	8		
12	轮胎压路机		1			32	风动凿岩机	YT-28	15		
13	静压光轮压路机	C340A	1			33	电动压风机	20m³/min	2	270	
14	履带式摊铺机	SuPer-2000	1			34	侧卸式装载机	ZLC-50B	2		
15	稀浆封层车		1			35	混凝土喷射机	TK-961	4	5.5	
16	混凝土输送泵	HB60	3	75		36	钢模衬砌台车		2		自制
17	插入式振动器	EXA50型	20	1.1		37	双液注浆泵	ZTJ60/210	1		
18	平板振动器	PZ-168	5	10		38	灌浆机	YZC-30	2	44	
19	蛙式夯实机	HW280	6	3		39	洒水车		2		自有
20	汽车式起重机		1								

第六节 工地运输和临时设施组织与施工平面布置图

一、工地运输组织

工地运输组织的任务是：编制运输计划、确定运输量、选择运输方式、计算运输工具的需要量等。公路施工需要运输的物资有建筑材料、构件、半成品以及机械设备、施工及生活用品等。这些物资由外地运到工地（即场外运输），一般都由专业运输单位承运。工地内的运输（即场内运输）通常由施工单位承担。不论哪种运输，都应有组织，按计划进行。

（一）编制运输计划

这里所说的运输计划，是指寻求施工物资需用量、每日运输量、库存量三者之间的最佳平衡关系。通过运输计划，达到确保施工需要、运量均衡、库存最小的目的。运输计划是确定运输日期、计算运输工具需用量和工地临时仓库面积的依据。

1. 差额曲线法

公路施工中，同一种材料（如水泥、钢材）常常在不同施工过程的不同时间使用。因此，材料每日需用量的变化十分频繁,几乎没有任何规律。如果完全按照每日材料需用量组织运输,将导致运输工具每日变化,增加了运输管理工作难度,效果亦差。

所谓差额曲线,是指累计运输量与累计消耗量之差随施工时间的变化曲线,它反映了材料库存量的变化,正值有库存,负值则停工待料。通过差额曲线,可以把无规律的材料需用量转化为库存量的变化规律,从而实现有序的均衡运输。假设根据优化后的工程进度图,得到某工程施工的水泥需用量如图5-14上部分的柱状图所示。从图中可以看到,施工需用水泥的日期是从开工后的第15d后到第75d末,最高用量103t/d(第20d后到第25d),最低用量34t/d(70d后到第75d末),最高用量为最低用量的3倍。从图中不难计算出水泥的总需用量为4 100t($77\times5+103\times5+60\times15+93\times10+60\times20+34\times5=4\ 100t$)。

(1)方案Ⅰ若提前5d开始运输,运量为100t/d,则4 100÷100=41d即可运完。这一运输方案如图5-16中的点划线所示。在第10d后到第51d末这一时间段差额值增加过了第51d后差递减。分析该差额曲线图,可以得出以下几点结论:

①差额值为正,表示有足够的库存量,能确保工程连续施工的需要;
②每日运量不变,运输是均衡的,有利于安排运输工具;
③运输日期明确(从第10d后到第5ld末),简化了运输工具的调度;
④最大库存量清楚(为1 310 t,发生在第51d),可按此修建工地临时仓库。

(2)按方案Ⅱ组织运输。图5-16中虚线,即提前11d开始运输,运量60t/d,则需68d(从第4d后到第72d末)运完,最大库存量为660t,发生在第15d。在第50d末的库存为30t$[46\times60-(77\times5+103\times5+60\times15+93\times10)]$,保持不变到第70d末;第70d后库存增加到第72d的120t,然后库存又递减到第75d末时为0。

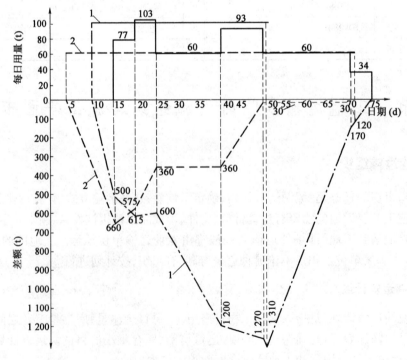

图5-16 差额曲线

1-方案Ⅰ,100t/d,用点划线表示;2-方案Ⅱ,60t/d,用虚线表示

比较方案Ⅰ和方案Ⅱ可以发现,两个方案都能保证工程的连续施工和均衡运输。但方案Ⅱ的最大库存量仅为方案Ⅰ的50%,这就意味着工地临时仓库建筑面积可以减少一半。由于两个方案的运输费用不变,可见方案Ⅱ产生的经济效益是不言而喻的。

2. 累计曲线法

差额曲线法不能事先控制材料的储备量,采用累计曲线法则能弥补这一缺陷。所谓累计曲线法,是将材料的累计消耗线、累计供应线绘于同一张图上,它反映了材料消耗量、供应量、库存量随时间变化的情况。图 5-17 是图 5-16 这同一示例的累计曲线。从图 5-17 中可以看出:

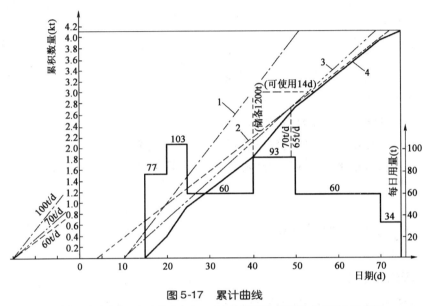

图 5-17　累计曲线
1-单点划线为方案Ⅰ;2-虚线为方案Ⅱ;3-双点划线为方案Ⅲ;4-实线为消耗线

(1)同一日期的供应线值都大于消耗线值,说明能保证工程连续施工对材料的需求;

(2)供应线与消耗线之间的垂直距离是材料的储备(库存)量(如方案Ⅰ在第40d末的储备量为1200t);

(3)供应线与消耗线之间的水平距离,表示暂时停止运输后当时的储备量仍能保证施工使用的日期(如方案Ⅰ在第40d的储备量还能使用14d,即可使用到第54d)。

若在整个施工期间,材料的储备量保持基本稳定,临时仓库的利用率将大大提高,这就必须利用累计曲线对储备量进行控制。控制储备量的方法是调整供应线的斜率,使之与消耗线基本平行。

供应线的斜率取决于运量,因而可以先绘几条表示不同运量的斜线(见图 5-17 的左下角),然后按照尽量与消耗线平行的同时,它们之间的竖直间距又是最小为原则,选择适合的斜线,直接在图上用推平行线的方法绘出供应线。图 5-17 中的方案Ⅲ就是一例:从第10d后到第49d末的运量为70t/d,第50d后到第69d末的运量为65t/d(图中双点划线),该方案的运输时间为60d,储备量在200t左右,最大储备量为350t,发生在第15d。方案Ⅲ的材料最大库存量又比方案Ⅱ降低将近一半。根据差额曲线或累计曲线,可以得到运输计划的主要数据:运输日期、运量、储备量、暂停运输后可保证施工的天数等。

3. 指示性供应图

从图 5-17 得知,当材料的每日需要量相同时,材料的消耗累计线由折线变成直线。如假设每日的运输量相同,那么材料供应量也是一条直线,不过其起点和终点要早于材料需要量直线。指示性供应图实质上是累计曲线法当材料每日需要量相同时的特例。

综上所述,在编制材料运输供应计划时,使用最广泛的方法是累计曲线法。

(二)确定运输量

每日需要运输物资的吨公里(或吨立方米)数称为运输量或货运量。一般情况下,工地运输的货运量可按下式计算:

$$q = \frac{(\sum Q_i L_i) K}{T} \tag{5-12}$$

式中:q——每日货运量,t·km(吨·公里);

Q_i——各种物资的年度需用量,或整个工程的物资用量,t;

L_i——运输距离,km;

T——工程年度运输工作日数,或计划运输天数;

K——运输工作不均衡系数,公路运输取 1.2,铁路运输取 1.5。

若已用差额曲线或累计曲线编制运输计划,则每日需要运输的物资数量和运输工作日数为已知,每日货运量公式为:

$$q = (\sum G_i L_i) K \tag{5-13}$$

式中:G_i——每日运到工地的物资数量,t/d(即累计曲线的斜率);

其余符号意义同前。

(三)选择运输方式

目前工地运输的方式有铁路运输、公路运输、水路运输和特种运输(索道、管道)等。选择运输方式,必须充分考虑各种影响因素,例如:运量、运距和物资性质;现有运输设备条件;利用永久性道路的可能性;地形、地质及水文等自然条件;敷设、运输和装卸费用多少等。一般来说,当货运量较大、运距远,又具备条件时,宜采用铁路运输;内部加工场地与原料供应点之间可采用窄轨铁路运输;运距短、地形复杂、坡度较陡时,宜采用汽车运输。当有几种可能的运输方式可供选择时,应通过比较后确定。

场内运输大都采用汽车运输,在场地狭小或运输长大笨重构件时,如隧道、特大桥等的施工,也可采用窄轨铁路运输或索道运输。

(四)计算运输工具需要量

运输方式确定后,即可用式(5-14)计算每班作业所需运输工具的数量,其原理是式(5-2)。

$$N = \frac{QK_1}{CTB_Z K_2} \tag{5-14}$$

式中:N——所需的运输工具台数;

Q——全年(季)度最大运输量,t;

K_1——运输不均衡系数,场外运输一般采用 1.2,场内运输采用 1.1;

C——汽车台班产量,t/台班,根据运距按定额确定;

T——全年(季)的工作天数；

B_z——每日的工作班制数；

K_2——运输工具供应系数，一般取0.9。

二、临时设施组织

工程项目施工的正常进行，除了安排合理的施工进度外，还需要再在工程正式开工前充分做好各项准备工作，修建相应的临时设施，如工棚、仓库、供水、供电、通信设施等。

(一)加工场地组织

工地临时加工场地组织的任务是确定建筑面积和结构形式。加工场(站、厂)的建筑面积，通常参照有关资料(参见附录)或根据施工单位的经验确定，也可以按公式计算。

1. 钢筋混凝土构件预制厂、木工房、钢筋加工间等场地的建筑面积

$$A = \frac{KQ}{TS\alpha} \tag{5-15}$$

式中：A——所需建筑面积，m^2；

Q——加工总量，m^3、t 等；

K——生产不均衡系数，取 1.3~1.5；

T——加工(总)工期，月；

S——每平方米场地的月平均产量；

α——场地建筑面积的利用系数，取 0.6~0.7。

2. 水泥混凝土搅拌站面积

$$A_T = N(搅拌机台数) \times 每台搅拌机所需的面积 \tag{5-16}$$

$$N = \frac{QK}{TC} \tag{5-17}$$

式中：Q——混凝土总需要量，m^3；

K——不均衡系数，取 1.5；

T——混凝土工程施工总工作日；

C——混凝土搅拌机台班产量，m^3/台班。

3. 大型沥青混凝土搅拌设备的场地面积

上述建筑场地也可参考附录的三中 1、2 和 3 表的参考数据确定，也可根据设备说明书的要求确定。场地的建筑物结构型式应根据当地条件和使用期限而定。使用年限短的用简易结构或租房；使用年限较长的则可采用石棉瓦屋面的砖木结构或活动板房。

(二)临时仓库组织

工地临时仓库分为转运仓库、中心仓库和现场仓库等。临时仓库组织的任务是确定材料储备量和仓库面积、选择仓库位置和进行仓库设计等。

1. 确定建筑材料储备量

材料储备量要保证工程连续施工的需要，也要避免材料积压而增大仓库面积。供应不易保证、运输条件差、受季节影响大的材料可增大储存量。

常用材料的储备量宜通过运输组织确定(见工地运输组织)，也可以按下式计算：

$$N_{CB} = \frac{T_e Q_i K}{T} \tag{5-18}$$

式中：N_{CB}——材料储备量，m^3，t 等；

T_e——储备期，d，按材料来源确定，一般不小于10d，即保证10d的需用量；

Q_i——某类材料或半成品等的总需要量，m^3，t 等；

T——有关施工细目的总工作时间，d；

K——材料使用不均匀系数，取 1.2～1.5。

对于不经常使用或储备期较长的材料，可按年度需用量的某一百分比储备。

2. 确定仓库面积

一般的仓库面积可按下式计算：

$$A = \frac{N_{CB}}{qK} \tag{5-19}$$

式中：A——仓库总面积，m^2；

N_{CB}——仓库材料储备量，由式(5-18)确定；

q——每平方米仓库面积能存放的材料数量，参见附录的三中 4 表"建筑材料所占仓库参考指标"；

K——仓库面积利用系数（考虑人行通道和车行通道所占面积），一般为 0.5～0.8。

特殊材料，如爆炸品、易燃或易腐蚀品的仓库面积，按有关安全要求确定。

仓库除满足总面积要求外，还要正确地确定仓库的平面尺寸，即仓库的长度和宽度。仓库的长度应满足装卸要求，宽度要考虑材料的存放方式、使用方便和仓库的结构形式。

（三）行政、生活用临时房屋

行政与生活临时房屋包括：办公室、停车库、职工休息室、开水房、食堂和浴室等。要根据工地的施工人数（包括施工人员和家属人数）计算这些临时设施和建筑面积。在编制施工组织设计时，应尽量利用工地附近的现有建筑物，或提前修建能利用的永久房屋，如道班房或服务区等，不足部分另行修建临时建筑。

一般行政管理用房宜设在工地入口处，以便对外联系；也可以在工地中间，便于管理全工地。工人用的福利设施应设置在工人较集中的地方，或工人方便之处。生活基地应设在场外，距工地 500～1 000m 为宜。食堂可布置在工地内部或工地与生活区之间，建筑面积按下式确定：

$$A = NP \tag{5-20}$$

式中：A——建筑面积，m^2；

N——工地人数；

P——建筑面积指标，见附录的三中 5 表临时性行政、生活福利建筑参考指标。

临时建筑应按节约、适用、装拆方便的原则设计，其结构形式按当地气候、材料来源和工期长短确定。通常有帐篷、活动房屋和就地取材的简易工棚等。

（四）临时供水、供电、供热

工地临时供水、供电、供热应解决以下问题：确定用量、选择供应来源、设计管线网络等。如供应来源由工地自行解决，还需要确定相应的设备。

确定用量时，应考虑施工生产、生活和特殊用途（如消防、抗洪）的需用量。选择供应来源时，首先考虑当地已有的水源、电源，若当地没有或供应量不能满足工程需用时，才需自行设计解决。下面介绍公路施工工地对水、电、热需用量的计算方法，以及施工组织设计中一般应考虑的问题。

1. 工地临时供水

(1)用水量计算

施工期间的工地供水应满足工程施工用水 q_1、施工机械用水 q_2、施工现场生活用水 q_3、生活区生活用水 q_4 和消防用水 q_5 5个方面的需用。q 是水的流量，单位为 L/s(升/秒)。

$$q_1 = K \sum_{i=1}^{n} \frac{Q_{1i}N_1}{T_i B_z} \times \frac{k_1}{8 \times 3\,600} \tag{5-21}$$

式中：q_1——工程施工用水量，L/s；

K——未预见的施工用水系数，一般取 1.05～1.15；

Q_{1i}——年(季)某类工程量，按照实物量单位；

N_1——工程施工用水量定额，见附录的四中 1 表施工生产用水参考数据；

T_i——相对应某类工程的年(季)工作时间，d；

B_z——每天的工作班制数，每 8h 为 1；

k_1——工程施工用水不均匀系数(见表 5-12)。

用水不均匀系数 表 5-12

系数符号	用水名称	系数值
k_1	工程施工用水	1.50
	生产企业用水	1.25
k_2	施工机械、运输机具	2.00
	动力设备	1.05～1.10
k_3	施工现场生活用水	1.30～1.50
k_4	居住区生活用水	2.00～2.50

$$q_2 = K \sum_{i=1}^{n} Q_{2i} N_2 \times \frac{k_2}{8 \times 3\,600} \tag{5-22}$$

式中：q_2——施工机械用水量，L/s；

K——未预见的施工用水系数，一般取 1.05～1.15；

Q_{2i}——同类机械台数；

N_2——工程施工用水量定额，见附录的四中 2 表施工机械用水参考数据；

K_2——施工机械用水不均匀系数(见表 5-12)。

$$q_3 = \frac{R_3 N_3 k_3}{8 \times 3\,600} \tag{5-23}$$

式中：q_3——施工现场生活用水量，L/s；

R_3——施工现场高峰人数；

N_3——施工现场生活用水量定额，视当地气候、工种而定，一般为 20～60L/人班；

K_3——施工现场生活用水不均匀系数(见表 5-12)。

$$q_4 = \sum_{i=1}^{n} R_{4i} N_4 \times \frac{k_4}{24 \times 3\,600} \tag{5-24}$$

式中：q_4——生活区生活用水量，L/s；

R_{4i}——生活区某种生活用水类别的用水人数；

N_4——生活区生活用水量定额，见附录的四中 3 表生活区生活用水参考数据；

K_4——生活区生活用水不均匀系数(见表5-12)。

以上四类用水量可按照上述公式分别计算确定流量,而q_5消防用水量参见附录的四中4表消防用水参考数据。由于生活用水是经常性的,施工用水是间断性的,而消防用水又是偶然性的,因此,工地的总用水量(Q)并不是全部计算结果的总和,而按以下情况计算:

当$(q_1+q_2+q_3+q_4) \leq q_5$时,则:
$$Q = q_5 + 0.5(q_1+q_2+q_3+q_4) \tag{5-25}$$

当$(q_1+q_2+q_3+q_4) > q_5$时,则:
$$Q = q_1+q_2+q_3+q_4 \tag{5-26}$$

当工地面积小于50 000m²,而且$(q_1+q_2+q_3+q_4) < q_5$时,则:
$$Q = q_5 \tag{5-27}$$

(2)水源选择

首先考虑当地自来水作水源,如不可能才另选天然水源。临时水源应满足以下要求:水量充足稳定,能保证最大需水量供应;符合生活饮用和生产用水的水质标准,取水、输水、净水设施安全可靠;施工安装、运转、管理和维护方便。

(3)临时供水系统

供水系统由取水设施、净水设施、储水构造物、输水管网几部分组成。

取水设施由取水口、进水管及水泵站组成。取水口距河底(或井底)不得小于0.25~0.9m,距冰层下部边缘的距离也不得小于0.25m。水泵要有足够的抽水能力和扬程。当水泵不能连续工作时,应设置储水构造物,其容量以每小时消防用水量确定,但一般不小于10~20m³。

输水管网应合理布局,主干管一般为钢管或铸铁管,支管为钢管。输水管的直径必须满足输水量的需要。一般可按式(5-28)计算:

$$D = \sqrt{\frac{Q}{250\pi \cdot v}} \tag{5-28}$$

式中:D——输水管直径,m;

Q——消耗的用水量,L/s;

v——管网中水流速,见附录的三中5表临时水管经济流速参考数据。

2. 工地临时供电

(1)工地总用电量

工地用电可分为动力用电和照明用电两类,用电量可用下式计算:

$$P = (1.05 \sim 1.10)\left[\frac{K_1(\sum P_1)}{\cos\varphi} + K_2\sum P_2 + K_3\sum P_3 + K_4\sum P_4\right] \tag{5-29}$$

式中:P——工地总用电量,kV·A;

K_1、P_1——电动机额定功率,kW;需要系数K_1为0.5~0.7,电动机10台以下取0.7,超过30台取0.5;

K_2、P_2——电焊机额定容量,kV·A,需要系数K_2为0.5~0.6,电焊机10台以下取0.6;

K_3、P_3——室内照明容量,kW;需要系数$K_3 = 0.8$;

K_4、P_4——室外照明容量,kW;需要系数$K_4 = 1.0$;

$\cos\varphi$——电动机的平均功率因数,根据用电量和负荷情况而定,最高为0.75~0.78,一般为0.65~0.75。

(2)选择电源及确定变压器

无论由当地电网供电还是在工地设临时电站解决,或者各供给一部分,选择电源都应在考虑以下因素后,根据工程具体情况经过比较确定。当地电源能否满足施工期间最高负荷;电源距离较远时是否经济;设临时电站,供电能力应满足需用,避免造成浪费或供电不足;电源位置应设在设备集中、负荷最大而输电距离又最短的地方。

一般都首先考虑将附近的高压电,通过工地的变压器引入。变压器的功率按下式计算:

$$P = K \frac{\sum P_{\max}}{\cos\varphi} \tag{5-30}$$

式中:P——变压器的功率,kV·A;

  K——考虑功率损失的系数,取 1.05;

  $\sum P_{\max}$——各施工区的最大计算负荷,kW;

  $\cos\varphi$——功率因数。

(3)选择导线截面

合理的导线截面应满足三个方面的要求:首先要有足够的机械强度,即在各种不同的敷设方式下,确保导线不致因一般机械损伤而折断;其次应满足通过一定的电流强度,即导线必须能承受负载电流长时间通过所引起的温度升高;第三是导线上引起的电压降必须限制在容许限度之内。按这三项要求,选其截面最大者。

(4)配电线路的布置要点

线路宜架设在道路的一侧,并尽可能选择平坦路线。线路距建筑物的水平距离应大于1.5m。在380/220V 低压线路中,木杆间距为25~40m。分支线及引入线均应从电杆处接出。临时布线一般都用架空线,因为架空线工程简单、经济、便于检修。电杆及线路的交叉跨越要符合有关输变电规范。配电箱要设置在便于操作的地方,并有防雨、防晒设施。各种施工用电机具必须单机单闸,绝不可一闸多用。闸刀的容量按最高负荷选用。

当无法利用现有电力,为了获得电源,应在工地中心或工地中心附近设置临时发电设备,并沿施工路线布置主线。

3.工地临时供热

工地临时供热的主要对象是:临时房屋如办公室、宿舍、食堂等内部的冬季采暖;冬季施工供热,如施工用水和材料加热等;预制场供热,如钢筋混凝土构件的蒸气养生等。

建筑物内部采暖耗热量,按有关建筑设计手册计算。

临时供热的热源,一般都设立临时性的锅炉房或个别分散设备(如火炉),如有条件,也利用当地的现有热力管网。

临时供热的蒸气用量用下式计算:

$$W = \frac{Q}{IH} \tag{5-31}$$

式中:W——蒸气用量,kg/h;

  Q——所需总热量,按建筑采暖设计手册计算,J/h;

  I——在一定压力下蒸气的含热量,查有关热工手册,J/kg;

  H——有效利用系数,一般为0.4~0.5。

蒸气压力根据供热距离确定,供热距离在300m 以内时,蒸气压力为30~50kPa 即可;在

1 000m 以内时,则需要200kPa。确定了蒸气压力后,可根据式(5-31)计算得到蒸气用量,即可查阅锅炉手册,选定锅炉的型号。

(五)其他临时工程设施

在施工组织设计中,还会遇到其他的临时工程设施,如便道、便桥、临时车站、码头、堆场、通信设施等。对于新建道路工程,临时工程设施更多。

各种临时工程设施的数量视工地具体情况而定,因它们的使用期限一般都很短,通常都采用简易结构。全部临时建筑及临时工程设施都应在设计完成之后,再编制临时工程表。临时工程表是施工组织设计的组成之一,它的内容及格式见表5-13。

临 时 工 程 表 表 5-13

序号	设置地点	工程名称	说明	单位	数量	工 程 数 量											备注
1	2	3	4	5	6	7	8	9	10	11	12	13	14	15	16	17	18

三、施工平面布置图

(一)施工总平面图

1. 施工总平面图的作用

正确解决各施工细目(分项)之间的时间关系和空间关系,是施工组织设计顺利实施的必要前提。工程进度图解决了时间关系问题,而整个工地在施工期间所需的各项设施、管理机构、永久性建筑之间的空间关系,则需用施工总平面图表示。施工总平面图是整个拟建项目施工场地的总体规划布置图,它是加强施工管理、指导现场文明施工的重要依据。

2. 公路施工总平面图的内容

(1)拟建公路的主要工程内容和位置。如路线及里程;大中桥、隧道、集中土石方、交叉口、特殊路基等重点工程的位置;永久性测量放线标桩位置;公路养护、运营管理使用的永久性建筑,如道班房、加油站,高速公路的收费站、服务区等。

(2)为工程施工服务的临时设施及其位置。如采石场、采砂场、便道、便桥、仓库、码头、沥青拌和基地、生活用房等。

(3)施工管理的相关机构。如业主的办事机构、监理机构、工程处、施工队等。

(4)工地附近与施工有关的永久性建筑设施。如已有公路、铁路、车站、码头、居民点、地方政府所在地等。

(5)重要地形地物。如河流、山峰、文物及自然保护区、高压铁塔、重要通信线等。

(6)其他与施工有关的内容。如地质不良路段、国家测量标志、气象台、水文站、变电站、防洪、防火、安全设施等。

许多规模宏大的施工项目,其工期往往很长。随着工程的进展,施工现场的面貌将不断改变。在这种情况下,应按不同阶段分别绘制若干张施工总平面图,或者根据工地的变化情况,及时对施工总平面图进行调整和修正,以便适应不同时期的需要。

3. 施工总平面图的形式

施工总平面图可用两种形式表示。一种是根据公路路线的实际走向按适当的比例绘制，如图 5-18a)所示。这种图形直观，图中所绘内容的位置准确。另一种是将公路路线绘成水平直线，将图中各点的平面位置以路中心线为基准作相对移动，见图 5-18b)。这种图形只能表示图中内容相对于路线的位置，但它可以采用不同的纵横向比例将长度缩短，还可以略去若干次要的路段。

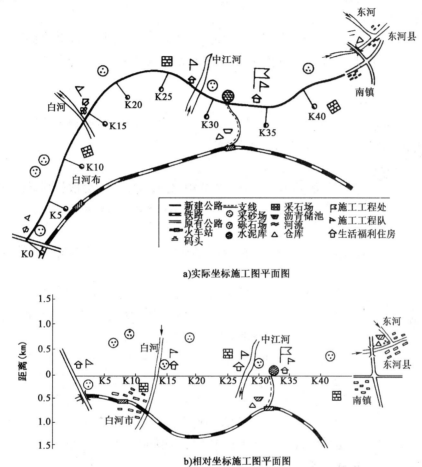

图 5-18 施工总平面图

由于复印技术已十分普及，目前多采用按路线实际走向绘制总平面图，绘图比例一般为 1:5000 或 1:2000。

4. 施工总平面图布置的原则

施工总平面图的布置应遵循 有利生产、方便生活、保护环境、安全可靠的原则。要求做到：

(1) 少占地尤其少占耕地；

(2) 临时道路要"永、临"结合，确保场内外运输畅通；

(3) 符合施工方案中安排的施工顺序；

(4) 材料堆放要考虑运输与使用方便，尽量减少二次转运的次数，且场内运输距离要短，不出现反向运输；

(5) 临时设施修建及使用要力求费用较低，尽量利用工地附近已有的建筑物或施工界内

须拆除的建筑物,尽量减少使用中的维护费;

(6)临时房屋及设施符合劳动保护、安全和防火的规定和要求;

(7)材料、机械设备仓库及临时房屋的位置必须布置在较高的地方,以防止被洪水淹没;

(8)加工厂的位置要合理,既要保证安全,又要运输距离最短;

(9)生产、生活、安全、消防、环保、卫生等符合有关规定,同时还要便于管理。

5.施工总平面图的设计步骤

(1)场外交通的引入

设计整个施工项目的施工总平面布置图时,首先应从研究大宗材料、成品、半成品、设备等进入工地的运输方式入手。可供选择的运输方式有水路、公路、铁路;据此布置进场道路。

(2)仓库与材料堆场的布置

仓库与材料堆场的布置通常考虑设置在运输方便、位置适中、运距较短并且安全防火的地方,并应区别不同材料、设备和运输方式来设置。

(3)加工厂布置

混凝土搅拌站,根据工程的具体情况可采用集中、分散或集中与分散相结合的三种布置方式。当现浇混凝土量大时,宜在工地设置混凝土搅拌站;当运输条件好时,以采用集中搅拌最有利;当运输条件较差时,以分散搅拌为宜。

预制加工厂。一般设置在施工场地的空闲地带上,如材料进场专用线转弯的扇形地带或场外临近处。

钢筋加工厂。区别不同情况,采用分散或集中布置。对于需进行冷加工、对焊、点焊的钢筋和大片钢筋网,宜设置中心加工厂,其位置应靠近预制构件加工厂;对于小型加工件,用简单机具加工钢筋时,可在靠近使用地点的分散的钢筋加工棚里进行。

金属结构、锻工、电焊和机修等车间。它们在生产上联系密切,应尽可能布置在一起。

(4)布置场内运输道路

根据各加工厂、仓库及各施工对象的相应位置,研究货物运输线路,规划场内运输道路。做到合理规划临时道路,以便材料的运输、使用;保证运输通畅;选择合适的路面结构。临时道路的路面结构,应当根据运输情况和运输工具的不同类型而定。

(二)施工场地布置图

公路立交枢纽、集中土石方工点、大中桥、隧道等施工技术复杂或施工条件困难的重点工程地段,由于施工环节多,需用较多的机械、设备和人力,为做好施工现场的施工布置,需要用较大的比例尺(一般为1:500至1:100)绘制施工场地布置图。施工场地布置图应在等高线地形图上按比例绘制。图上应详细绘出施工作业现场、辅助生产设施、办公和生活等区域的布置情况。对原有地物,特别是交通线、车站、码头等应适当绘出,与施工密切相关的资料,如洪水位线、地下水出入处、供水供电管线等亦应在图上注明。

图5-19是某大桥工程的施工场地布置图。图的右边部分为办公和生活区,中部为辅助生产与材料堆放区,左下部为大桥施工区。现有道路将生活区和施工生产区分隔开,临时仓库和材料堆置场位于现有道路两侧。所有生产和生活设施都在历史最高洪水位线以上。

需要指出的是,布置施工场地没有固定的模式,必须因地制宜、密切联系实际。因此,只能通过详细调查研究,充分收集资料,针对施工对象的工程特点和施工现场的环境条件,以及确定的施工方案,才能编制出既切实可行又富有特色的施工场地布置图。

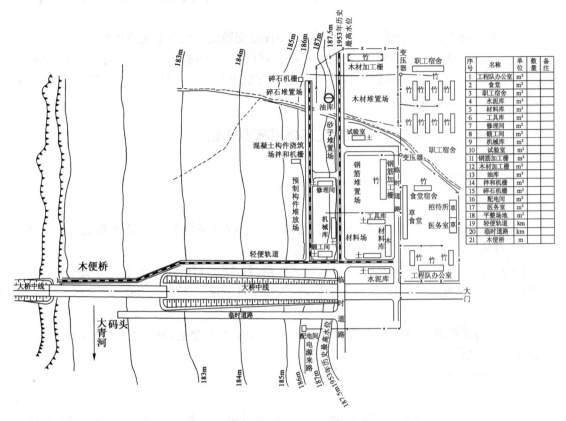

图 5-19　某大桥工程的施工场地布置图

(三) 其他局部平面图

高速公路、特大桥梁、长大隧道等大型工程项目,施工年限一般都较长,施工管理工作量大,与主体工程施工配套的辅助部门众多,为使施工在整体上协调进行,还应绘制其他局部平面图。局部平面图的内容和编制要求与施工场地布置图相似,这类平面图主要有以下几种:

(1) 沿线砂石料场平面布置图。

(2) 辅助施工生产部门的平面布置图。如沥青混合料拌和基地、主要材料加工或制备厂、外购材料转运及储存场地等。

(3) 施工管理机构的平面布置图。

(4) 临时供水、供电、供热基地及管线分布平面图。

(5) 大型仓储基地主要设施及物资存放布置图。

(6) 旧路改造时,保证原有交通通畅的组织平面图,参见图 5-22。

施工平面布置图是用平面图的形式来表达项目在施工阶段在建设区域内的空间布置。用以表示在建的建筑物、构筑物和现有的建筑物、构筑物以及为施工服务的临时性的生产、行政和生活用房、机械设备、吊装设备、室内和露天仓库、运输线路、拌和场地、预制场地、电力、通信和热力及其他管线的相对平面位置。

第七节　城市道路施工组织设计的特殊内容与交通组织方案

城市道路施工组织管理有其特殊内容,其中保证交通的组织方案尤为重要;其次是原地下管网的保护或者新管(线)的施工;还有人行道、路灯和绿化的施工。下面以某市旧路改造 GJ 路 YZ 区段道路工程施工组织设计以及交通组织方案为例,讲述保证交通的组织方案和市政道路特殊施工组织管理的内容。

一、GJ 路 YZ 区段工程概况、施工部署和施工方案

(一) 工程概况

1. 工程简述

GJ 路是一条东西走向的城市快速路,是城市干道网络规划中其快速路系统中的一条射线,是主城核心区向西连接某高速路的主通道。

GJ 路起于 EL 立交,经 SQ 开发区,穿 SX 路,经 LFC、LDZ、DP,东接 DH 路,全线长约 8.25km。本工程为其中的 YZ 区段 K5+500～K8+253.609,全长 2753.609m。

2. 工程内容

工程内容是该范围内的路基、路面、隧道、支挡结构、车行地通、排水工程、路灯及景观绿化等,同时还包括照明部分的埋管、穿线工作内容。

3. 设计技术标准

(1) 道路等级

城市快速路:GJ 路(K5+500～K6+757.62);城市次干道:GJ 路(K6+757.62～K8+253.609)。

(2) 设计行车速度:60km/h(快速路);40km/h(次干道)。

(3) 设计荷载:城市 A 级。

(4) 设计控制纵坡:5.5%。

(5) 路幅宽度:

GJ 路(K5+500～K6+757.62):41m(7.75+12+1.5+12+7.75);

GJ 路(K6+757.62～K8+253.609):32m(8+8+8+8)。

4. 主要工程量(见表 5-14、表 5-15)

(二) 施工部署

1. 总体原则

本工程线路长,施工项目多,结构情况繁简不一,施工难易差异较大。根据各施工项目结构及工程量情况,在满足总工期的前提下,按结构物难度、大小和工艺复杂程度组织均衡施工,遵循先难后易、先大后小、先地下后地上、先结构后回填,突出重点,带动全面施工的基本原则,确定施工顺序,并确定下列几个原则:

(1) 本工程 PJ 花园隧道属浅埋大跨连拱隧道,隧道顶面建筑物较多,结构复杂,隧道开挖衬砌的安全性和可靠性必须得到保证。为此,该隧道应作为本工程施工质量、安全控制之关键,也是工期控制关键线路。为保证隧道施工质量、安全并按期竣工,应创造条件,首先安排隧

道进行施工,成立专门的隧道施工管理班子,组织专业施工班组进行施工。

GJ 路 YZ 区段主要工程数量表　　　　　表 5-14

序号	项目名称	单位	数量	备注	序号	项目名称	单位	数量	备注
1	15.6cm 沥青混凝土面层	m²	66 820	稀浆封层 6mm	17	防撞栏杆	m	1 575	
2	25cm 水泥稳定级配碎石基层(水泥含量5.5%)	m²	66 820		18	人行道栏杆	m	586	
3	25cm 水泥稳定级配碎石底基层(水泥含量4%)	m²	69 379		19	坡顶栏杆	m	486	
4	挡土墙(C20)	m³	25 890		20	网格护坡	m²	426	
5	片石反滤层	m³	4 496		21	路缘石	m	8 450	含分隔带
6	挡墙贴仿真石	m²	5 946		22	车行道侧路缘	m	1 660	
7	下穿道锚杆挡墙	m²	1 678		23	花带石	m	4 657	
8	护面墙(条石)	m³	279		24	路边石	m	3 005	
9	锚喷护面	m²	789		25	绿化带	m²	16 750	
10	路堑挡墙	m³	3 978	含梯道、镶面面条石	26	行道树树圈	套	918	
11	挡墙基础换填(M7.5 浆砌 R30 块石)	m³	2 879		27	临时边沟	m	1 236	
12	破除旧路面	m²	7 845		28	危岩治理	m³	296	C30 混凝土
13	人行道方块	m²	25 980				m²	389	锚杆支护
14	2cm 厚 1:3 水泥砂浆找平层	m²	25 980		29	土石方 填方	m³	83 520	
15	10cm 水泥级配碎石基层	m²	25 980			土石方 挖方	m³	333 018	
16	人行护栏	m	5 352						

排水工程主要工程数量　　　　　表 5-15

序号	项目名称	规格	单位	数量	备注	序号	项目名称	规格	单位	数量	备注
1	雨水检查井		座	216		8	HDPE 缠绕管或玻璃钢管	D700	m	2 509	
2	双箅雨水口		座	312		9	双壁波纹管	D600	m	1 203	
3	污水检查井		座	245		10	双壁波纹管	D500	m	3 267	
4	HDPE 缠绕管或玻璃钢管	D1500	m	288		11	双壁波纹管	D400	m	3 345	
5	HDPE 缠绕管或玻璃钢管	D1400	m	443		12	重型钢筋混凝土管	D300	m	911	
6	HDPE 缠绕管或玻璃钢管	D900	m	406		13	土石方		m³	85 372	
7	HDPE 缠绕管或玻璃钢管	D800	m	549							

(2) HC接线明挖隧道和两侧挡墙以及附近的7号路肩挡墙是整条道路施工工期控制的关键，应提早安排施工，以保证此段道路交通的早日转换，为后续的施工项目创造条件。

(3) 本工程路基土石方挖方大于填方，多余挖方全部需要外运，而路基填方多位于挡墙等结构物附近，在路基施工过程中注意综合平衡调配。

(4) 本工程的地下管线工程线路长、种类多，原有旧管网复杂，施工干扰大，施工中应特别注意相互协调沟通，查明原有管线的走向埋深，因地制宜确定相应的施工顺序和方法。

2. 施工区段划分（见图5-20）

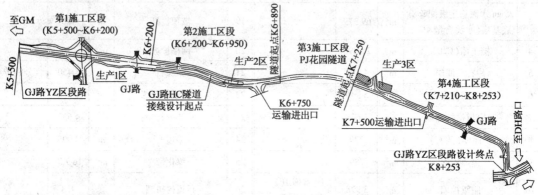

说明：
1. 根据本工程总体施工规划，拟在两个地点设立办公、生活区：PJ第一办公、生活区设在K5+800附近；第二办公、生活区设在K7+250处隧道口外附近。第一办公、生活区用于项目部、GJ路K5+500～K6+890段、人行天桥、地下通道、挡墙的施工管理；第二办公、生活区主要用PJ花园隧道、HC立交接线隧道、GJ路K7+250～K8+253.609段的施工管理。
2. 根据施工便利、安全可靠、物流顺畅的原则，拟设3个临时生产区：生产1区设在K5+850附近；生产2区设在K6+600HC立交接线隧道附近；生产3区设在K7+250处PJ花园隧道出口外，临时生产根据现场场地条件以及施工需要主要设置配电房、钢筋加工房、混凝土拌和楼（站）、材料堆放库房、木工房、机修车间。
3. 施工区域车辆出口拟设置在K6+750原SY路口附近和K7+500JKZ路口附近，出口处设置洗车场及沉砂池，每一运输车辆都必须冲洗后放行，杜绝车辆带泥上路。
4. 为便于现场组织与协调，根据施工内容、工艺流程、施工特点、现场地形特点等把拟建工程分成4个施工区段：
 第1施工区段：**GJ路YZ区段K5+500～K6+200段**，主要施工项目有路基、车行下穿道框架结构、1号～4号下穿道挡墙、综合管网、路面及附属工程、人行天桥。
 第2施工区段：**GJ路YZ区段K6+200～K6+890段**，主要施工项目有路基、HC接线明挖隧道、5号、6号下穿道挡墙、7号路肩挡墙、8号路堑挡墙、综合管网、路面及附属工程。
 第3施工区段：**GJ路YZ区段K6+890～K7+250段**，主要施工项目内PJ花园明挖和暗挖隧道以及附属工程。
 第4施工区段：**GJ路YZ区段K7+250～K8+253段**，主要施工项目有路基、综合管网、路面及附属工程。

图5-20　GT路YZ段施工平面布置图

为便于现场组织与协调，根据施工内容、工艺流程、施工特点、现场地形特点等把拟建工程分成4个施工区段：

第1施工区段：GJ路YZ区段K5+500～K6+200段。主要施工项目有路基、车行下穿道框架结构、1～4号下穿道挡墙、综合管网、路面及附属工程、人行天桥。

第2施工区段：GJ路YZ区段K6+200～K6+890段。主要施工项目有路基、HC接线明挖隧道、5号、6号下穿道挡墙、7号路肩挡墙、8号路堑挡墙、综合管网、路面及附属工程。

第3施工区段：GJ路YZ区段K6+890～K7+250段。主要施工项目为PJ花园明挖和暗挖隧道以及附属工程。

第4施工区段：GJ路YZ区段K7+250～K8+253.609段。主要施工项目有路基、综合管网、路面及附属工程。

从各个施工段的施工内容可知,第3施工段即PJ花园隧道,是本工程的难点所在,由于其特殊的地理因素,其施工的安全性、可靠性必须得到保证。而第2施工段的施工内容多、工程量大,旧地下管线多且复杂、旧道路交叉等干扰影响大,该段施工内容是<mark>全线工期控制的关键</mark>。

(三)总体施工计划

1. 施工顺序及进度安排

本工程所划分的4个施工区段均可同时相对独立进行施工,根据各段具体施工内容和特点,各段具体施工顺序安排如下:

(1)第1施工区段路基挖方量相对较大,应首先进行路基开挖施工,特别是车行下穿道部分的路基开挖。车行下穿道框架及挡墙结构线路较长,可分段进行施工,其中的锚杆和框架结构施工应尽量提前。管网施工应在下穿道结构完成后立即进行,之后进行路面基层结构的施工。

(2)第2施工区段与原有道路(SY路)进行交叉,施工重点是HC接线明挖隧道及其进口两侧挡墙。首先应集中力量突击HC接线明挖隧道附近路基土石方,以尽快形成隧道衬砌作业面,同时进行5号、7号挡墙施工并回填5号和7号挡墙间路基,形成道路交通转换条件。道路交通转换后进行6号挡墙的施工,之后进行路基管网及路面基层结构的施工。

(3)第3施工区段为PJ花园隧道,是整个工程的重点和难点所在。该隧道进口处有约100m的明挖隧道,为缩短施工时间,可采取明挖与暗挖分头同时进行。明挖段待路槽开挖完成后,再逐段进行隧道衬砌施工;暗挖由隧道出口处开始,采用侧壁导坑,台阶法掘进,衬砌随洞身掘进在初期支护稳定后逐段进行。

(4)第4施工区段虽然线路最长,但施工项目和工程量较小,此段多为旧路改造,只有约300m新修路基。旧路改造段主要为管网施工,采取先施工道路一侧,再施工另一侧;新修路段先进行路基开挖,随后进行管网施工,再进行路面基层结构的施工。

(5)全线沥青混凝土路面工程可在整条道路路面基层施工完成后集中铺筑,也可分段铺筑。人行道及其他附属工程根据各段施工情况适时分段插入施工,路缘石在水稳层铺设后即可安排施工,人行道铺设在水稳层、路缘石施工完后进行,可与沥青路面施工同步进行。

(6)本工程计划270日历天完成。施工进度网络图见图5-21。

2. 主要施工机具(详见表5-11)

3. 劳动力计划

施工人员按不同的施工阶段分批进出现场,计划施工高峰期人员将达到400人,施工中根据实际进度情况进行动态调整,详见表5-9。

4. 主要材料供应计划(详见表5-10)

(四)总体施工方案

根据工程内容,将本工程划分为PJ花园隧道工程和道路工程两部分,其中道路工程又划分为路基、路面、HC立交接线隧道、车行下穿道、支挡结构、排水、路灯及景观绿化等分部工程。应编制以下施工方案:

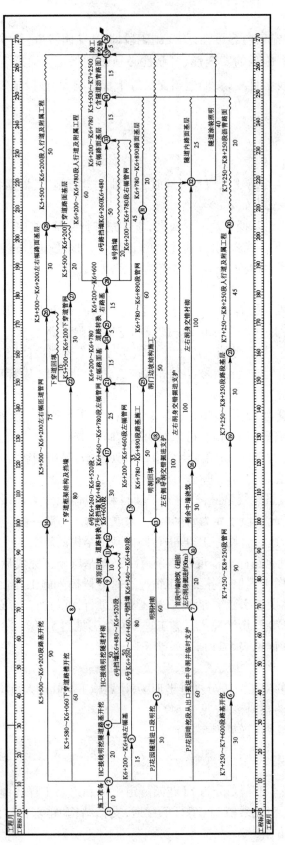

图5-21 GJ路YZ区段道路工程网络计划

(1)施工测量方案。
(2)路基施工方案。
(3)结构物施工方案(含下穿道、人行天桥等)。
(4)路面底基层、基层施工方案。
(5)沥青混凝土面层施工方案。
(6)HC立交接线隧道施工方案。
(7)PJ花园隧道施工(PJ花园隧道专项施工方案)。
(8)市政排水工程施工方案。
(9)人行道施工施工方案。
(10)路灯施工施工方案。

二、旧路改造的交通组织方案

旧路改造时,施工组织设计中应包括保证交通的组织方案。下面以某市旧路改造GJ路YZ区段道路工程交通组织方案为例讲述保证交通组织方案的内容。

(一)编制说明

本道路交通组织方案是GJ路YZ区段道路工程施工组织设计的一部分。是本工程在旧路改造部分和新旧路交叉部分施工中保证车辆通行所采用的施工方法、措施等。

(二)工程概况

GJ路YZ区段为K5+500~K8+253.609,全长2753.609m,其起点位于YZ区与SP区的交界点LDZ的某小学南侧,终点连接DH路口。工程主要施工内容包括:路基、路面、隧道、支挡结构、车行地通、排水工程、路灯及景观绿化等工作内容。

GJ路K5+500~K6+757.62段设计路幅宽度为41m,K6+757.62~K8+253.609段路幅宽度为32m。

本工程地处城区,原有交通道路四通八达,原有道路系统可充分利用作为施工道路。但在施工区域内拟建道路与原来的SY路在K6+200~K6+800段相交和部分重叠(详见图5-22),在K7+600~K8+253段与JKZ道路完全重合(详见图5-23),施工区域过往车辆较多。

(三)组织部署

1.建立交通管理组织机构

本工程地处城区,施工区域过往车辆较多,为确保交通畅通和安全,必须成立交通协调管理小组对施工现场交通运输及施工安全进行协调管理。由项目经理任组长,协调办公室×主任和×××专职安全员任副组长,对外协调联系由×主任负责,设立安全文明施工组,由安全员负责,主要搞好环境卫生、场地整洁、保持围护设施及标志的完整等方面工作,并配交通协勤员若干名,负责各个路口的交通指挥协调。各施工段施工员在交通组织协调方面服从交通协调管理小组的统一指挥,各施工段施工员应将施工面的施工计划情况及时反馈到交通协调管理小组,组织机构如图5-24所示。

交通协调管理小组负责施工交通组织管理工作,与施工组保持密切联系,时刻根据施工部位的变化和进度情况,调整交通运输线路,进行必要的道路转换和制定相应的转换措施。

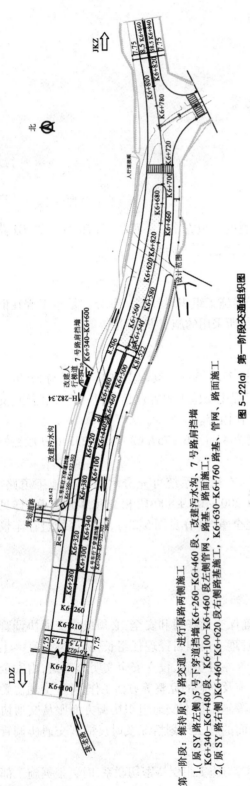

图 5-22(a) 第一阶段交通组织图

第一阶段：维持原 SY 路交通，进行原路两侧施工
1. (原 SY 路左侧)J5 号下穿道挡墙 K6+260~K6+460 段，改建污水沟，7 号路肩挡墙 K6+340~K6+480 段，K6+100~K6+460 段左侧管网、路基、路面施工；
2. (原 SY 路右侧)JK6+460~K6+620 段右侧路基施工，K6+630~K6+760 路基、管网、路面施工

图 5-22(b) 第二阶段交通组织图

第二阶段：K6+460~K6+620 段道路转换，即车辆改道在此段新修基上通行
1. 继续进行(原 SY 路左侧)J5 号下穿道挡墙 K6+260~K6+460 段，改建污水沟，7 号路肩挡墙 K6+340~K6+480 段，K6+100~K6+760 段左侧管网、路基、路面施工；
2. 继续进行 K6+630~K6+760 段路肩挡墙 K6+480~K6+600 段，K6+460~K6+620 段左侧路基，并开始进行 5 号下穿道挡墙 K6460~K6+522.302 段、7 号路肩挡墙 K6+340~K6+522.302 段、路基、路面施工

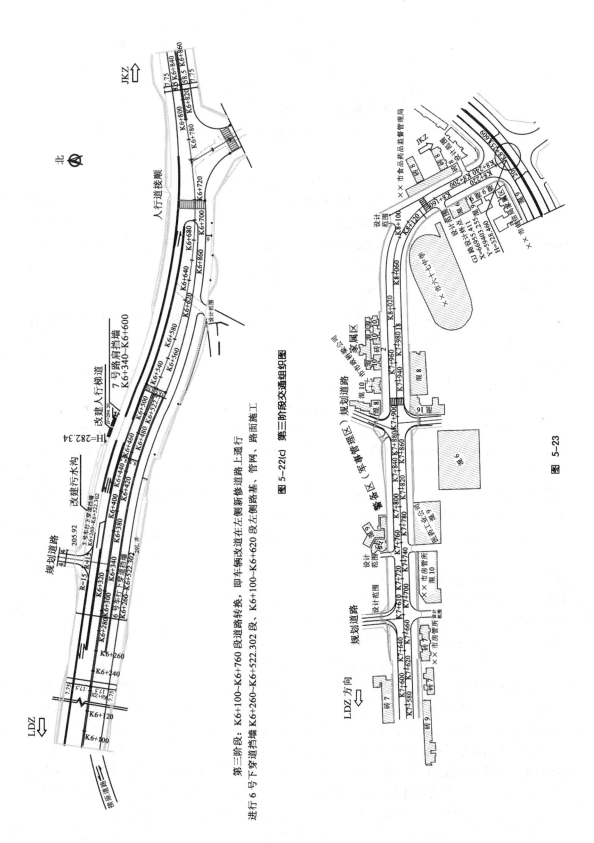

图 5-22(c) 第三阶段交通组织图

图 5-23

第三阶段：K6+100~K6+760 段道路转换，即车辆改道在左侧新修道路上通行，进行 6 号下穿道挡墙 K6+260~K6+522.302 段、K6+100~K6+620 段左侧路基、管网、路面施工

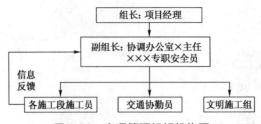

图 5-24 交通管理组织机构图

2. 施工运输路口设置

根据施工组织设计要求以及施工区段的划分,为尽量减少对外界原有交通的干扰,整个施工线路设置两个路口,一个位于 K6+750 附近,即原 SY 路与设计道路交接处,此路口作为 K5+500~K6+890 段所有施工车辆的进出路口;另一个位于道路终点附近,此路口作为 K6+890~K8+253.609 段所有施工车辆的进出路口。施工期间,在各运输路口设置醒目的交通标志及通告,并派交通协勤员指挥交通和维护交通秩序。

(四)社会交通组织与施工方法

由于拟建道路与原有旧路交叉重叠,原有道路上运行的车辆又较多,为了既要保证这些路段上的车辆通行,又要能确保道路施工的进行,在拟修建的地段采取半幅施工的方法或修筑临时转换道路以及进行交通管制等措施。

1. K6+200~K6+800 段(原 SY 路段)交通转换施工方法

GJ 路 K6+100~K6+800 段与原 SY 路相交错,其中 K6+100~K6+450 段与原 SY 路重叠,旧路宽约 6m,大部分位于此段新建道路右幅人行道部位;K6+450~K6+800 段与原 SY 路交叉。在 K6+450~K6+800 段道路施工时,需要进行交通转换,具体转换方法是:

第一阶段,保持原 SY 路通行,进行 K6+450~K6+700 段右幅范围的明挖隧道、路基、排水及水稳层等施工,同时进行 K6+100~K6+450 段左幅范围的挡墙、路基、排水及水稳层等施工。待 K6+450~K6+700 段右幅范围内施工内容完成后进行第一次道路转换,即将 K6+450~K6+700 段车道改在新修道路上,K6+100~K6+450 段继续使用原 SY 路。该阶段预计持续 4 个月,见图 5-22a)。随后进入第二阶段,进行 K6+450~K6+800 段左幅挡墙、路基、排水及水稳层等施工,同时继续进行 K6+100~K6+450 段左幅范围施工内容的施工,待 K6+100~K6+800 段左幅施工内容完成后,进行第二次道路转换,即将车道全部改在 K6+100~K6+450 段左幅新修道路上,见图 5-22b)。该阶段预计持续 3 个月。第二次道路转换之后进入第三阶段,进行 K6+100~K6+450 段右幅范围内施工内容的施工,见图 5-22c)。

2. K7+600~K8+253.609 段(JKZ 段)交通转换方法

GJ 路 K7+600~K8+253.609 段就是现在的 DP 商业区 JKZ 道路,该段设计道路主要有管网施工、旧路面破除改造及人行道施工。此段沿线企业、单位较多,过往社会车辆频繁,设有露天道路停车场及公交终点停车站,并且有 8 个车行路口。在进行此段施工前,首先与当地街道、交警支队、城管、公交站台公司等单位联系,取得支持,取消该段的道路停车场,公交停车站合理调整,以避免在道路上停放车辆。在车行路口进行管网施工时,采取围挡半幅路口进行开挖安装管道,完成后再作另半幅路口,并准备多张 16mm 厚钢板铺在施工路口处作临时通道使用,保证路口车辆通行。计划此段地下管网施工于 2007 年 2 月 18 日前完成。

JKZ 旧路改造采取半幅施工的方法,即先封闭施工道路右幅,左幅留足两个车道,保证车辆双向通行,右幅形成后再施工左幅。由于JKZ段旧路较长,其中车行路口较多,施工中拟采取分段施工方法,即从DP商业区JKZ农贸市场路口至轻轨车站路口为一段,轻轨车站路口至DH路口为一段,路口处采用先修建半边路口,再修另半边路口,保证主要路口车辆通行。右幅道路包括人行道施工时间预计从2007年2月20日至3月31日,左幅道路包括人行道施工时间预计从2007年4月1日至4月30日,见图5-23。

(五)交通组织及施工措施

(1)加强与当地街道、派出所、交警及沿线单位的联系,将拟采用施工方法及措施向其详细讲解,征求他们的意见,并在施工过程中与他们保持密切联系,及时将施工方的打算与他们进行沟通。

(2)加强对进场人员的安全思想教育,贯彻安全第一的思想,将道路交通组织及施工方案及措施向其进行交底。

(3)施工区域与道路间设置隔离围挡,在围挡上间隔10m布置醒目的红色警示灯作为标志。

(4)各施工路口设置醒目的施工告示标牌,以及车辆减速、车道合一、禁止停放等提醒驾驶员的指引标志,并派专人进行施工路口的交通指挥。

(5)施工通道上禁止乱停乱放,派专人进行巡视检查,保证通道畅通。

(6)对施工通道及路口做好清扫洒水压尘工作,对危险地段要设置醒目标志,确保施工及行车安全。

三、地下管网保护方案和措施

(一)编制说明

本管网保护施工方案是GJ路YZ区段道路工程施工组织设计的一部分,是本工程在新修道路过程中对施工区域内的水、电、气、电信等旧管网所采用的施工保护方法、措施等。

(二)工程概况

本工程地处城区,施工区域内地上、地下管线众多,主要分布在设计道路K6+000~K6+800段原SY路沿线,和设计道路K7+500~K8+253段原JKZ道路沿线。地上的管线主要为架空电力线路、通信线路,地下的管线主要为自来水管道、天然气管道、通信管线及排水管道。

经过实地初步了解和相关勘测资料,SY路沿线旧管网具体分布情况如表5-16。

SY路沿线旧管网分布情况 表5-16

施工路段	管网名称	规格	走向	与道路施工的关系
K5+980~K6+440右侧	通信	24孔	顺人行道外边沿	污水管道与其平行
K6+140	通信	3孔、6孔	过街	道路雨污水从其下方穿过
K6+140~K6+440右侧	通信	3孔	顺人行道外边沿	污水管道与其平行
K6+160~K6+300	排水箱涵	3m×3m	顺车行道中线	路基回填
K5+980~K6+320右侧	天然气	$\Phi 219$	顺右侧车行道	局部地方雨污水管从其下方穿过
K6+000	消防给水	$\Phi 100$	过街	路基开挖
K6+100~K6+320右侧	给水	$\Phi 400$	顺右侧车行道	局部地方雨污水管从其下方穿过

续上表

施工路段	管网名称	规格	走向	与道路施工的关系
K6+320~K6+500	天然气	$\Phi 219$	顺6号挡墙及过街	路基开挖及挡墙施工
	给水	$\Phi 400$	顺6号挡墙及过街	路基开挖及挡墙施工
	通信	24孔、3孔	顺6号挡墙及过街	路基开挖及挡墙施工
K6+500~K6+750左侧	天然气	$\Phi 219$	斜穿道路	路基回填、部分开挖
	给水	$\Phi 400$	斜穿道路	路基回填、部分开挖
	通信	24孔、3孔	斜穿道路	路基回填、部分开挖

JKZ段沿线旧管网具体分布情况如表5-17所示。

JKZ段沿线旧管网分布情况 表5-17

施工路段	管网名称	规格	走向	与道路施工的关系
K7+560~K8+230右侧	通信	6孔、8孔	顺人行道	新修污水管道与其平行
K7+560~K8+250左侧	天然气	$\Phi 159$	顺人行道	—
K7+590~K7+960右侧	排水	$\Phi 600$	车行道边	新修污水管道与其平行,个别交叉
K7+560	通信	8孔	过街	路基回填
K7+700	电力沟	800×800	过街	道路改造
K7+700~K8+230右侧	电力沟	800×800	顺人行道	新修污水管道与其平行
K7+675	给水	$\Phi 200$	过街	两侧污水从下方穿过
K7+890	给水	$\Phi 300$	过街	两侧污水从下方穿过
K7+460~K7+600	排水箱涵	1300×1800	顺车行道	路基回填
K7+600~K8+100左侧	排水箱涵	1300×1800	顺人行道	新修污水管道与其平行
K8+100~K8+150	排水箱涵	1000×1000	车行道边	道路改造
K8+150~K8+150右侧	排水	$\Phi 600$、$\Phi 700$	车行道边	道路改造

(三)施工部署

1. 建立管网保护施工组织机构

由于本工程施工区域内旧管网众多,在施工时大部分未拆迁,为确保管网及施工的安全,必须实行项目经理负责制,成立管网保护施工组织机构(见图5-25),并组织有施工经验的施工班组进行施工,将责任层层分解,做到任务明确责任清晰。

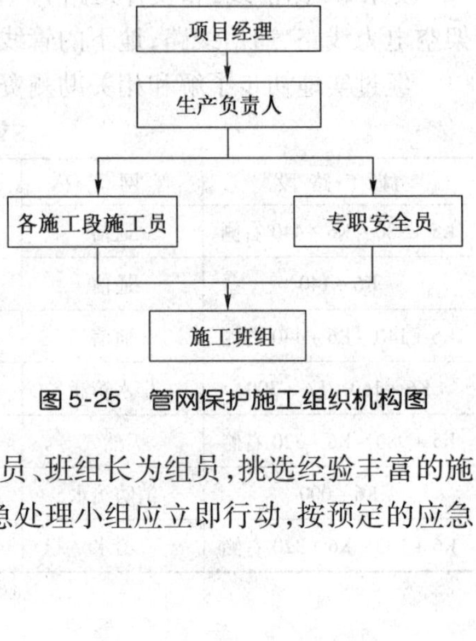

2. 加强联络协调

事先掌握各管网管理单位或管网施工单位的信息,取得其联络方式和联络人,建立联络网,便于相互协调沟通。

3. 成立事故应急处理小组

小组由项目经理领导,专职安全员具体负责,各施工员、班组长为组员,挑选经验丰富的施工作业人员为队员。当有意外突发事故发生时,事故应急处理小组应立即行动,按预定的应急处理措施及现场实际情况立即展开救援和处治工作。

图5-25 管网保护施工组织机构图

(四)施工准备

(1)熟悉图纸,作好实地施工放样工作。

(2)开工前,组织施工人员实地踏勘和根据业主提供的地下管线资料,探明施工范围内各种管网的分布情况,特别是埋地管网种类、数量、埋深、走向等,并作好明显管线位置标记和记录。

(3)摸清管线的功能作用和结构形式,依据这些功能作用和结构形式,因地制宜地制订加固和防护措施。

(五)管网保护施工方法、措施

本工程施工区域内的旧管线中排水管道、箱涵基本不拆迁,作为排水管道继续使用,施工中需作好保护和加固;其他管线基本都要拆迁,但在其未拆之前,若要进行道路排水、挡墙等施工,应对其进行保护。

1. 旧管线附近道路施工采用的施工方法

(1)K5+980~K6+320段基本为路基填筑段(除下穿道外),旧管网主要有排水、给水、通信和燃气,大部分位于道路右侧,其中通信管道对道路右侧排水施工有影响。在施工此段排水管道基础时,先测量放线,实地定出基础开挖边线,并放出旧管线走向线,在靠近旧管线1m范围内一般采用人工进行开挖,其余部分可恰当采用机械进行开挖。

(2)K6+320~K6+500段的6号下穿道挡墙基础开挖将会挖断原SY路,此段的天然气、给水及通信管网沿6号下穿道挡墙开挖线走向较长,而挡墙基础开挖又较宽,最好等此段管网拆除后再进行该段挡墙施工。

(3)K6+500~K6+750段中的7号路肩挡墙在K6+500~K6+600段与天然气、给水管线靠得较近,该段挡墙基础采用人工分段进行开挖。

(4)K7+560~K8+253段基本为旧路改造,道路两侧新建雨污水管道,由于该段道路两侧旧管网众多,新建雨污水管道尽量采用人工进行施工。

2. 管网保护措施

(1)首先进行现场详细踏勘,掌握各种管网的分布情况。

(2)地下管线由人工挖探沟探明走向深度,并插上明显的标志以警示工人和机械防碰撞或挤压。并对施工作业人员进行交底。

(3)专职安全员负责检查地下管线的标志情况和管网附近的施工开挖作业。如发现有任何不妥,立即停止施工,并采取保护处理措施。

(4)开挖暴露出来的给水和天然气横向过街管道,及时采用槽钢支架从下部将架空的管道支托起,防止其变形。

(5)开挖暴露出来的通信、电缆等横向过街管道,可采用钢管、工字钢、棕绳等上部吊固的办法进行加固。

(6)纵向沟槽采取跳槽开挖方式,减少管道暴露长度。

(7)对纵向开挖暴露出来的管道,采用在槽坑边打设$\Phi 25$钢筋地锚,槽坑壁打设钢管从管道下方托住管道,并用钢丝索与地锚套牢进行加固。布置间距以3~5m为宜。

(六)应急措施

(1)加强内外部联系,建立畅通的信息沟通渠道。

(2)成立事故应急处理小组,并对小组人员进行处理应急事件的培训。

(3)准备储存一定数量的应急物资,以备急用。

(4)在施工中万一出现意外情况时,工地负责人应该临危不乱,一方面立即向有关管线单位反映,要求组织抢救;另一方面立即报告本单位上级主管部门领导,并指挥应急小组保护事故现场,把出事地点护栏或红白带围起来,防止伤害行人或事故扩大,迅速组织人力、物力、财力、配合管线单位投入抢险任务,缩短抢险时间,使管线尽快恢复,减少损失。

(5)事后要按照"四不放过"原则分析事故原因,分清事故责任,提出整改措施,总结教训,杜绝类似事故的发生。

(七)配合协调

根据本工程施工项目多、工期紧、特别是新旧管网众多相互交叉影响大的特点,要求各施工项目间要相互配合,并以业主确定的工期为共同的总目标。对拟建结构必须占据旧管网位置的地方,如6号下穿道挡墙K6+320~K6+500段和7号挡墙K6+500~K6+600段,就需要旧管网预先进行拆除或改线,才能进行结构物施工,在考虑管网拆迁进度上就需要先进行安排。对拟建结构只是与旧管网交叉,不需要占据管线的位置,而旧管线暂时无法拆迁的情况,可考虑采取保护施工的措施进行结构物施工。总之,各单位应以大局为重,统一思想,服从统一安排。

四、人行道施工

1. 概述

主要工程内容包括:路缘石、路边石、花带石、植树框等安砌;人行道板铺设等。

路缘石采用C30机制混凝土块,路边石采用C25机制混凝土块,植树框采用C25机制混凝土块;人行道垫层采用厚100mm 4%水泥稳定级配碎石;人行道块采用250mm×250mm×40mm机制C25混凝土人行道方砖。

2. 施工要点

(1)人行道填土时分层夯实并找平。

(2)人行道水泥稳定级配碎石垫层铺填并经压实,平整度符合要求后即在其上抹20mm厚1:3水泥砂浆抹平层。

(3)人行道混凝土块施工(略)。

(4)路缘石、路边石、花带石安砌(略)。

3. 主要施工技术要求

(1)路缘石、路边石、花带石安装:在直道上笔直,弯道上圆顺,无折角,顶面平整无错开,不得阻水;

(2)人行道块:道块表面必须平整、色彩均匀、线路明晰、棱角整齐,不得有蜂窝、露石、脱皮、裂缝等现象;铺砌必须平整稳定,灌浆饱满,不得有翘动、积水现象。

五、路灯施工

本分项工程主要包括:基础开挖;照明手孔井砌筑;C25混凝土灯座浇筑;箱变安装、管线敷设、接地装置安装调试、路灯安装等。

1. 工序流程

测量放线定灯位→挖沟→埋管→浇筑路灯基础→敷设电缆→绝缘测试→路灯安装→电气

设备安装→试验、调试→自检→竣工验收

2. 主要施工方法

(1)定灯位:按照施工图及现场情况,以灯位间距为基准确定路灯安装位置。

(2)挖沟及埋管:开挖电缆管预埋沟,按照施工图纸预埋相应的电缆套管和避雷带。

(3)浇筑路灯基础(省略)。

(4)敷设电缆应符合规定要求(省略)。

(5)路灯安装(省略)。

(6)路灯控制箱安装(省略)。

(7)有隐蔽工程,应提前通知业主,经业主检查验收合格后方可进行下一道工序。

(8)调试设备、仪表、仪器必须经国家认可有计量资格的有关单位检验合格,并由专人使用、保管。调试时应有详细记录。

(9)施工前作好技术交底,读透图纸,领会设计意图,配合其他专业工作,要做好成品保护及各专业协调。

(10)电缆敷设前,应进行电气性能试验,合格后方可施工。电缆敷设应根据其走向、规格合理安排顺序、一般不应有交叉。

(11)需开孔的配电箱(柜),必须用开孔机开孔,严禁气焊等切割开孔。电线进入配电箱、接线盒等应有护管帽。穿线前应有防止外物落入措施。

(12)电线在管内或经槽内不允许有接头和缠绕。

(13)配电箱(柜)接地及各系统的保护接地、工作接地等均按设计进行施工,完善整个接地系统。

(14)安装完成后进行检查,确认无误,方可进行分项调试,并作好调试记录。

(15)各分项调试完成后,可进行系统调试,联动调试,试运行并作好记录。

(16)其他部分电气设备安装应严格按图纸标高、部位进行。

复 习 题

1. 根据图 5-11 的垂直图,完成下列填空。

(1)五座中桥中,1 号桥的桩号是_____开工时间是_____月_____日,持续时间_____天,由中桥_____队负责施工;2 号桥的桩号是_____开工时间是_____月_____日,持续时间_____天,由中桥_____队负责施工;3 号桥的桩号是_____开工时间是_____月_____日,持续时间_____天,由中桥_____队负责施工;4 号桥的桩号是_____开工时间是_____月_____日,持续时间_____天,由中桥_____队负责施工;5 号桥的桩号是_____开工时间是_____月_____日,持续时间_____天,由中桥_____队负责施工。大桥的桩号是_____开工时间是_____月_____日,持续时间_____天,由_____队负责施工。

(2)各桥头引道工程在图中是称为_____,由_____队采用_____作业法(方式)。

(3)路基土方工程在图中是称为_____,分为_____队进行施工,开工时间是_____月_____日,持续时间_____月。

(4)小型构造物由_____队采用_____作业法(方式),开工时间是_____月_____日,持续时间_____天。

(5)路基工程与路面基层之间采用_____作业法施工,它们的搭接类型是_____。路面基层与面层间的搭接类型是_____,搭接时距是_____。路面工程施工从_____开始往

_____采用_____作业法施工,路面这种施工流向是由于_____。

2. 如果只根据图 5-10 的横道图,只能回答复习题 1 垂直图中填空的哪些内容?由此可以看出与垂直图相比横道图的优点在哪些方面,缺点在哪些方面?如果在横道图中要反映结构工程位置应如何进一步细化,相互位置是否比垂直图直观?

3. 根据下列工程背景,绘制工程进度垂直图。

某公路与桥梁工程 K3+000~K13+000,共计 10km。路基工程主要是土石方挖填,计划分 2 个队;在 K8+500 处有一座每跨 20m 共 6 跨的桥,桥梁施工时间为 7 个月,桥梁工程于路基工程开始后 1 个月开始施工,由 1 个桥梁队组织施工;工程于 2011 年 10 月 1 日开工。为了桥梁施工的方便,路基工程比桥梁早 1 个月从河的两岸开始施工,为桥梁工程提供工作场地。

第 1 路基队的桩号为 K3+000~K8+430,路基土石方工程共计 8 个月。

第 2 路基队的桩号为 K8+570~K13+000,路基土石方工程共计 8 个月。

构造物路肩墙位于 K4+200,持续时间约 40d;路堤墙位于 K5+500,持续时间约 30d,早于路基完成前 60d 开始施工;护脚位于 K12+200,持续时间约 15d,早于路基完成前 50d 开始施工;路堑挡土墙位于 K9+600,持续时间约 35d;护面墙位于 K3+000;涵洞位于 K3+000 等。结构物根据施工时间的先后,可安排在路基土石方进度线的上方或下方。

路面工程在路基工程全部完成后进行。一个路面队分三个专业工种队伍对应于三个结构层,每个结构层的施工速度为:底基层 250m/d、基层 200m/d、沥青面层 150m/d。基层至少需保养 7d,每一个工作面最小长度为 2500m。沥青拌和基地在 K3+000 处。路面施工列出所有计算过程再绘制图。

时间		里程	K3	4	5	6	7	8	9	10	11	12	13	图例:
二〇一二年	9月													═══ 土石方
	8月													- - - 底基层
	7月													—·—·— 基层
	6月													──── 面层
	5月													▌▌▌ 桥梁
	4月													●─● 涵洞
	3月													■ 挡土墙
	2月													
	1月													
二〇一一	12月													
	11月													
	10月													

4. 施工单位将路段中间 K25+000 右侧的弃土场硬化后,作为沥青混凝土拌和站场地,并配置了一套 4000 型间歇式沥青混凝土拌和设备。该设备主要指标如下:每拌制一份料的质量 $G_j=4000$kg,每份料的加料时间 $t_1=15$s,每份料的拌料时间 $t_2=220$s,每份成品料卸料时间 $t_3=13$s,时间利用系数 $K_B=0.85$。施工单位同时配置了两台 11m 宽的超大型摊铺机,4 台 YZC 双钢轮振动压路机及两台 16t 的 xp 轮胎压路机。计算沥青混凝土拌和设备的生产率(Q_j)。(列出计算过程)

5. 在工程施工中,与网络计划中"工作"的概念相同的常用名词有哪些?这些名词在施工中使用最多的是哪一个?

第六章 工程施工项目的信息化管理

本 章 提 要

施工项目管理涉及的数据量很大,在当今计算机技术飞速发展的时代,应该将计算机技术与施工管理相结合。本章重点讲述实现施工动态管理的思想,就是以进度计划为中心的资源和费用管理,要达到此目标就必须借助计算机作为手段。本章详细介绍了用 EasyPlan 软件辅助施工组织设计的编制,以及 P3e(或 P6)在大型公路与桥梁施工多项目管理中的应用。

第一节 工程项目管理软件概述

一、项目管理软件辅助施工组织设计应提供的基本功能

工程项目管理软件的功能很强,一般都能满足编制施工组织设计中基本内容的需要。工程项目管理软件可以辅助施工组织设计的进度计划、资源计划、资金计划、施工平面图的编制和执行跟踪管理,作为企业还可以进行多个工程施工项目施工组织设计编制和执行的跟踪管理,甚至在此基础之上构建工程项目管理信息系统。工程项目管理软件应提供以下功能。

1. 进度计划管理

对于公路工程施工来说,时间是最重要的要素之一。基于网络计划技术的进度计划管理功能是工程项目管理中开发最早、应用最普遍、技术上最成熟的功能,它也是目前绝大多数工程项目管理信息系统的核心部分。

具备该类功能的软件至少应能做到:定义工作(作业、活动、施工过程,微软也称为 task 任务与国内说法有矛盾),并将这些工作用一系列的逻辑关系连接起来;计算关键路径;时间进度分析;实际的计划执行状况;输出报告,包括横道图(甘特图)和网络图等。

2. 费用管理

费用(或成本)管理系统要确定项目的价格。最简单的费用管理是用于增强时间计划性能的费用跟踪功能,这类功能往往与时间进度计划功能集成在一起,但难以完成复杂的费用管理工作。高水平的费用管理功能应能够胜任工程施工项目寿命周期内的所有费用单元的分解、分析和管理的工作,包括从工程施工项目开始阶段的预算、报价及其分析、管理,到中期结算与分析、管理,再到最后的决算和项目完成后的费用分析,这类软件有些是独立使用的系统,有些是与合同事务管理功能集成在一起的。

费用管理应提供的功能包括:投标报价、预算管理、费用控制、绩效检测和差异分析。

3. 资源管理

工程项目管理软件中涉及的资源有狭义和广义之分。狭义资源一般是指在项目实施过程中实际投入的资源,如人力资源、施工机械、材料和设备等,是工程的直接费;广义资源除了包括狭义资源外,还包括其他诸如工程量、影响因素等有助于提高项目管理效率的因素。所有这

些资源又可以根据使用过程中的特点划分为消耗性资源(如材料、工程量等)和非消耗性资源(如人力)。资源管理功能应包括:拥有完善的资源库,能自动调配所有可行的资源,能通过与其他功能的配合提供资源需求,能对资源需求和供给的差异进行分析,能自动或协助用户通过不同途径解决资源冲突问题和资源平衡问题。

4. 交流管理

交流是任何工程项目组织的核心,也是工程项目管理的核心。企业对多个项目进行施工管理时,交流尤其重要。事实上,工程项目管理就是从项目有关各方之间的交流开始的。大型工程施工项目的各个参与方,经常分布在跨地域的多个地点上,大多采用矩阵化的组织结构形式,这种情况对交流管理提出了很高的要求。信息技术,特别是近些年的Internet技术的发展为这些要求的实现提供了可能。目前流行的大部分工程项目管理软件都集成了交流管理的功能,所提供的功能包括进度报告发布、需求文档编制、项目管理、项目组成员间及其与外界的通信与交流、公告板和消息触发式的管理交流机制等等。

5. 过程管理(项目实施的动态跟踪)

工程施工项目是由"过程"组成的,工程施工项目管理的工作就是要将这些过程集成在一起,以保证项目目标的实现。过程管理功能应是每个项目管理软件所必备的功能,它可以对工程施工项目管理过程中的工程施工项目的启动、计划编制、工程施工项目施工、工程施工项目的控制和工程施工项目的收尾等过程提供帮助。

过程管理的工具能够帮助工程施工项目的管理方法和管理过程实现电子化和知识化。工程施工项目负责人可以为其所管理的施工项目确定适当的过程,工程施工项目管理团队在项目执行的过程中也可以随时对其应完成任务进行深入了解。

6. 多功能集成的工程项目管理软件套件

目前流行的工程项目管理软件大部分是系列化的项目管理软件,通常称为项目管理软件套件(Project Management Software Suite)。套件指的是将管理工程施工项目的所需的信息集成在一起进行管理的一种工具。一个套件通常可以拆分为一些功能模块或独立软件,这些模块或独立软件大部分可以单独使用,但这些模块或独立软件组合在一起使用,可以最大限度地发挥它们的效率。这些模块或独立软件都是由同一家软件公司开发,彼此间有统一的接口,可以互相调用数据,并且功能上相互补充。

二、工程项目管理软件的应用

工程项目管理软件在我国工程建设领域的应用经历了从无到有、从简单到复杂、从局部应用到全面推广、从单纯引进或自行开发到引进与自主开发相结合的过程。到目前为止,在工程建设领域应用项目管理软件已经成为共识,在一个工程施工项目的管理过程中是否使用了项目管理软件已成为衡量项目管理水平高低的标志之一,一个施工单位能否熟练使用项目管理软件进行施工项目管理,也已成为反映施工企业管理水平高低的重要因素。

1. 工程项目管理软件应用的几种形式

(1)以业主为主导的统一工程项目管理软件应用形式

采用这类形式的往往是大型或特大型工程施工项目。在这类项目的实施过程中,业主或者聘请的专业咨询单位或人员,建立相应的部门专门从事这方面工作。无论采用哪种方式,都需要做到事前针对项目的特点和业主自身的具体情况对项目管理软件(或项目管理信息系统)的应用进行详细的规划,包括应用范围、配套文档编制(招标文件、合同、系统输入输出表格、使用与审查细则等)、各类编码系统的编制、信息的标准化、工程项目管理网络系统的建立和相关培训工作。在应用的准备过程中,建立实施时数据和文档的申报、确认、审查、处理、存储、分发和回复程序,并在合同文件中用相应的条款对这些程序的执行进行约束。从使用的效果来看,由于在业主的组织下,将工程项目的各个参与方凝聚成一个有机的整体,实现了统一规划、统一步调、统一标准、协调程序,因此应用效果较好。

(2)项目的各个参与方(者)单独应用工程项目管理软件的形式

这种应用形式,目前在建设项目管理中较普遍存在。由于工程项目的各个参与方对项目管理软件应用的认识程度存在很大差距,只要业主没有对工程项目管理软件在工程项目管理的应用进行统一布置,则往往某些参与方会单独选用适合于自己的项目管理软件,或使用面向企业管理的项目管理的信息系统。往往已经使用项目管理软件的参与方比其他未使用项目管理软件的参与方更有效率,能掌握更多的信息,能更早地预知风险,能对出现的问题做出快速响应,在各个参与方之间处于一种相对有利的地位。各参与方(者)单独使用工程项目管理软件,又会带来诸多的不协调,从整体上看,应用效果不如前一种形式。

2. 项目管理软件应用时应注意解决的问题

(1)信息的标准化问题

随着工程项目管理软件和以它为核心的工程项目管理信息系统应用的不断深入,信息的标准化问题已成为当前需要解决的首要问题。不同软件和系统间,建设工程项目各个参与方间的数据不能共享,设计、施工、监理环节产生的数据不能进行交流,数据出现脱节,导致在软件的应用过程中发生诸如信息的重复输入、冗余信息大量存在、信息存在不一致等问题,使各个参与方在对项目管理软件的应用上举棋不定、难于决断。这种情况的存在,严重阻碍了项目管理软件应用及建设工程项目管理信息化的进程。显然,解决此类问题的关键一方面是在软件的技术方面,即软件厂商间的标准统一问题,更重要的是在项目管理中加强信息的标准化管理,制订统一的信息规范。

(2)管理观念方面的问题

工程项目管理软件和以它为核心的项目管理信息系统的应用能否取得成功,关键是要将先进的项目管理理念同项目管理实际相结合。

(3)建立软件应用的整体观念

工程项目管理软件和以它为核心的工程项目管理信息系统的应用是一项系统工程。项目的各个参与方应树立以管理技术和管理基础为先导、选择适合的项目管理软件或系统,系统实施和使用培训并重的整体观念,并进行事前系统性的整体规划是整个应用过程实现的保证。

(4)单元软件和管理信息系统的问题

在工程项目管理软件应用的初期,往往偏重于要求软件的某些特定功能。而工程项目信息管理系统在构建上,不应集中于单一软件的应用,强调集成化、系统化。

(5)决策层应高度重视工程项目管理软件和工程项目管理信息系统的应用

对项目管理软件和项目管理信息系统的应用,不仅仅要求企业或项目的最高领导个人亲自参与主持,还应该让整个决策层参与决策和使用。

三、常用的工程项目管理软件

自1982年第一种基于PC的项目管理软件出现至今,项目管理软件已经历了20多年的发展历程。据统计,目前国内外正在使用的项目管理软件已有2000多种,下面主要介绍几种国内外较为流行的综合进度计划管理的项目管理软件。

1. Primavera Project Planner(P3)

在国内外为数众多的大型项目管理软件当中,美国 Primavera 公司开发的 Primavera Project Planner(P3)普及程度和占有率是最高的。

Primavera 公司在项目级的 P3 以后,又推出了项目管理套件 Primavera Enterprise,该套件的核心 Primavera Project Planner for Enterprise,又称 P3e(企业级),与原 P3 相比,有了很大的变化。集成有 P3e 的套装软件 Primavera Enterprise,除了核心部分以外,还包括 Primavision(辅助决策信息定制与采集,可以根据管理人员、项目管理人员、项目经理和专业人员自定义的视角为其提供项目的综合信息)、Primavera Progress Reporter(基于网络,采集进度/工时数据的工具软件)、Primavera Portfolio Analyst(多项目调度/分析工具软件)。该套装软件较之前推出的项目管理软件所涵盖的管理内容更广泛、功能更强大,充分体现了当今项目管理软件的发展趋势。下面简要介绍一下这两个软件的情况。

(1)Primavera Project Planner(以下简称 P3)

P3 是用于项目进度计划、动态控制、资源管理和费用控制的综合进度计划管理软件,也是目前国内大型项目中应用最多的进度计划管理软件。

P3 的特点:拥有较为完善的管理复杂、大型建设工程项目的手段,拥有完善的编码体系,包括 WBS(工作分解结构)编码、作业代码编码、作业分类码编码、资源编码和费用科目编码等,这些编码以及这些编码所带来的分析、管理手段给项目管理人员的管理以充分的回旋余地,项目管理人员可以从多个角度对工程进行有效管理。

P3 具体的功能包括同时管理多个工程,通过各种视图、表格和其他分析、展示工具,帮助项目管理人员有效控制大型、复杂项目。

可以通过开放数据库互联(Open Data Base Connectivity,简写 ODBC)与其他系统结合进行相关数据的采集、数据存储和风险分析。

P3 提供了上百种标准的报告,同时还内置报告生成器,可以生成各种自定义的图形和表格报告。但其在大型工程层次划分上的不足和相对薄弱的工程汇总功能将其应用限制在了一个比较小的范围内(特别是对于大型建设工程项目)。

某些代码长度上的限制妨碍了该软件与项目其他系统的直接对接,后台的 Btrieve 数据库的性能也明显影响到软件的响应速度和与项目信息管理系统集的便利性,给用户的使用带来了一些不方便。这些问题在其后期的 P3e 中得到了一定程度的解决。

(2)Primavera Project Planner for Enterprise(以下简称 P3e)

首次在项目管理软件中增加了企业项目结构(以下称 EPS)。利用 EPS 使得企业或项目组织可以按多重属性对项目进行层次化的组织,使得企业可基于 EPS 层次化结构的任何一层次和任何一点进行项目执行情况的财务分析。目前 P3e 的升级版改称为 P6。

提供了完善的编码结构体系。除了提供前文所述的企业项目结构、工作分解结构、组织分解结构、资源分解结构、费用分解结构、作业分类码和报表结构等,所有的结构体系均提供了直观的树形视图,可参见本章第三节的具体内容。

提供了丰富的图表。P3e 提供了 100 多种标准的报表格式和便利的报表管理方式,同时还提供了报表生成的向导功能,以帮助项目管理人员随时定制自己需要的报表。

支持基于 EPS、WBS 的"自上而下"预算分摊。P3e 支持按项目权重、里程碑权重、作业步骤及其权重进行绩效衡量,这些设置连同多样化的"赢得值"技术,使得"进度价值"的计算方法拟人化而又符合客观实际。

提供了专业的、结合进度的资源分析和管理工具,可以通过资源分解结构对企业的全部资源进行管理。资源还可以按角色、技能、种类划分,为资源协调与替代提供方便,使资源得到充分的利用。

在 P3e 中除可以跟踪劳动力和非劳动力资源费用外,还可跟踪作业的其他费用,并将实际费用、数量与预算进行对比,可通过图形、表格及报表加以反映。

内置了风险管理功能。对项目的不确定因素的管理分析,是企业风险控制的基础。P3e 的风险管理功能,提供了风险识别、分类、指定影响分析的优先级等功能。用户也可以自行创建风险管理计划,估计或指定发生概率,并指定组织中特定的人对特定风险管理负责。

内置了临界值的管理与问题追踪功能。通过预先设置的费用、进度和赢得值的临界值以及相应处理措施,当实施中出现超临界状态时自动通知相关责任人,并可利用问题追踪功能对"问题"进行追踪。

支持大型关系数据库 Oracle、MSSQL、Sereve,以及 SDK 扩充功能,为企业和建设工程项目管理信息系统的构建提供了极大的便利。与原 P3 相比,拥有更为直观的操作界面和更为全面的在线帮助,但是软件价格较高。

2. Microsoft Project

由 Microsoft 公司推出 Microsoft Project 是到目前为止在全世界范围内应用最为广泛的、以进度计划为核心的单项目管理软件,Microsoft Project 可以帮助项目管理人员编制进度计划、资源管理、生成费用预算,也可以绘制商务图表,形成图文并茂的报告。

借助 Microsoft Project 和其他辅助工具,可以满足一般要求不是很高的项目管理的需求,但如果项目比较复杂,或对项目管理的要求很高,那么该软件可能很难让人满意,这主要是因为该软件在处理复杂项目的管理方面还存在一些不足的地方,例如,资源层次划分上的不足,费用管理方面的功能太弱等。但就其市场定位和低廉的价格来说,Microsoft Project 是一款不错的项目管理软件。

3. 国内某些智能项目管理集成系统

国内某些软件公司(同望、同州等)编制了项目管理集成系统,这些系统由智能项目管理动态控制系统、建设项目投资控制系统、机具设备管理系统、合同管理与动态控制系统、材料管理系统、图纸管理系统和安全管理系统组成,可对建设工程项目进行全方位的管理。

这些软件包括:灵活方便的做图功能,可以在计算机屏幕上直接制作网络图,还可以采用文本输入方式制作网络图,包括双代号输入法、紧前关系输入法和紧后关系输入法。瞬间即可生成流水网络。方便实用的网络图分级管理功能(子网络功能),可以根据工程的实际情况分为多级网络,使不同的管理层对应不同级别的网络计划,实现分级网络计划管理。利用前锋线功能实现对工程进度的动态控制。

资源费用优化控制:可以将资源按人工、材料、施工机械分开管理,可按不同属性进行分布,还可以根据定额分别计算人工、材料、施工机械费用及总费用;资源可按不同种类管理,可做出各种资源的分布曲线及报表;对资源及数据可进行优化计算;根据不同分布曲线可分别做出用工计划、机具安排计划、材料供应计划及费用投资计划等。

综合控制功能:提供了合同及图纸等工程信息的管理,并内置了针对这些信息的自动报警体系。支持双代号网络图。

4. 施工平面图绘制软件

目前市面上有不少绘制施工平面图的软件(如同望、同州、梦龙软件公司开发的软件),可以满足工程上的需要,这些软件在使用上比直接使用AUTOCAD要简便得多,它们的系统保存有大量施工平面图的样本和图例,并采用多层覆盖组合形成施工平面图。

第二节　项目管理软件在公路与桥梁施工组织设计中的应用

一、项目管理软件编制施工组织设计中三大计划的目的和途径

在施工方案确定后,按照工程总体施工组织设计的构(设)想,依据工程的合同工期的要求,利用计算机编制工程进度计划;在进度计划的基础上进而编制资源计划和资金计划;资源计划完成后,可能由于某些资源不满足进度的要求,反过来要对进度计划做一些调整。利用计算机可大大减轻人的工作量,提高效率。

对于企业来说工程项目施工的最终目的是盈利,要达到盈利的目的,主要是通过工程成本费用的控制,其中最大的成本主要是资源的消耗。通过施工组织设计的进度计划和资源计划与实际进度和资源消耗跟踪对比,为资源控制和成本控制提供了具有说服力的数据,以便项目经理或企业决策者做出正确的决策和部署。面对工程项目管理经细化后而产生的大量数据,用人工方式进行收集和分析有一定的难度,而且人工方式难以做到动态和细化统计。引入计算机管理后就比较容易达到,并且计算机项目管理系统具有以下的功能:

(1)资源的计划消耗(即企业或项目的定额消耗)和实际消耗的对比与控制,并将实际消耗数据收集统计形成数据库,进一步与材料仓库管理、工务和设备管理结合,以达到节约资源降低成本的目的。同时也为企业制订和修改材料、机械和人工的消耗标准提供依据。

(2)通过进度计划,实现计划资源消耗和实际资源消耗的动态管理(即资源计划时间段随进度计划变化而变化)。

(3)形成不同需求的资源计划的形式,主要有两种:按工程位置或内容排列的不同资源需要量供应计划,其形式是可以按单位时间段(季、月、周、日)分布的资源量计划和资金量计划;按资源名称排列出(检索出),用于工程各个不同部位的数量,并随时间段分布。(参见"事例"的资源计划输出内容)

(4)实际资源消耗与实际工程计量支付的对比和分析。(与计量支付软件链接使用)

二、项目管理软件编制施工组织设计的过程

1.项目管理软件编制施工组织设计的准备

(1)收集有关数据(参数、定额、价格、技术方案等)。

(2)选择施工方案,确定工艺流程。

可利用本企业以往的经验,在方案数据库和工艺数据库中选择所需要的施工方法和方案,以及工艺流程。结合本项目的特点做一些修改。如果企业没有构建方案库或工艺信息库,可借用已有的商品化软件的库(如同望公司等)进行选择和修改。如果本项目的方案和工艺流程是新的,又具有特点,就可增加到数据库中,为将来的相似项目施工提供借鉴。

(3)根据施工方案,划分施工段落,组织专业施工队。

(4)确定进度计划的三要素。

将实际工程量按照工程总体施工组织设计的设想,依据工程合同工期的要求,转换成进度

计划所需要的数据形式,即计划的三个要素:工作的名称或代号、工作之间的逻辑关系、工作的持续时间。

①将工程项目分解为各个工作内容,也称为工作分解结构图(WBS = Work Breakdown Structure),如图6-1。它采用自顶向下逐级将工程项目分解为一个一个具体的工作(分项工程或工序),一般最底层的"形状像树叶"的圆节点才是具体工作(工序、微软称task任务、基本作业),才可以输入持续时间(有的软件中常称为工期)和资源;图6-1中的方节点不是基本作业(工作)而是概述性工作任务"summary task",不能输入持续时间和资源,它是由下一级的时间值汇总而得,由下往上逐层汇总;上一层节点是下一层节点的"父亲(父作业)"。人的认识会有个过程,WBS方法就是符合人们由粗到细的认识过程。对于一个新工程的认识尤其如此,它可以让人们由粗到细的逐步求精,逐层细化。在进行工程的工作划分时,应注意以下几点原则:

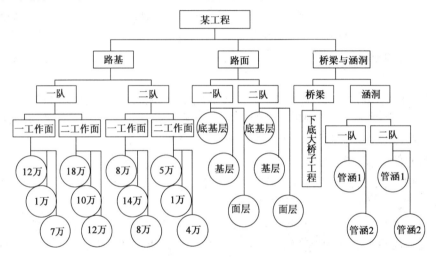

图6-1　WBS工作分解结构图(项目结构图)

a. 大型工程项目可分为多级计划系统,由粗到细,逐步细分。同时要结合工程规模做到粗细适宜。太粗不能反映工程的实际情况,太细工作量增大,而且公路工程的有些工作内容在表示时本身就是模糊的。例如,一般情况下施工段落,只宜粗;而下面的"事例"中,由于施工段落中工作的速度相差太大时,施工段落就必须细化为不同速度的几个工作(或者用同望的作业拆分、分割,P3的作业步骤)。

b. 工作划分时先按组织体系进行细部划分,各个工作与组织管理的层次划分相对应,并注意与施工方法相一致。

c. 工作划分的内容可考虑与工程预算、工程计量和质量评定标准的细目(子目)相对应,细目划分时可以是包含关系(树状),一定要防止交叉关系以免无法向上汇总。

d. 作为一个工作(分项或工序)在其工作持续时间内的效率是近似均匀的,工、料、机的分配也是均匀分布的。

②确定各工作之间的逻辑关系

所谓工作之间的逻辑关系就是各工作之间施工时的先后顺序关系。工作间的逻辑关系可进一步分为:工艺关系和组织关系。工艺关系是由施工工艺决定的先后顺序关系,一般来说是固定的。组织关系是由施工组织者安排的先后顺序,一般不是固定的,会随现场的情况或资源状况而改变。因此在确定工作之间的逻辑关系时首先应考虑工艺关系,然后再考虑组织关系,或者在进度计划初稿做出后,对进度计划调整优化时再考虑组织关系。

确定组织关系时,常考虑的因素有:

a. 资源(工、料、机)的限制情况和现场运输状况。

b. 工作面的局限性。

c. 工序之间安排应注意安全和质量的因素(台风季节、雨季、冬季、汛期等)。

d. 有损坏性的工序应先安排。

③工作持续时间的确定分为计算法和估算法,参见第五章第四节中相关内容。

(5)收集各工种或各类工序的资源消耗定额数据,建立工程的资源库和资源分配的定额库。

2. 编制工程项目施工进度计划

(1)进度计划的形成

要形成进度计划,只需将进度计划的三个要素整理后汇总成为一张表格,对应地输入到计算机中(如同望软件、P3、MS—Project,同州软件等),计算机自动就形成与三要素表对应的进度计划。对网络计划和项目管理软件应用比较熟悉的人员采用三要素表的形式输入,输入速度很快;而初学者可以利用上下窗口的方式输入,速度慢一些。在计算机项目管理软件中提供的进度计划有多种不同的表示形式,如网络图(单代号、双代号时标)、横道图、"S"曲线等。输入进度计划三要素表来建立工程进度计划这种方式最为简单。除此之外,还有其他方式,如在电脑屏幕上直接绘制横道图或绘制网络图,当计划较大时,不方便。

(2)进度计划初稿的调整和修改

初步计划编制完成后往往需要调整,主要表现为工作持续时间长短的调整和工作所在时间段的调整。工作持续时间长短的调整以适合工程合同工期的要求或者满足施工的合理性。工作所在时间段的调整,是考虑某些工作所安排的时间段可能存在着不合理,例如:台风季节、雨季、冬季或洪水季节等,可以通过对这些工作加上强制时限来进行调整。

工程计划的(总)工期一定要符合合同工期。修改、调整计划,可以对进度计划"筛选"出(即数据库的选择操作,有的也称分类剪裁)你所需要的部分,然后进行调整。

3. 资源供应计划和资金使用计划的编制

在进度计划编制完成后,通过对各工作进行资源配置来自动产生动态的资源供应(或需求)计划和资金计划。下面介绍珠海同望 EasyPlan 和大连同州 TZproject 软件的资源管理内容。对于初学者大连同州软件的应用更为简单,可参见人民交通出版社《路桥施工组织设计范例》第二篇第八章第二节的"事例",该事例与本教材"事例"的内容有一点变化,考虑到搭接时距 2d 太短显示不了,将路面各层的工作面长度由 200m 改为 600m,所以各增加 4d 共计 8d,工程的工期由 342d 变成了 350d。珠海同望 EasyPlan 的功能更强更完善,尤其适合公路工程,所以本教材重点介绍该软件的使用。

计划编制步骤如下:

(1)建立资源库和资源分配定额库

建立资源库和定额库的方法有手工方式和调用方式两种。手工建立,逐个输入资源的属性,而定额分配的数据可以根据软件功能来建立或者通过 Excel 辅助实现分配输入。调用方式是调用已有工程数据来实现,根据软件的功能不同方法也不同。大连同州 TZproject 利用已有工程"转入"或"导入"来建两个库。下面主要就同望 EasyPlan 软件对"调用"方式做个简单介绍,详细内容见后面的软件应用内容。EasyPlan 是将已有工程经 Wcost 编制的预算文件通过 EasyPlan 的"接口"菜单的"导入 Wcost 的预算数据"来实现建立资源库和对每个工作分割按照一定比例分配其预算中的资源。实际上是由 EasyPlan 将 Wcost 生成的清单作为工作进行分割来形成进度计划和资源计划。

（2）对各个工作（工序）进行资源配置

各个工作（工序）资源配置有手工方式和定额分配方式两种。所有软件都有手工方式，它是每选定一个工作（工序）然后输入该工作需要的资源名称（代号）和资源数量等数据。大连同州的软件利用定额库方式来配置资源，只需在每个工作中输入工程数量和选择对应定额号，系统就可根据定额号和工程量自动配置相应的资源类型和数量，可大大减少输入的数据量。同望的 EasyPlan 的定额分配是通过在 Wcost 生成的清单系统根据造价数据生成一个项目，清单项转化为作业，定额转化为作业挂于相应清单作业下，工料机作为资源加载到定额作业上。

（3）根据需要输出不同形式的资源计划

①按工程位置或内容排列的不同资源供应（需求）计划，其形式是按单位时间段（季、月、周、日）分布的资源量计划。

②按资源名称排列出（检索出，筛选出），用于工程各个不同部位的数量，并随时间段分布。在同望 EasyPlan 中可以通过上下两层的组合视图实现，主视图为资源信息表，辅视图为横道图的组合方式，则可以把使用某一个资源的作业都显示出。

这两种形式的资源计划以及资金计划，对于资源的动态管理是非常重要的。利用资源计划，及时动态地组织安排或采购所需资源（工、料、机），以及施工单位内部的材料供应部门可以很方便的了解各施工段落（工程位置），在什么时候需要多少数量的什么类型材料、设备，管理部门也可以了解到何时何地需提供什么类型的设备和多少数量。

（4）确定各工作的间接费率并输入以便形成资金计划

各工作（工序）的直接费可以由各个工作所分配到的资源数量和资源的单价乘积由系统自动产生。在建立资源库时就可以输入资源的单价，如果当时没有输入，此时补输入也行。

（5）编制资金计划

输入各资源的单价和各个工作的间接费率或固定成本后，计算机系统就自动计算出工程的直接费以及各工作随时间分布（每天或每月）的直接费用；同时计算机系统自动计算出各工作的间接费和工程间接费以及总费用（总成本）。根据工程的分部或分项，分别输出其工程或分项的费用以及随时间的分布状况和数量以及汇总金额。

三、计算机辅助进度计划编制和资源资金计划编制的应用

工程项目管理软件的功能在本章第一节中已经做了介绍。选择软件的体会是：对于多项目工程可以选择 P3e 和同望的 EasyPlan（专业版）多项目管理软件，功能很强，但是学会使用有一定的难度。P3e 和同望的 EasyPlan（专业版）更适合于大型项目的宏观管理，在第三节介绍 P3e 的多项目管理应用。单项目工程可以选择 P3、MS-Project、同望的 EasyPlan（标准版）和同州 TZproject 的项目管理软件。P3、MS-Project 的资源管理的数据输入量太大，虽然有解决减少资源分配数据输入的方法，但是一般的工程技术人员是难以掌握的，要进行二次软件开发，不太方便使用。在应用项目管理软件辅助工程管理的实践中一定要树立进度计划是实现工程动态管理的基础，资源管理和费用管理是核心的思想。没有资源和费用的管理，为单纯进度而进行网络计划管理是无意义的，也被实践证明是失败的。学习同望的 EasyPlan（标准版）和同州 TZproject 这两种项目管理软件的难度不大，一般工程技术人员都能掌握。同望和同州的项目

管理软件是国产软件,都具有双代号网络计划图,同望 EasyPlan 软件的功能更强些,有大量公路工程的模板,使用时稍微复杂些;同州软件的使用很简单,对初学者较容易掌握。下面以同望的 EasyPlan(标准版)为例讲解使用该软件编制计划的过程和生成公路工程投标需要的施工组织设计的计划图表(参见第一章第三节投标文件的附表)以及计划的实施跟踪。熟悉一种软件使用后,其他软件的使用都是大同小异,只是界面和功能上有些差异,因此一定要将一种软件学精、学透。

(一) 事例

某省平原微丘区一公路与桥梁工程,按照工程总体施工组织设计的设想,将工程数据转换为便于计算机输入的表示形式如下:(为使事例简单,下列数据是实际数据的简化,例如,土方数量,以及挖填平衡的假设等;对不平衡情况的处理在后面资源配置的操作中讲解。)

某工程 K3+100~K9+850,共计 6.750km,在 K6+175 处有座 4 跨 30m 的桥,管涵 4 座(采用先填后挖的方法),土方数量挖方为 100 万 m^3,填方为 100 万 m^3。计划开工日期为 2011 年 6 月 1 日。现计划分为 2 个土方队,每队分为 2 个工作面,每个队每个工作面的情况如下:

第一队第一工作面(以下简称一队一面,K6+250~K8+345)土方挖方 20 万 m^3,填方 20 万 m^3;正常施工效率挖方为 1 000m^3/d,填方为 1 000m^3/d。当土方数量完成 60% 时,进行 2 座管涵的平行施工,每座涵洞为 50d;因修涵洞的影响,在这 50d 内一队一面土方施工效率降低到挖方为 200m^3/d,填方为 200m^3/d,此时一队一面富余的资源被调到一队二面施工;过了这 50d 以后一队一面被调走的资源又回到一队一面,其土方施工又恢复到正常施工效率。

第一队第二工作面(K8+345~K9+850)土方挖方 40 万 m^3,填方 40 万 m^3。正常施工效率挖方为 1 500m^3/d,填方为 1 500m^3/d。在一队一面修建涵洞的这 50d 内由于来自一队一面部分资源对一队二面的支援,使一队二面的效率提高了 1/3;过了这 50d 以后一队二面的土方施工又恢复到正常施工效率。

第二队第一工作面(K3+100~K5+600)土方挖方 30 万 m^3,填方 30 万 m^3。正常施工效率挖方为 1 000m^3/d,填方为 1 000m^3/d。在二队二面顺序修建两座涵洞的这 100 天内由于来自二队二面的资源对二队一面的支援,使二队一面的效率提高了 40%;过了这 100d 以后二队一面的土方施工又恢复到正常施工效率。

第二队第二工作面(K5+600~K6+100)土方挖方 10 万 m^3,填方 10 万 m^3。正常施工效率挖方为 625m^3/d,填方为 625m^3/d。当土方数量完成 50%,进行 2 座管涵顺序施工,每座涵洞为 50d;因修涵洞的影响,在这 100d 内二队二面土方施工效率降低到挖方为 100m^3/d,填方为 100m^3/d,此时二队二面富余的资源被调到二队一面;过了这 100d 以后二队二面被调走的资源又回到二队二面,其土方施工又恢复到正常施工效率。

K6+175 处有座每跨 30m 共 4 跨的下底大桥,下部采用流水施工。1 号和 2 号墩基础围堰各 15d,墩基础各 20d,台基础 25d,墩身各 30d,台身各 34d,盖梁各 18d,台帽各 16d,预制准备 35d,梁预制共 120d,安装空心梁 22d,桥面铺装 20d,护栏 15d,调治构造物 60d。由桥梁施工队负责施工。下底大桥施工准备 20d。

第一队路面施工进度,底基层 50m/d、基层 100m/d、面层 80m/d。第二队路面施工为底基层 60m/d、基层 50m/d,面层 100m/d。基层与面层之间基层至少要保养 7d,每一个工作面最小长度为 600m。

(二)项目管理软件编制计划需要的准备工作

1. WBS 方法进行项目分解(工作划分)

WBS 方法进行项目分解的具体过程和原则在前面的内容中已经做了介绍。WBS 工作分解结构图也称为项目结构图。事例的项目结构图参见图 6-1。

2. 将事例的数据转换成进度计划三要素表(如表 6-1)

工作关系时间表　　　　　　　　　　　表 6-1

代号	i	工作名称	持续时间(d)	紧前工作
1		土方 K6+250～K8+345/12 万	120	—
2		土方 K6+250～K8+345/1 万	50	1
3		土方 K6+250～K8+345/7 万	70	2,13,14
4		土方 K8+345～K9+850/18 万	120	—
5		土方 K8+345～K9+850/10 万	50	4
6		土方 K8+345～K9+850/12 万	80	5
7		土方 K3+100～K5+600/8 万	80	—
8		土方 K3+100～K5+600/14 万	100	7
9		土方 K3+100～K5+600/8 万	80	8
10		土方 K5+600～K6+100/5 万	80	—
11		土方 K5+600～K6+100/1 万	100	10
12		土方 K5+600～K6+100/4 万	64	11,16
13		管涵一队一面 1 号	50	1
14		管涵一队一面 2 号	50	1
15		管涵二队二面 1 号	50	10
16		管涵二队二面 2 号	50	15
17		路面底基层一队	72	3,6
18		路面基层一队	36	17FF+6.0
19		路面面层一队	45	18SS+13.0
20		路面底基层二队	50	9,12
21		路面面层二队	60	20SS+10.0
22		路面面层二队	30	21FF+13.0
23		下底大桥 K6+175	由子工程得	—

工作持续时间的计算＝工程量/速度。一队的工程先计算第一面工程的时间,再计算第二面的工程时间。二队的工程先计算第二面工程的时间,再计算第一面工程的时间。路面工程搭接时距计算参见第三章第五节相关内容。请注意表 6-1 中第二列 i 是软件自带的标识列不能输入数据,计算机根据情况自动显示相关内容的标识。将 i 列在表中是为了让初学者对应列的位置以便输入数据。

3. 启动 EasyPlan 输入项目的基本信息

项目的基本信息主要有项目名称,项目开工和日历等。从"开始"进入"程序"的"同望

EasyPlan 学习版"子项。自动弹出一个"项目 1"窗口。然后修改其中详细信息,输入一个自己的项目名称如"施工组织设计事例"。接着输入开始日期。选择日历,系统有两个日历,联机帮助中说明默认的标准为 5d 工作日,每天 8 小时;另一个 24 小时的 7d 工作日,一般千万不要选,你输入 3d 数据计算结果是 1d;还可以在"工具"菜单中进行修改或重新自定义所希望的新日历,即自己取个名字并设置,例如设定每周 7d,1d8 小时的日历设置。见图 6-2,然后点击"确定";也可以在"项目"菜单中修改上述内容。持续时间取值单位默认为日。横道图的刻度可以通过菜单或单击右键随便设置为日、周、旬、月等,刻度宽窄可用鼠标调整。需要说明的是实际上系统提供的标准日历是 7d 工作日,读者可以还原为 5d 演试。本事例按照 7d 工作日,其工程工期为 350d,按照标准 5d 工作日工程工期的日历历时就变为 490d。

(三)工程施工进度计划的编制

1. 将每个工作的基本信息(三要素)输入横道图中的作业表(表头)

将表 6-1 的内容三要素输入。在进入项目管理应用程序后,系统默认的横道图表头如图 6-2,可以输入各工作(作业)名称、持续时间(工期)和紧前或紧后。如果要增加列就可以用"插入"菜单或单击右键插入相关需要的列,如图 6-3。第一列表示工作(作业)代号,相当于序号,软件中称为工作的"标识号",由系统自动生成,不需输入;该号码是唯一的,所以工作(作业)名称可以同名。输入各工作(作业)之间的逻辑关系,大部分是衔接关系,少部分是搭接关系。例如路面施工中各结构层就是搭接关系。照表 6-1 的形式对应输入,这种输入方法,当使用者较熟悉网络计划原理时速度快,而且可以用"复制 Ctrl + C"和"粘贴 Ctrl + V"从 Word 中直接拷贝到 EasyPlan 中,但要特别注意的是用英文逗号;对于初学者也可以打开"作业窗体",利用上下窗口逐个输入工作(作业)只需输入三要素,其他单元可以不用输入,见图 6-4。在该"事例"的总体施工计划中暂不输入"下底大桥"这个工作,"下底大桥"作为另一个外挂的子工程必须先行建立,然后在总体施工计划中进行插入链接,在后面流水网络图快速编制的内容中再介绍"下底大桥"计划的编制和主工程的链接。由于学习版工作个数最多 29 个,所以"下底大桥"的各个工作在总体计划的主工程中也包含不下,应注意超过 29 个工作,学习版就无法保存计划文件。到此进度计划的编制工作基本完成。根据需要在"视图"中选择显示形式,然后打印所需要的进度计划。

图 6-2　项目信息输入

图 6-3　自定义列

2. 总体进度计划的横道图和网络图形式

(1)横道图屏幕显示如图 6-4,然后点击打印按钮,打印预览形式如图 6-5。

(2)双代号时标网络图,屏幕显示如图 6-6。

(3)单代号网络图,打印形式如图 6-7。

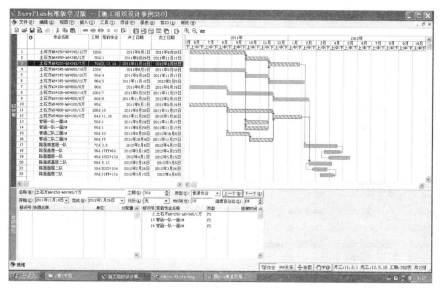

图6-4 横道图屏幕显示

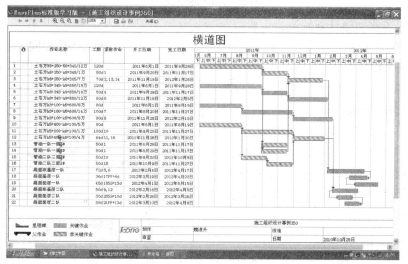

图6-5 横道图打印形式

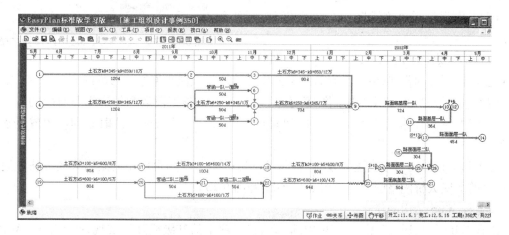

图6-6 双代号时标网络图

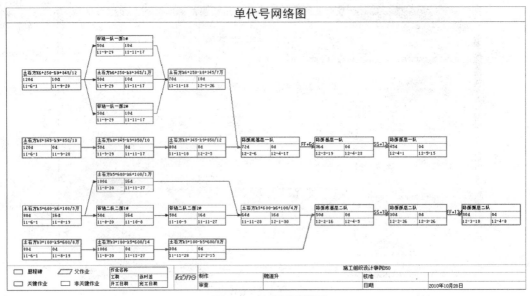

图 6-7　单代号网络图

3. 子工程流水网络计划的快速生成

下底大桥子工程项目的建立过程与主工程项目"施工组织设计事例"相同。只要注意子工程文件名与子工程项目名的区别就可以了。子工程文件名与子工程项目名可以不同,在主工程(总体计划)的工作(作业)中是显示子工程项目名,而计算机系统是按照子工程文件名进行链接。当子工程项目的数据有变化时,主工程中该子工程的内容自动改变,这就是主工程与子工程的既相对独立又相互关联的特性;可将已经被链接的下底大桥子工程的文件独立打开然后增加或减少施工准备持续时间1d,来检验主工程有无相应变化。

流水网络计划的快速生成步骤,以下底大桥的下部结构墩台流水施工为例。

下部构造采用流水施工的数据是:1号和2号墩基础围堰各15d,墩基础20d,台基础25d,墩身30d,台身34d,盖梁18d,台帽16d。先输入三道工序的名称和时间以及逻辑关系如图6-8。然后做以下两个步骤。

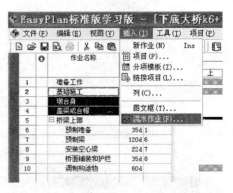

图 6-8　下底大桥插入多段流水作业菜单

(1) 选择要生成流水网络的作业,要两道以上。注意,已进行拆分的作业,由多个紧后关系的作业不能生成流水网络。参见图6-8。

(2) 点击菜单"插入"中"流水作业"子项,输入或修改施工段数和每道作业对应的施工段的流水节拍,平面流水时流水层数为1,如图6-9,点击"确定"按钮。此时立即就生成流水网络,如图6-10。

为了和工程界的习惯表达一致,将名称对应为0号~4号,可以用复制名称的方法快速修改,最终的下底大桥网络图和横道图如与6-12和图6-13。

4. 工程 WBS 结构的建立

工程 WBS 结构通过"项目"菜单中的"级别"子项中的升级或降级实现,而不能选"WBS"子项(该子项在排序中介绍)。WBS的结构在横道图的表头是通过类似于目录结构的形式表示的,凹进去(→降)低一级,凸出来(←升)高一级,可多达 128 级。

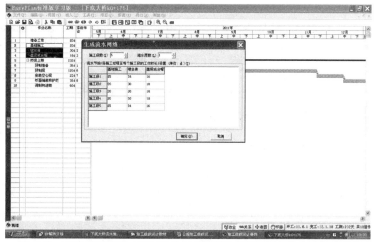

图 6-9　下底大桥插入多段流水作业的施工段设置和流水节拍设置

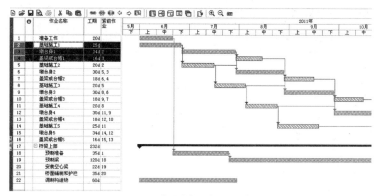

图 6-10　下底大桥 5 施工段流水生成

我们以图 6-1 的"事例"为例,在原来 22 项工作计划的基础上建立"路基"、"路面"、"桥梁和涵洞"的 WBS 结构。首先在这三部分工作(作业)的第一个工作前分别插入空行并输入相应名称,选择从路基以下各行全部先降一级,然后分别选"桥梁和涵洞"和"路面"各升一级就可以了。同理可以再增加"路基一队"和"路基二队"如图 6-11。

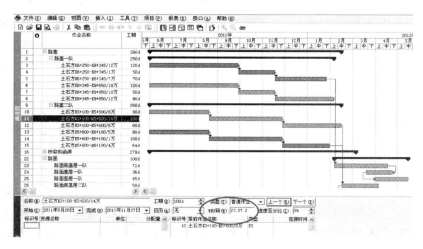

图 6-11　"事例"总体计划的 WBS 横道图

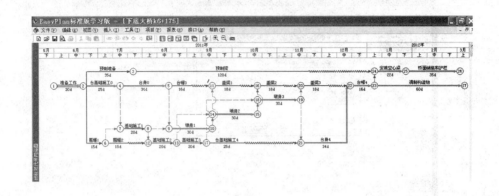

图 6-12　下底大桥双代号网络图

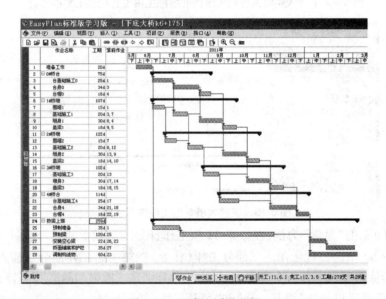

图 6-13　下底大桥横道图

WBS 结构是由其系统内部相关性决定的。我们在做分"级别"操作的过程中计算机系统自动按照 WBS 结构产生每个工作(作业)WBS 码,初学者可以不需掌握具体的 WBS 码的构成和如何去定义,让系统自动产生就行了。例如图 6-11 中"土石方 K3 + 100 ~ K5 + 600/14 万"的工作代码 11 与 WBS 码 23.27.2 并不相同,这点说明工作代码是用户使用时用以反映工作之间逻辑关系的标识码(明码),而 WBS 码是计算机系统根据 WBS 结构分配给工作表示其父子关系的标识码,它们一般不相同。如果不涉及排序或"筛选",可以不关心 WBS 码如何定义,只需关注工作代码就行了。

5. 主工程与子工程的链接

主工程与子工程的链接通过主工程的"插入"菜单中的"链接项目…"子项来实现。将鼠标定位于要插入的位置,例如本"事例"的"路面"工作之上,选择"链接项目"然后弹出文件框,再选择"下底大桥 K6 + 175"项目计划文件。如图 6-14。主工程与子工程最终链接结果如图 6-15。主工程与子工程最终链接的展开结果的横道图如图 6-16。

图 6-14 主工程与子工程的插入链接过程

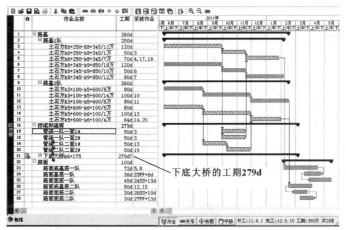

图 6-15 主工程与子工程的插入链接结果横道图

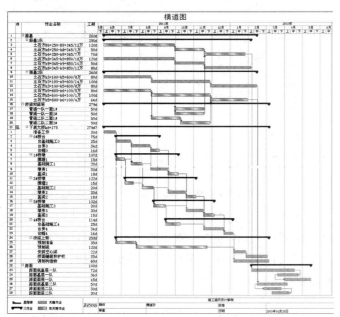

图 6-16 主工程与子工程的插入链接横道图打印结果

185

6. 用 WBS 码进行工作的重新排序

从图 6-16 可以看出，由于下底大桥的子工程展开使路基和路面相隔太远，如果要将"路面"调整到"桥梁和涵洞"之上，靠近"路基"，只需通过按照 WBS 码重新排序就可以实现。

(1) 选择"项目"菜单下的"WBS"子项，进入"定义编码…"。选择第 1 级和第 2 级等，自己定义 WBS 码的形式构成和符号。定义输入完成后"确定"。然后再利用"项目"菜单下的"WBS"子项的"重新编号…"进入"选择要重新编排 WBS 代码的作业"，就选用默认的"所有作业"就可以"确定"了。如图 6-17，是四张过程图组合一起的示意。

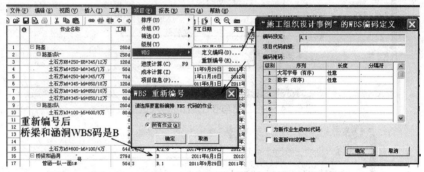

图 6-17 定义 WBS 码的格式和重新编 WBS 码

(2) 将此时的横道图表头中的作业"桥梁和涵洞"的 WBS 码"B"改为"D"。然后选择"项目"菜单下的"排序"子项，进入"排序方式…"选择主要关键字是 WBS 点击""排序即可。如图 6-18，就是排序过程和排序的结果。读者可以仔细观察图 6-18，当前作业的方框明明在"路面"，而作业窗体却显示"桥梁和涵洞"。这个不一致是由于原来当前位置正是"桥梁和涵洞"重新排序后的，"路面"占了原先的当前位置。这时点击任何作业或"确定"，就不会再出现这不一致了。

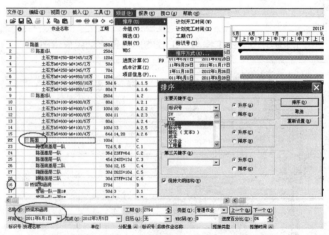

图 6-18 按照修改 WBS 码后重新排列工作(作业)顺序

(3) 如果需要让 WBS 码连续，将"C"改"B"，"D"改"C"就行了，或从"项目"菜单下的"WBS"子项的"重新编号…"进入，再进行一次重新编号。本事例没有改动，是有意让它不连续。WBS 编码设定时选"字符(无序)"，在 WBS 码输入时可按照自己的规律编排。

7. 根据需要显示计划内容(筛选)

(1) 显示指定施工队的内容

如果只需要第一施工队的工作内容，通过"筛选"方法实现。要将第一施工队的所有工作

(作业)"筛选"出来,就需要对这些第一施工队的所有工作(作业)做标识,然后再进行"筛选"。进入主工程"施工组织设计事例",在其横道图的表头先插入"文本4"和"文本5"两列;然后在"文本4"列输入字符"1D"表示第一队,用"拷贝"的方法将所有第一队的工作输入字符"1D",同理输入第二队的字符"2D"。如图6-19。

在图6-19中还有一个注意点,此时下底大桥的"文本4"和"文本5"两列无数据,它的数据应由下底大桥子工程的数据链接。

图6-19 主工程设置查询标识编号

打开下底大桥工程项目,先在横道图表头插入"文本4"和"文本5"两列;然后在"文本4"和"文本5"列输入所需要的XDQ字符,如图6-20。关闭下底大桥工程项目。然后再次打开"施工组织设计事例"主工程文件,结果如图6-21,与图6-19进行比较下底大桥。

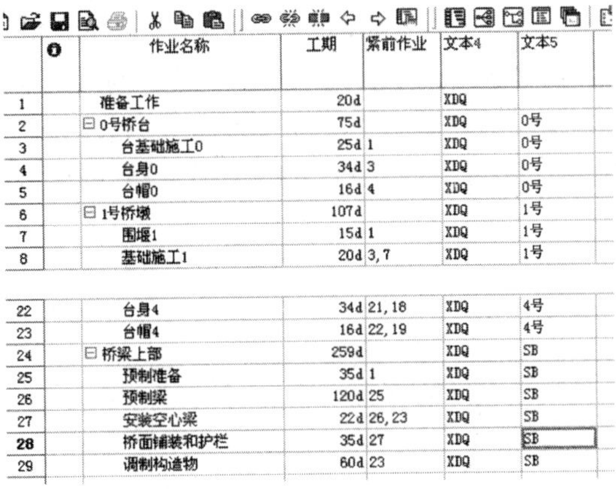

图6-20 下底大桥各工作面编号

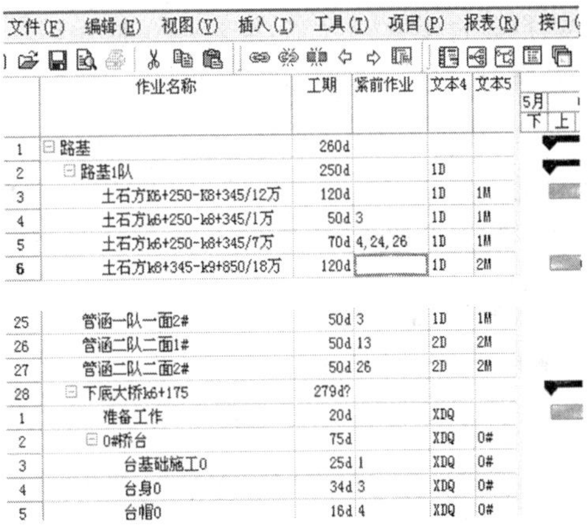

图6-21 主工程与下底大桥的标识编号

建立自定义"筛选"来显示指定"第一队第二面"的工作内容。在"项目"菜单下的"筛选"子项,选择"自定义筛选…"。进入"其他筛选器",选择"新建"按钮,如图6-22。然后弹出"项目"中筛选器定义的窗口进行自定义"第一队第二面",如图6-23;接着按"确定"和前一窗口的"应用",就显示"第一队第二工作面"的工作内容,结果如图6-23的横道图的内容。

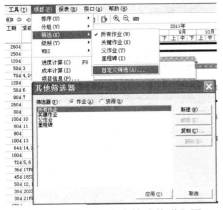

图6-22 设置自定义筛选的进入图

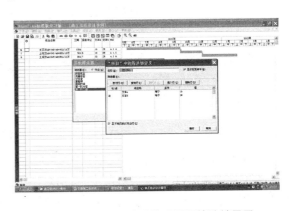

图6-23 自定义筛选的设置和筛选结果图

(2)显示指定时间段的内容

选择“文件”菜单下的“页面设置…”，点击“视图”卡片，进行指定时间段的设置并确定，如图6-24。此时横道图的时间最细刻度最好设置为“天”，打印或打印预览来显示2011年9月份的进度计划，如图6-25。

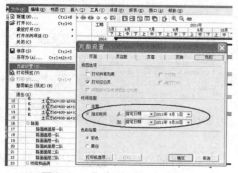

图6-24　指定时间段的设置图

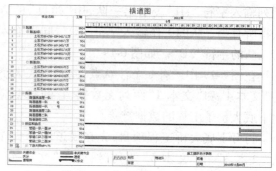

图6-25　指定时间段的显示图

如果在横道图上只显示2011年9月份要施工的工作就需要“筛选”来实现。难点主要在逻辑关系的表示，人们一般习惯正向思维，横道图横线在2011年9月份中出现有4种情况的“或”逻辑运算，但是每种情况却是“且”逻辑运算，如图6-26；在“筛选”自定义中只能进行简单逻辑运算，而像这种每个“并且(与)”又共有4个“或”的复杂逻辑运算是无法实现的。所以采用逆向思维找其对立事件，用摩根定理使逻辑运算简化为可实现的形式，逻辑运算具体结果如图6-27。筛选的2011年9月份的横道图如图6-28。

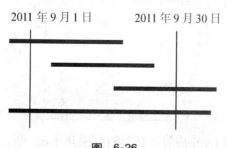

图　6-26

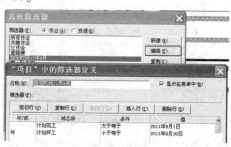

图6-27　指定时间段筛选自定义

	作业名称	工期	紧前作业	文本4	文本5	WBS	开工日期	完工日期
1	路基	260d				A	2011年6月1日	2012年2月15日
2	路基1队	250d		1D		A.1	2011年6月1日	2012年2月5日
3	土石方K6+250-K8+345/12万	120d		1D	1M	A.1.1	2011年6月1日	2011年9月28日
4	土石方k6+250-k8+345/1万	50d	3	1D	1M	A.1.2	2011年9月29日	2011年11月17日
6	土石方k8+345-k9+850/18万	120d		1D	2M	A.1.4	2011年6月1日	2011年9月28日
7	土石方k8+345-k9+850/10万	50d	6	1D	2M	A.1.5	2011年9月29日	2011年11月17日
9	路基2队	260d		2D		A.2	2011年6月1日	2012年2月15日
11	土石方k3+100-k5+600/14万	100d	10	2D	1M	A.2.2	2011年8月20日	2011年11月27日
14	土石方k5+600-k6+100/1万	100d	13	2D	2M	A.2.5	2011年8月20日	2011年11月27日
23	桥梁和涵洞	279d				D	2011年6月1日	2012年3月5日
24	管涵一队一面1#	50d	3	1D	1M	D.1	2011年9月29日	2011年11月17日
25	管涵一队一面2#	50d	3	1D	1M	D.2	2011年9月29日	2011年11月17日
26	管涵二队二面1#	50d	13	2D	2M	D.3	2011年8月20日	2011年10月8日
28	下底大桥k6+175	279d?					2011年6月1日	2012年3月5日

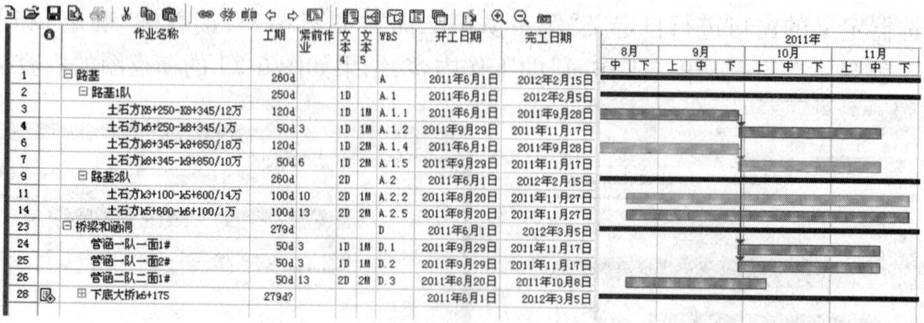

图6-28　指定时间段筛选的工作内容

(3)指定施工队在指定时间段的内容

在自定义筛选中新建一个设定，将指定施工队的筛选条件的内容和指定时间段的筛选条件的内容“与”运算就可以了。例如设置一个“二队二面2011年9月”的筛选，一定将显示“土石方K5+600~K6+100/1万”和“管涵二队二面1号”这两道工序。

（四）资源计划的编制

工程项目资源库和资源分配的原理本节前面已经介绍，在这里介绍如何具体输入数据。

1. 资源库的建立

（1）手工逐项输入建立工程资源库

手工逐项输入建立工程资源库工作量很大。单击“视图”菜单中的“资源信息表”如图 6-29。逐行输入“资源名称”、“资源类型（工、料、机）”、“最大限量（一般是每天的最大量，主要考虑人工和机械）”、“单位”、“单价”、“主要（是否为主要成本构成）”、“成本因子（是否构成成本）”。

	❶	资源名称	资源类型	最大限量	单位	单价	主要	成本因子
0		人工	人工	200	工日	50	否	是
1		机械工	人工	50	工日	60	否	是
2		材料	材料			0	否	否
3		水泥	材料			0	否	否
4		号325#水泥	材料	10	t	320	是	是
5		号425#水泥	材料	10	t	350	是	是
6		号525#水泥	材料	10	t	390	是	是
7		砂	材料	50	m3m³	65	是	是
8		钢模板m2	材料		m2m²	500	是	是
9		钢模板t	材料		t	5000	否	是
10		木材	材料			0	否	否
11		杉木	材料		m3m³	1000	否	是
12		松木	材料		m3m³	600	否	是
13		钢材	材料			0	否	否
14		Ⅰ级钢筋	材料	0.5	t	3300	是	是
15		Ⅱ级钢筋	材料	1	t	3400	是	是
25		碎石	材料	50	m3m³	55	是	是
16		推土机	机械	8	台班	900	是	是
17		挖掘机	机械	4	台班	1500	是	是
18		汽车	机械	12	台班	600	是	是
19		15t以内自行式振动压路机	机械	4	台班	780	是	是
20		光轮压路机	机械	2	台班	420	是	是
21		稳定土摊铺机	机械	2	台班	1900	是	是
22		沥青混合料摊铺机	机械	2	台班	1800	是	是
23		夯实机械	机械	2	台班	20	否	是
24		工作量（费用）	资金			1	否	否

资源信息表

图 6-29

成本因子的概念是扩展了资源的类型，当加入资金类资源，资源的成本因子属性设为“否”。成本因子是决定该资源是否作为工程成本的组成。

成本因子的另一用途：在资源表中定义几项目费用，将其成本因子设置为“是”，而其他工料机的成本因子设置为“否”，对作业加载这些费用，这样就可生成项目的资金计划，在资源分布图中显示资金分布情况。

（2）借用原有工程的资源库手工复制来建立自己的工程资源库

如果已经有现成工程项目的资源库，那么直接用先“复制（Ctrl + C）”然后“粘贴（Ctrl + V）”的方法，就可以大大减少输入工作量。具体操作是：将现成工程项目和自己的新工程项目都打开，先将现成工程项目单击为当前项目并在其“资源信息表”中选择复制内容进行“复制（Ctrl + C）”；然后切换到自己的新工程项目，在其资源信息表中作“粘贴（Ctrl + V）”。这就完成了拷贝其他工程资源库的过程，此时根据自己工程的特点进行修改输入就可以了。

2. 各个工作的资源配置

按照各工作的定额来分配资源的方式是最快捷最简单的，这就需要软件提供这项功能。

EasyPlan 在专业版中提供与 Wcost 连接产生资源库和定额分配的方法。下面介绍学习版逐项工作分配资源的方法和过程。先根据工程量计算各工作所需的资源量，以“土石方 K6 + 250 ~ K8 + 345/12 万”和“管涵一队一面 1 号”这两道工序为例。借助 Excel 电子表格计算。

“土石方 K6 + 250 ~ K8 + 345/12 万”是挖方 12 万方，填方 12 万方。计算如图 6-30。

（1）在横道图模式下，打开“作业窗体”将图 6-30 中的数据输入到对应工作中的资源栏中，如图 6-31。

	A	B	C	D	E	F	G	H	I
1	土石方k6+250-k8+345/12万	工程量	人工	挖掘机	汽车	推土机	振动压路机		
2	其中挖方12万	120000	4.5	2.15	10.18	0.46			
3	其中填方12万	120000	3			1.7	1.65		
4	资源单位		工日	台班	台班	台班	台班		
5	资源数量		900	258	1222	259.2	198		
6									
7	管涵一队一面1#涵洞	工程量	人工	325水泥	砂	碎石	钢筋	挖掘机	夯实机械
8	长度	30米							
9	基础开挖4-1-3	90	228.7					3.14	
10	基础垫层4-7-5(5)	9	10.4	2.723	5.1	8.67			
11	管涵预制混凝土4-7-4	30	72.9	4.101	4.65	7.89			
12	管涵预制钢筋4-7-4	0.6	9.3				1.025		
13	管涵安装4-7-5(2)	12	14.7	0.197	0.43				
14	回填1-1-7	50	101.7						78.24
15	资源单位		工日	t	m³	m³	t	台班	台班
16	资源数量		277	14.99	19.06	31.47	0.62	0.28	3.91
17									

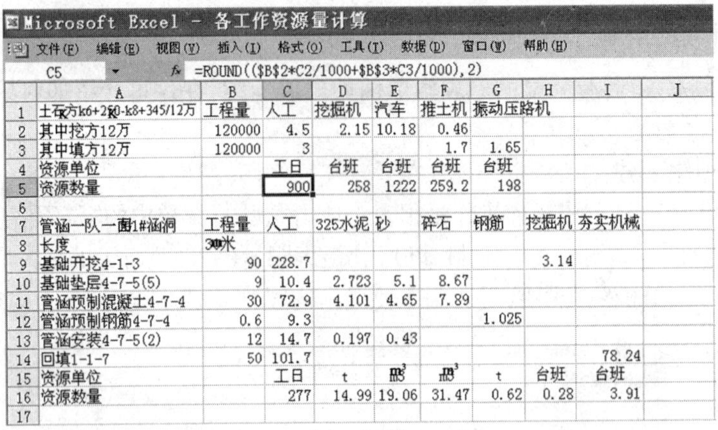

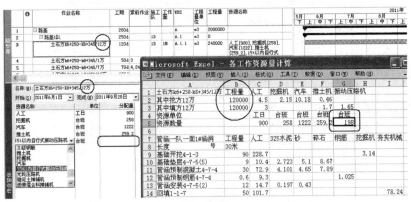

图 6-30

图 6-31

可用拷贝的办法复制相似的工作的资源分配，然后修改“分配量”栏的数据，如图 6-32。注意此图的横道图，“土石方 K6 + 250 ~ K8 + 345/1 万”的“资源名称”栏的数据是上一行拷贝而得，而下窗体“作业窗体”的数据是同一道工序“土石方 K6 + 250 ~ K8 + 345/1 万”正在按照 1 万工程量修改的资源分配数据，所以与上窗口横道图表头的数据不同，当修改完成后按“确定”两者就一致了。在土石方的 12 道工序中特地留两道工序不分配资源是为了检索比较用。

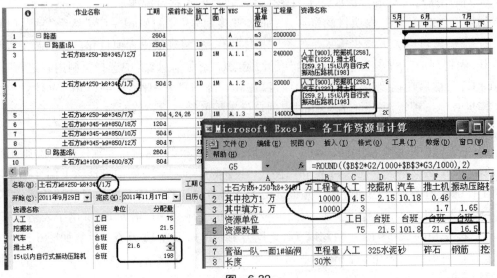

图 6-32

(2)也可以利用"工具"菜单下的"资源分配"中的自定义资源筛选器,来输入相类似工作的资源,以减少资源名称的重复输入。自定义资源筛选器建立与自定义作业筛选器建立在原理上相同。

3. 显示资源计划的内容

(1)单独显示资源计划的内容

单击"视图"菜单中的"资源分布图"显示资源的柱状图,每个屏幕画面显示一种资源的随时间的分布,时间段大小(年、季、月、旬、周、天、时等)可以修改;或者"资源分布表"屏幕表格画面显示所有资源的随时间的分布的具体数值。

(2)显示整个工程的横道图和资源分布图表的上下组合形式

在横道图带作业下窗体的形式中,点击下窗体使之成为当前活动窗口。然后单击"视图"菜单中的"其他视图(U)…",这时会弹出一个"其他视图"的图框,在视图形式中选择"资源分布表"如图6-33,点击"应用"后就显示如图6-34的横道图和资源分布表的组合图,可以打印。时间刻度可以随意设定。如果选"资源分布图"就是图6-35的显示结果。

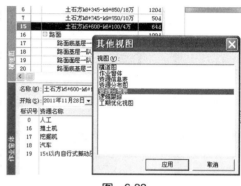

图 6-33

图6-34中时间刻度为"天","人工"在第一天2011年6月1日的每天使用量从图中显示为30.94个工日,即平均30.94个人。这个数值计算方法参见第五章第五节劳动力计划。

图 6-34 横道图和资源分布表的组合图

(五)计划的调整(调整进度计划或资源计划)

根据横道图和资源分布图的组合窗口,可以观察每个资源是否满足每日的限量要求。该事例按照图6-29的每日限量,有四个资源达不到要求,其中挖掘机的过度分配如图6-35下窗体柱状图中横线的上部分。要注意图6-35时间刻度"月"是31d时,作为"该月"的下旬是表示为11d,所以柱状图此时有点假象。图6-35是横道图和挖掘机资源分布图的组合图,反映挖掘机超过本工程每天只有 4 个台班(即只有 4 台挖掘机)的限量,需要调整相应计划。资源过度分配的调整思路有两种,第一种,在工程工期不能增长的条件下,调整资源计划;第二种,在现有的资源,可以增加工程工期的条件下,调整进度计划。理论方法可参见第四章第二节网络计划的优化内容。下面介绍 EasyPlan 软件具体应用。

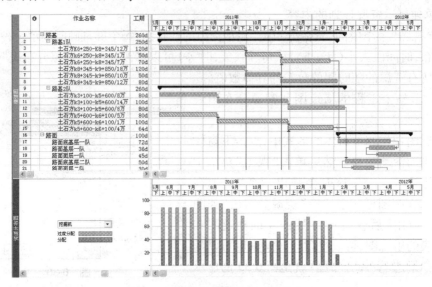

图 6-35　横道图和资源分布图的组合图

1. 调整资源计划

最简单的方法就是增加每天的资源供应量。在主窗口中打开"视图"菜单下的"资源信息表",在资源限量栏中修改资源限量数值(点击增加按钮),与此同时可以观察下窗口观察过度分配的柱状图在减少,一旦过度分配消除,停止增加限量数值。方法可参见图 6-39 汽车每日限量的增加或者减少的过程。

2. 调整进度计划

在工程要求工期不受限时,又不想增加资源的条件下,调整进度计划,延长过度分配时间段的工作持续时间长度,从而降低资源强度使之满足资源限量要求。EasyPlan 软件提供了这方面的调整,通过"工具"菜单下"资源调配…"来实现。

如果选"调配完整项目"资源满足要求的优化工期是 1 116d,因为要满足汽车的过度分配最严重。而将汽车的限量改为 48 就不作为受限条件了,选"调配完整项目"的优化工期是700d。读者可以试一试。

该"事例"的进度计划调整最好采用以下办法。首先分析四个过度分配的资源中,哪个资源作为调配目标进行调配,一旦该资源满足了限量,其他主控资源也都能满足限量要求。在挖掘机、15t 自行振动压路机、推土机和汽车中,汽车虽然过度分配约 4 倍,最严重,但它可以不作为主导资源或称为主控设备,因为容易添加,可以暂时改为 48 以消除过度分配;而挖掘机过度分配约 2 倍多点,如图 6-35;压路机过度分配约不到 2 倍;推土机过度分配约 1 倍多点。所以首选挖掘机过度分配进行资源调整的目标,延长进度计划中使用挖掘机工作的持续时间从而降低挖掘机的资源强度。进入"资源调配"框后单击选择"调配"设置起点时间和终点时间,如图 6-36。单击"开始调配"按钮就完成了这个时间段的进度计划调整,如图 6-37,此时的工程工期 547d,2011 年内,当 31d 的月下旬过度分配,是 11d 造成的假象,实际已经满足了。

图 6-37 中在 2012 年 4 月中旬到 6 月下旬之间还有资源过度分配。

同理继续调整 2012 年 4 月中旬到 6 月下旬时间段,结果如图 6-38,2012 年 9 月有点过度分配约每天 0.182 台挖掘机,基本能满足要求。

在图 6-38 下窗口的左侧的水平移动按钮,可以查看各种资源的分布图,此时的汽车因为每天是 48 台,从图中估计每天的需要量最大不超过 22 台。如果要调整汽车的限量,单击上窗口设定为当前活动窗口,打开"视图"中"资源

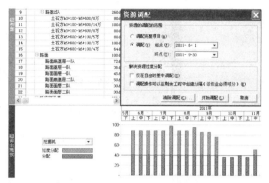

图 6-36　设置优化调配时间段图

信息表"修改汽车限量,可以从 12 按增加按钮,如图 6-39,增到 20 就满足要求了,图中 31d 的月下旬有点过度分配,是 11d 产生的假象,时间刻度改为"周"显示时就不存在这个假象。

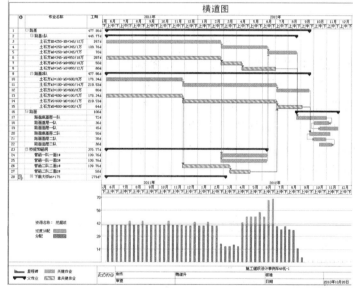

图 6-37　按照图 6-36 挖掘机经过第一时间段的资源调配结果图

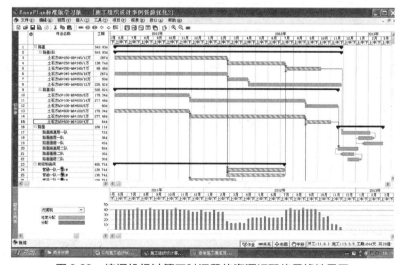

图 6-38　挖掘机经过第二时间段的资源调配的最终结果图

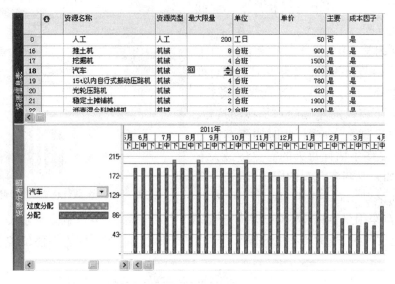

图6-39 调整汽车限量以满足资源需求

需要说明的是,这种优化调整没法保证是最优解或者有唯一最优解,当优化策略不同时,结果不相同,选用"调配完整项目"的结果是700d,上述分时间段优化是644d;如果不修改汽车的过度分配的情况下按照上述"挖掘机"的时间段在第一个时间段调整的结果763d就超出了700d,经过第二时段调整就超过800多天了。所以这种调整我们可以作为计划调整的参考方案,然后在此基础上再手工适当加以调整。手工优化调整的结果只需585d就可以消除了挖掘机限量只有4台的资源过度分配,汽车限量只需22台就满足要求,参见图6-40。

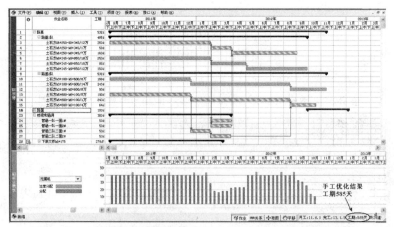

图6-40 手工优化调整工期为585天和挖掘机资源平衡结果图

3. 路基土石方挖填不平衡的计划处理

(1)进度计划的处理

挖方和填方一般是平行同时进行,路基土石方的工作持续时间取挖方或填方中持续时间的大值,作为路基土石方的综合持续时间。

(2)资源计划的处理

上述"事例"如果将挖方改为12万方,填方为10万方,弃方或调(离)运2万方,那么就应该分别按照相应工程数量计算工作所需要的资源数量就行。填方大于挖方的情形相似。

（六）按照需要输出其资源计划（以调整后 644d 计划为例）

1. 输出指定时间段的资源使用计划表

单击“视图”菜单下“资源分布表”，然后设置时间刻度最小划分为“d”；接着在“文件”菜单下“页面设置”中“视图”卡片设置“指定时间”，确定后打印预览或打印。打印资源表的方法与指定打印 2011 年 9 月份横道图相同。图 6-41 是打印的 2011 年 12 月份的资源计划。

资源分布图表

	资源名称	2011年 12月															
		1	2	3	4	5	6	7	8	9	10	11	12	13	14	15	16
0	人工	15.01	15.01	15.01	15.01	15.01	15.01	15.01	15.01	15.01	15.01	15.01	15.01	15.01	15.01	15.01	15.01
1	机械工																
2	材料																
3	水泥																
4	325#水泥	0.14	0.14	0.14	0.14	0.14	0.14	0.14	0.14	0.14	0.14	0.14	0.14	0.14	0.14	0.14	0.14
5	425#水泥																
6	525#水泥																
7	砂	0.17	0.17	0.17	0.17	0.17	0.17	0.17	0.17	0.17	0.17	0.17	0.17	0.17	0.17	0.17	0.17
8	钢模板m2																
9	钢模板t																
10	木材																
11	杉木																
12	松木																
13	钢材																
14	Ⅰ级钢筋	0.01	0.01	0.01	0.01	0.01	0.01	0.01	0.01	0.01	0.01	0.01	0.01	0.01	0.01	0.01	0.01
15	Ⅱ级钢筋																
16	推土机	3.6	3.6	3.6	3.6	3.6	3.6	3.6	3.6	3.6	3.6	3.6	3.6	3.6	3.6	3.6	3.6
17	挖掘机	3.58	3.58	3.58	3.58	3.58	3.58	3.58	3.58	3.58	3.58	3.58	3.58	3.58	3.58	3.58	3.58
18	汽车	16.94	16.94	16.94	16.94	16.94	16.94	16.94	16.94	16.94	16.94	16.94	16.94	16.94	16.94	16.94	16.94
19	15t以内自行式振动压路机	2.75	2.75	2.75	2.75	2.75	2.75	2.75	2.75	2.75	2.75	2.75	2.75	2.75	2.75	2.75	2.75
20	光轮压路机																
21	稳定土摊铺机																
22	沥青混合料摊铺机																
23	夯实机械	0.04	0.04	0.04	0.04	0.04	0.04	0.04	0.04	0.04	0.04	0.04	0.04	0.04	0.04	0.04	0.04
24	工作量（费用）																
25	碎石	0.29	0.29	0.29	0.29	0.29	0.29	0.29	0.29	0.29	0.29	0.29	0.29	0.29	0.29	0.29	0.29

	资源名称	17	18	19	20	21	22	23	24	25	26	27	28	29	30	31
0	人工	15.01	15.01	15.01	15.01	15.01	15.01	15.01	15.01	15.01	15.01	15.01	15.01	15.01	15.01	15.01
1	机械工															
2	材料															
3	水泥															
4	325#水泥	0.14	0.14	0.14	0.14	0.14	0.14	0.14	0.14	0.14	0.14	0.14	0.14	0.14	0.14	0.14
5	425#水泥															
6	525#水泥															
7	砂	0.17	0.17	0.17	0.17	0.17	0.17	0.17	0.17	0.17	0.17	0.17	0.17	0.17	0.17	0.17
8	钢模板m2															
9	钢模板t															
10	木材															
11	杉木															
12	松木															
13	钢材															
14	Ⅰ级钢筋	0.01	0.01	0.01	0.01	0.01	0.01	0.01	0.01	0.01	0.01	0.01	0.01	0.01	0.01	0.01
15	Ⅱ级钢筋															
16	推土机	3.6	3.6	3.6	3.6	3.6	3.6	3.6	3.6	3.6	3.6	3.6	3.6	3.6	3.6	3.6
17	挖掘机	3.58	3.58	3.58	3.58	3.58	3.58	3.58	3.58	3.58	3.58	3.58	3.58	3.58	3.58	3.58
18	汽车	16.94	16.94	16.94	16.94	16.94	16.94	16.94	16.94	16.94	16.94	16.94	16.94	16.94	16.94	16.94
19	15t以内自行式振动压路机	2.75	2.75	2.75	2.75	2.75	2.75	2.75	2.75	2.75	2.75	2.75	2.75	2.75	2.75	2.75
20	光轮压路机															
21	稳定土摊铺机															
22	沥青混合料摊铺机															
23	夯实机械	0.04	0.04	0.04	0.04	0.04	0.04	0.04	0.04	0.04	0.04	0.04	0.04	0.04	0.04	0.04
24	工作量（费用）															
25	碎石	0.29	0.29	0.29	0.29	0.29	0.29	0.29	0.29	0.29	0.29	0.29	0.29	0.29	0.29	0.29

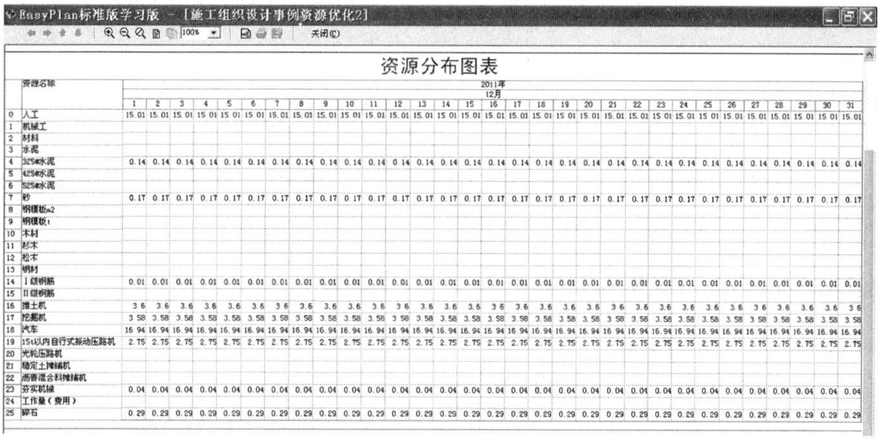

图 6-41　2011 年 12 月份资源使用量分布表

2. 输出使用某种指定资源（如“挖掘机”）的相关工作（工序）和时间段

单击“视图”菜单下“资源信息表”，然后单击“下窗口辅视图展开和收折（F12）”按钮，或者在“视图”中点击“资源窗体”，目的就是要出现下窗口。将下窗口点击为当前活动窗口，然后选择“视图”下的“其他视图…”并选择“横道图”最后点击“应用”。结果如图 6-42，点击挖掘机资源下窗口就显示使用挖掘机的所有工作的各个属性。

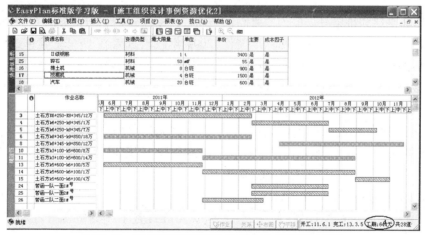

图 6-42　指定挖掘机资源在各工作中的使用时间段

（七）资金计划编制和形成

1. 输入成本（主要是固定成本）数据

成本是由固定成本和可变成本组成，可变成本是由各工作的资源消耗量所决定的，即数量乘以单价；固定成本在此处是人工输入。在主视图是横道图时表头插入“固定成本”和“成本”属性列，或者“视图”菜单下“表▶”中的“成本”表，此时固定成本为 0，成本就是资源的消耗费用;当输入"基本作业"的固定成本之后,成本值随之增加相应数量,而且各级"父作业"的成本值也随之增加。"成本"表中的"固定成本累算"一般不需要更改,就按照系统默认的"按比例"就行了。它是表示该工作(基本作业)在施工阶段(计划实施跟踪阶段),随着进度如何累计固定成本的分摊计算,分为"按比例"、"开始"、"结束"三种,实际工程中的工序基本都是"按比例",而如果是水泥混凝土预制工作,其固定费用(如拌和楼的安装费用等)可以选用"开始",表示预制工作一开始固定成本就消耗了,目的是在成本计划跟踪中可以立刻反映该固定成本消耗。

2. 资金计划的形成

各类有关成本报表。主要有"成本报表"和"资金需求计划表",后者还是公路投标文件中施工组织设计应提交的主要内容之一,软件中提供的表格形式与附表九合同用款计划表有些不同,可以导入 Excel 后进行格式编辑。

四、投标文件中施工组织设计的附表生成和输出

投标文件中施工组织设计附表在第一章已作介绍。EasyPlan 可以提供附表一施工总体计划表,附表二分项工程进度率计划(斜率图),附表三工程管理曲线,这三个是按照《公路工程国内招标文件范本》(2003 年版)的格式编制,与《公路工程施工标准招标文件》(2009 年版)形式基本相同,就是附表二分项工程进度率计划(斜率图)的线条形式不同。

1. 施工总体计划表的生成

利用软件本身提供的施工总体计划表的编码形式(系统默认为编码 1 中已经做好的符合公路招标文件格式的 2 级凹入形式),在横道图的表头直接插入属性栏"编码 1(施工总体计划)",然后根据级别编码在该栏中只对"基本作业"输入数字。例如不能在"路基"这个"父作业"中输入 4,只能在"土石方作业"中输入 4,可用复制更加快捷。二级码用"."英文句点符号分割,例如路面基层和桥梁只需输入二级码,不需输入一级码的 7 或 10,如图 6-43。输入的具体码值可以参考范本(2003 年版)和标准文件(2009 年版),或者在"工具"菜单下"自定义属性…"打开后的编码 1 中查看,还可以在此命令框中自己编制或修改施工总体计划表的格式。最后点击"报表"下的"施工总体计划表",结果显示如图 6-44。在此尤其需要说明的是,从该施工总体计划的编码设置给我们启示,说明该软件提供了各种归类形式的自定义报表,用户可以通过自己编码定义和输入相关码值进行自己想实现的各种归类。如果在横道图的第一行插入施工准备和路基处理两工作就可以和报表的内容一致,考虑到学习版包含父作业(子工程只算 1 个)不能超 29 个,所以没有增加这两道工作。

2. 分项工程进度率计划(斜率图)的生成

在生成分项工程进度率计划(斜率图)之前要先进行各工作的资源分配和成本栏目列的插入,输入相关成本值(固定成本),例如本事例路面和桥梁没有分配资源,成本为零,此时只要输入固定成本值不为 0 就行了,然后复制粘贴。再插入"文本 1 斜率图"列,然后输入相关值,可以点击值域的右边出下拉框现按钮来选择值,然后相同值用复制粘贴快捷完成,如图 6-45。选择报表中显示斜率图,如图 6-46。可以在"设置数据"中修改图例的线条使之尽量符合 09 版的要求。要注意斜率图不是前面第五章中进度计划形式中的垂直图(垂直图也称为斜条图、或者垂直表、速率图等),因为斜率图的坐标体系与"S"曲线相同,而与垂直图不同。

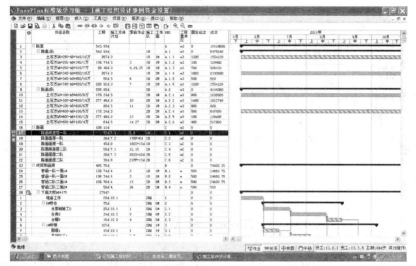

图 6-43

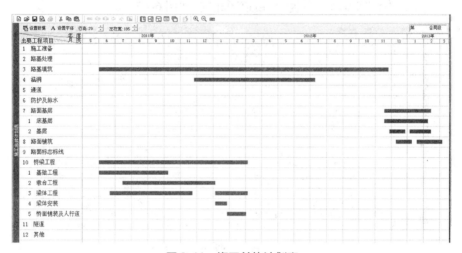

图 6-44 施工总体计划表

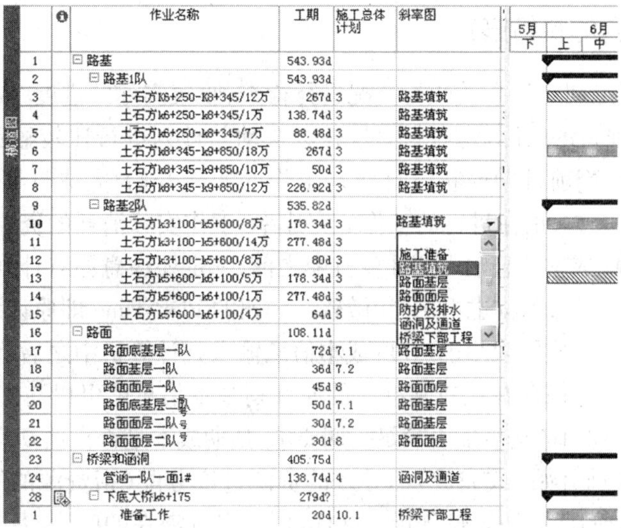

图 6-45

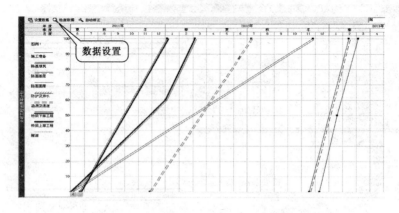

图 6-46 分项工程进度率计划(斜率图)

3. 工程管理曲线的生成

要先有费用数据,与斜率图相同。直接选择报表中显示工程管理曲线,不过系统默认的时间刻度是"d",单击右键修改时间刻度,与横道图相同,如图 6-47。

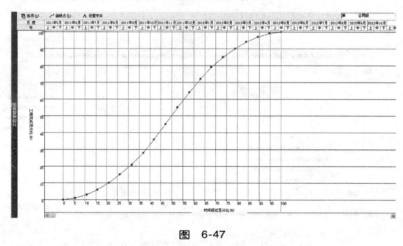

图 6-47

五、工程施工项目的执行跟踪

计划实施后,应当定期对计划的执行情况进行检查,收集实际的进度/成本数据,并将实际数据输入到工程施工项目的实际数据栏中,软件会自动与计划进行比较显示。需要输入的数据通常包括:检查日期(当前日期或状态日期)、工作的实际开始/完成日期、工作实际完成的工程量、工作已进行的天数、正在进行的工作的完成率、工作实际消耗的资源和支出的费用等。

将实际发生的进度/成本信息输入到计算机中之前,一定要注意原有计划数据的保存,各种不同的软件其要求也不一样,名称也不相同(微软和同州的 Plan Time 即原计划时间相当于同望 EasyPlan 的"基准日期")。实际发生的进度/成本信息输入到计算机中之后,可以利用项目管理软件对计划进行自动更新,保存在比较基准中的原计划基本信息就可以与实际变化信息比较。更新后可以检查和比较项目的进度能否满足工期要求,预期成本是否在预算范围之内,是否出现因部分工作的推迟或提前开始(或完成)而导致的资源过度分配(指资源的使用超出资源的供应),也就是挣(赢)得值的计算和比较分析。这样,可以发现潜在的问题,及时调整项目计划来保证项目的预期目标的实现,如通过网络优化压缩关键线路来满足工期要求等。

项目计划调整后,应及时通过书面形式或电子形式通知有关人员,使调整后的计划能够得到贯彻和落实,起到指导施工的作用。需要强调的是,项目计划的实施(执行)跟踪、更新和调整这个过程需要不断地反复进行,直至项目的全部完成。下面简单介绍同望 EasyPlan 的执行跟踪,以优化后不包含下底大桥子工程的 644d 计划为例。

1. 保存原计划信息

单击"工具"菜单下"跟踪▶"中的"保持比较基准…",然后弹出如图 6-48 的命令框并选择相关内容,然后单击"确定"按钮,即完成保存原计划的进度和资源费用信息。

2. 输入各个工作的实际开始时间和当前日期和已完成部分的状态进行计划跟踪

在横道图的表头插入相关的工作(作业)属性栏,如"日期"、"工期"、"数字"、"文本"等内容,然后在相应栏目中输入数据。

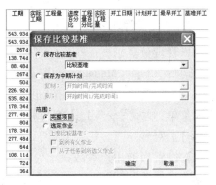

图 6-48

(1) 输入各个工作的实际开始时间

可以根据实际施工的提前或推迟情况输入实际数据,本例有意将两个工作实际开工时间推迟为 11-6-6 和 11-6-3,分别推迟开工 5d 和 2d,见图 6-49 中圆圈标注处的变化内容。当实际开工推迟后,"计划时间(日期)"、"最早和最迟时间"都会随之变化,而"基准日期"不变,才能进行实际与计划的比较。如图 6-49,关注第 6 行的工作和第 10 行的工作,横道图的开始也随之变化,而基准开始依然是 11-6-1。

图 6-49

(2) 在"项目"菜单下"项目信息"中修改当前日期和状态日期作为检查日

本例设置为 2011 年 6 月 10 日(晚上),为检查日(以状态日期为准)。

(3) 输入当前日期和状态日期下的各个工作的实际进度数据

用输入"进度百分比"最为简单。请注意图 6-49 中"进度百分比"与"工程量百分比"的区别,"进度日期"是实际进度达到点(前锋线)所反映的日期。单击横道图右键打开"前锋线"并确定,就能显示(或关闭)前锋线。

随着工程进展可以在一个项目文件中不断保留各个中期进度和资源消耗以及成本的实际数据,共有 11 个基准可供保存,参见图 6-48 中的保存内容。具体使用可参见《同望 EasyPlan 项目计划管理系统用户手册》。

第三节 公路工程参与方的多项目管理和信息化技术(P3/e)

一、多项目管理的设置与规划

(一) 设置管理参数

1. 管理员登录

运行"Project Management",输入用户名"admin",输入口令"admin",点击"确定"按钮登录 PM 组件,见图 6-50。选择菜单"显示"→"工具条",将"工具条"菜单中所有选项都打上对号。

2. 设置当前用户参数

选择菜单"编辑"→"用户设置",并按照下图所示设置当前各个参数。

(1) 参数"时间单位"的设置如图 6-51 所示。

(2) 参数"日期"的设置如图 6-52 所示。

图 6-50 登录对话框

图 6-51 时间单位设置

图 6-52 日期格式设置

(3) 参数"货币"的设置如图 6-53 所示。

(4) 参数"开始过滤器"的设置如图 6-54 所示。

图 6-53 定义货币体系

图 6-54 定义开始过滤器

(二)建立企业管理信息

1. 建立企业的 OBS(企业组织分解结构)

选择菜单"企业"→"OBS",按图 6-55 所示建立企业组织分解结构

2. 建立企业项目结构 EPS

选择菜单"企业"→"EPS",按图 6-56 所示点击"显示:EPS",在弹出的菜单中选中"栏位"→"责任人"。

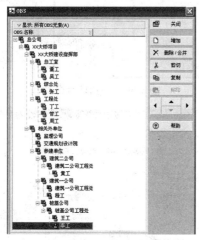

图 6-55 建立企业组织分解结构

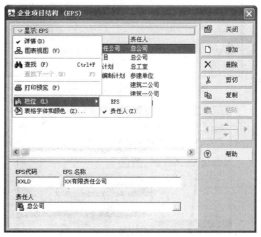

图 6-56 建立企业项目结构

按图 6-57 所示建立"EPS"结构,并为每一个"EPS"节点选择一个"责任人"。注意:EPS 节点的负责人只能在对话框底部的 EPS 详表"责任人"编辑框中进行选择,不能直接在表格框中选择或者填写。

3. 建立分类码体系

(1)项目分类码

选择菜单"企业"→"项目分类码",点击"修改"按钮,添加如图 6-58 所示的项目分类码。

(2)作业分类码

选择菜单"企业"→"作业分类码",点击"修改"按钮,添加如图 6-59 所示的作业分类码。注意:先点击修改,建立九个全局作业分类码,然后在"标段""承包商"和"计划层次"下增加各自的码值。

(3)资源分类码

选择菜单"企业"→"资源分类码",点击"修改"按钮,增加"人工"分类码,关闭修改窗口后,点击增加,增加如表 6-2 所示资源分类码。

表6-2

资料分类码值	分类码说明	资料分类码值	分类码说明
GL	管理人员	PG	普通工人
JS	技术人员		

4. 定义企业日历

选择菜单"企业"→"日历",点击"增加"按钮,增加两个全局日历"7 天工作日"和"5 天工作日",并将 2010~2015 年的 5 月 1 日到 5 月 3 日和 10 月 1 日到 10 月 3 日设为非工作日。如图 6-60 所示。

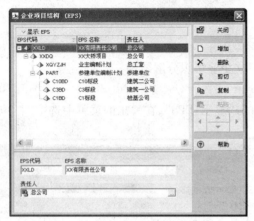

图 6-57　建立企业项目结构（续）

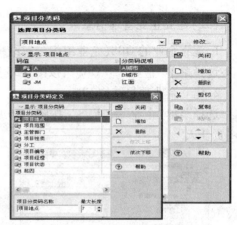

图 6-58　设置项目分类码

图 6-59　设置作业分类码

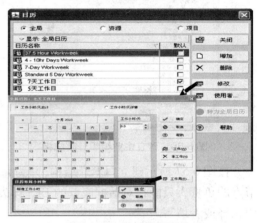

图 6-60　增加全局日历

5. 管理用户及权限

（1）创建全局/项目安全配置

①选择菜单"管理员"然后选择"安全配置"，在弹出的窗口中添加两个全局安全配置"1. 参建单位全局权限"和"2. 业主全局权限"，并给这两个全局安全配置如图 6-61 和图 6-62 所示的权限。其中"1. 参建单位全局权限"只需将图 6-61 所示的权限条目勾上，"2. 业主全局权限"要包含所有全局权限，要将它的所有权限条目全部勾为"有权限"，见图 6-62。

图 6-61　参建单位全局权限

图 6-62　业主全局权限

②点击"项目配置"单选框,添加两个项目安全配置"1.项目经理权限"和"2.项目查看权限",并按图6-63a)和图6-63b)所示为这两个项目安全配置分配他们的权限。其中"1.项目经理权限"要包含所有的项目权限,"2.项目查看权限"不含任何项目权限。

a)项目经理权限　　　　　　　　b)项目查看权限

图6-63　项目配置

(2)创建用户并分配权限

选择菜单"管理员"然后选择"用户管理",保留admin用户的内容,添加"王工"、"董工"、"黄工"和"程工"四个用户,并按表6-3所示填写用户信息,见图6-64,为每个用户分配用户权限和分配作为"project management"组件并发用户的许可,见图6-65。

 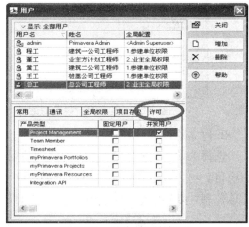

图6-64　用户设置(项目存取权限)　　　　　图6-65　用户设置(许可)

定义用户信息表　　　　　　　　　　　　表6-3

用户名	姓　　名	全局安全配置	项　目　存　取		许　　可
			责任人	安全配置	
董工	业主方计划工程师	业主全局权限	总公司	项目查看权限	PM并发用户
			总工室	项目经理权限	
程工	建筑一公司工程师	参建单位全局权限	建筑一公司	项目经理权限	PM并发用户
			总工室	项目查看权限	
			总公司	项目查看权限	
王工	桩基公司工程师	参建单位全局权限	桩基公司	项目经理权限	PM并发用户
			总工室	项目查看权限	
			总公司	项目查看权限	

续上表

用户名	姓 名	全局安全配置	项目存取		许 可
			责任人	安全配置	
黄工	建筑二公司工程师	参建单位全局权限	建筑二公司	项目经理权限	PM 并发用户
			总工室	项目查看权限	
			总公司	项目查看权限	
总工	总公司工程师	业主全局权限	总公司	项目查看权限	PM 并发用户

二、计划编制

(一) 编制总控制计划

1. 业主用户登录

退出并重新启动软件,按图 6-66 所示输入用户名:"董工",以业主计划工程师的身份登录软件。选择菜单"显示"→"工具条",将"工具条"菜单中所有选项全部打上对号,如图 6-67 所示。

按照本事例中图 6-52 到图 6-54 所示,以相同的方式设置用户的各个参数。

图 6-66　业主用户登录对话框　　　　　图 6-67　定义显示内容

2. 建立总控制计划项目

选择菜单"企业"→"项目"切换到项目窗口中,选择菜单"文件"→"新建",建立如图 6-68 的项目。项目建立完成后,按照如图 6-69 所示在下部的详情窗口的"默认"选项卡中将"××桥总控制计划"的日历设置为"7 天工作日"。

图 6-68　建立业主项目

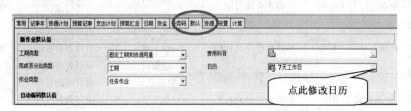

图 6-69　设置总控制计划的日历

3. 建立总控制计划的 WBS 结构

选择菜单"项目"→"WBS"切换到总控制计划的工作分解结构窗口中,按照图 6-70 建立 WBS 结构。

WBS 代码	WBS 名称	责任人
XQZKJH	××桥总控制计划	总工室
XQZKJH.ZQJH	主桥计划	总工室
XQZKJH.NJGC	南接线工程	总工室
XQZKJH.BJGC	北接线工程	总工室

图 6-70 建立总控制计划的 WBS 结构

4. 建立总控制计划的作业

选择菜单"项目"→"作业"切换到总控制计划的作业窗口中,选择菜单"显示"→"栏位",按照图 6-71 所示的调整作业窗口的栏位。

选择菜单"显示"→"分组和排序",按照图 6-72 所示调整作业窗口中所有作业的分组和排序方式。其中,选择分组条件为"WBS",并显示代码/分类码。

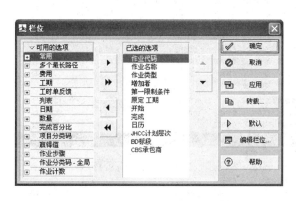
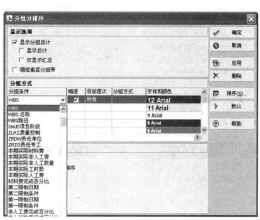

图 6-71 作业窗口栏位的调整　　图 6-72 调整作业的分组和排序方式

在作业窗口中按照表 6-4 所示建立总控制计划的分项作业;图 6-73 是表 6-3 的横道图。

注意:由于是在"董工"的用户下的操作,只能创建和修改"董工"所创建的"WBS"下的分项作业。同理,其他几个用户也只能对自己所负责的项目进行修改,对其他用户的项目只有查看权限。

(二)编制标段控制计划

退出 P6 软件,分别以"王工""程工""黄工"的用户名登录软件,仿照总控制计划的建立过程,在各自负责的 EPS 节点下建立各自的项目,如图 6-74 所示。

切换到 WBS 界面,建立各自的 WBS 结构,如图 6-75 所示。

切换到作业窗口,按照本节中图 6-71 和图 6-72 的做法调整栏位和分组方式。

注意:C1A1120 和 C3B1160 的紧后作业需要在 admin 用户下赋予。

(三)定义和加载记事本、作业步骤和产品文档

(1)以业主方计划工程师"董工"的用户名登录 P6 软件。选择菜单"管理员"→"管理类别"→"记事本"。添加如图 6-76 所示的记事本类型。

作业详表　　　　　　　　　表6-4

业代码	作业名称	作业类型	增加者	第一限制条件	原定工期	开始	完成	紧前作业	后续作业	日历	JHCC计划层次	BD标段	CBS承包商
XX桥总控制计划					1916d	2010-04-19	2015-08-19						
LC1010	北接线开工	开始里程碑	董工	开始日期	0d	2010-04-19*				七天工作日	1		
LC1020	主桥开工	开始里程碑	董工	开始日期	0d	2010-06-01*				七天工作日	1		
LC1030	南接线开工	开始里程碑	董工	开始日期	0d	2010-11-01*				七天工作日	1		
LC1040	主桥竣工	完成里程碑	董工	完成日期	0d		2015-08-19*			七天工作日	1		
主桥计划					1875d	2010-06-02	2015-08-19						
ZQ1010	基础工程	任务作业	董工		547d	2010-06-02	2012-07-16			五天工作日	2		
ZQ1020	塔身、上部结构施工	任务作业	董工		725d	2012-07-16	2015-05-15			五天工作日	2		
ZQ1030	桥面工程	任务作业	董工		68d	2015-05-18	2015-08-19			五天工作日	2		
南接线工程					1708d	2010-11-01	2015-08-01						
NJ1010	南接线工程	任务作业	董工	开始日期	1708d	2010-11-01*	2015-08-01			七天工作日	2		
北接线工程					1899d	2010-04-19	2015-08-02						
BJ1010	北接线工程	任务作业	董工		1899d	2010-04-19	2015-08-02			七天工作日	2		
C1标段（北主塔基础及其辅助墩过渡墩）					764d	2010-06-02	2012-07-16						
68#主墩基础施工					764d	2010-06-02	2012-07-16						
C1A1010	施工进场准备及大临工程设计	任务作业	王工		65d	2010-06-02	2010-08-31		C1A1030	五天工作日	3	C1	ZJ
C1A1020	水上试桩工程	任务作业	王工		87d	2010-06-02	2010-09-30			五天工作日	3	C1	ZJ
C1A1030	冲刷预防护	任务作业	王工		43d	2010-08-03	2010-09-30	C1A1010	C1A1040, C1A1050	五天工作日	3	C1	ZJ
C1A1040	钢护筒施工与搭设施工作业平台	任务作业	王工		85d	2010-10-04	2011-01-28	C1A1030	C1A1060	五天工作日	3	C1	ZJ
C1A1050	基础冲刷永久防护	任务作业	王工		172d	2010-10-29	2011-06-29	C1A1030		五天工作日	3	C1	ZJ
C1A1060	钻孔灌注桩施工（含压浆）	任务作业	王工		181d	2010-12-01	2011-08-12	C1A1040	C1A1070	五天工作日	3	C1	ZJ
C1A1070	拆除施工作业平台	任务作业	王工		42d	2011-09-01	2011-10-31	C1A1060	C1A1090	五天工作日	3	C1	ZJ
C1A1080	设计、制作、加工钢套箱	任务作业	王工	开始日期	130d	2011-04-01*	2011-10-04			五天工作日	3	C1	ZJ
C1A1090	钢套箱拼装，下水就位	任务作业	王工		66d	2011-11-01	2012-01-31	C1A1070	C1A1100	五天工作日	3	C1	ZJ
C1A1100	钢套箱封底，抽水、凿桩头	任务作业	王工		31d	2012-02-01	2012-03-14	C1A1090	C1A1110	五天工作日	3	C1	ZJ
C1A1110	承台塔座施工	任务作业	王工		75d	2012-02-29	2012-06-15	C1A1100	C1A1120	五天工作日	3	C1	ZJ
C1A1120	临时设施拆除和工程验收	任务作业	王工		21d	2012-06-18	2012-07-16	C1A1110	C3A1010	五天工作日	3	C1	ZJ
65#至67#辅墩过渡墩施工					568d	2010-09-01	2012-03-30						
C1B1010	桩基施工	任务作业	王工	开始日期	214d	2010-09-01*	2011-06-30		C1B1020	五天工作日	3	C1	ZJ
C1B1020	承台施工	任务作业	王工		173d	2011-02-28	2011-10-31	C1B1010	C1B1030	五天工作日	3	C1	ZJ
C1B1030	墩身施工	任务作业	王工		195d	2011-07-01	2012-03-30	C1B1020		五天工作日	3	C1	ZJ
C3标段（北主塔塔身、上部结构安装）					1110d	2012-07-17	2015-08-18						
塔柱施工					568d	2012-07-17	2014-02-13						
C3A1010	施工进场准备	任务作业	程工		44d	2012-07-17	2012-09-14	C1A1120	C3A1020	五天工作日	3	C3	JZ1
C3A1020	下塔柱施工	任务作业	程工		64d	2012-08-31	2012-12-03	C3A1010	C3A1030	五天工作日	3	C3	JZ1
C3A1030	横梁施工	任务作业	程工		22d	2012-12-04	2013-01-02	C3A1020	C3A1040	五天工作日	3	C3	JZ1
C3A1040	中塔柱施工	任务作业	程工		127d	2013-01-03	2013-07-03	C3A1030	C3A1050	五天工作日	3	C3	JZ1
C3A1050	工序转换	任务作业	程工		14d	2013-07-04	2013-07-23	C3A1040	C3A1060	五天工作日	3	C3	JZ1
C3A1060	上塔柱施工	任务作业	程工		129d	2013-07-24	2014-01-23	C3A1050	C3A1070	五天工作日	3	C3	JZ1
C3A1070	拆除塔柱施工模板与支架	任务作业	程工		15d	2014-01-24	2014-02-13	C3A1060	C3B1020	五天工作日	3	C3	JZ1
钢箱梁、斜拉索安装					675d	2013-10-04	2015-08-18						
C3B1010	托架安装	任务作业	程工	开始日期	45d	2013-11-20*	2014-01-21		C3B1030	五天工作日	3	C3	JZ1
C3B1020	0#块安装	任务作业	程工		20d	2014-02-14	2014-03-13	C3A1070	C3B1030	五天工作日	3	C3	JZ1
C3B1030	桥面吊机安装	任务作业	程工		33d	2014-03-14	2014-04-29	C3B1020	C3B1040, C3B1050	五天工作日	3	C3	JZ1
C3B1040	拆除托架	任务作业	程工		19d	2014-04-30	2014-05-28	C3B1030		五天工作日	3	C3	JZ1
C3B1050	钢箱梁悬臂吊装、斜拉索安装	任务作业	程工		226d	2014-04-30	2015-03-18	C3B1030	C3B1090	五天工作日	3	C3	JZ1
C3B1060	边跨支架、临时墩安装	任务作业	程工	开始日期	128d	2013-10-04*	2014-04-01		C3B1070	五天工作日	3	C3	JZ1
C3B1070	边跨钢箱梁吊装	任务作业	程工		84d	2014-04-02	2014-07-30	C3B1060	C3B1080	五天工作日	3	C3	JZ1
C3B1080	边跨合拢段安装	任务作业	程工		23d	2014-07-31	2014-09-01	C3B1070		五天工作日	3	C3	JZ1
C3B1090	中跨合拢段安装	任务作业	程工		22d	2015-03-19	2015-04-17	C3B1050	C3B1100, C3B1110, C3B1130	五天工作日	3	C3	JZ1
C3B1100	拆除边跨支架、临时墩	任务作业	程工		41d	2015-04-20	2015-06-16	C3B1090		五天工作日	3	C3	JZ1
C3B1110	拆除主墩基础钢套箱	任务作业	程工		41d	2015-04-20	2015-06-16	C3B1090	C3B1120	五天工作日	3	C3	JZ1
C3B1120	安装主墩基础防撞设施	任务作业	程工		45d	2015-06-17	2015-08-18	C3B1110		五天工作日	3	C3	JZ1
C3B1130	拆除桥面吊机	任务作业	程工		8d	2015-04-20	2015-04-29	C3B1090	C3B1140	五天工作日	3	C3	JZ1
C3B1140	斜拉索索力调整、全桥线性调整	任务作业	程工		12d	2015-04-30	2015-05-18	C3B1130	C3B1150, C3B1160	五天工作日	3	C3	JZ1
C3B1150	抗震阻尼安装	任务作业	程工		21d	2015-05-19	2015-06-16	C3B1140		五天工作日	3	C3	JZ1
C3B1160	伸缩缝安装	任务作业	程工		22d	2015-04-17	2015-05-19	C3B1140	C10A1010	五天工作日	3	C3	JZ1
C10标段（桥面铺装）					92d	2015-05-20	2015-08-19						
钢桥面防腐涂装					59d	2015-05-20	2015-07-17						
C10A1010	钢桥面防腐涂装	任务作业	黄工		43d	2015-05-20	2015-07-17	C3B1160	C10B1010	五天工作日	3	C10	JZ2
钢桥面铺装					63d	2015-06-18	2015-08-19						

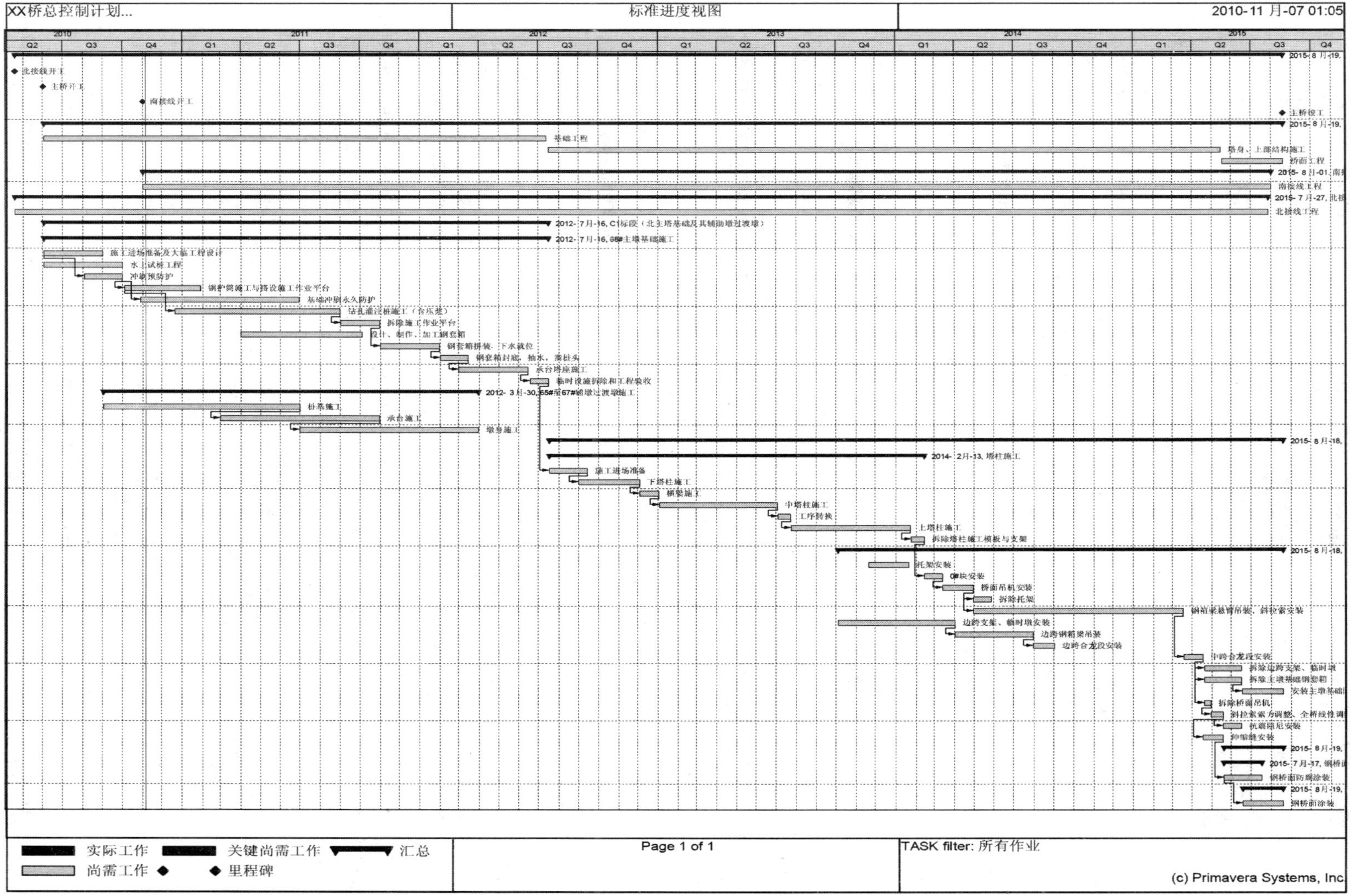

图6-73 表6-4的横道图

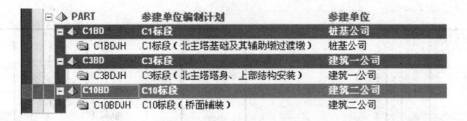

图 6-74　参建单位各自项目

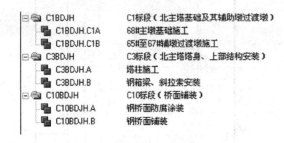

图 6-75　参建单位各自 WBS 结构

图 6-76　添加记事本类型

（2）选择菜单"管理员"→"管理类别"→"文档类别"和"文档状态"建立如图 6-77 和图 6-78 所示的文档类别和文档状态。

图 6-77　添加文档类别

图 6-78　添加文档状态代码

（3）以桩基公司工程师"王工"的用户名登录 P6 软件，给作业 C1A1120 增加记事本，如图 6-79 所示。

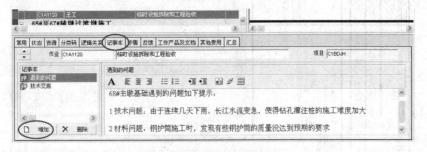

图 6-79　增加记事本

（4）选择菜单"项目"→"工作产品及文档"增加工作产品及文档，如图 6-80 所示。给作业 C1A1120 分配工作产品及文档，如图 6-81 所示。

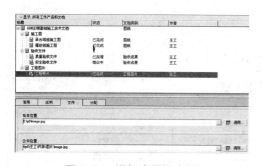

图 6-80　增加产品及文档

图 6-81　分配工作产品及文档

(5)以建筑一公司工程师"程工"的用户名登录 P6 软件,选定作业 C3B1050,增加作业的具体细化步骤,如图 6-82 所示,并赋予每个步骤权重,通过权重反映作业完成的比例。

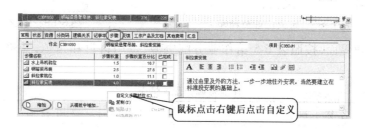

图 6-82　增加作业步骤

(6)定义项目的作业完成百分比基于作业步骤的完成情况。选择菜单"企业"→"项目",在项目详情表的计算选项卡中设置计算参数,如图 6-83 所示。

图 6-83　设置计算参数

三、资源及费用管理

下面的操作使用管理员用户"admin"登录。

1.定义角色、资源和费用科目码值

(1)选择菜单"企业"→"角色"定义角色。如图 6-84。

(2)按照图 6-85 所示,定义企业、项目资源库并分配角色给所定义的资源。

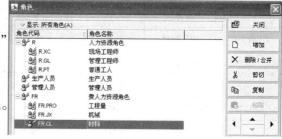

图 6-84　定义角色

注意:"单价"和"单位时间最大值"是在资源详情表的"数量与价格"页面中定义的;主要角色是在资源详情表中的"角色"页面中定义的,"资源类型"是在"详情"页面中定义的。此外,"单价表示"是通过菜单"企业"→"用户自定义字段"中在"资源"字段中加上的,数据类型

209

选择"文本"。

（3）增加企业的费用科目库

菜单"企业"→"费用科目"，建立如图6-86所示的费用科目。

图6-85　定义企业资源库　　　　图6-86　定义企业费用科目库

2. 切换到作业界面，按照表6-5给作业分配资源、费用科目和角色，并输入预算数量和费用

作业资源分配详情表　　　　　　　　　　表6-5

作业代码	资源名称	预算费用	预算数量	尚需数量	费用科目	角色
C1A1010	GL 管理人员	15 600	130	130	XQFYKM.GL	管理工程师
C1A1020	DZ 打桩机械	960 000	1 920	1 920	XQFYKM.JS.JC	机械
	PG 普工	1 120 000	14 000	14 000	XQFYKM.JS.JC	普通工人
C1A1030	PG 普工	800 000	10 000	10 000	XQFYKM.JS.JC	普通工人
C1A1040	DHG 电焊工	336 000	3 500	3 500	XQFYKM.JS.JC	现场工程师
	DJ 吊机	19 200	64	64	XQFYKM.JS.JC	机械
	GL 管理人员	240 000	2 000	2 000	XQFYKM.GL.SG	管理工程师
C3A1010	DJ 吊机	13 200	44	44	XQFYKM.JS.TZ	机械
	GL 管理人员	144 000	1 200	1 200	XQFYKM.GL	管理工程师
C3A1020	GC. 钢材	0	0	0	XQFYKM.JS.TZ	材料
	PG 普工	1 200 000	15 000	15 000	XQFYKM.JS.TZ	普通工人
	SN 水泥	0	0	0	XQFYKM.JS.TZ	材料
C3A1030	GC. 钢材	0	0	0	XQFYKM.JS.TZ	材料
	SN 水泥	0	0	0	XQFYKM.JS.TZ	材料
	PG 普工	320 000	4 000	4 000	XQFYKM.JS.TZ	普通工人
C10A1010	GL 管理人员	120 000	1 000	1 000	XQFYKM.GL.SG	管理工程师
	PG 普工	480 000	6 000	6 000	XQFYKM.JS.QM	普通工人
C10B1010	GL 管理人员	120 000	1 000	1 000	XQFYKM.JS.AZ	管理工程师
	PG 普工	288 000	3 600	3 600	XQFYKM.JS.QM	普通工人

注意：表6-5中的所有字段都在作业详情表的"资源"页面中修改，在资源页面中单击右键来修改页面中的栏位。如图6-87所示。

图 6-87　给作业分配资源

3. 增加其他费用

(1) 定义其他费用类别

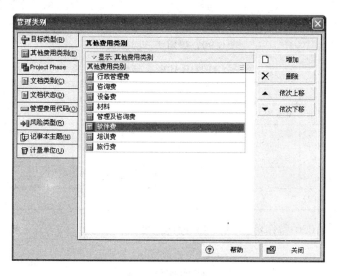

图 6-88　定义其他费用类别

菜单"管理员"→"管理类别"→"其他费用类别",如图 6-88 所示。

(2) 分别给作业 C1A1020、C1A1030 增加其他费用。如图 6-89 所示。

图 6-89　增加其他费用

四、计划的执行与跟踪

计划执行及数据更新

1. 复制目标工程

打开 C1BDJH 项目,建立其目标工程。

菜单"项目"→"维护目标计划",然后点击窗口右边的增加按钮,并将目标计划改为"initial plan",然后选择菜单"项目"→"分配目标计划",然后将其设为第一目标项目如图 6-90 所示。

2. 更新项目 C1BDJH 的部分作业

如表 6-6。

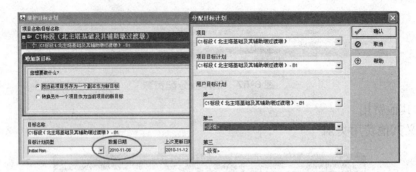

图 6-90　设置第一目标项

C1BDJH 作业更新表　　　　　　　　　　表 6-6

作业代码	实际开工	实际完工	尚需工期(d)	资源名称	本期实际数量	本期实际费用
C1A1010	2010 年 6 月 2 日	2010 年 9 月 2 日	0	管理人员	150	20 000
C1A1020	2010 年 6 月 10 日		10	打桩机械	230	920 000
				普工	13 500	1 100 000
C1A1030	2010 年 7 月 26 日		13	普工	8 000	700 000
C1B1010	2010 年 9 月 20 日		205			

3. 更新作业 C1A1020 和作业 C1A1030 的其他费用

如表 6-7 所示。

C1BDJH 其他费用更新表　　　　　　　　　　表 6-7

作业代码	其他费用说明	分布方式	实际费用	预算费用	预算费用	相关单位
C1A1020	管理费	随工期均匀分布	90 000	100 000	1	××建设咨询公司
C1A1030	管理费	随工期均匀分布	80 000	100 000	1	××建设咨询公司

4. 对 C1BDJH 进行进度核算

数据日期为 2010/11/14。单独打开 C1BDJH 项目，按 F9 或者选择菜单"工具"→"进度计算"。如图 6-91 所示。

计算完成后，按"查看记录"按钮或者直接打开记录文件 SCHEDLOG.TXT，得到工程最早完工时间，如图 6-92。

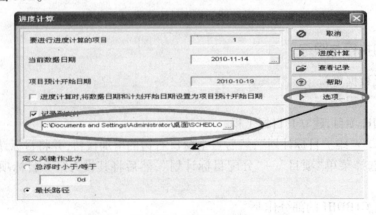

图 6-91　进度计算设置

```
进度计算/资源平衡结果：
---------------------------
# 进度计算/资源平衡的项目 .................................. 1
# 进度计算/资源平衡的作业 .................................. 15
# 与其它项目之间的逻辑关系 .................................. 1
数据日期 ................................................. 2010-11-14
最早的最早开始日期 ..................................... 2010-11-14
最新的最早完成日期 ..................................... 2013-02-05
```

图 6-92　进度计算结果

5. 将第一目标横道显示出来，并进行视图对比

选择菜单"显示"→"横道"，按照图 6-93a)所示设置横道，并将第一目标横道的 normal 的行设置定义为 2。确定之后，如图 6-93b)所示。

从图 6-93b)可以看出，作业 C1A1020 滞后了，C1A1020 开始时间比计划推迟了，同时该工作持续时间增加，导致该工作不能如期完成，而且从当前日期的前锋线上看还有尚需时间。作业 C1A1030 虽然比计划早开工，但是可能由于种种原因而导致工作进度缓慢，最终比计划要拖延很多，到目前还未完成也有尚需时间，由于作业 C1A1030 的拖延，使得后续作业相应拖延，假设不采取任何补救措施，那么工程肯定会误期，导致业主对施工方的索赔。

a)横道设置

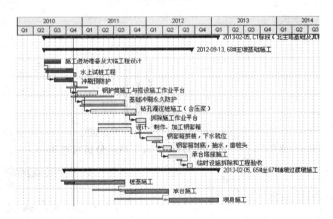

b)横道设置的结果

图　6-93

6. 保存本期完成值

选择菜单"工具"→"保存本期完成值"。

五、资源费用分析和工程报表

1. 资源费用分析

(1)选择菜单"企业"→"跟踪"，选择菜单"显示"→"视图"→"新建"新建一个视图。如

图 6-94 所示。

确定之后点击鼠标右键,选择"直方图设置",如图 6-95 所示。左边的项目视图中选择所要进行人工费用分析的项目或者 WBS,如果选择 WBS(C1BDJH.C1A)的话,其生成的视图如图 6-96 所示。

(2)打开视图"Resource Allocation",运用已有的视图格式对所需分析的资源进行分析,选择菜单"显示"→"视图"→"打开"如图 6-97 所示。

①进行直方图设置,如图 6-98。

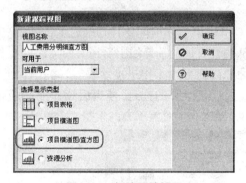

图 6-94　新建跟踪视图

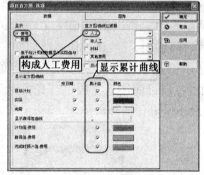

图 6-95　直方图设置

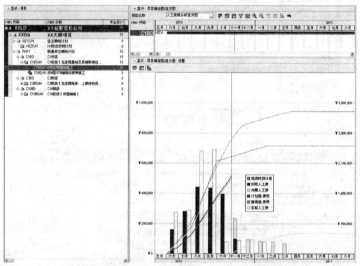

图 6-96　C1BDJH.C1A 的人工费用分析直方图

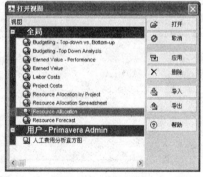

图 6-97　打开 Resourec Allocation 视图

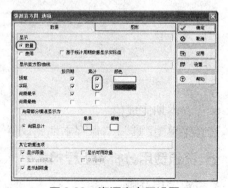

图 6-98　资源直方图设置

②选定普工资源,进行数量消耗情况计算,如图 6-99。

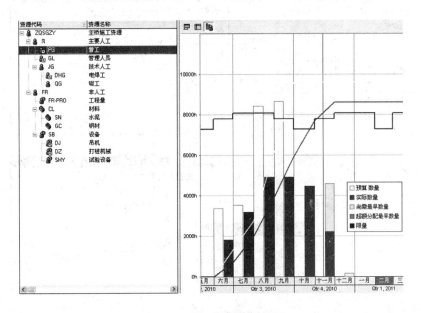

图 6-99 普工资源消耗分析

2. 工程报表

新建有关资源报表的过程如图 6-100 和图 6-101：

选择菜单"工具"→"报表",点击右键→"增加",新建一个报表。按如下向导创建。

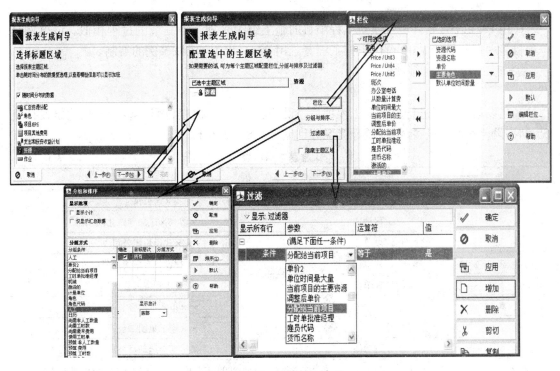

图 6-100 创建报表向导

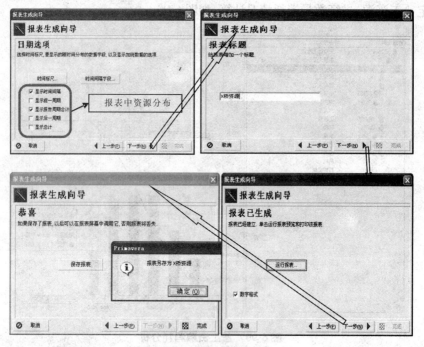

图 6-101 创建报表向导(续)

第四节 P3/e(P6)在建筑工程项目中的应用

应用 P3/e(P6)软件进行建筑工程项目的施工组织管理与第三节的过程相似。该事例是单项目管理带分包的应用,可以根据工程背景用 P3/e(P6)完成该事例的编制。

一、工程概况

某建设集团公司进行某公寓工程项目建设,共计 2 栋公寓楼,项目基本情况、建筑设计概况、结构设计概况及设备、电气设计概况分别见表 6-8 ~ 表 6-11。

工程基本情况表　　　　　　　表 6-8

序 号	项 目	内 容
1	工程名称	××公寓
2	工程地址	××市××区知春路北段
3	建设单位	××建设集团公司
4	设计单位	中天工程设计有限责任公司
5	监理单位	建新工程咨询公司
6	监督单位	××市质量监督总站
7	施工单位	××建工集团二公司
8	建筑功能	某运动会运动员公寓
9	合同工期	开工日期:2000 年 1 月 8 日　　竣工日期:2001 年 4 月 30 日
10	质量目标	结构"长城杯"、竣工"市优"
11	承包方式	总分包模式

工程建筑设计概况表

表 6-9

序号	项目	内 容			
1	建筑规模	建筑面积(m²)	21 974.88（±0.000 以下建筑面积为 2 300.68）		
		层数	地下 1 层（局部有电缆夹层）	地上	共 19 层局部为 23 层
		层高	首层	标准层	设备层	地下
			4.8	3.6	2.2	6.7
2	标高	±0.00 = 49.80m			
		檐高	73m（局部高度 90m）	室外地坪标高	49.65m
3	屋面	防滑地砖可上人屋面、局部设有屋顶花池			
4	楼地面	地砖地面、局部有花岗石地面、地毯地面			
5	外墙面	喷涂、贴面砖、挂贴花岗石、铝合金板墙面			
6	内墙面	乳胶漆、墙纸、面砖、磨光花岗石及吸声墙面			
7	保温板	外墙内保温采用空心砌块加 60mm 厚石膏聚苯板			
8	顶棚	有喷涂、装饰吸声板、铝合金条板等类型			
9	防水	地下室、屋面：聚酯胎 SBS + II 改性沥青卷材			
		厕浴间：聚氨酯涂膜、贴防滑地砖			
10	门窗	浅灰绿色中空玻璃节能型铝合金窗，内门为夹板木门，木制防火门加闭门器			

工程结构设计概况表

表 6-10

序号	项目	内 容	
1	抗震等级	框架二级、剪力墙一级、设防烈度 8 度	
2	基坑埋深	8.5m	地下水	43.2m
3	结构形式	基础	钢筋混凝土筏基
		主体	框架、剪力墙
4	结构尺寸	柱间间距	9、8.4、6 等
		墙体厚度	450mm、400mm、350mm
		底板	500~1800mm
5	外形	大致为纺锤形	
6	混凝土强度等级	C60、C50、C45、C30	

设备设计概况表

表 6-11

空调	中央空调	通风		防排烟系统
上水	冷水	高、中、低三个区	热水	来自公寓楼换热站
下水	中水	高、中、低三个区	暖气	无
强电	高低压变配电、动力照明、防雷接地			
弱电	电视、电话、楼宇自控、综合布线、广播音响系统、保安监控系统			
设备安装	电梯采用 5 部上海三菱电梯			

二、施工部署

1. 工程施工目标

工程施工目标见表6-12。

工程施工目标　　　　　　　　　　表6-12

序　号	项　目	目标、指标
1	工期	开工日期2000年1月8日,竣工交付使用日2001年4月30日
2	质量	结构"长城杯"、竣工"市优"
3	文明施工	市级安全文明工地
4	成本管理	降低成本2%
5	安全	防护达标率100%,人员无重伤、死亡事故

2. 组织机构

项目经理部组织体系见图6-102。

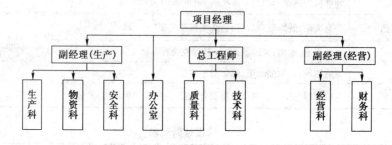

图6-102　项目经理部组织结构图

3. 任务划分

本工程由公司负责施工总承包,公寓项目经理部负责具体的施工组织及管理工作,承包范围为土建、给排水、通风、电气等,项目部按专业进行任务分配,具体如下:

(1)基础降水工程:业主已直接分包给新兴建设公司负责施工。

(2)工程防水施工:选择业绩良好的专业防水施工队伍负责施工。

(3)土方开挖、土钉墙护坡及地基处理施工:城建盾构公司施工。

(4)结构施工:由××建工集团二公司施工(总承包方)。

(5)大型设备安装:由城建安装公司负责分包施工。

(6)结构混凝土:由城建混凝土公司负责提供商品混凝土。

4. 总包与分包协调

(1)每周二下午召开监理例会,由建设单位、监理单位及××建工集团二公司公寓项目部共同协调工程有关事宜。

(2)项目经理根据施工合同制订年度、月度及周进度计划,传达给各分包单位,定期组织各分包单位碰头会,总结本期及前一段时期进度、质量等方面情况,提出下一步进度、质量要求。

5. 大型机械选型与布置

根据施工需要,项目经理部配置的施工机械见表6-13。

主要施工机械计划表　　　　　　　　　　　　　　　　　　　　　　　　　　表 6-13

序 号	机 械 名 称	规 格	单 位	数 量	使 用 阶 段
1	塔式起重机	QTZ80B	台	1	结构
2	冷挤压设备		套	20	结构
3	混凝土输送泵	HBT145	台	1	结构
4	布料杆	HG10A	套	1	结构
5	混凝土振捣器	H2—50	台	60	结构
6	电焊机	BX1—330	台	12	结构、装修
7	电渣压力焊机	GZX—36A	台	4	结构
8	钢筋切断机	GQ40	台	2	结构
9	钢筋弯曲机	GW32	台	2	结构
10	钢筋调直机	GT4—14	台	1	结构
11	电锯	MJ109	台	1	结构、装修
12	电刨	MB106	台	1	结构、装修
13	消防加压泵	100DL×4	台	1	结构、装修
14	机动翻斗车	1t	台	1	基础
15	铲运机	2L30	台	1	基础
16	外用电梯	3t	台	2	结构、装修

根据工程需要的吊次，本工程选择一台 QTZ80B 塔吊，可满足工程需要。该塔机塔身截面 1 827mm×1 827mm，自重 46t，起重力矩为 80kN·m，最大工作幅度 56m，最小工程幅度 16.4m，最大起重量 6 000kg，最小起重量 1 380kg，本工程所需工作最大工程幅度 50m，最小起重量为 1 500kg。独立起升高度为 45m，附着式最大起升高度为 150m，本工程起升高度 100m，塔身与结构柱端锚固三道，分别距塔基 35m、60m、85m。本塔吊采用 380V、50Hz 三相四线制电源，其供电容量不小于 100kVA。

6. 流水段划分

为方便施工流水作业，减少一次性投入，根据设计图纸及现场实际情况，综合考虑模板为配置数量、每流水段工程量和施工用料的均衡程度、塔式起重机每台班的效率、施工工期以及劳动力安排，本工程 ±0.000 按照以下施工顺序施工：

（1）底板一次性浇筑；

（2）外墙柱筒墙（混凝土浇筑先外墙，然后柱，最后浇筑筒墙）；

（3）±0.000 以下顶板混凝土一次浇筑。

本工程 ±0.000 以上划分为 2 个流水段。流水段划分示意图见图 6-103。

7. 劳动力计划

根据本工程工期紧，施工工程量大的特点，在结构工程开始施工前，公司管理人员与项目

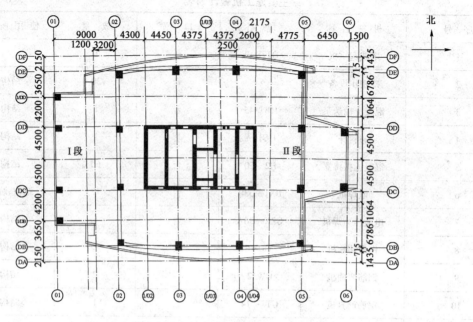

图 6-103 流水段划分示意图

领导多方考察,决定将专业工程进行分包,选择多年共事、有丰富施工经验、工种齐全、平均技术水平高的专业分包队伍。在进场前与各分包单位签订详细的分包合同,合同中要明确规定特殊工种必须经岗位培训并取得上岗证书,身体健康,以保证施工期间的人员能保质保量完成分包任务,并根据工程工期确定不同工种的进场计划。劳动力计划详见表 6-14。

8. 工程进度控制、验收及工序交叉计划

(1) 本工程 ±0.00 以下的定额工期为 155d。

(2) 本工程 ±0.00 以下的时间分配见表 6-15。

劳动力计划表　　　　　　　　　　　　表 6-14

序 号	工 种	人 数	备 注
1	钢筋工	85	其中加工场 20 人
2	木工	120	其中木工房 15 人
3	混凝土工	50	其中振捣工不少于 12 人
4	电焊工	6	
5	架子工	20	
6	值班电工	9	
7	信号工	4	
8	机械工	10	其中含挤压机工 6 人
9	测量工	4	
10	实验工	2	
11	壮工	60	
合计		370	

地上工程时间分配表 表6-15

分项工程名称	施工起止日期	施工使用天数	净占工期
施工降水	1999.12.07~1999.12.26	43d	27.7%
土方护坡	2000.01.08~2000.01.18	11d	7%
土方开挖	2000.01.08~2000.01.17	10d	6.5%
地基处理	2000.01.20~2000.01.26	27d	17.5%
底板施工	2000.02.24~2000.03.12	18d	11.6%
±0.00以下其他结构	2000.03.13~2000.04.09	27d	17.4%
防水施工	2000.01.27~2000.04.09	68d	1.3%
回填工程	2000.04.12~2000.04.28	17d	11%

(3) 本工程±0.000以上的定额工期为394d。

(4) 本工程±0.000以上的工期分配见表6-16。

地上工程时间分配表 表6-16

分项工程名称	施工起止日期	施工使用天数	净占工期
主体结构	2000.03.29~2000.08.31	154	39.1%
主体装修	2000.09.01~2001.04.30	240	60.9%

(5) 工程验收及工序交叉计划

工程结构进行到3层时安排一次结构验收,然后插入二次结构施工,结构部分每进行6层安排一次结构验收,陆续插入二次结构施工和装饰施工。结构工程进度计划见图6-104,装修工程进度计划见图6-105。

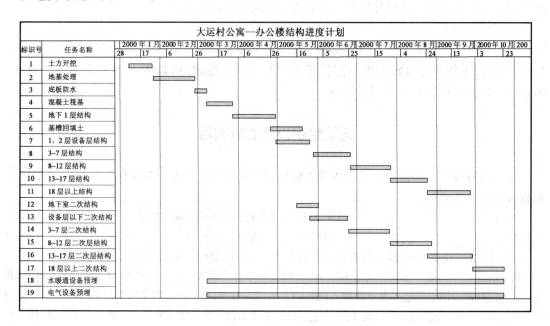

图6-104 结构工程进度计划

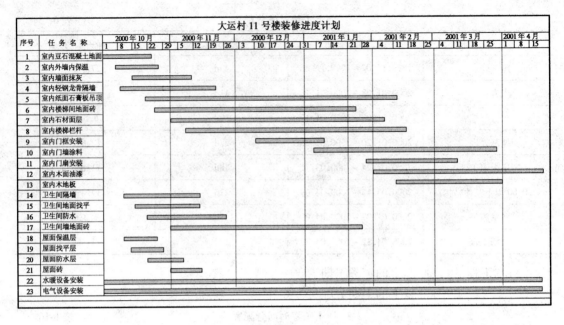

图6-105 装修工程进度计划

9.工艺流程简述

(1)基础结构工程

① ±0.000以下结构:基础降水→土方开挖→土方护坡→地基处理→基础垫层→底板防水→基础放线→底板结构→地下室墙、柱结构→地下室顶板结构→地下室外墙防水→土方回填。

② ±0.000以上结构工程:首层墙、柱钢筋→墙、柱模板→墙、柱混凝土→首层顶板模板→顶板钢筋→水电预埋→顶板混凝土。以上各层结构依次进行。

(2)装修工程

二次结构砌筑→地面→墙面→顶棚→设备。主体装修可以从8~12层二次结构层完成之后开始进行;主体装修的第一道工序是"室内豆石混凝土地面"从2000年9月1日开始施工,图6-105中未显示2009年9月的部分。

施工组织设计上机实习

某公路与桥梁工程按照工程总体施工组织设计的设想,现在将工程数据转换成便于计算机输入的表示形式如下:

某工程K2+100~K23+100,共计21km,在K12+660处有座5跨20m的桥梁,管涵4座(采用先填后挖的方法),土方数量挖方为_____万方,填方为_____万方。计划开工日期为201_____年_____月_____日开工。现计划分为2个路基土方队,每个队分为2个工作面,每个队每个工作面的情况:

第一队第一工作面(以下简称为面K2+100~K8+100)土方挖方_____万方,填方_____万方,弃方_____万方,调出_____万方或调入(借入)_____万方;正常施工效率挖方为1 000方/d,填方为_____方/d。在一队二面的管涵施工_____d中,由于来自一队二面的资源对一队一面的支援,使一队一面的效率提高了25%;过了这_____d后,被调离一队二面的资源回到自己的工作面,一队一面的土方施工又恢复到正常施工效率。

第一队第二面(K8+100～K12+600)土方挖方_____万方,填方_____万方,弃方_____万方,调出_____万方或调入(借入)_____万方;正常施工效率挖方为800方/d,填方为_____方/d。当土方数量完成40%,进行2座管涵的_____施工,每座涵洞为40d,在修建涵洞的这_____d内,该工作面的资源被调离一部分,使得该工作面土方施工效率降低为,挖方为_____方/d,填方为_____方/d;过了这_____d以后一队二面的土方施工又恢复到正常施工效率。

第二队第一面(K12+720～K16+720)土方挖方_____万方,填方_____万方,弃方_____万方,调出_____万方或调入(借入)_____万方;正常施工效率挖方为1 200方/d,填方为_____方/d。当土方数量完成50%,进行2座管涵的_____施工,每座涵洞为45d,在修建涵洞的这_____d内,该工作面的资源被调离一部分,使得该工作面土方施工效率降低为_____,挖方为_____方/d,填方为_____方/d;过了这_____d以后二队一面的土方施工又恢复到正常施工效率。

第二队第二面(K16+720～K23+100)土方挖方_____万方,填方_____万方,弃方_____万方,调出_____万方或调入(借入)_____万方;正常施工效率挖方为1 300方/d,填方为_____方/d。由于来自二队一面的资源对二队二面的支援,使二队二面的效率提高了_____;过了这_____d以后二队二面的土方施工又恢复到正常施工效率。

K12+660处有座5跨20m桥梁,下部采用流水施工。1号和2号墩基础围堰各15d,墩基础20d台基础25d,墩身30d台身34d,盖梁18d台帽16d,预制准备35d,梁预制共120d,安装空心梁22d,桥面铺装20d,护栏15d,调治构造物60d。由桥梁施工队负责施工。该大桥施工准备20d。该大桥作为子工程在总体进度横道图中只占1行。

第一队路面施工进度,底基层50m/d、基层100m/d、面层80m/d。第二队路面施工为底基层60m/d、基层50m/d,面层100m/d。基层与面层至少保养7d,基层的工作面最小长度为600m,面层的工作面最小长度为800m。

实验要求:

1. 工程量的计算和上机要求

每位学生根据自己的序号和班级计算挖填工程量和资源分配要求:

(1)一队一面挖方数量 = _____万+(-1)^{序号}[(_____)×序号)mod _____]×_____

(2)一队一面填方数量 = _____万+(-1)$^{序号+1}$[(_____)×序号)mod _____]×_____

(3)一队二面挖方数量 = _____万+(-1)$^{序号+2}$[(_____)×序号)mod _____]×_____

(4)一队二面填方数量 = _____万+(-1)$^{序号+3}$[(_____)×序号)mod _____]×_____

(5)二队一面挖方数量 = _____万+(-1)$^{序号+4}$[(_____)×序号)mod _____]×_____

(6)二队一面填方数量 = _____万+(-1)$^{序号+5}$[(_____)×序号)mod _____]×_____

(7)二队二面挖方数量 = _____万+(-1)$^{序号+6}$[(_____)×序号)mod _____]×_____

(8)二队二面填方数量 = _____万+(-1)$^{序号+7}$[(_____)×序号)mod _____]×_____

并进行土石方平衡,确定弃方或调出或调入(借入)数量和说明调配位置距离(运距),为资源配置做数据准备,列出Excel表格并计算各工作资源需要数量。

资源分配时要求每人在主工程如表6-1的22道工作中少分配一个工序,这个不分配资源工作的序号 = [(每人的序号+班级-2)mod 22]+1,即超过22时循环。路面工程和涵洞工程资源分配可以不受限量约束,桥梁子工程可以不分配资源。路基工程原计划要求有一个最严重的资源过渡分配约超过限量1倍左右,即是限量的2倍左右,然后优化调整进度计划。

书写实验上机过程的文字报告和图表,组成Word文档打印提交。

2. 实验报告的内容

描述实验过程和实验的感受体会。实验中有哪些难点和关键点,并在报告中提交以下内容:

(1)将实际工程,如何转化为软件可以表示表格的形式输出;

(2)打印指定时间段_____年_____月的进度计划横道图表,按天输出统计;

(3)筛选指定时间段＿＿＿＿年＿＿＿＿月至＿＿＿＿年＿＿＿＿月之间在施工的工作内容；

(4)显示 Excel 表格计算各工作资源需要数量，包括弃方或调运或借入的资源数量；

(5)显示工程原计划土方主导资源最高强度超限量1倍左右的进度与资源分布组合图；

(6)显示工程原计划软件自动优化后满足资源限量要求的进度计划与资源分布组合图；

(7)显示参考软件优化，由手工调整后满足资源限量的工程进度计划与资源分布组合图；要求有过程显示。然后最好以此为准显示下列(8)～(10)内容，如没有手工调整的进度计划就用计算机自动优化结果进度图显示下列(8)～(10)内容；

(8)显示工程中使用指定资源的内容(有哪些工序)，按月统计的横道图组合；

(9)显示总体计划表、斜率图、工程管理曲线三张图表；

(10)以工程开始后第一个月末为检查日，显示工程进度带前锋线的横道图和时标网络图。

第七章 非肯定型网络与随机网络计划

本 章 提 要

在现代网络计划技术高速发展的今天,网络计划技术也越来越广泛的应用于工程领域。各种网络计划技术方法层出不穷,计划评审技术(PERT)、决策网络技术(DCPM)、随机网络模型(GERT)等,系统仿真大大拓宽了网络技术的应用领域,使网络计划技术的应用和发展迈向了一个新的高度。本章将就上述几种有代表性的现代网络计划技术的类型逐一阐述。

第一节 计划评审技术(PERT)

一、符号规定和工作持续时间的计算

PERT 实际上是双代号事件网络(不属于工作网络),即以节点表示事件,以箭线表示工作,属于箭线的事件网络。

1. 符号含义
(1)节点:事件;
(2)箭线:工作(工序、活动;需要3个时间值,分别是 a:乐观时间;m:最有可能时间;b:悲观时间),见图7-1。

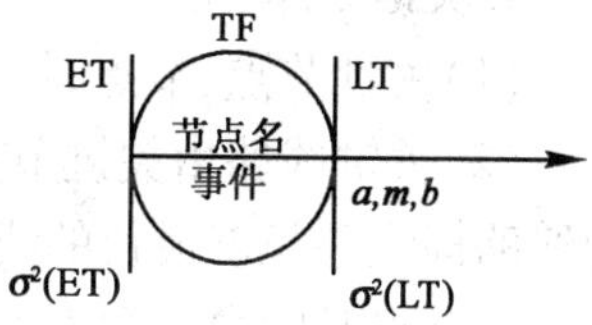

2. 工作持续时间的计算
(1)三个持续时间的数学期望(平均值)
$$D = (a + 4m + b)/6 \tag{7-1}$$
(2)三个持续时间的方差和均方差

$$\sigma^2 = [(b-a)/6]^2 \qquad \sigma = (b-a)/6 \tag{7-2}$$

图 7-1 PERT 图例

二、计划评审技术计算的目的

1. 计算目的或目标
(1)评价工程如期完成或按指定时间完成的可能性(概率);
(2)评价各个节点如期完成或按指定时间完成的可能性(概率)。

2. 实现目标的途径
(1)终点节点事件的工期取不同的工期值,计算其 $\lambda(t)$ 值,然后查表7-1得概率;
(2)以及各节点时差的方差值和指定时间,计算其 $\lambda(t)$ 值,然后查表7-1得概率。

利用数学期望可将非肯定型问题转化为肯定型问题。由方差可得到估计时间的肯定性,σ 越大,估计时间的肯定性越差,σ 越小,估计时间的肯定性越好。

三、计划评审技术的时间参数和方差计算

1. 需要计算的时间参数

各节点(事件)的节点时间参数计算(ET、LT),与 CPM 相同,时间的计算与方差无关。

(1) 正向计算:$ET_j = \max\{ET_i + D_{ij}\}$ 即正向计算相加取最大值;

(2) 反向计算:$LT_i = \min\{LT_j - D_{ij}\}$ 即反向计算相减取最小值。

2. 需要计算各节点(事件)的方差值

(1) 方差计算的根据

根据数理统计的定理:若干个相互独立随机变量和的方差,等于各个独立随机变量方差的和。

(2) 各节点事件方差的正向计算

$$\sigma^2(ET_j) = \sigma^2(\max\{ET_i + D_{ij}\}) = \sigma^2(ET_i) + \sigma^2(D_{ij}) \tag{7-3}$$

即沿着 ET_j 最大值的方向相加方差值。

(3) 各节点事件方差的反向计算

$$\sigma^2(LT_i) = \sigma^2(\min\{LT_j - D_{ij}\}) = \sigma^2(LT_j) + \sigma^2(-D_{ij}) = \sigma^2(LT_j) + \sigma^2(D_{ij}) \tag{7-4}$$

即沿着 LT_i 最小值的方向相加方差值。

3. 各节点(事件)的时差计算和时差的方差计算

(1) 各节点的时差:$TF_i = LT_i - ET_i$

(2) 各节点时差的方差:
$$\sigma^2(TF_i) = \sigma^2(LT_i) + \sigma^2(ET_i) \tag{7-5}$$

(3) 均方差:
$$\sigma(TF_i) = +\sqrt{\sigma^2(LT_i) + \sigma^2(ET_i)} \tag{7-6}$$

4. 关键线路

(1) 关键节点:节点时差 = 0

(2) 关键线路由关键节点相连接,并且箭尾节点时间 + 持续时间 = 箭头节点时间,所形成的线路即线路长度最长的线路。

5. 节点时间参数和方差计算事例

例题 7-1 如图 7-2,计算 PERT 网络图各节点的时间参数和方差。

(1) 正向计算:节点最早时间参数和方差,见图 7-2。

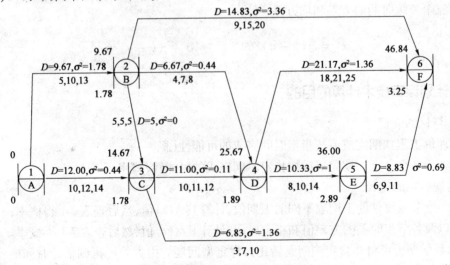

图 7-2 PERT 网络图正向计算结果

(2) 反向计算: 节点最迟时间参数和方差, 见图 7-3。

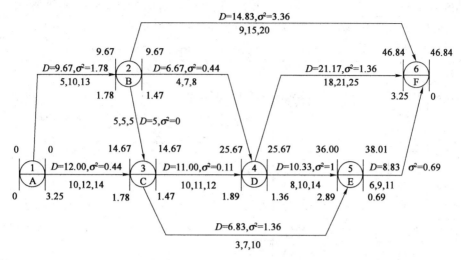

图 7-3 PERT 网络图反向计算结果

(3) 关键节点: ①、②、③、④、⑥。
(4) 关键线路: ①→②→③→④→⑥。
(5) 非关键节点事件的时差和方差(以 E 节点事件为例)。

E 节点事件的时差 = 38.01 - 36.00 = 2.01

E 节点事件的方差 = 2.89 + 0.69 = 3.58, E 节点事件的均方差 = $\sqrt{3.58}$ = 1.892

四、计划评审技术的概率计算与计划评价

对 PERT 网络的评价, 实质上是评价工程或者节点事件, 如期实现(即如期完成)以及在给定时间情况下实现的概率。要注意此时是评价"事件"而不是"工作", 这是与 CPM 的区别点, 事件表示紧前工作的完成, 紧后工作的开始。

(1) 整个工程如期完成概率 = 50% (即按 ET_n 完成), 关键节点事件如期实现的概率 = 50%。

(2) 工程按指定工期 T_S 完成的概率计算: $\lambda(t) = (T_S - ET_n) \div \sqrt{\sigma^2(ET_n)}$, 根据 λ 查概率值。

(3) 非关键节点(事件)如期(最迟时间)实现的概率计算: 大于 50%, 例如例题 1 的 E 节点。$\lambda(t_i) = (TF_i) \div \sqrt{\sigma^2(ET_i)} = 2.01/1.892 = 1.06$, 查概率表得 $p = 85.54\%$。

(4) 某节点(事件)按指定时间实现的概率计算

例题 7-1 中的 E 节点在给定时间为 30 情况下实现的概率。当 λ 值为负值时, 先按正值查概率表然后被 1 减。

$$\lambda(t_i) = (T_S - ET_i) \div \sqrt{\sigma^2(ET_i)} = (30 - 36) \div \sqrt{3.58} = -3.17$$

查表 7-1, λ 值 3.17 对应的概率值为 99.92%, 则 $p = 1 - 99.92\% = 0.08\%$, 说明几乎不能实现。

概 率 表　　　　　　　　　表7-1

λ	0.00	0.01	0.02	0.03	0.04	0.05	0.06	0.07	0.08	0.09
0.0	0.5000	0.5040	0.5080	0.5120	0.5160	0.5199	0.5239	0.5279	0.5319	0.5359
0.1	0.5398	0.5438	0.5478	0.5517	0.5557	0.5596	0.5636	0.5675	0.5714	0.5753
0.2	0.5793	0.5832	0.5871	0.5910	0.5948	0.5987	0.6026	0.6064	0.6103	0.6141
0.3	0.6179	0.6217	0.6255	0.6293	0.6331	0.6368	0.6406	0.6443	0.6480	0.6517
0.4	0.6554	0.6591	0.6628	0.6664	0.6700	0.6736	0.6772	0.6808	0.6844	0.6879
0.5	0.6915	0.6950	0.6985	0.7019	0.7054	0.7088	0.7123	0.7157	0.7190	0.7224
0.6	0.7257	0.7291	0.7324	0.7357	0.7389	0.7422	0.7454	0.7485	0.7517	0.7549
0.7	0.7580	0.7611	0.7642	0.7673	0.7703	0.7734	0.7764	0.7793	0.7823	0.7852
0.8	0.7881	0.7910	0.7939	0.7967	0.7995	0.8023	0.8051	0.8078	0.8106	0.8133
0.9	0.8159	0.8186	0.8186	0.8238	0.8264	0.8289	0.8315	0.8340	0.8365	0.8389
1.0	0.8413	0.8438	0.8461	0.8485	0.8508	0.8531	0.8554	0.8577	0.8599	0.8621
1.1	0.8643	0.8665	0.8686	0.8708	0.8729	0.8749	0.8776	0.8790	0.8810	0.8830
1.2	0.8849	0.8869	0.8888	0.8906	0.8925	0.8943	0.8962	0.8980	0.8997	0.9015
1.3	0.9032	0.9049	0.9066	0.9082	0.9099	0.9115	0.9131	0.9147	0.9162	0.9177
1.4	0.9192	0.9207	0.9222	0.9236	0.9251	0.9265	0.9279	0.9292	0.9306	0.9319
1.5	0.9332	0.9345	0.9357	0.9370	0.9382	0.9394	0.9406	0.9418	0.9429	0.9441
1.6	0.9452	0.9463	0.9474	0.9484	0.9495	0.9505	0.9515	0.9525	0.9535	0.9545
1.7	0.9554	0.9564	0.9573	0.9582	0.9591	0.9599	0.9608	0.9616	0.9625	0.9633
1.8	0.9641	0.9649	0.9656	0.9664	0.9671	0.9678	0.9686	0.9633	0.9699	0.9706
1.9	0.9713	0.9719	0.9726	0.9732	0.9738	0.9744	0.9750	0.9756	0.9761	0.9767
2.0	0.9972	0.9778	0.9783	0.9788	0.9793	0.9798	0.9803	0.9808	0.9812	0.9817
2.1	0.9821	0.9826	0.9830	0.9834	0.9838	0.9842	0.9846	0.9850	0.9854	0.9857
2.2	0.9861	0.9864	0.9868	0.9871	0.9875	0.9878	0.9881	0.9884	0.9887	0.9890
2.3	0.9893	0.9896	0.9898	0.9901	0.9904	0.9906	0.9909	0.9911	0.9913	0.9916
2.4	0.9918	0.9920	0.9922	0.9925	0.9927	0.9929	0.9931	0.9932	0.9934	0.9936
2.5	0.9938	0.9940	0.9941	0.9943	0.9945	0.9946	0.9948	0.9949	0.9951	0.9952
2.6	0.9955	0.9956	0.9957	0.9959	0.9960	0.9961	0.9962	0.9963	0.9963	0.9964
2.7	0.9965	0.9966	0.9967	0.9968	0.9969	0.9970	0.9971	0.9972	0.9973	0.9974
2.8	0.9974	0.9975	0.9976	0.9977	0.9977	0.9978	0.9979	0.9979	0.9980	0.9981
2.9	0.9981	0.9982	0.9982	0.9983	0.9984	0.9984	0.9985	0.9985	0.9986	0.9986
3.0	0.9987	0.9987	0.9987	0.9988	0.9988	0.9989	0.9989	0.9989	0.9990	0.9990
3.1	0.9990	0.9991	0.9991	0.9991	0.9992	0.9992	0.9992	0.9992	0.9993	0.9993
3.2	0.9993	0.9993	0.9994	0.9994	0.9994	0.9994	0.9994	0.9994	0.9995	0.9995
3.3	0.9995	0.9995	0.9995	0.9996	0.9996	0.9996	0.9996	0.9996	0.9996	0.9997
3.4	0.9997	0.9997	0.9997	0.9997	0.9997	0.9997	0.9997	0.9997	0.9997	0.9998

第二节 决策网络(Decision Network)

一、问题的提出(如何能在较短的工期内花费较少的费用完成工程)

例题7-2 产品设计和加工方案的决策。

(1)产品的设计方案有3个(时间,费用):

自行设计(30,200)、合作设计(10,700)、购买设计(5,1 000)

(2)产品的加工方案另有3个:

自制(50,1 000)、A厂加工(25,1 500)、B厂加工(15,2 000)

(3)请选择采用什么设计和加工的方案:

共9种组合方案,如表7-2,每种的时间和费用都不同,最优方案为在规定工期下使用费用最少的方案。

9种组合方案 表7-2

序号	组合方案	工期(天)	工程费用	规定工期下可行方案				
				60d	50d	40d	30d	20d
1	自行设计、自制	80	1 200					
2	自行设计、A厂加工	55	1 700	√				
3	自行设计、B厂加工	45	2 200	√	√			
4	合作设计、自制	60	1 700	√				
5	合作设计、A厂加工	35	2 200	√	√	√		
6	合作设计、B厂加工	25	2 700	√	√	√	√	
7	购买设计、自制	55	2 000	√				
8	购买设计、A厂加工	30	2 500	√	√	√	√	
9	购买设计、B厂加工	20	3 000	√	√	√	√	√
最优方案(序号)				2,4	3,5	5	8	9

1. 决策网络模型要求满足的条件

(1)给定的条件

①有几种方案(网络的工作)可供选择。

②每个方案给出其工作的持续时间和费用(直接费)。

(2)时间和直接费用的关系:线性而且反比

2. 决策网络模型工程费用的组成

(1)工程的直接费:

由各工作(工序)的直接费累加,累加时要考虑两种情况:

①普通工作,无需决策:直接费是定值常量,简单累加。

②决策点,要选择工作(工序):直接费是变量(多个直接费)。

所以工程直接费的数学模型由两部分组成,各个普通工作(工序)的直接费定值常量,以及各决策点中选择的一个工作直接费累加形成的变量。

(2)工程工期的奖赔值:提前奖励;拖延赔偿(以往人们习惯称罚款,按合同法是赔偿)。

(3)工程的间接费与时间的关系:线性而且成正比。

3. 例题7-2 产品设计和加工方案的问题的决策网络图见图7-4。符号含义见本节三。

二、决策网络计划的目标和实现目标的思路

1. 直接目标

在决策网络中找出工期既能满足要求,而且费用又是最低的工程计划方案。

2. 间接目标

一般的决策问题较为复杂,决策方案往往有多种。如果有 m 个决策点(需要做出决策的事情),每个决策点有 n 个方案(即 n 个决策工作),那么共有 n^m 个组合计划(一般是 $n_1 \times n_2 \times n_3 \times \cdots \times n_m$),实在是太多了,因此要实现直接目标往往太困难,就需要简化。简化时应注意以下两点:

(1)如何简化。即去掉一些不需要的选择方案,这是决策网络关键线路法的主要目标;

(2)简化时计算的方法和简化的规则

综上所述,决策网络计划就是先通过简化决策网络实现"间接目标",然后再通过枚举法或整数规划等方法实现最终的"直接目标"。

三、决策网络的表示及其特点:

决策网络是由单代号网络图演变而来,实际上属于单代号。

1. 符号规定与表示

△S_i:表示决策点(实际上是"不可兼或");

○S_{ij}/时|费:表示可选择的工作(i 决策点的第 j 个方案,即第 j 个决策工作),从左到右,时间由大到小排列(费用反之)。

2. 为防止决策后网络线路不连通对紧前和紧后的调整

(1)唯一的决策紧前时,增加紧前,见图 7-5 的 S_7。虚线为增加的紧前。由于 $S_{6,1}$ 可能被删除,使得 S_7 无紧前,所以增加 S_5 作为 S_7 的紧前。

(2)唯一的决策紧后时,增加紧后,见图 7-6 的 S_4。虚线为增加的紧后。理由同上相似。

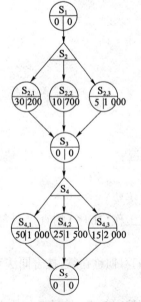

图 7-4 例题 7-2 决策网络图

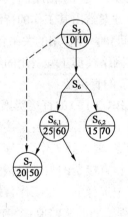

图 7-5 S_7 增加紧前的情况

(3)经过决策工作(可选择的工作)而相连接的两个工作时的变化,如图 7-7。理由与上面相似,一旦 $S_{6,1}$ 简化被去掉,则 S_4 和 S_7 将无法联系,需补上连接关系的箭线(用虚箭线)。

四、决策网络计划的简化

1. 简化的原因

如前所述,当有 m 个决策点时,各个决策点的方案分别为 $n_1,n_2,n_3,\cdots n_m$,那么共有 $n_1 \times n_2 \times n_3 \times \cdots \times n_m$ 个决策网络计划的组合。如果能去掉其中一些不起作用的方案,就大大减少了计算量。

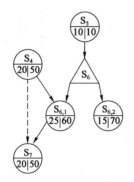

图 7-6 S_4 增加紧后的情况

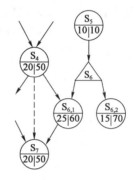

图 7-7 经决策工作相连接的情况

2. 简化的思路

以下用"工程"代表整个计划,方案的工期表示决策网络中一条线路的时间长度,在满足工程工期要求前提条件下选取费用低工作的方案就是决策简化的总体思路。

工程最长(总)工期为 T_{max},工程最短的(总)工期为 T_{min},是任何方案工期的上限和下限。计算它们的差值 $\Delta T = T_{max} - T_{min}$ 就是表示所有方案决策计划的变化幅度范围。简化决策网络计划就是除去对工程工期没有影响而费用较高的决策工作(工序)。一个决策工作(工序)该不该除去,是根据该决策工作(工序)的总时差而定,按照简化法则分析其总时差并进行简化。

3. 简化的方法和步骤

(1)计算出工程最长和最短的(总)工期(T_{max} 和 T_{min})的差值

①工程最长(总)工期 T_{max},是所有的决策节点都采用时间最长、费用最少的决策工作时,计算求得的工程(总)工期。如图 7-8 的工程最长(总)工期 $T_{max} = 126$。

②工程最短(总)工期 T_{min},是所有的决策节点都采用时间最短、费用最高的决策工作时,计算求得的(总)工期(应注意此时是最长线路)。如图 7-8 的工程最短(总)工期 $T_{min} = 117$。

③$\Delta T = T_{max} - T_{min}$ \hfill (7-7)

(2)计算工程各个工作(工序)的总时差

将各个决策节点先假设为"可兼或"计算各个工作(工序),包括所有决策工作(工序)的时间参数;先计算正向和反向的开始与完成,然后计算工作(工序)的总时差,包括决策节点的总时差的时间参数(等于各个决策工作(工序)总时差的最小值)。

(3)按照决策网络计划简化法则进行简化

4. 简化方法的简化法则

简化的实质是去掉短线路(费用高)留下长线路(费用低),也就是说可以去掉对(总)工期没影响的选择方案(决策工作)。

(1)法则1

如果某决策节点的总时差不小于($\geq$)ΔT,则该节点选用时间最长、费用最低的决策工作(工序)是最优的,其他决策工作(工序)皆可除去。

(2)法则2

如果某决策节点的总时差小于(<)ΔT,但是它的某决策工作(工序)的总时差不小于($\geq$)ΔT,则该节点中比这一决策工作(工序)时间更短、费用更高的其他决策工作(工序)皆可除去。

(3)法则3

如果某决策节点的总时差不小于($\geq$)与它并联的普通通路的总时差(即同箭尾同箭头两条路中,有决策节点的最长通路的长度小于等于无决策节点的最长通路的长度),则该节点选用时间最长、费用最低的决策工作(工序)是最优的,其他决策工作(工序)皆可除去。

5. 决策网络计划的简化事例

例题7-3 按照简化法则将图7-8的决策网络进行简化。

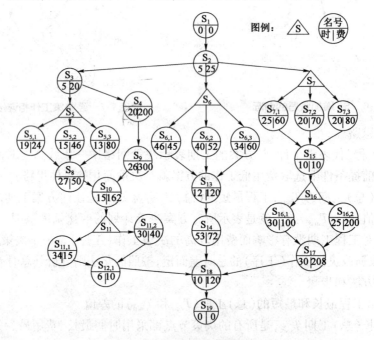

图7-8 简化前原图

(1)计算决策网络的时间参数,计算过程见图7-9。

(2)计算决策网络最长和最短的工期差值 $\Delta T = T_{max} - T_{min} = 126 - 117 = 9$。

(3)根据图7-9的决策网络进行时差分析与决策网络简化。

①进行决策网络时差分析。S_7 的总时差 = min{16,21} = 16,$\Delta T = 9$。根据简化法则1,16 > 9,$S_{7,2}$、$S_{7,3}$ 可以去掉;S_{16} 的总时差 = min{16,21} = 16,根据简化法则1,16 > 9,$S_{16,2}$ 可以去掉。

②S_5 的总时差 = min{5,9,21} = 5,5 < $\Delta T = 9$,但是 $S_{5,2}$ 的总时差 = 9,属于大于等于 ΔT。根据简化法则2,$S_{5,3}$ 可以去掉。

(3)S_5 的总时差 = min{5,9,21} = 5,5 不小于($\geq$)S_4 的总时差5,根据简化法则3,$S_{5,2}$ 可以去掉。

简化后的最终决策网络图如图7-10。

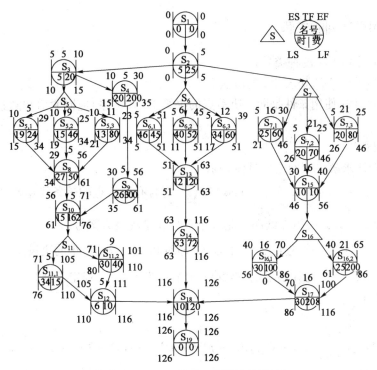

图 7-9　图 7-8 的时间参数计算结果

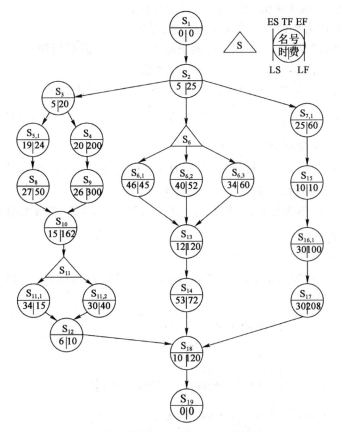

图 7-10　例题 7-3 的最终简化结果图

五、决策网络计划的求解

1. 决策网络计划解法的种类
(1)枚举法:例题7-2,如表7-2的解法。
(2)整数规划法(使用条件是同一决策点的决策工作(工序)应同紧前和同紧后)。
(3)试探法。
(4)动态规划法。

2. 整数规划法求解决策网络的具体表示

$$\begin{cases} T + \sum_{i}\sum_{j\neq 1}(t_{i,1} - t_{i,j})d_{i,j} \geq T_{\max} - \max\{TF_{k,i}\} & \text{每含有决策点的一条线路就是一个式子} \\ k = 1,2,3,\cdots,m \text{ 条决策点线路;} i \text{ 是决策点号;} j \text{ 是决策方案号。} \\ 0 \leq \sum d_{i,j} \leq 1 (\text{对每个决策点 } S_i, \text{ 不含 } S_{i1} \text{ 即时间最大费用最小的决策工作(工序)}) \\ T_{\max} \geq T \geq T_{\min} \quad T \text{ 为计划工期;赔款更经济时,} T \text{ 大于 } D(\text{规定工期}) \\ d_{i,j} = 0 \text{ 或 } 1, j \neq 1 \end{cases}$$

目标函数:

$$\min P = \sum_{k}\sum_{i}\sum_{j\neq 1}(C_{i,j} - C_{i,1})d_{i,j} + p(T-D)^{+} - r(D-T)^{+} + P_0 + P_{01} + fD \tag{7-8}$$

r_0 为提前1单位时间的奖金;p_0 为拖延1个单位时间的赔款;f 为间接费率;
$r = r_0 + f, p = p_0 + f$ 成本正值,奖金负值,赔款正值;
D 为规定工期;P_0 为普通节点直接费用之和,是恒定值;
P_{01} 是各决策点的时间最长、费用最低的决策工作(工序)的费用和;
$+p(T-D)^{+}, -r(D-T)^{+}$,二者取一,只取正值,负值为0。
由于 P_0 和 P_{01} 以及 fD 都是常数,因此将式(7-8)简化为下式(7-9)

$$\min P' = \sum_{k}\sum_{i}\sum_{j\neq 1}(C_{i,j} - C_{i,1})d_{i,j} + p(T-D)^{+} - r(D-T)^{+} \tag{7-9}$$

3. 用整数规划法求解决策网络事例

例题7-4 决策网络如图7-11,规定工期 $D = 118$,拖延赔145元/d,提前奖45元/d,间接费5元/d。求最经济的决策方案和工期以及费用。

(1)根据图7-11网络图计算,计算工期 = 最长工期 $T_{\max} = 126$,最短工期 $= T_{\min} = 117$。

(2)建立整数规划模型如下:

目标函数 $\min P'$

$$= 7d_{5,2} + 15d_{5,3} + 25d_{13,2} + 20d_{16,2} + (145+5)(T-118)^{+} - (45+5)(118-T)^{+}$$

约束条件:

$$\begin{cases} 126 \geq T \geq 117 \\ T + 4d_{13,2} \geq 126 - 5 \\ T + 6d_{5,2} + 12d_{5,3} + 9d_{16,2} \geq 126 - 0 \\ 0 \leq d_{5,2} + d_{5,3} \leq 1 \\ d_{5,2} d_{5,3} d_{16,2} d_{13,2} = 0 \text{ 或 } 1 \end{cases}$$

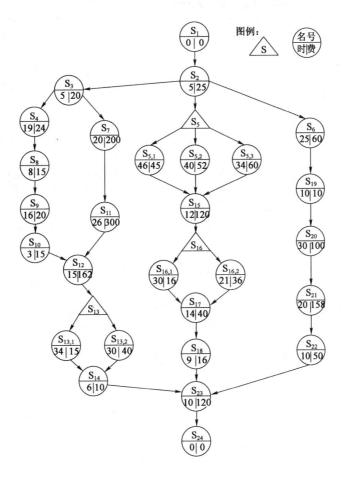

图 7-11

(3) 整数规划法的求解过程：

取最小可行解

表 7-3 中序号第(7)的 $(d_{5,2}, d_{5,3}, d_{13,2}, d_{16,2},)$ 取 $(0,1,1,0)$，T 取 117 时的费用为 -10 最低。

$$P' = 7 \times 0 + 15 \times 1 + 25 \times 1 + 20 \times 0 - (45+5) \times (118-117) = -10 \text{ 元}$$

则 $d_{5,2} = d_{16,2} = 0, d_{5,3} = d_{13,2} = 1, T = 117$

$P' = -10$ 元

$P_0 = 25 + 20 + 24 + 15 + 20 + 15 + 200 + 300 + 162 + 10 + 120 + 40 + 16 + 60 + 10 + 100 + 158$
$\quad + 50 + 120 = 1465$ 元

$P_{01} = 45 + 16 + 15 = 76$ 元

$fD = 5 \times 118 = 590$ 元

最终的费用 $P = (-10) + 1465 + 76 + 590 = 2121$ 元

在求解整数规划的问题中对于决策节点比较多时，运用 lingo 数学软件可以方便求解。

用整数规划方法求解该问题共 2^4 可能情况　　　　表7-3

序号	$(d_{5,2}, d_{5,3}, d_{13,2}, d_{16,2})$	约束条件	$T_{\min}$	P'	序号	$(d_{5,2}, d_{5,3}, d_{13,2}, d_{16,2})$	约束条件	$T_{\min}$	P'
(1)	(0,0,0,0)	$117 \leq T \leq 126$ $121 \leq T$ $126 \leq T$	126	1200	(9)	(1,0,0,0)	$117 \leq T \leq 126$ $121 \leq T$ $120 \leq T$	121	457
(2)	(0,0,0,1)	$117 \leq T \leq 126$ $121 \leq T$ $117 \leq T$	121	470	(10)	(1,0,0,1)	$117 \leq T \leq 126$ $121 \leq T$ $111 \leq T$	121	477
(3)	(0,0,1,0)	$117 \leq T \leq 126$ $117 \leq T$ $126 \leq T$	126	1225	(11)	(1,0,1,0)	$117 \leq T \leq 126$ $120 \leq T$ $117 \leq T$	120	332
(4)	(0,0,1,1)	$117 \leq T \leq 126$ $117 \leq T$ $117 \leq T$	117	−5	(12)	(1,0,1,1)	$117 \leq T \leq 126$ $117 \leq T$ $111 \leq T$	117	2
(5)	(0,1,0,0)	$117 \leq T \leq 126$ $121 \leq T$ $114 \leq T$	121	465	(13)	(1,1,0,0)	×	—	—
(6)	(0,1,0,1)	$117 \leq T \leq 126$ $121 \leq T$ $105 \leq T$	121	485	(14)	(1,1,0,1)	×	—	—
(7)	(0,1,1,0)	$117 \leq T \leq 126$ $117 \leq T$ $114 \leq T$	117	−10	(15)	(1,1,1,0)	×	—	—
(8)	(0,1,1,1)	$117 \leq T \leq 126$ $117 \leq T$ $105 \leq T$	117	10	(16)	(1,1,1,1)	×	—	—

第三节　图示评审技术 GERT

如果工程项目的工作持续时间是确定的,最好采用 CPM 网络(包含搭接网络),如果工作持续时间是随机的估计量,那么 PERT 网络就非常有效。这两种网络方法的共同特点是在最后到达或实现某个节点前,要求该节点紧前的所有工作应该完成;如果一个节点的完成取决于该节点的紧前工作中的一个或几个工作,而不是全部工作的完成,且这一个或几个工作的完成是随机的,那么采用图示评审技术是非常有效的。

目前工程项目已不再局限于已知施工方法和有可靠时间估计的稳定环境,在海洋和空间探索的许多工程项目中往往要求使用模拟法评估各种备选策略。如果遇到某种不利的环境,可能必须改变策略;在可行性研究过程中,评价不同策略有助于使这种工程项目得到成功的结局。因为目前这类工程项目正在不断增加,人们就不限于学习熟知的网络方法,有必要在自己的技能中增加 GERT 这一新工具。

一、随机网络图的构成和特点

1. 概述(以"巴格达窃贼"经典问题为例)

例题7-5 假设有一窃贼被关在地牢中,地牢中有三条通道,如果沿着正确的通道爬行半天就能离开地牢;而另外两条错误的通道都将返回地牢,一条短地道回路爬行一天,而长地道回路则爬行三天。由于地牢内漆黑一片无法看清曾经做过的选择,所以每次逃跑选择每个通道概率为1/3。

问题:

(1)该窃贼能逃生的平均时间是多少?

(2)该窃贼如果只有5天的存活期能逃生的概率是多少?

该问题的 GERT 模型如图 7-12。如果将问题做些修改,假设地牢不是漆黑,第二次不走已经错误的选择,则问题就更有利于逃生,就不构成循环回路了。

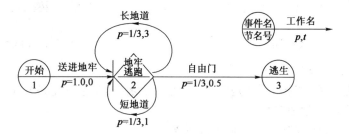

图 7-12 巴格达窃贼问题模型

2. 随机网络图的构成

(1)节点符号的表示方法(见表7-4)

①输入部分:互斥型、兼或型、汇合型(与型);

②输出部分:肯定型、随机型(概率型)。

节点输入和输出形式的组合表　　　　表7-4

输出端＼输入端	互斥型	兼或型	汇合型
	◁|	◁	◖
肯定型	▷	▷|	◯	◯
随机型	▷	▷◁	◇	◯

(2)箭线及传递系数的表示方法

①时间或费用系数(满足相加性);

②概率系数,反映工作(活动)实现的可能性及质量合格率(满足相乘性)。

3. 随机网络图的特点

(1) 随机网络的箭线和节点不一定都能实现,取决于节点类型和箭线概率;
(2) 各种工作的时间可以是常数,也可以是服从某种概率分布的密度函数;
(3) 随机网络图中可以有循环回路,表示节点或工作(活动)可以重复出现;
(4) 随机网络图中的两个中间节点之间可以有一条以上的箭线;
(5) 随机网络图中可以有多个目标,每个目标反映一个具体结果,因此可以有多起点或多终点;
(6) 与 PERT 和流线图相比较的特点。

前者 PERT 只有概率时间相加性质,后者流线图仅考虑参数相乘性质。而随机网络图是综合了 PERT 和流线图共同特征的网络模型,既考虑相加参数又考虑相乘参数的网络模型。

二、随机网络图的计算基础(解析法原理)——流线图

(一) 流线图(信号流图)的定义

1. 流线图构成的三要素

节点、箭线、流,如图 7-13,图 7-14。

图 7-13　流线图构成　　　　　　　图 7-14　图 7-13 的转向图

2. 流线图中变量之间的关系

(1) A 是自变量(独立变量),B 是因变量(类似于函数,非独立变量),R 是反映 A 与 B 之间的定量关系的参数。如图 7-13。

(2) 肯定型网络图反映了变量之间的相加关系

$$B(完成) = A(开始) + R(本工作的持续时间)$$

(3) 流线图中变量之间的关系——相乘(或除)

$$B(X_j 利息) = A(X_i 本金) \times R(利率)$$

R 反映变量之间相互的定量关系,在流线图中称为传递系数(函数)

(4) 流线图线路转(反)向(相当于"反函数" A 为非独立,B 为独立),如图 7-14。

$$A = (1/R)B$$

(二) 流线图节点定律

流线图中一个节点的值等于进入该节点的每条箭线的传递系数与相应发出箭线的节点值的乘积的总和,如图 7-15。要注意在 GERT 中节点编号没有箭尾号小于箭头号的限制规定。

$$X_j = \sum X_i \cdot t_{ij} (与 j 有关的所有的 i) \tag{7-10}$$

1. 根据节点定律,复杂的流线图可以简化为某种等价的流线图,这表明流线图的拓扑等价特性。

2. 流线图中,增添传递系数为 1 的箭线,不影响其后续节点的计算结果,这可以对复杂的流线图进行分解(即分裂)。

(三) 流线图的线路和回路(或环路)

1. 线路:连接两个节点的一系列箭线的组成,且每个节点只通过一次。即两点间的通路。

2. 回路:从一个节点开始,通过一系列一次连接的箭线,又回到原开始节点的线路,且除原节点外,其他节点只能通过一次。参见图 7-16,注意 1-2-4-2-5 不是线路,2 号点经过了两次。

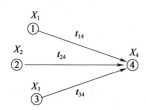

图 7-15　流线图节点定律关系图

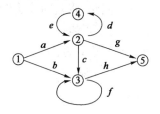

图 7-16　流线图的线路与回路

(四)流线图的求解方法(流线图节点定律和梅森公式)

1. 利用流线图节点定律求解流线图

流线图的基本组成情况有三种:串联、并联、回路。

(1)串联

$$X_4 = X_1 t_{12} t_{23} t_{34} \tag{7-11}$$

串联元素的传递关系(系数)为各串联箭线上的传递系数的乘积。如图 7-17。

(2)并联

$$X_5 = X_1 t_{12} t_{25} + X_3 t_{34} t_{45} \tag{7-12}$$

并联元素的传递系数为各并联箭线线路的传递值之和。如图 7-18。

(3)回路(环)

① 自身回路的传递关系,X_2 与 X_1 的关系,如图 7-19。

$$X_2 = X_1 t_{12}/(1 - t_{22}) \tag{7-13}$$

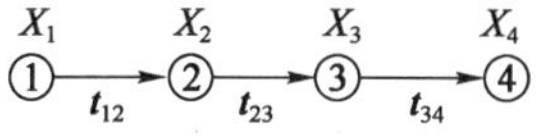

图 7-17　串联图 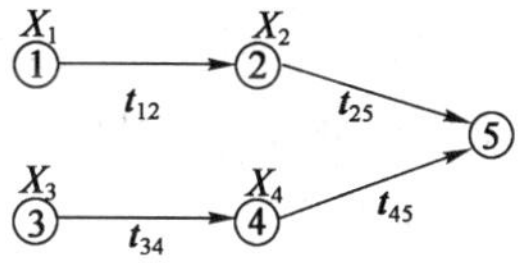　　　图 7-18　并联图 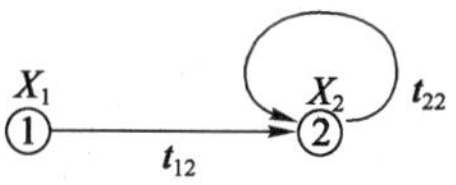　　　图 7-19　环路图

有自身回路的传递关系为进入节点线路值与 $1/(1-t_{jj})$ 的积。

② 有回路 2-3-2,但不是自身回路的简化,如图 7-20:

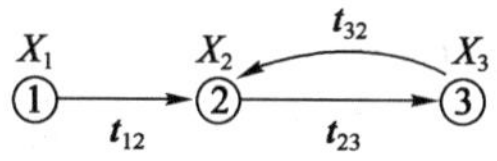

2-3-2 可以先简化为 2-2,即 $t_{22} = t_{23} t_{32}$

所以　　　　$X_2 = X_1 t_{12}/(1 - t_{23} t_{32})$

图 7-20　非自环图

$$X_3 = X_2 t_{23} = X_1 t_{12} t_{23}/(1 - t_{23} t_{32}) \tag{7-14}$$

(4)利用节点定律进行流线图简化求解的总结和应注意的问题

在流线图的求解中,进行简化计算应特别注意回路的各种形式。对于很复杂回路的流线图用梅森公式求解,则更简便,而不必刻意用流线图简化形式进行求解。下面对不太复杂回路的简化求解方法和注意事项做一总结。

① 节点的等价分解(裂)

在引入和引出箭线较多的节点处,如图 7-21 的 ③ 号点。可以分裂该节点,并加上传递系数为 1 的箭线,如图 7-22。

② 节点的消去法(缩减法)简化

在某些回路的节点中,简化时应注意,如要简化去掉某一节点,则由于其他节点对该节点造成的影响,尤其有回路的影响,不能简单地拆分组合简化。例如,图 7-23 中②节点的简化,不能只考虑 2-3-2 回路,将其简化为图 7-24,因为 t_{33} 对②有影响。图 7-23 能用节点消去法进行简化,该方法是,当需要消去某 K 节点时,与该节点相连接的各个箭线的传递系数都应进行修正,修正后的传递系数 t'_{ij} 为:

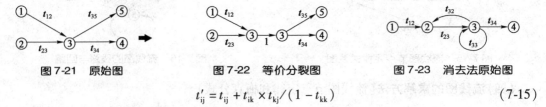

图 7-21 原始图　　图 7-22 等价分裂图　　图 7-23 消去法原始图

$$t'_{ij} = t_{ij} + t_{ik} \times t_{kj}/(1 - t_{kk}) \tag{7-15}$$

当消去②点后,相关的系数则修正为:

$$t'_{13} = t_{13} + t_{12} \times t_{23}/(1 - t_{22}) = 0 + t_{12} \times t_{23}/(1 - 0)$$

$$t'_{33} = t_{33} + t_{32} \times t_{23}/(1 - t_{22}) = t_{33} + t_{32} \times t_{23}$$

如图 7-25, $T_{14} = t_{12} \times t_{23} \times t_{34}/(1 - t_{33} - t_{32} \times t_{23})$

图 7-24 是图 7-23 错误简化　　　图 7-25 是图 7-23 的正确简化

2. 梅森公式需要的概念和推导过程

(1) 回路(环)的"阶"

流线图的求解与流线图中回路的构成情况密切相关。为此,先讨论流线图中回路的"阶",为下一步使用"梅森公式"求解各种复杂流线图做准备。

① 1 阶回路:从一个节点开始,又回到本节点的回路。即回路的定义。

② 2 阶回路:由两个不接触的 1 阶回路组成的回路。其值等于这两个不接触的 1 阶回路值的乘积。

③ n 阶回路:由 n 个不接触的 1 阶回路组成的回路。其值等于这 n 个不接触的 1 阶回路值的连乘积。

图 7-26 中 1 阶回路有 5 个:fa,gb,hc,id,je;2 阶回路有 6 个:$fahc,faid,faje,gbid,gbje,hcje$;3 阶回路有 1 个:$fahcje$。

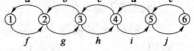

图 7-26 多阶回路示例图

一个封闭式流线图反映了整个流线图的组成,而封闭式流线图的传递系数与组成流线图的回路结构有关,而且一定符合下列法则:

$$H = 1 - L_1 + L_2 - L_3 + \cdots (-1)^i L_i \cdots + \cdots = 0 \tag{7-16}$$

式中:L_i——i 阶回路值的总和。

式(7-16)称为封闭式流线图的拓扑方程,是求解流线图的基本依据。对于非封闭式(开放式)流线图,可以假设增加一个 $1/T$ 传递系数的箭线使之变为封闭式然后进行求解。

(2) 梅森公式的推导

利用式(7-16)封闭式流线图的拓扑方程 $H = 0$,导出梅森公式。

要求解流线图 7-27 的解 T_{14}，可以依次转换成图 7-28、图 7-29，直到图 7-30。在图 7-30 的流线图中，1 阶回路有三条：自身回路 3-3 回路 2-3-2 回路 1-2-4-1，则 $L_1 = a + b + c/T$；2 阶回路 1 条：3-3 和 1-2-4-1，$L_2 = a \times c/T$。根据封闭式流线图的拓扑方程 $H=0$，则值分别为 a、$b \times 1$、$c \times \frac{1}{T}$：

$$H = 1 - L_1 + L_2 = 1 - a - b - c/T + ac/T = 0$$
$$T = c(1-a)/(1-a-b)$$

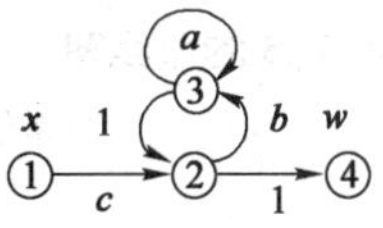

图 7-27 原始图 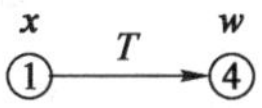　　图 7-28 简化图 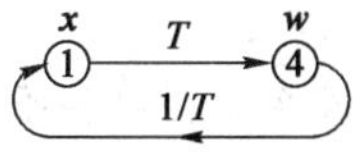　　图 7-29 封闭图 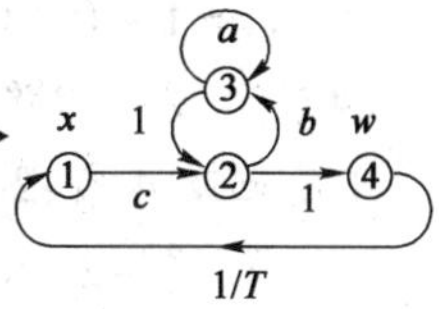　　图 7-30 原始图的封闭

将上述推导过程可概括为下列梅森公式。梅森公式是求解流线图以及随机网络的最重要和最基本的公式。

$$T_{ij} = \frac{x_j}{x_i} = \frac{\sum_{k=1}^{m} P_k \Delta_k}{\Delta} \tag{7-17}$$

x_i、x_j 流线图中节点 i 及节点 j 的变量；

$k = 1 \sim m$，m 为节点 i 到 j 节点的线路数；

P_k 为由节点 i 到节点 j 的第 k 条线路的值，线路值等于该线路上箭线传递系数的乘积；

Δ 流线图中反映回路组成的特征值：

$$\Delta = 1 - \sum(奇阶回路值) + \sum(偶阶回路值)$$

Δ_k 流线图中与第 k 条线路不接触的剩余回路的特征值。

3. 梅森公式的应用

（1）用梅森公式计算图 7-27 的 T_{14}

①从图 7-27 中可知，1-4 的线路只有 1 条 1-2-4，$m = 1$；

②$P_k = c$；

③流线图的回路的特征值为：$\Delta = 1 - a - b \times 1$；

④与 P_k 不接触的剩余回路为 3-3，其特征值：$\Delta_k = 1 - a$；

⑤ $T_{1\text{-}4} = \dfrac{x_j}{x_i} = \dfrac{w}{x} = \dfrac{\sum P_k \Delta_k}{\Delta} = \dfrac{c(1-a)}{1-a-b \times 1}$。

（2）用梅森公式解线性方程组

例题 7-6 已知一女孩的年龄是其父亲的 1/6 再减去 2 岁，而她哥哥的年龄是她的年龄的 3 倍再减去他自己年龄的一半；父亲是 2 倍母亲年龄减去 2 倍哥哥的年龄，而母亲的年龄是父亲年龄减去女孩年龄的 2 倍。

列出的方程组为：$G = 1/6F - 2$，$B = 3G - 1/2B$，$F = 2M - 2B$，$M = F - 2G$。

（1）将方程组演变为图 7-31 的流线图

分析：1 号节点是独立变量，已知值 = 1，只要求出 1-5 就是父亲的年龄；1-4 就是母亲的年龄；1-3 就是哥哥的年龄；1-2 就是女孩的年龄。用梅森公式求解该流线图。

（2）梅森公式求 $T_{1\text{-}5}$ 的过程

- 从图 7-31 中可知 1-5 的线路只有 2 条 1-2-3-5 和 1-2-4-5，$m=2$

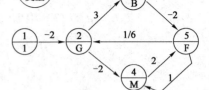

- $P_{1\text{-}2\text{-}3\text{-}5} = (-2) \times 3 \times (-2) = 12$

  $P_{1\text{-}2\text{-}4\text{-}5} = (-2) \times (-2) \times 2 = 8$

- 与 P_k 不接触的剩余回路的特征值：

  $\Delta_{1\text{-}2\text{-}3\text{-}5} = 1 - 0 = 1$（无不接触一阶回路）

  $\Delta_{1\text{-}2\text{-}4\text{-}5} = 1 - (-1/2) = 3/2$

- 流线图的回路的特征值为：

图 7-31　例题 7-6 的流线图

1 阶回路 4 条：2-3-5-2，2-4-5-2-，3-3，4-5-4

$L_1 = 3 \times (-2) \times 1/6 + (-2) \times 2 \times 1/6 + (-1/2) + 2 \times 1 = -1/6$

2 阶回路 2 条：3-3 和 4-5-4；3-3 和 2-4-5-2

$$L_2 = (-1/2) \times 2 \times 1 + (-1/2) \times (-)2 \times 2 \times 1/6 = -2/3$$

$$\Delta = 1 - L_1 + L_2 = 1 - (-1/6) + (-2/3) = 1/2$$

- $T_{1\text{-}5} = (12 \times 1 + 8 \times \dfrac{3}{2})/(\dfrac{1}{2}) = (12 + 12)/(\dfrac{1}{2}) = 48$ 岁

同理解得：$T_{1\text{-}4} = 36, T_{1\text{-}3} = 12, T_{1\text{-}2} = 6$。即爸爸的年龄 48 岁，妈妈 36 岁，哥哥 12 岁，妹妹 6 岁。

（五）流线图的线路（路径）转向（反向）

流线图的求解，就是计算从已知变量（独立变量）到未知变量（非独立变量）之间线路的等效传递系数。如果已知变量不是源点（如起点），这时流线图的线路转向（反向）就是求解流线图的重要手段。线路转向就是流线图中线路（或回路）上独立变量与非独立变量之间相互关系的改变。

1. 使用流线图线路转向只适合于以下两种线路：

（1）从真正独立节点到真正非独立节点的线路。

真正独立节点：没有传递系数导入（进入，无箭头），如起始点；

真正非独立节点：没有传递系数发出（流出，无箭尾），如终止点。

（2）组成有回路的线路

2. 汇合（集）型节点处的线路转向，如图 7-32 转为图 7-33 和图 7-34。

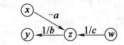

图 7-32　汇合型正向图　　图 7-33　汇合型 wzx 反向图　　图 7-34　汇合型 wzy 反向图

$$w = (ax + by)c$$

求其反函数：

$$x = (w \times 1/c - yb) \times (1/a) \qquad y = (w \times 1/c - xa) \times (1/b)$$

（1）对实现线路转向的箭线改变箭头方向，箭线上的传递系数为原来的倒数。

（2）其他进入该节点的箭线，方向不变，传递系数改变其正负符号。如图 7-33 和 7-34。

归纳为一句话就是所求转向箭头箭线系数为倒数，进入节点不变箭头的箭线系数变符号。

3. 分配型（分支型、放射型）节点处的线路转向，如图 7-35 转为图 7-36 和图 7-37。

$$x = (w \times a \times c) \qquad y = (w \times a \times b)$$

求其反函数：

$$w = x \times (1/c) \times (1/a) \qquad w = y \times (1/b) \times (1/a)$$

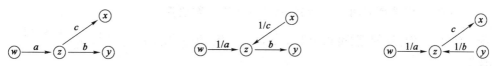

图 7-35　分支型正向图　　图 7-36　分支型 xzw 反向图　　图 7-37　分支型 yzw 反向图

(1) 对实现线路转向的箭线改变箭头方向，箭线上的传递系数为原来的倒数。
(2) 其他流出该节点的箭线，方向不变，传递系数也不变，如图 7-36 和 7-37。

4. 综合型节点的转向：图 7-38 中的 $w-z-y$ 的转向为 $y-z-w$，如图 7-39。

图 7-38　综合型正向图　　图 7-39　综合型 yzw 反向图

5. 流线图转向在技术经济学中的应用——存款。

例题 7-7　某人去年和今年都在银行存款，今年的存款是去年存款的 2 倍。银行年存款利率为 4%（复利），如果要求三年后总金额为 1 000 元，试问他今年应入多少钱？

存款的流线图模型如下图 7-40；设今年存入 x 元。

将流线图 7-40 从 1 000 元转向 x，从而求今年应存入多少元。如图 7-41。

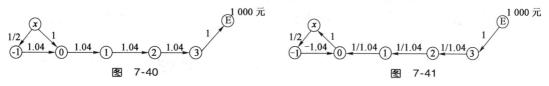

图 7-40　　　　　　　　　　　　　　图 7-41

$0-x-(-1)-0$ 为回路，回路的传递系 $t_{00} = (-1/2) \times 1.04 \times 1 = -0.52$

$x = 1\,000 \times (1/1.04) \times (1/1.04) \times (1/1.04)/(1+0.52) = 584.87$ 元

三、随机网络 GERT 的解析计算方法

（一）随机网络 GERT 解析计算的前提条件

随机网络模型的计算，由于有多种不同性质的参数以及各种不同类型的节点，因此计算比较复杂。目前应用数学分析的方法，还仅仅局限于互斥型的节点。下面我们主要讨论"互斥型"节点的 GERT 计算方法；其他类型的节点将在下一节"随机网络仿真技术 GERTS"中讨论。

（二）"互斥型"节点随机网络模型的基本构成

互斥型节点随机网络模型的基本构成如图 7-42，节点的输入端为互斥型，输出端为概率型，并且箭线多包含两个参数：

(1) 该箭线可能实现的概率 P_{ij}；
(2) 完成该箭线所需的时间函数，$f_{ij}(t)$；或其他需要的成本、收益函数等。

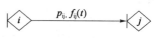

图 7-42　互斥型随机网络模型

这两项参数是随机网络中实现节点转移的依据，称为箭线的传递系数。

由于概率 P_{ij} 和 $f_{ij}(t)$ 有常量和或函数两种类型，三种（串、并、环）网络连接的传递系数的关系就不相同,两者都是常量时相对简单,而其他情况时较为复杂。下面重点介绍概率为常量的两种随机网络分析计算,其特点是:每一个节点"发出"的概率和应等于1。

(三)概率 P_{ij} 和持续时间 $f_{ij}(t)$ 均为常量的传递系数关系

根据流线图的计算原理,可求出等价的传递系数(传递函数)。

1. 串联

串联元素的传递系数为各串联箭线上传递系数的乘积,如图7-43。

$$P_{1\text{-}3} = P_a \times P_b \qquad t_{1\text{-}3} = t_a + t_b \tag{7-18}$$

2. 并联

并联元素的传递系数为各并联箭线上传递系数之和,如图7-44。

$$P_{1\text{-}2} = P_a + P_b \qquad t_{1\text{-}2} = (P_a t_a + P_a t_b)/(P_a + P_b) \tag{7-19}$$

3. 回路

有自身回路的传递系数为节点发出线路值与 $1/(1-P_b)$ 的乘积,如图7-45。

$$P_{1\text{-}2} = P_a/(1-P_b) \qquad t_{1\text{-}2} = t_a + (P_b/P_a)t_b \tag{7-20}$$

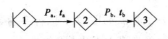
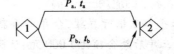
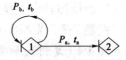

图7-43 互斥型串联　　　图7-44 互斥型并联　　　图7-45 互斥型环

4. 例题7-5 巴格达窃贼问题的常量公式求解

事件的概率为常量,时间也为常量,见图7-46。

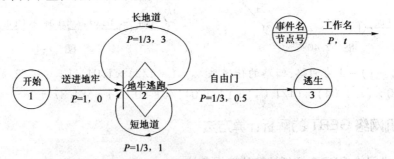

图7-46 巴格达窃贼问题模型

(1)采用的公式:式(7-18),式(7-19),式(7-20)。巴格达窃贼问题可以等价于工程质量检验。

(2)网络简化应注意的问题

由于公式是单自环,双自环如何正确简化是关键。下面两种简化方式可以看出他们的差异和正确性:

①先将其中一个自环和一箭线,简化为一根箭线,如图7-47,实际上是错误的。

②先将两个平行自环简化为一个自环,如图7-48,是正确的简化过程。

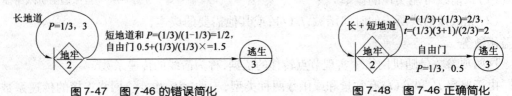

图7-47　图7-46 的错误简化　　　图7-48　图7-46 正确简化

(3) 求逃生的概率和平均时间

$$P_{1-3} = (1/3)/(1-2/3) = 1 \qquad T_{1-3} = 0.5 + (2/3)/(1/3) \times 2 = 4.5$$

(四) 概率为常量,时间为分布函数时传递系数的计算(引入矩母函数)

1. 时间不是常量却是某种分布随机变量(或函数)时传递系数计算存在两个问题

(1) 因为时间不是常量却是某种分布的随机变量,所以不能简单的套用前面介绍的式(7-18),式(7-19),式(7-20)三个计算公式。

(2) 不论时间是常量与否,随机网络的概率值都满足乘积传递关系;而时间值却是相加关系。这就造成随机网络参数计算的不一致性,这一点是随机网络计算要解决的关键问题。

有幸的是,引入"矩母函数"的概念和应用,就能很方便解决这个问题。

2. 随机变量概率分布的矩母函数特征

各个随机变量总和的矩母函数等于各随机变量矩母函数的乘积。见图 7-49。

图 7-49

$$M_{1-3}(S) = M_{t_a+t_b}(S) = M_{t_a}(S) \times M_{t_b}(S) \tag{7-21}$$

3. 矩母函数

对于随机变量时间 t 和可取任意实数的辅助变量 S,则矩母函数为:

$$M_t(S) = E(e^{st}) = \begin{cases} \int_{-\infty}^{+\infty} e^{st} f(t) \, \mathrm{d}t & \text{连续随机变量} \\ \sum e^{st} P(t) & \text{对所有的 } t \text{ 离散随机变量} \end{cases}$$

(1) 当 t 为常量时($t = t_0$),则 $M_t(S) = e^{st_0}$;

(2) 当 $S = 0$ 时,$M_t(S) = M_t(0) = 1$

(3) 矩母函数的一阶导数在 $S = 0$ 处的值,就是随机变量 t 的数学期望:

$$E(t) = M'_t(S)|_{S=0} = m(\text{表示平均时间,相当于正态分布的 } \mu)$$

4. 计算的思路和步骤

(1) 为了便于 GERT 的计算,让每个箭线都只有一个传递系数,所以每个箭线都要先构造箭线辅助传递函数(系数)$W_{ij}(S)$。

$$W_{ij}(S) = P_{ij} \times M_{ij}(S)$$

(2) 利用流线图的节点定律或梅森公式计算到达每个节点的等价传递系数 $W_e(S)$。

(3) 令 $S = 0$,则 $M_e(0) = 1$,从而计算每个节点的 $P_e = W_e(0)$。

(4) $M_e(S) = W_e(S)/P_e$。

(5) $E(t) = M'_e(S)|_{S=0} = m$。

5. 矩母函数求解事例

例题 7-5 巴格达窃贼问题的矩母函数求解(如图 7-50)。

(1) 构造传递系数函数 $W_{ij}(S)$

$M_t(S) = e^{st_0}$

$W_{22长}(S) = (1/3) \times e^{3S}, W_{22短}(S) = (1/3) \times e^{1S}, W_{23自}(S)$
$= (1/3) \times e^{0.5S}$

(2) 求 2-3 的等价传递系数 $W_{2-3}(S)$

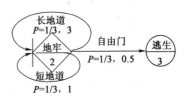

图 7-50 巴格达窃贼问题简图

根据节点原理或梅森公式：

$$W_{2\text{-}3}(S) = W_{23\text{自}}(S)/[1 - W_{22\text{长}}(S) - W_{22\text{短}}(S)]$$
$$= (1/3) \times e^{0.5S}/[1 - (1/3) \times e^{3S} - (1/3) \times e^S] = e^{0.5S}/(3 - e^{3S} - e^S)$$

(3) 求 2-3 的概率值，即 $W_{2\text{-}3}(S)|_{S=0}$

$$P_{2\text{-}3} = W_{2\text{-}3}(0) = 1/(3 - 1 - 1) = 1/1 = 1$$

(4) 求 2-3 的矩母函数 $M_{2\text{-}3}(S) = W_{2\text{-}3}(S)/P_{2\text{-}3} = W_{2\text{-}3}(S)/1 = W_{2\text{-}3}(S)$

(5) 求 2-3 的时间期望值

$$E(t) = M'_{2\text{-}3}(S)|_{S=0} = [0.5e^{0.5S} \times (3 - e^{3S} - e^S) - e^{0.5S} \times (-3e^{3S} - e^S)]/(3 - e^{3S} - e^S)^2$$
$$|_{S=0} = 0.5 \times 1 + 1 \times (3 + 1) = 0.5 + 4 = 4.5$$

例题 7-8 某公路收费站机电产品的生产时间是常量，其随机网络如图 7-51，求该产品生产的平均时间。

(1) 构造传递系数函数 $W_{ij}(S)$，辅助函数见表 7-5。

(2) 求 1-6 的等价传递系数 $W_{1\text{-}6}(S)$

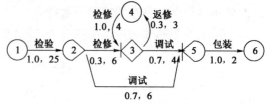

图 7-51 收费站机电产品生产随机网络图

例题 7-8 辅助函数　　　　　　　　　　　　表 7-5

工作代号	概　率	时　间	矩母函数	辅助函数
1-2	1.0	25	e^{25s}	e^{25s}
2-3	0.3	6	e^{6s}	$0.3e^{6s}$
3-5	0.7	4	e^{4s}	$0.7e^{4s}$
3-4	0.3	3	e^{3s}	$0.3e^{3s}$
4-3	1.0	4	e^{4s}	e^{4s}
2-5	0.7	6	e^{6s}	$0.7e^{6s}$
5-6	1.0	2	e^{2s}	e^{2s}

根据节点原理或梅森公式

$$W_{1\text{-}6}(S) = W_{12}(S) \times \left[\frac{W_{23}(S) \times W_{35}(S)}{1 - W_{34}(S) \times W_{43}(S)} + W_{25}(S)\right] \times W_{56}(S)$$

$$= e^{25S}[(0.3e^{6S} \times 0.7e^{4S})/(1 - 0.3e^{3S} \times e^{4S}) + 0.7e^{6S}] \times e^{2S}$$

$$= [0.21e^{37S}/(1 - 0.3e^{7S})] + 0.7e^{33S}$$

(3) 求 1-6 的概率值，即 $W_{1\text{-}6}(S)|_{S=0}$

$$P_{1\text{-}6} = W_{1\text{-}6}(0) = 0.21/(1 - 0.3) + 0.7 = 0.3 + 0.7 = 1$$

(4) 求 1-6 的矩母函数：

$$M_{1\text{-}6}(S) = W_{1\text{-}6}(S)/P_{1\text{-}6}$$
$$M_{1\text{-}6}(S) = W_{1\text{-}6}(S)/1 = W_{1\text{-}6}(S)$$

(5) 求 1-6 的时间期望值

$$E(t) = M'_{1\text{-}6}(S)|_{S=0} = [0.21 \times 37e^{37S}(1 - 0.3e^{7S}) + 0.21e^{37S}(0.3 \times 7e^{7S})]/(1 - 0.3e^{7S})^2$$
$$+ 0.7 \times 33e^{33S} = (7.77 \times 0.7 + 0.441)/0.49 + 23.1 = 12 + 23.1 = 35.1$$

例题 7-9 某隧道工程监控设备的零件生产时间是正态分布函数，零件生产过程的随机网络如图 7-52，求该零件生产的平均时间。

(1) 传递系数的辅助函数 $W_{ij}(S)$ 如表 7-6

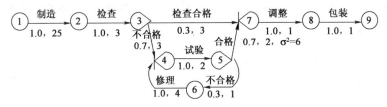

图 7-52 监控设备零件生产随机网络图

某产品生产辅助函数　　　　　　　　　　　　表 7-6

工作代码	概 率	时 间	矩母函数	辅助函数
1-2	1.0	25	e^{25S}	e^{25S}
2-3	1.0	3	e^{3S}	e^{3S}
3-7	0.3	3	e^{3S}	$0.3e^{3S}$
3-4	0.7	3	e^{3S}	$0.7e^{3S}$
4-5	1.0	2	e^{2S}	e^{2S}
5-6	0.3	1	e^{S}	$0.3e^{S}$
5-7 正态	0.7	$m=2$ $\sigma^2=6$	e^{2S+3S^2}	$0.7e^{2S+3S^2}$
6-4	1.0	4	e^{4S}	e^{4S}
7-8	1.0	1	e^{S}	e^{S}
8-9	1.0	1	e^{S}	e^{S}

（2）求 1-9 的等价传递系数：

根据节点原理或梅森公式：

$$W_{1\text{-}9} = W_{12} \times W_{23} \times \left[\frac{W_{34} \times W_{45} \times W_{57}}{1 - W_{45} \times W_{56} \times W_{64}} + W_{37} \right] \times W_{78} \times W_{89}$$

$$= e^{30S} \left[(0.49e^{37s+3s^2})/(1 - 0.3e^{7S}) + 0.3e^{3S} \right]$$

$$= 0.3e^{33S} + 0.49e^{37s+3s^2}/(1 - 0.3e^{7S})$$

（3）求 1-9 的概率值，即 $W_{1\text{-}9}(S)|_{S=0}$

$$P_{1\text{-}9} = W_{1\text{-}9}(0) = 0.3 + 0.49/(1 - 0.3) = 0.3 + 0.7 = 1$$

（4）求 1-9 的矩母函数：

$$M_{1\text{-}9}(S) = W_{1\text{-}9}(S)/P_{1\text{-}9}$$

$$M_{1\text{-}9}(S) = W_{1\text{-}9}(S)/1 = W_{1\text{-}9}(S)$$

（5）求 1-9 的时间期望值：

$E(t) = M'(S)|_{S=0}$

$= 9.9e^{33S} + [0.49e^{37s+3s^2}(37+6s)(1-0.3e^{7S}) + 2.1e^{7S}0.49e^{37s+3s^2}]/(1-0.3e^{7S})^2|_{S=0}$

$= 9.9 + [0.49 \times 37 \times (1-0.3) + 2.1 \times 0.49]/(1-0.3)^2 = 9.9 + 28 = 37.9$

（五）GERT 随机网络的应用（建立模型和计算）

1. 三人博弈问题

A, B, C 三人比赛，每次获胜者与另外一人比赛，依次循环，直到有一人连续获胜两次。P_{ij} 表示 i 击败 j 概率，M_{ij} 表示所需的时间。A, B, C 三人比赛博弈模型如图 7-53。从图 7-53 可以发现 A2 终点、B2 终点、C2 终点,分别表示按照规定连续获胜两次,A 胜出,或 B 胜出,或 C 胜出的最终结果,所以模型进一步简化为图 7-54,以利于 GERT 的求解。

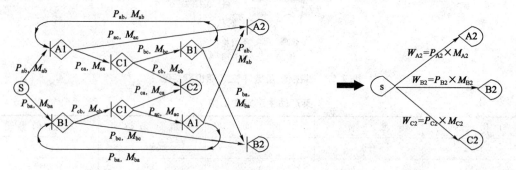

图 7-53　三人博弈模型　　　　　　　　图 7-54　三人博弈的简化求解模型

三人博弈问题简化过程和计算:图 7-55 表示 A 连续获胜两次最终胜出的全过程模型。同理,可以分别计算 B 或 C 连续获胜两次最终胜出的全过程。三人博弈终局结果图如图 7-56。

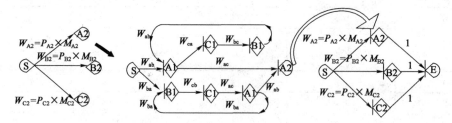

图 7-55　表示 A 胜出过程的 GERT 模型　　　图 7-56　三人博弈终局

2. 具有多个起点和多个终点(结果点)的随机网络模型

(1)多个起点或多个终点(结果点)实际问题的 GERT 模型。

许多工程技术、经营管理和科学研究问题或系统,存在着多个平行发出和多个可能的结果。例如,图 7-57 是两枚火箭发射在指定空间地点汇合的空间探索试验事例模型。

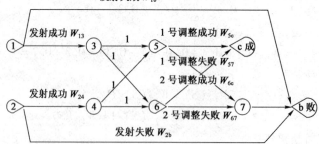

图 7-57　两枚火箭的发射在指定空间地点汇合

(2)多个起点和多个结果点问题的解,如图 7-58。

$$W_{13} = (W_{12} + W_{15} \times W_{52}) \times W_{23}/(1 - W_{22})$$

$$W_{16} = W_{15} \times W_{56}$$

$$W_{43} = W_{45} \times W_{52} \times W_{23}/(1 - W_{22})$$

$$W_{46} = W_{45} \times W_{56}$$

如果 1 节点是开始节点的一部分,其实现概率 P_a 时;而 4 节点是开始节点的另一部分时,可以转换为如图 7-59。

$$W_{S3} = P_a \times W_{13} + (1 - P_a) \times W_{43}$$
$$W_{S6} = P_a \times W_{16} + (1 - P_a) \times W_{46}$$

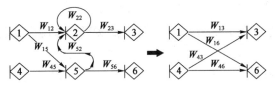

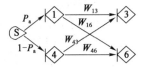

图 7-58　将图 7-57 转换成其简化形式　　　　　　　图 7-59　起点为概率型的模型

3. 工程构件加工随机网络模型(所需的常用矩母函数见表 7-7)

常用的矩母函数　　　　　　　　　　　　　　　　　　　表 7-7

名　称	矩母函数	名　称	矩母函数
正态	$e^{ms + \frac{1}{2}\sigma^2 s^2}$	泊松	$e^{\lambda(e^s - 1)}$
负指数	$\lambda/(\lambda - S)$		

如图 7-60 的模型,检查 1 服从负指数分布,其均值 $1/\lambda$ 为 1 小时;检查 2 服从负指数分布,其均值 $1/\lambda$ 为 2 小时;其他时间是常量。求:每个构件成品的平均时间,成品率是多少?

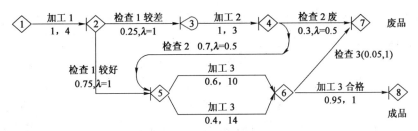

图 7-60　工程构件随机网络模型

$$W_{18} = W_{12} \times (W_{23} \times W_{34} \times W_{45} + W_{25}) \times (W'_{56} + W''_{56}) \times W_{68}$$
$$= e^{4S}[0.25 \times 1/(1-S)e^{3S} \times 0.35/(0.5-S) + 0.75/(1-S)](0.6e^{10S} + 0.4e^{14S})0.95e^S$$
$$= 0.95e^{5S} \times [0.0875e^{3S}/(0.5-S) + 0.75] \times (0.6e^{10S} + 0.4e^{14S})/(1-S)$$

成品率 $P_{18} = W_{18}(0) = 0.95 \times (0.175 + 0.75) \times 1/1 = 0.95 \times 0.925 = 87.88\%$

$$M_{18}(S) = W_{18}(S)/P_{18}$$
$$= 0.95e^{5S} \times [0.0875e^{3S}/(0.5-S) + 0.75] \times (0.6e^{10S} + 0.4e^{14S})/[0.879(1-S)]$$
$$T_{18} = E_{18}(S) = M'_{18}(S)\big|_{S=0} = 16.30/0.879 = 18.54$$

(六) GERT 汇合型和兼或型随机网络的分析和计算

前面讨论的都是建立在互斥型节点的随机网络计算,对于汇合(集)型和兼或型节点的随机网络,目前还没有分析求解(解析解)的有效方法,主要是通过模拟的方法进行求解。不少学者对此进行过研究,提出了一些求解方法。但是在具体应用时,仍有一定限制。下面我们讨论汇合型和兼或型节点随机网络分析求解的一般方法——将汇合型和兼或型节点归纳为互斥型节点,然后按照互斥型节点进行分析求解。

1. 汇合(集)型节点分析

汇合(集)型节点要求所有进入节点的箭线都完成后,该节点所发出的箭线才能开始。以下就箭线的三种基本连接(串、并、环)组合进行分析:

(1)串联箭线的线路与互斥型串联线路分析方法相同。

(2)回路形式对于汇合型不允许存在。某节点紧后的工作要早于该节点紧前工作开始或完成,是不符合逻辑的。

(3)并联箭线的汇合型节点:

①肯定型时间值取大,如图7-61;因为 A 和 B 的概率为1,肯定要实现,所以取大值,实际是肯定型网络图与 CPM 相同。

②随机型在并联中具有以下两点困难,具体分析如下:

第一种情况,箭线为随机性(概率小于1),时间为常量,如图7-62。说明 A 实现的可能性只有0.3,而有0.7的可能性不实现;因此②号节点事件实现的概率就是0.3,时间值是 A 和 B 的最大值,如图7-62。实际上这种处理有缺陷或错误,正确的处理方法参见图7-65。

图7-61 上图简化为下图结果 　　图7-62 上图错误地简化为下图

第二种情况,箭线为随机性,时间为随机变量时,用期望值简化有可能产生错误的结论,却不易察觉。例如下图7-63,经过数学期望值简化结果为图7-64,就是错误的简化过程。将图7-63简化为图7-64后,3号节点的实现概率为1,平均时间为 $t_a = (10+5) \div 2 = 7.5$;4号节点的实现概率为1,而平均时间为 $t_{14} = \max\{7.5, 8\}$,这显然是错误的结论。因为直接从图7-63分析,当 A 有50%可能为5时,B 是8,则4号节点实现为8;而当 A 有50%可能为10时,A 大于 B 则4号节点实现为10。所以正确的结论是:4号节点实现至少为8,50%情况是10。图7-64的结论显然不一致,说明简化过程是错误的。因此时间为随机变量时,实际应用中要进行参数计算是很困难和复杂的。

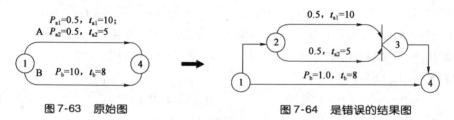

图7-63 原始图 　　图7-64 是错误的结果图

下面主要讨论第一种情况,即时间为常量的情况。

③汇合型节点中概率型并联箭线时间为常量的处理:变换为一组等价箭线。

a. 转化为两端点是非互斥型,如图7-65。然后参见例题7-10的计算方法进行计算。

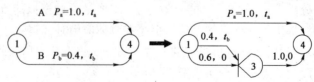

图7-65 两端点非互斥型转换

b. 转化为两端点互斥型:

两条箭线概率和不为1时可转换为互斥节点的四条箭线,图7-66。

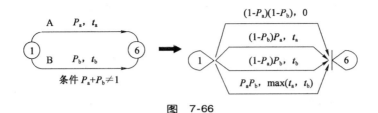

图 7-66

图 7-66 右图中的第一条线表示 A 不实现 B 也不实现;第二条线表示 A 实现 B 不实现;第三条线表示 A 不实现 B 实现;第四条线表示 A 实现 B 也实现。四种的互斥型的网络图的计算结果如下:

$$W_{16} = (1-P_a)(1-P_b) + [P_a(1-P_b)e^{St_a}] + [P_b(1-P_a)e^{St_b}] + [P_aP_b e^{S\times\max(t_a,t_b)}]$$

c. 并联的每条箭线概率和为1,两条箭线类似于 b 情况的矩母函数转化,如图 7-67。

如果 $P_a + P_b = 1, P_c + P_d = 1$。那么先将图 7-67(a) 转换为图 7-67(b),再依次转换成图 7-67(c)和图 7-67(d)。所以

$$W_{16} = P_aP_c e^{S\max(t_a,t_c)} + P_aP_d e^{S\max(t_a,t_d)} + P_bP_c e^{S\max(t_b,t_c)} + P_bP_d e^{S\max(t_b,t_d)}$$

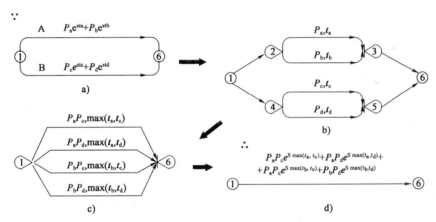

图 7-67 并联的每条箭线概率和为 1 的简化过程图

④汇合(集)型节点等价转换为互斥型节点的计算。

例题 7-10 某工程施工如图 7-68。图中的 2-6 工作表示机械故障,其概率是 2%,时间为 11;5-8 工作表示资源供应脱节,其概率是 30%,时间为 13;其他工作是概率为 1 的肯定型,时间为常量。如何简化求解就是很重要的问题。

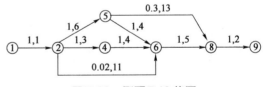

图 7-68 例题 7-10 的图

如果将图 7-68 转换为图 7-69,那就是一种无法实现的等价转换。

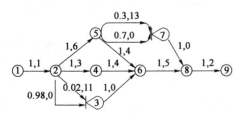

图 7-69 是图 7-68 无法实现的等价转换

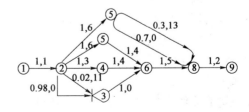

图 7-70 是图 7-68 正确的等价转换

正确的等价转换应如图7-70所示。其中2-6的简化就是参考图7-65的方法。

$W_{2\text{-}5\text{-}6}(S)=e^{10S}$,$W_{2\text{-}4\text{-}6}(S)=e^{7S}$,$W_{2\text{-}(4/5)\text{-}6}(S)=\max(e^{10S},e^{7S})=e^{10S}$

$W_{2\text{-}3\text{-}6}(S)=(0.02e^{11S}+0.98)\times 1$,同时将$W_{2\text{-}(4/5)\text{-}6}(S)=1\times e^{10S}+0\times e^0$套用图7-67形式计算$W_{2\text{-}6}(S)$如下:

$W_{2\text{-}6}(S)=0.02e^{11S}+0+0.98e^{10S}+0=0.02e^{11S}+0.98e^{10S}$

$W_{2\text{-}6\text{-}8}(S)=(0.02e^{11S}+0.98e^{10S})e^{5S}=0.02e^{16S}+0.98e^{15S}$

$W_{2\text{-}5'\text{-}8}(S)=(0.3e^{13S}+0.7)e^{6S}=0.3e^{19S}+0.7e^{6S}$,再次利用图7-67形式计算$W_{2\text{-}8}(S)$

$W_{2\text{-}8}(S)=0.006e^{19S}+0.014e^{16S}+0.294e^{19S}+0.686e^{15S}$

$\quad\quad\quad\quad=0.30e^{19S}+0.014e^{16S}+0.686e^{15S}$

$W_e(S)=e^{1S}(0.30e^{19S}+0.014e^{16S}+0.686e^{15S})e^{2S}=0.30e^{22S}+0.014e^{19S}+0.686e^{18S}$

$T_e=M'(s)|_{S=0}=(0.30e^{22S}+0.014e^{19S}+0.686e^{18S})'|_{S=0}$

$\quad\quad=0.30\times 22+0.014\times 19+0.686\times 18=19.214$

2. 兼或型节点

(1) 兼或型节点的含义(概率为1时)

兼或型节点是指进入这类型节点的任何箭线都导致该节点的实现,它与互斥型节点的区别,在于进入节点的箭线可以有多于一条的箭线被实现,因而在进行节点转移时就要求是取时间的最小值,如图7-71。取最小值的理由是,其中一个箭线实现,节点事件就实现了,因为箭线中的时间小值更早就实现了。

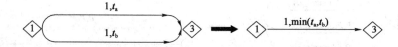

图7-71 有平行箭线的兼或型节点网络的简化

(2) 兼或型节点的处理方法,相似于汇合型节点,因为兼或型节点的有些特征与汇合(集)型节点相同,参见图7-72。

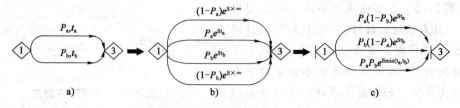

图7-72 复杂的平行箭线的兼或型节点网络的简化

在兼或型节点的处理时,应注意的两点:一是只需考虑并联(平行)箭线,因回路无意义,而串联可用互斥型替代;二是到目前为止持续时间为常量才可计算。

图7-72中P_a和P_b是各自独立的且小于等于1,当$0\leq P_a\leq 1,0\leq P_b\leq 1$时,显然A本身可以分解为内部不可兼或的$P_a$与$(1-P_a)$两条箭线,同理B内部也有不可兼或的$P_b$与$(1-P_b)$两条箭线。所以图7-72a)原始状态可以先转换为图7-72b),因为A有$(1-P_a)$概率不实现,由于在可兼或约束条件下是取小值,所以设其时间为无穷大(∞),B同理;接着由图7-72b)转化为图7-72c)。

第四节 仿真随机网络 GERTS

随机网络的分析方法,是把随机型问题转换成确定型问题后,再用数学方法(如矩母函数等)进行求解,毫无疑问,在这一转换过程中,网络系统的某些信息将被忽略。例如,随机网络的时间计算时,当时间服从各种不同分布时,用数学分析的方法是无法得到复杂系统的时间参数,也无法导出网络完成时间的确切分布;在这种情况下,应用计算机仿真(模拟)技术就能获得这些网络信息。仿真随机网络 GERTS 就是针对这类多重随机系统而产生的。

在 GERT 模型中有一个形式,就是重复运用网络逻辑来模拟工程项目,形成的数学模型就是仿真随机网络模型 GERTS。这时模型中的每条箭线(工作)被释放(通过模拟实现)许多次(次数预定),以便在预期节点能收集到统计数据用以分析工程项目。为此,必须对给定问题加以分析并扬弃其无关因素。下面我们讨论 GERTS 符号并在后面的工程项目事例中使用其符号建立 GERTS 模型。

一、GERTS 节点、箭线和释放次数

GERTS 网络图的符号由节点和箭线组成。释放次数这一概念与节点和箭线有联系。一个节点的释放次数表示流入节点的各工作在该节点实现前必须实现(到达)的次数。例如,如果释放次数是 1,而流入该节点有 5 个工作,那么第一、第二、第三、第四或第五个流入的工作中有一个实现时,该节点就算实现(节点发生或到达节点),如图 7-73b)中上扇形的数字。若释放次数是 5,而且有 5 个工作流入这一节点,那么当第一、第二、第三、第四、第五个流入工作都实现时,该节点才算实现,如图 7-73c)中上扇形的数字。同样,若释放次数是 4 且有 5 个工作流入这一节点,那么完成五个工作中的任何四个工作,该节点即算实现。但是,可以容许规定释放次数大于流入该节点的工作个数。例如,流入节点的工作只有一个,但是存在有回路;而该工作必须实现 5 次(即 5 次到达该节点)才表示该节点实现,那么释放次数就是 5,而流入该节点的工作个数却是 1。

图 7-73a)表示肯定型节点。输出端的后半圆形表示肯定型输出,如图 7-73b)和 c)所示,这里输出箭线的概率为 1.00。节点实现需要箭线流入的有关信息填写在输入端得两个扇形内;如图 7-73a)中,上扇形表示释放次数,表示需要实现这一节点所应该完成工作的个数;下扇形表示重复释放次数,即在第一次实现以后这一节点每实现一次要求完成的箭线次数。图 7-73b)有 2 条流入箭线。两个工作中任何一个释放后这一节点就被实现。该节点第二次和以后各次实现时,两条箭线之一必须释放(到达)三次;或一条箭线释放两次,另一条箭线释放一次。图 7-73d)表示概率型输出节点。输出时概率型的情形如图 7-73e)和 f)所示,其中箭线 D(P_d)和 E(P_e)的释放概率小于 1.00。

我们将 GERTS 节点与 PERT 节点做个比较。在 PERT 节点上,流入一个节点的所有工作都必须完成,而在 GERTS 网络图中,或者要完成流入一个节点的所有工作,或者只要完成其中任一个或几个工作。此外,一个流入工作可能要完成几次,这点与 PERT 网络图也是不同的。

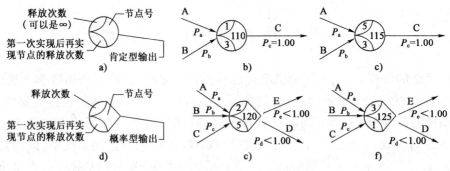

图 7-73 GERTS 符号含义图

二、节点的类型

GERTS 中的节点还可根据其在网络中的功能特征,将它们的表示可以分为:起点节点(或称为源节点);终点节点(或称为汇节点);统计量节点;标志节点。参见图 7-74 和 7-75。

凡从起点节点出发的工作在零时刻开始。起点节点没有任何流入该节点的箭线。终止节点(或汇节点)没有任何从该节点出发的箭线,并且如果有一个、几个或全部终点节点实现,则网络有可能实现。有两种起点节点和一种终点节点如图 7-74 所示。

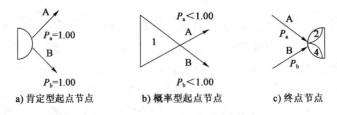

a) 肯定型起点节点　　b) 概率型起点节点　　c) 终点节点

图 7-74 GERTS 起点终点图

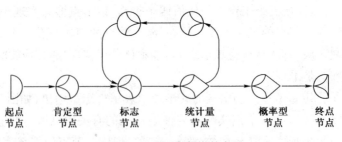

起点节点　肯定型节点　标志节点　统计量节点　概率型节点　终点节点

图 7-75 GERTS 各类节点图

从 GERTS 分析的模拟中收集的有用数据包括:一个节点实现次数的统计量;同样还收集与节点实现次数有关的其他统计量。收集这些统计量的节点叫做统计量节点。所有终点节点(或汇节点)也是统计量节点。

在统计量节点上能收集五类统计量:其一是一个节点第一次实现的时间 F;其二是一个节点全部实现的时间 A;其三是一个节点两次实现之间的时间 B;其四是网络图中两个节点间所需经过的时间间隔 I;其五是节点上第一个工作完成到实现节点为止的所延迟的时间 D。

从一个节点出发的箭线可能流入另一个节点,或组成一条回路并流入先前的节点,如图 7-75 所示。我们可以计算出两个节点间所花费的时间,用标志节点建立一个参考时间,让我们算出从网络图的标志节点到统计量节点所花费的时间。必须注意,除了终点节点外,标志节点和统计量节点并没有所谓反映其状态的特殊形状,通常是在这些标志节点和统计量节点的旁边填写其特殊功能的适当简要说明来加以区分(如统计量节点,则填写所收集统计量的类型如图 7-82)。

三、箭线的描述

GERTS 网络图的箭线表示工作(作业)和(或)信息(系数、参数)传递。工作这一 GERTS 中专业术语既可以用来表示工作又可用来表示信息传递。如果工作的起始节点和已完成该工作的时间为已知,则与每个工作有关的另一个参数是工作实现的概率。GERTS 网络图使用参数组数字和分布类型表示时间变量(该变量可以是随机的变量)。

1. 可以使用的分布类型:

可以使用的分布类型有:常数分布;正态分布;均匀分布;爱尔朗分布;指数分布;对数正态分布;泊松分布;β 分布;γ 分布;像 PERT 中一样拟合三个参数的 β 分布。

2. 可以使用的参数组数字

参数组数字和分布类型能完整地描述一个工作的时间变量。每一类分布都有一组参数以及其相应参数的排列次序。例如,如果工作的分布类型是正态分布,那么所包含的参数及这些参数的排列如下:(1)平均值;(2)最小值;(3)最大值;(4)标准差。

与工作有关的参数还有两个附加特征值,这两个特征值是计数器类型和工作编号。计数器类型规定工作每实现一次,计数器就增加 1。工作的参数没有计数器类型时表示不需要计算工作发生的次数。工作编号填写在工作上,以便根据工作的实现情况对网络图进行修改,同时还可以区别具有同一箭尾节点和箭头节点的工作。对网络图的修改包括用另一节点代替一个节点,以便暂时或永久地改变网络图逻辑关系。

因此,如图 7-76 所示,GERTS 网络图中一个工作可以完整地用以下这些参数描述:工作实现的概率 P;时间参数组 t_p;分布类型 t_d;计数器类型 c;工作编号 a,如图 7-82 的表示。

如果分布类型是正态分布,那么工作的参数组数字的描述包括在括号外的各个参数,如图7-77 所示。因此使用特定的参数组数字,就可以把所需要的参数与各个工作联系起来。然而必须注意,参数组的数字内容一般习惯填写在工作上方。

图 7-76　GERTS 参数表示图　　　　图 7-77　GERTS 正态分布参数图

为了说明 GERTS 中箭线(工作)和节点的使用,参见图 7-78 所示网络图。这个网络图表明,自环绕节点 1 三次时,网络结构就发生变化。这个变化按以下方式完成:节点 2 的输出是肯定型输出,因此,节点 2 每次实现,从节点 2 出发都有两条箭线;用离开节点 2 到节点 3 的箭线计算节点 2 的实现次数,只有当流入节点 3 的箭线实现 3 次时,节点 3 才算实现,当然,这等价于自环绕三次;当节点 3 实现时,编号为 1 的工作使节点 5 替换节点 1,于是达到改变网络的目的。引起网络结构变化的工作编号所对应的跳跃处用虚箭线表示,如图 7-78。

我们可以进一步以巴格达盗贼问题来描述 GERTS 箭线(工作)和节点符号的使用,如图 7-79 所示。

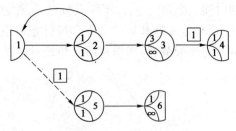

图 7-78 网络结构变化形式

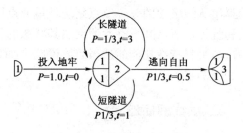

图 7-79 巴格达窃贼的 GERTS 形式

四、建立 GERTS 模型

GERTS 分析的第一步是为所给的问题建立模型。

1. 建立较简单的 GERTS 模型，以下述例题 7-11 为例。

例题 7-11 要将一条管道铺设在海底。有两种管子和两种支承方法，两种支承方法是相互联系的。我们想在每种管子某一长度上安装测试装置，并在海底修建的支承上安放两种样品，记下某选定时期内的读数，然后分析收集到的数据，从两种管子中选一种管子。但是，测试装置有可能出故障。如果发生这种情形，则测试失败，就取出管子，记录失败原因，再次安装测试装置，并将管子放回原来位置。然后重新记录数据。如果测试失败多次，就停止整个试验。如果测试成功，那就决定选择在海底施工性能较好的管子。这一问题的 GERTS 网络图，如图 7-80 所示。

网络图的箭线如下：
1-2 取得管子和测试装置；
2-11 连接工作；
2-12 连接工作；
3-5 记录所需读数(管子 A)；
3-6 测试失败(管子 A)；
4-5 记下所需读数(管子 B)；
4-7 测试失败(管子 B)；
5-9 选择所用的管子；
6-8 记下管子 A 上测试失败的原因；
6-11 再次对管子 A 准备试验；
7-10 记下管子 B 上测试失败的原因；
7-12 再次对管子 B 准备实验；
11-3 安装测试仪表并在支承上铺设管子 A；
12-4 安装测试仪表并在支承上铺设管子 B。

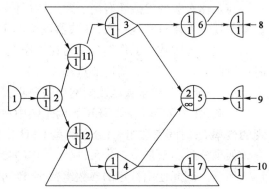

图 7-80 海底管道铺设测试模型

节点 1 是起点节点，节点 9 是终点(汇)节点，其他终点(汇)节点是 8 和 10。节点 3 和 4 为概率型输出；除此之外其他所有节点为肯定型输出。在得到材料(节点 2)和安装测试仪表以后，将两种管子铺设在支承上，并准备管子 A(节点 3)和 B(节点 4)的测试。在节点 3 和 4 有两种可能性：如果记下两种管子的必要数据，那么测试完成，箭线 3-5 和 4-5 通过，节点 5 实现。如果在管子 A 或 B 上的测试失败，那么箭线 3-6 或 4-7 就分别重安装测试仪表，重新开始试验。如果记下 20 次测试失败，就停止试验。当箭线 5-9 释放时，做出最后选择并结束试验。

2. 用更复杂些的事例说明 GERTS 改变网络结构的方法

例题 7-12 一个混凝土承包商希望评价各种自卸卡车与装卸机的各种组合方案，目的是选择一个组合方案，使自卸卡车从离开搅拌厂到采石厂装料后，又返回到搅拌厂卸车，这一全过程的时间最短。

承包商要研究三类自卸卡车和六种装卸机的组合情况。装卸机 A、B 与甲型卡车组合，装卸机 C、D 与乙型卡车组合，装卸机 E、F 与丙型卡车组合。每一次可使用任一类型的卡车进行模拟。

选择卡车和装载机类型后，模拟装料方法 50 次。选择卡车和装卸机的方案是概率方案，原因是卡车和装卸机正好在承包商的搅拌厂和采石场等待。选择何种方案取决于从采石场的哪一工段运料。例如，模拟一种卡车和装载机的组合 50 次后，再从采石场另一工段运出材料并组成某一组合，再模拟 50 次。卡车与装载机的组合可以同前一次模拟一样，也可以不同。由推土工作将采石场每一工段的材料堆放在适当地方。整个过程，包括选择卡车与装载机的组合方案共进行 10 轮次，即从采石场的 10 个不同的工段运送材料。这一过程的 GERTS 网络如图 7-81 所示。

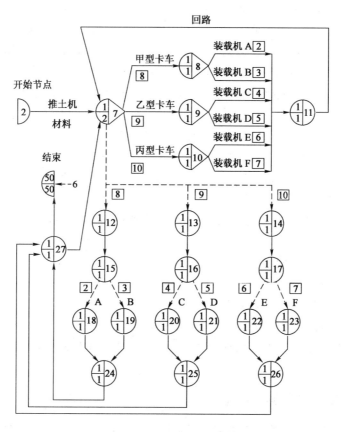

图 7-81 自卸卡车与装载机组合方案模拟模型

网络图的箭线如下：

2-7 把材料堆成堆以便装车；　　　　7-8 选择甲型卡车；
7-9 选择乙型卡车；　　　　　　　　7-10 选择丙型卡车；
8-11 选择装载机 A、B；　　　　　　9-11 选择装载机 C、D；
10-11 选择装载机 E、F；　　　　　　11-7 循环箭线；

12-15 甲型卡车从搅拌厂到达采石场；
13-16 乙型卡车从搅拌厂到达采石场；
14-17 丙型卡车从搅拌厂到达采石场；
15-18 修改路线 2；
15-19 修改路线 3；
16-20 修改路线 4；
16-21 修改路线 5；
17-22 修改路线 6；
17-23 修改路线 7；
18-24 用装载机 A 给甲型卡车装料；
19-24 用装载机 B 给甲型卡车装料；
20-25 用装载机 C 给乙型卡车装料；
21-25 用装载机 D 给乙型卡车装料；
22-26 用装载机 E 给丙型卡车装料；
23-26 用装载机 F 给丙型卡车装料；
24-27 回到搅拌厂并卸料（甲型卡车）；
25-27 回到搅拌厂并卸料（乙型卡车）；
26-27 回到搅拌厂并卸料（丙型卡车）；
27-6 连结箭线；
27-7 连结箭线。

将采石场某工段的材料堆成堆，即工作 2-7；是表示为进行 50 次模拟"到达→装料→返回"过程提供足够装运的石料。然后选择卡车类型和装载机（概率型节点 7、8、9、10）。假定选择甲型卡车（工作 8）和装载机（工作 2）。然后循环箭线又回到节点 7。但是由于工作 8 先前已经实现，所以节点 7 的输出用节点 12 的输出代替。工作 12-15 得出的时间是甲型卡车离开搅拌厂到达采石场的时间。此外，因为工作 2 先前已经实现，所以用节点 18 的输出代替节点 15 的输出。工作 18-24 得出的时间是甲型卡车用装载机 A 装料的时间。工作 24-27 所用的时间是甲型卡车回到搅拌厂卸料所用的时间。工作 27-7 只不过是完成网络逻辑的连接箭线，它表示在修改网络后，第 2 次"到达→装料→返回"模拟开始；节点 27 还有另一条输出箭线 27-6，这又是一条完成网络逻辑的箭线，即表示完成 1 次"到达→装料→返回"的模拟，这条箭线在节点 6 实现前要通过 50 次，即节点 6 要实现应完成 50 次"到达→装料→返回"的模拟。完成了所要求的 50 次模拟运行后（终止节点实现），全部修改停止，网络回到原状态。

需要说明的是：节点 12、13、14 分别表示 8、9、10 号工作出现时替代节点 7，同理节点 15、16、17 分别表示此时的节点 8、9、10 号三个概率型节点；2 号工作第二次从节点 7 虚线下来后节点 18 替换节点 15 的情况，以此类推其他工作和节点的替换。

要进行第二轮的 50 次模拟，就从 2-7 再次进行，此时表示从采石场的另一工段把大量材料堆成堆，为第二轮的 50 次"到达→装料→返回"模拟提供足够装运的石料。第二轮的 50 次模拟可根据有关的概率，进行卡车与装载机的另一种组合重复上述整个过程。这一过程重复 10 轮次，得出一系列时间，承包商就可以用这些时间评价出最优的自卸卡车与装载机组合。

值得注意的是，每轮次运行只包含一种卡车和一种装载机，也就是说，在这个例子中没有排队现象。

五、GERTS 的基本数据

要实现 GERTS 模拟，必须具有以下三类数据：

1. 有关整个网络的数据

工程项目标记，节点数量及类型，起点节点、终点（汇）节点、统计量节点和标记节点的标识，工作数量，要实现的模拟次数，随机数区间和网络修改数据。

2. 有关节点的数据

第一次和以后各次实现一个节点所需要的释放次数，输出类型，直方图特性和要收集的统计信息的类型。

3.有关箭线的数据

与工作有关的时间变量参数,实现的概率和分布类型。

应用上述数据,GERTS 实现从事件到事件的网络模拟。为了实现从任何节点(或者是已实现的节点,或是起点节点)流入的工作,基本的 GERTS 步骤是用参数数字和分布类型得出一个累积分布。然后用随机数区间生成的一个随机数插入累积分布方程,以便得出完成工作(或作业)的时间。当检查每条流入箭线的节点时,在所有的箭线重复上述步骤,同时记下每条箭线的完成时间。如果该节点实现了,就模拟由实现节点流出的箭线并继续下去,直至实现网络图中的相应汇节点位置。重复这一模拟过程直至完成所需要的次数。最后用户可以对这些已经获得的所有统计节点的有关统计量进行分析。

六、隧道施工综合事例

例题 7-13 隧道沿着预定的基准线开凿。先行试钻的方向取决于该地区的地层情况,由试验来确定。为了试验,要收集和准备地质数据资料,并在先行隧道试钻时记录地质资料。例题 7-13 是一个很简单的隧道施工问题,它的 GERTS 网络图如图 7-82 所示。节点编号从 2 开始。

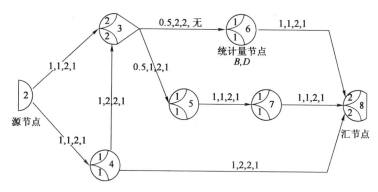

图 7-82

网络图箭线如下(工作的参数表示参见图 7-76 的约定):

2-3 先行试钻;　　　　　　　　2-4 收集、准备地质资料;
3-5 经过试验确定地质有变化;　　3-6 经过试验确定地质无变化;
4-3 检查地质数据;　　　　　　　4-8 记录结果;
5-7 改变现行试钻方向;　　　　　6-8 开凿隧道;
7-8 开凿隧道。

1.例题中希望在节点 6 收集下述两个统计量(符号含义参见本节二约定的 F、A、B、I、D)

(1)节点两次实现之间的时间 B;

(2)该节点上第一个工作完成直至该节点实现为止的延迟时间 D。

节点 3 的输出是概率型,其流出的任一箭线中的概率均为 0.5。在本例题中,可以用抛掷硬币的结果选择一条箭线。但如果有两条以上箭线,或两条箭线的概率不相等,那么选择时就必须使用一些其他技术,最好使用随机数来表示。

2.时间参数组和分布类型

为了使本例题易懂,只用两个参数组和一个分布类型(正态分布号码为2)。例如工作 3-5 是以正态分布参数组 1 为基础,工作 3-6 是以正态分布的参数组 2 为基础。

正态分布参数组 1:平均值 =10;最小值 =0;最大值 =20;标准差 =1。
正态分布参数组 2:平均值 =5;最小值 =0;最大值 =10;标准差 =1。

表7-8 和表7-9 汇总了与网络图有关的数据。读者应注意概率为 1 的工作,也有与之有关的分布类型及参数组编号,此时是针对时间随机而言。图 7-83 和图 7-84 所示的工作随机时间可通过详细的时间研究或以往相似工作的经验获得。

3. 随机变量时间的确定以及模拟过程

如前面所述,模拟的基础是用随机数通过适当累计分布从频率分布中进行取样。对于本例题,不是求特殊累计分布,而是利用标准正态累计分布然后转化结果值,以便在这两个参数组和规定分布类型间建立联系。累计标准正态分布如图 7-85 所示。

表7-8

节 点	释放次数	重复释放次数	输出类型	基于现实的统计量
2	0	0	D	
3	2	2	P	
4	1	1	D	
5	1	1	D	
6	1	1	D	B,D
7	1	1	D	
8	2	2		

注:输出 D-肯定型;P-概率型。

工作(作业)描述　　　　　　　　表7-9

起始节点	终止节点	概　率	参数组编号	分布类型	计数器类型*
2	3	1	1	2	1
2	4	1	1	2	1
3	5	0.5	1	2	1
3	6	0.5	2	2	无
4	3	1	2	2	1
4	8	1	2	2	1
5	7	1	1	2	1
6	8	1	1	1	1
7	8	1	1	2	1

* 这是记录某些工作(作业)释放次数的简单方式。注意收集流入节点工作延迟统计量的工作,没有与之相关的计数器类型。

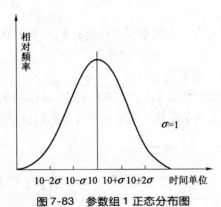

图7-83　参数组 1 正态分布图　　　　图 7-84　参数组 2 正态分布图

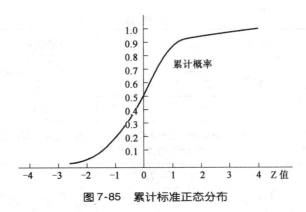

图 7-85　累计标准正态分布

从累计标准正态分布中取样时,使用两位数的数字。例如查阅随机数表,取得两个随机数 04 和 60。在累积标准正态分布的纵坐标上标注 0.04 和 0.60 处,就能读出 $Z=-1.8, Z=0.3$,剩下的唯一问题是将这些值换算成期望测度值,这一点可按式(7-22)进行:

$$Z = \frac{X-\mu}{\sigma} \quad \text{或} \quad X = \mu + \sigma Z \tag{7-22}$$

使用参数组 1,这个式子就变成 $X = 10 + 1 \times Z$。这一模拟取样试验得出的随机变量值是 8.2 和 10.3。使用参数组 2, $X = 5 + 1 \times Z$。

使用类似方法,如表 7-10 和 7-11 所示,就可以为两个参数组得出随机变量,并由此得出网络图的工作时间。进行这样的变换后,即可以开始进行事件到事件的模拟,如表 7-12 所示。

参数组 1 的随机变量　　　　　　　　　　　　　　　　　表 7-10

随 机 数	Z 值	变 换	随机变量(时间)
0.04	-1.8	10 - 1.8	8.2
0.60	0.3	10 + 0.3	10.3
0.67	0.5	10 + 0.5	10.5
0.89	1.3	10 + 1.3	11.3
0.32	-0.5	10 - 0.5	9.5
0.95	2	10 + 2	12
0.55	0.1	10 + 0.1	10.1

参数组 2 的随机变量　　　　　　　　　　　　　　　　　表 7-11

随 机 数	Z 值	变 换	随机变量(时间)
0.35	-0.6	5 - 0.6	4.4
0.57	0.2	5 + 0.2	5.2
0.86	1.1	5 + 1.1	6.1
0.30	-0.6	5 - 0.6	4.4
0.81	1	5 + 1	6.0
0.02	-2.2	5 + 2.2	2.8
0.18	-1	5 - 1	4.0

模 拟 过 程　　　　　表 7-12

工作	参数组	实现节点的作业释放次数	迄今释放次数	释放时间（随机变量）	节点实现时间
2-3	1	2	1	8.2	
2-4	1	1	1	10.3	10.3

以上两个作业均在时间为0时开始。作业2-3的第一次释放时间为8.2，而作业2-4在2.1（即10.3-8.2）个时间单位后才释放。作业2-4一旦释放一次，节点4即实现，即可开始作业4-3和4-8。

| 4-3 | 2 | 2 | 2 | 4.4 | 10.3+4.4=14.7 |
| 4-8 | 2 | 2 | 1 | 5.2 | |

随着节点3的实现，作业3-5或3-6即可开始，假定选用作业3-5。注意4-8在时间10.3+5.2=15.5时释放。

3-5	1	1	1	10.5	14.7+10.5=25.2
5-7	1	1	1	11.3	23.2+11.3=36.5
7-8	1	2	2	9.5	36.5+9.5=46

由于作业7-8释放使节点8得以实现，但由于作业4-8的释放时间比作业7-8的释放时间少（早），在网络上运行通过一次的被模拟时间是46个单位。

　　事件到事件的模拟可以概括如下（从表7-12中最后一列获得）：
　　在时间8.2流入节点3的工作在运行第1次网络模拟实现；
　　在时间10.3流入节点4的工作在运行第1次网络模拟实现；
　　在时间14.7流入节点3的工作在运行第1次网络模拟实现；
　　在时间5.2流入节点8的工作在运行第1次网络模拟实现；
　　在时间25.2流入节点5的工作在运行第1次网络模拟实现；
　　在时间36.5流入节点7的工作在运行第1次网络模拟实现；
　　在时间46.0流入节点8的工作在运行第1次网络模拟实现。
　　这只表示网络一次运行或模拟。在这一特定运行中没有使用箭线3-6，所以在节点6上得不出统计量。如果网络经过多次模拟，那么就可以为所有工作收集到节点6的统计量及均值、标准差等等。这里所谓的多次，大约要500次运行。
　　4. 典型"500次模拟的最后结果"可以获得的信息
　　（1）实现一个工作的平均时间；
　　（2）标准差；
　　（3）实现一个工作的最少时间；
　　（4）实现一个工作的最多时间；
　　（5）直方图。
　　当网络规模很大时，这一模拟过程很难用手工计算。为使问题变得容易，可以使用GERTS计算机程序。

七、各种主要网络方法的比较

　　CPM、搭接网络、PERT和GERT四种主要网络方法的比较如表7-13所示。
　　表7-13为计划人员在决定采用最适合于他的工程项目计划的网络方法时提供指南。我

们已经讨论了上述的各种网络方法,下面针对其可行性进行分析。手工进行 GERTS 网络图分析是很困难的。当用手工进行 GERTS 模拟时,资源可行性、经济可行性、财务可行性以及系统方法的其他方面解释起来都变得很复杂。因此,其他三种网络方法的可行性分析、最优化、实现和反馈相对较容易实现。在工程实践中人们也是主要使用前两种网络方法。如果需要分析工程实现的可能性,才有必要采用第三种的 PERT 网络方法。

四种主要网络方法的比较表　　　　　　　　　　表 7-13

网络方法特点	网络技术			
	CPM	搭接网络法	PERT	GERT
强调事件和事件时间	难,可巧妙处理	不强调	强调,框图的基础	最强调,框图的基础
强调工作和工作时间	中等	最强调	实际上不强调	不强调
允许使用子网络概念	是	是	是	否
面向完成或强调完成	不十分强调	不十分强调到不强调	强调	强调
路标	用技巧	用技巧	有	无
简缩	通常无	难,甚至不可能	设计允许	无
逻辑改变的难易	难	易	最难	最易
搭接工作与顺序要求	要求技巧和外加工作	容易处理	如不是不可能,也困难	难
寻找时差路线的难易	最易	难	中等	难
用图表示的难易	可以到不易	被认为最易	不易	不易
错误解释输出的可能性	最小	有一些	有一些	最大
修改和纠正逻辑的可能性	中等	最易	难	难
绘制网络的难易	中等	难	难	难
按区划类型或工作责任划分图的难易	容易	容易	中等	难
绘制时间坐标图的难易	中等	中等	中等	难
特殊、复杂标记的必要性	有一些	实际无	有	有
在执行层将网络图作为工程文件的实用性	中等	高	低	低
在进度计划员一级将网络图作为工程文件的实用性	高	低	中等	高
手工计算的难易	最容易	难	中等	最难
标准化对术语和表示方法的影响	有一些	实际无	最大	最大
面向模拟	否	否	否	是
随机性	无	无	有	有
网络流向	单向	单向	单向	前向和后向

复 习 题

1. 请根据 CPM 关键线路法,理解决策网络计划中整数规划求解的约束方程的含义。

(1) $T_{max} - \max\{TF_{k,i}\}$ 的含义是什么?

(2) $T_{max} - \max\{TF_{k,i}\} - \sum_i \sum_{i \neq 1}(t_{i,1} - t_{i,j})d_{i,j}$ 的含义是什么?

2. 决策网络整数规划计算

决策网络计划如右图,要求工期为 D,提前奖 250 元/d,拖延赔 150 元/d。根据图形和条件列出约束方程和目标函数,求解所选择的决策方案的 T 及费用 P。注意:该题的决策工序排列位置与教材中约定相反,但序号相同。

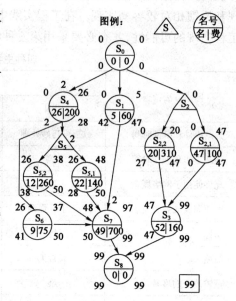

3. 巴格达窃贼问题中,假设地牢不是漆黑的情况下,窃贼第二次不走已经错误的选择通道,则该问题就更有利于逃生。画出该问题的 GERT 模型。

4. 流线图简化

分别应用节点定律和简化公式求解

(1) 求下图等效的 T_{14}

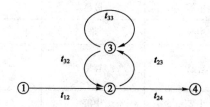

(2) 求下图等效的 T_{14}

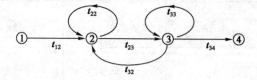

(3) 用流线图节点定律求下图等效的 T_{14}。如果用简化公式可以吗?应如何简化?

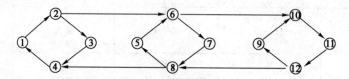

5. 求解下图的回路的阶

6. 某一装运工作(作业)使用两台装载机和一辆自卸卡车。一台装载机把材料堆成一堆,以便另一台装载机能更有效地装车。两台装载机轮流做这堆成一堆的工作。首先从车场开来的空自卸卡车到达,并开到任一台装载机处装车,然后卡车把材料运到卸货点卸货,同时记录卸货重量。卸货和记录重量同时进行,然后卡车再回到装载机处,重复上述过程,画出 GERTS 网络图,用它表示这一装卸工作过程。

7. 某承包商准备参与某公路工程投标,他搜集了情报资料,并要求其下属人员做出估算。在投标前,承包商对估算结果进行分析,认为在不利、有利、理想的三种情况中,如果有利或理想就参加投标;如果不利就会再进一步搜集情报然后再要求其下属进行估算。巧合的是第二次估算结果是有利或理想的。画出这一估算分析工程的 GERTS 网络并要求修正网络。

8. 某承包商希望取得每辆卡车装货和卸货时间的数据资料。它观察了两卡车,并从中选择一辆进行试验。然后其下属人员安装各种记录仪表,有些仪表安装在选定的卡车上。然后,卡车装货和卸货。在记录下这些读数以后,卡车再次进行下一次的装货和卸货过程。装货、卸货和记录这一过程重复 10 次,然后分析结果,完成了一轮的观察分析。分析完成后,承包商再观察另外两辆卡车,并从中选一辆卡车进行测试,进行下一轮的观察分析。重复选择、测试、分析这一整个循环过程,画出表示全部过程的 GERTS 网络。

复习题参考答案(部分)

4. 流线图简化

(1) 求等效的传递系数 T_{14}

$$T_{14} = t_{12}t_{23}t_{34}/(1 - t_{23}t_{32})$$

(2) 求 T_{14}

$$t'_{22} = 1 \times t_{23} \times t_{32}/(1 - 1 \times t_{33})$$

$$T_{14} = t_{12}t_{24}/(1 - t'_{22})$$

$$T_{14} = t_{12}t_{24}(1 - t_{33})/(1 - t_{33} - t_{23}t_{32})$$

(3) 求 T_{14}

节点定律计算得:

$$T_{14} = \frac{t_{12}t_{23}t_{34}}{(1 - t_{22})(1 - t_{33}) - t_{23}t_{32}}$$

5. 回路的阶的作业的解答:

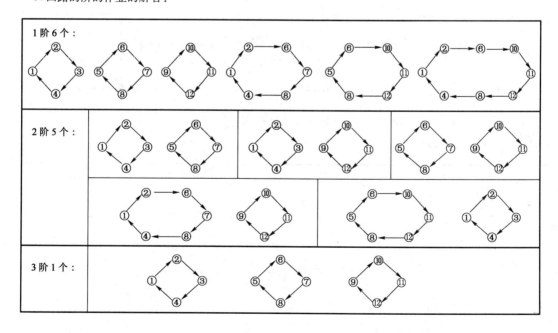

265

随机变量的常用概率分布以及矩母函数

分布名称	概率分布律或密度函数	数学期望 $E(x)$	方差 $V(x)$	矩母函数
均匀	$f(x)=\begin{cases}\dfrac{1}{b-a} & a\le x\le b\\ 0 & \text{other}\end{cases}$	$(a+b)\div 2$	$(b-a)^2\div 12$	$(e^{bS}-e^{aS})\div[S(b-a)]$
三角形	$f(x)=\begin{cases}\dfrac{2(x-a)}{(m-a)(b-a)} & a\le x\le m\\ \dfrac{2(b-x)}{(b-m)(b-a)} & m\le x\le b\end{cases}$	$\dfrac{a+m+b}{3}$	$[a(a-m)-b(b-a)+m(m+b)]\div 18$	
二项式	$P_x=\binom{n}{x}p^x q^{n-x}$ $p>0,q>0,p+q=1$	np	npq	$(pe^S+q)^n$
正态	$f(x)=\dfrac{1}{\sqrt{2\pi}\sigma}e^{-\frac{1}{2}(\frac{x-\mu}{\sigma})^2}$ $-\infty<\mu<+\infty,\sigma>0$	μ	σ^2	$e^{(\mu S+\frac{1}{2}\sigma^2 S^2)}$
泊松	$P_x=\dfrac{\lambda^x}{x!}e^{-\lambda}$	λ	λ	$\exp[\lambda(e^S-1)]$
负指数	$f(x)=\lambda e^{-\lambda x}$	$1/\lambda$	$1/\lambda^2$	$\lambda/(\lambda-S)$
指数	$f(x)=\begin{cases}\lambda e^{-\lambda(x-\mu)}, & x\ge\mu\\ 0, & x\le\mu\end{cases}$	$\mu+1/\lambda$	$1/\lambda^2$	$\exp[\mu S\cdot\lambda/(\lambda-S)]$
爱尔朗	$f(x)=\dfrac{1}{(\alpha-1)!\beta^\alpha}e^{-(\frac{x}{\beta})}\times x^{\alpha-1}$	$\alpha\beta$ α 不为 0 的整数	$\alpha\beta^2$ β 为实数	$\left(\dfrac{\lambda}{\lambda-S}\right)^n$ $n>1$ 整数
Γ	$f(x)=\dfrac{1}{\Gamma(\alpha)\beta^\alpha}e^{-(\frac{x}{\beta})}x^{\alpha-1}$	$\alpha\beta$	$\alpha\beta^2$	$[\lambda/(\lambda-S)]^n$
β	$f(x)=\dfrac{1}{(b-a)^{k_1+k_2-1}\beta^{(k_1\cdot k_2)}}\times(x-a)^{k_1-1}(b-x)^{k_2-1}$	$k_1/(k_1+k_2)$ $k_1 k_2$ 分布参数	$k_1 k_2/[(k_1+k_2)^2(k_1+k_2+1)]$	
对数分布	$P_x=-\dfrac{1}{\ln(p)}\times\dfrac{q^x}{x}$ $p>0,q>0,p+q=1$	$-\dfrac{1}{p\ln(p)}$	$-\dfrac{q\left[1+\dfrac{q}{\ln(p)}\right]}{p^2\ln(p)}$	$\dfrac{\ln(1-qe^S)}{\ln(p)}$

第八章 竞标性公路施工组织设计实例

本 章 提 要

竞标性公路施工组织设计是投标文件的组成,它与实施性施工组织设计不同,在编制过程中应特别注意一些相关问题;最后介绍一个竞标性公路施工组织设计实例的主要内容和格式要求。

第一节 竞标性公路施工组织设计的特性与要求

公路工程施工组织设计的形式与内容在第一章和第五章已做介绍。竞标性公路工程施工组织设计与实施性施工组织设计不同,它是以满足发包人(招标人)的要求为主。近年来对其要求越来越高,尤其2009年以后对具体内容和格式的要求有些变化,应引起重视。

根据《公路工程标准施工招标文件》(2009年版)的要求,投标文件共有11个组成部分:
一、投标函及投标函附录;
二、法定代表人身份证明及授权委托书;
三、联合体协议书(若有);
四、投标保证金;
五、已标价工程量清单;
六、施工组织设计;
七、项目管理机构;
八、拟分包项目情况表;
九、资格审查资料[预审的更新资料或后审的资料,共(一)~(十一)11项内容];
十、承诺函;
十一、其他材料。

投标书的施工组织设计作为投标文件的第六个组成内容,按照《公路工程标准施工招标文件》(2009年版)要求分为两个部分:施工组织设计文字内容和9个附图、表。以下施工组织设计实例是某施工单位投标时按照《公路工程标准施工招标文件》(2009年版)要求编写施工组织设计的主要内容,全部内容可参见光盘。对于投标书的施工组织设计还应注意下列的相关问题。

一、竞标性施工组织设计的特性

竞标性施工组织设计的特性主要表现为:强制性、理念性、答题性、时间性、可视性。

强制性源于发包人(招标人)的要求不能改;理念性是为表达投标人遵从的原理和发包人(招标人)要求的思路;答题性是根据发包人(招标人)的要求,表达投标人的承诺,体现出响应招标文件;时间性指编标时间短,递交投标书要满足递标截止时间要求,因此,编制施工组织设计受到了时间的限制;可视性,由于投标书内容多,而且评标时间短,怎样能让评委在较短评标时间内对施工组织设计有个全面的了解,便于打分,尽量减少文字,必须提高可视化的水平。如果用图表形式能表达清楚的,一律采用图表方式,文字表述要简练,信息量大,做到一目了然。

二、竞标性施工组织设计的要求

1. 编制竞标性施工组织设计应做到四个一致

我国现行的招标是中国特色的招标,投标人的施工组织设计必须满足招标人的要求,有些地方的招标甚至规定了很细致的目录,不符合格式要求,违背招标人(发包人)的意图,招标人视为严重错误,作为废标。比如发包人要求开工时间3月31日,投标时计划4月1日开工,从本质上没有错,但从严格的意义上讲,则推迟了开工时间;再比如,设计采用控制爆破开挖基坑,投标人认为基岩风化严重,可以采用挖掘机开挖,从本质上讲没有错,但却改变了设计施工方法。类似于这些,是在编标中经常遇到的为难的问题,经验告诉我们编写标书必须做到四个一致,要与招标文件一致,要与设计文件一致,要与现场一致,要与评标办法一致。保证这四个一致的方法如下:

(1)要认真阅读招标文件、设计图纸和设计说明,分析评标办法的细节并与以往投标经历对比。阅读过程中不能遗漏相关的内容、关键词句,对称谓、时间等不能忽视,不明白或含糊不清的地方尽量要求招标人(发包人)澄清。对于标前预备会的内容,要认真记录和领会,对于补遗书、答疑书要传达到参加编制施工组织设计的每一个人。只有完整准确领会了招标文件,明确重点所在,才能编制好施工组织设计。总之不能想当然,轻易放过一个含糊的问题,更不能把重点和关键领会错了。

要坚持先吃透招标文件精神,然后确定总体方案,最后动笔。编制程序千万不能颠倒,若编制完成发现与招标文件不符,再修改方案要比重写还难。

(2)要认真考察现场。凡是涉及施工方案的主要便道、供电路径、取弃土位置、地方材料的供应、重点工程施工现场等重大情况,一定要仔细考察;凡是涉及工程特点的描述、现场地形、地貌等自然条件的描述一定要仔细考察;派出考察工地的人员一定要精明强干,具有综合的施工组织设计编写能力,这样才能保证施工组织设计不会出现不一致的错误。现场考察一定要采取拍照或录像的方式,带回现场资料,供大家参考。

(3)按照评标办法模拟评价施工组织设计内容,修改完善施工组织设计目录和内容,做到内容全面不漏项。尽管投标人须知和招标文件中其他部分对施工组织设计有一些要求,但评标办法是最后的、最全面的要求,按照评标办法模拟评价施工组织设计也是保证四个一致的关键所在。编出的标书一定要适合发包人和评委的习惯,得到他们的认同。

2. 施工组织设计要能反映企业的综合实力,施工方案应科学、合理,先进可行,措施得力可靠

施工组织设计的核心是其施工方案、施工方法及各项保证措施,反映了一个企业是否具有施工能力,是否有施工经验,是否能让发包人(招标人)放心。竞标性施工组织设计的目的就是要让发包人(招标人)了解企业的组织和管理水平,反映企业的综合实力。为此,参加编制人员应多掌握技术、管理方面的信息,多了解现场,熟悉和了解当今国内外的先进施工机械、先进的施工方法、施工工艺和新材料等高科技信息,掌握施工程序及施工方法,科学合理地编制施工进度、安排施工顺序、优化配置劳动力和机械设备,做到在保证合同工期的前提下,充分发挥资源作用。

3. 施工组织设计要注重表达方式的选择，做到图文并茂

在投标文件中的施工组织设计一定要有其独到表达方式。如果太冗长、重点不突出，提纲紊乱、不一致，逻辑性不强，那么施工方法再先进，方案再科学，评委也不会给高分。

评标的一大特点是时间短，针对这一特点，施工组织设计必须具备鲜明的特点，具有提纲式文本特点，才能让评委看得明白，看得轻松，这是我们编标的基本出发点。

因此，施工组织设计提纲要条理分明，内容要详略得当。好的提纲是把标书的内容有条理地安排好，既有逻辑性，又能一目了然，还能防止漏项，便于评标。在一些标书中容易犯的错误是，目录重点不突出，小提纲里往往包含了大提纲。目录层次要么偏多要么偏少，这需要编制者多学习，清楚基本概念，真正理解什么是施工方案，什么是施工方法，什么是施工工艺；真正理解什么是施工顺序，什么是工艺流程等关键概念。

施工组织设计的内容要详略得当，关键的地方如总体方案、关键技术方法要细一点，一般性的常规的施工方法、施工工艺要略一些。此外，要尽量用图、表来表达施工安排和施工方法，因为人们看图表要比看文字轻松，图与表能够容易完整表达想法。尤其是彩图可以多维表达，突破了二维的限制，应尽量采用。

4. 编写内容与排版必须与招标文件要求相一致

根据《公路工程标准施工招标文件》（2009年版）的要求，投标文件的施工组织设计内容分为两个部分：施工组织设计文字内容和9个附图、表，参见下面实例目录第一部分的章名称和第二部分附图、表。

第二节　公路工程施工组织设计实例

一、竞标性公路工程施工组织设计实例的目录

目　录

第一部分　施工组织设计文字内容

第一章　总体施工组织布置及规划
一、工程概况
（一）水文、气象情况
（二）地质构造
二、施工总体部署
（一）质量、工期、安全与文明施工、环境保护目标规划
（二）施工管理组织机构
（三）施工队伍部署及任务安排
（四）施工总平面布置
（五）施工进度计划安排
（六）设备、人员投入计划
（七）资金投用计划
第二章　主要工程项目的施工方案方法与技术措施
一、路基工程
（一）路基土石方施工

（二）结构物处的回填

（三）路基防护及排水

二、桥涵工程

（一）施工方案

（二）主要分项施工方法工艺及技术措施

（三）涵洞工程

三、隧道工程

（一）洞口与明洞工程

（二）洞身开挖

（三）衬砌施工方法

（四）防水和排水施工方法

（五）行车、行人横洞施工方法

（六）施工通风及防尘

（七）施工监控量测

四、路面工程

五、重点和难点工程的认识、工作方法及措施

（一）对重点和难点工程的认识和理解

（二）对重点和难点工程的工作方法及措施

六、各分项工程的施工顺序

第三章 工期保证体系及保证措施

一、工期保证体系

二、工期保证措施

第四章 质量保证体系及质量保证措施

一、质量保证体系

二、质量管理组织机构

三、质量保证措施

（一）强化质量教育，增强全员创优意识

（二）健全组织，建立质量管理网络

（三）实行创优责任制和工程质量终身负责制，制定创优规划

（四）加强施工技术指导，加大监控力度

（五）落实各项规章制度

（六）推行标准化施工作业，样板引路

（七）组织技术攻关，积极应用"四新"

（八）严格把好材料的质量关

（九）强化计量工作，完善检测手段

（十）加强技术档案管理和竣工资料编制工作

（十一）履行保修、回访制度

（十二）主要工程项目质量保证措施

第五章 安全生产管理体系及保证措施

一、安全保证体系

二、安全管理组织机构

三、安全保证措施

第六章 环境保护水土保持保证体系及保证措施
一、环境保护、水土保持保证体系
二、环境保护措施
三、水土保持措施

第七章 文明施工文物保护保证体系及保护措施
一、文明施工措施
二、文物保护措施

第八章 项目风险预测和防范，事故应急预案
一、成立突发性事故现场应急处置小组
二、对应急现场人员进行岗位培训
三、严格执行事故处置程序
四、具体应急措施

第九章 其他应说明的事项
一、冬季施工措施
二、雨季施工措施
三、农民工工资材料款等款项的支付保障措施

第二部分 施工组织设计附图表

二、实例中总体施工组织布置及规划的内容

竞标性施工组织设计中这部分内容主要包括工程概况和施工部署。具体应有以下内容：

第一部分 施工组织设计文字内容

第一章 总体施工组织布置及规划

一、工程概况

YU市FL至NC高速公路，路线由FL的李渡至NC的两河口，总长约56km。第3合同段起止里程为K7+000～K10+370。全段主要项目有：1座大桥（老龙沟大桥左线530m，右线590m），1座分水岭隧道（左线1665m，右线1728m），其余为路基。

技术标准：设计速度80km/h，按双向四车道高速公路标准修建，路基宽24.5m，沥青混凝土路面，交通工程及沿线设施等级为A级；设计洪水频率：路基及一般桥涵1/100，特大桥1/300；设计荷载：公路—Ⅰ级。

（一）水文、气象情况

FN路线地区属亚热带湿润季风气候，具四季分明、雨量充沛、无霜期长、湿度大、春早、夏热、秋多绵雨、冬季多雾的特点。据FN地区气象资料，多年平均气温18.17℃，极端最低气温-1.5℃（1977年1月29日），最高气温42.2℃（1977年8月26日）。

（二）地质构造

建设区域大地构造单元位于扬子准地台四川台拗川东南褶皱束垫江拗褶带内。该拗褶带形成于喜马拉雅运动早期，由一系列不对称的背向斜组成。

二、施工总体部署

（一）质量、工期、安全与文明施工、环境保护目标规划

1.质量目标

工程质量等级达到《公路工程质量检验评定标准》（JTG F80—2004）优良级，确保市部级优质工程。

2. 工期目标

计划于2009年7月1日开工,2012年4月30日交工,招标文件的合同工期为36个月,比招标要求工期提前2个月。实际开工日期以监理人下达开工令为准,完工日期按合同工期计算。

3. 安全目标规划

贯彻落实"安全第一、预防为主"的方针,实现无死亡事故和无人身伤害等级工伤事故,无施工机械设备重大及以上的责任事故,无火灾、爆炸事故,无交通肇事责任事故。

4. 文明施工与环境保护目标

按国家及地方政府部门有关文明施工与环境保护、文物保护等法令、法规组织施工,推行标准化现场管理,做到现场布置合理,施工过程文明有序,对周围环境无污染,无干扰,无相关投诉,创建文明施工工地。

(二)施工管理组织机构

我单位高度重视本工程,中标后将其列为重点在建工程之一,组建整体功能强的项目经理部,实行项目管理,全权负责组织实施。项目部设"四部一室",配备有经验的工程师及管理人员。详见投标文件之七"项目管理机构"。

(三)施工队伍部署及任务安排

经理部下设五个施工队,详见下表。

各分部施工任务见下表的各分部队伍部署及任务安排表。

各分部队伍部署及任务安排表

工程队	人数	施工区段	工程项目内容
路基施工队	200	K7+000～K8+640	全段的路基、涵洞、防排水等所有附属工程
桥梁施工队	250	老龙沟大桥	老龙沟大桥所含的所有项目
隧道施工一队	150	K8+640～K9+500	该区段内的路基挖方、填方、隧道所有项目
隧道施工二队	150	K9+500～K10+370	该区段内的路基挖方、填方、隧道所有项目
路面施工队	150	全线3370m	路面底基层、基层、面层

(四)施工总平面布置

1. 施工总平面布置图。见附表五施工总平面图。

2. 施工便道、便桥

施工干道在扩建端路基坡脚外修建,长约1km,技术标准为:3.5m宽,砂砾路面,沟塘汇水处设涵管。河渠处修建施工便桥;水深<2m采用编织土袋堆填,内设涵管流水;水深>2m采用贝雷便桥。

3. 施工供电、供水系统

施工供电:生产设施集中设置处设500kVA变压器3台,分别位于K7+350、K8+600、K10+370处;其他用电地点视情况采用315kVA变压器接引或使用发电机自发电。施工供水:自打井抽取,或从沿线机井、河塘中抽取。

4. 临时设施

混凝土搅拌站、钢筋制作场、模板制作场、预制场等集中设于三处,一处在K7+100的路基上,主要用于老龙沟大桥T梁的预制;另二处设在K8+600隧道进口位置线路右侧以及K10+350隧道进口位置线路左侧,主要用于隧道施工,施工场地均采用18cm厚水泥混凝土硬化。

项目部设于K9+500左侧200m处的棕树坪,采用活动板房进行搭建。其他各队驻地设于沿线红线外,就近搭建活动板房。

(五)施工进度计划安排

1. 总工期计划安排

计划于2009年7月1日实质性开工,2012年4月30日交工,总工期36个月,较招标要求工期提前2个月。实际开工日期以下达开工令为准,完工日期按合同工期计算。

2. 主要项目阶段性目标

主要项目阶段性目标安排表

序号	项目名称	起止日期	持续时间（月）	备注
1	路基土石方工程	09.8.15～11.5.15	21	
2	老龙沟大桥工程	09.8.15～11.12.31	30.5	
3	分水岭隧道工程	09.8.31～11.12.31	30	
4	涵洞及通道	09.7.31～09.12.31	5	
5	路基防护及排水	09.8.30～11.6.30	22	
6	路面工程	11.12.15～12.4.30	4.5	

3. 具体施工进度计划

见本施工组织设计附表一施工总体计划表。

（六）设备、人员投入计划

1. 主要施工机械设备的配置和进场计划

主要施工机械设备的配置见投标文件之九资格审查资料的"（十）拟投入本标段主要机械设备需要表"。进场机械设备确保完好率100%、出勤率90%以上，并配备留有10%～20%的余量。施工中将据工程进度实况及监理人要求进行动态调配。

（十）拟投入本标段主要机械设备需用表

机械名称	规格型号	额定功率（kW）或容量（m³）或吨位（t）	厂牌及出厂时间	数量（台）小计	其中 拥有	其中 新购	其中 租赁	新旧程度（%）	预计进场时间
钻机	ZSD-300a	210kW/45t	河北09.4	3	3			100	09.8
推土机	TY220	220HP	济宁00.5	3	3			80	09.8
挖掘机	WY100	1.0m³	抚挖00.9	6	6			85	09.8
装载机	ZL50C	3.0m³	常林02.5	4	4			95	09.8
通风机	DSF6.3/60	1200m³/min	天津05.8	4	2		2	85	09.8
混凝土喷射机	TJK96-1	141kW	成都05.8	4	2		2	85	09.8
锚杆注浆机	MZ-1		成都06.9	4	4			85	09.8
混凝土搅拌站	WDB-300A	300t/h	潍坊05.5	2	2			85	09.8
衬砌台车		12m	2005					90	09.8
混凝土输送泵	HBT60	75kW60m³/h	徐工05.5	2			2	85	09.8
混凝土运输车	JC6A	8.9m³	上海	6			6	85	09.8
二衬台车	ZZ-90	12m	2005	2	2			95	09.8
自卸车	CQ330	18t	重庆00.5	20	20			90	09.8
梭式矿车	BST-6	6m³	昆明08.10	6	2		4	95	09.8
发电机	200GF8	200kW	福州01.8	2	2			90	09.8
发电机	120GF	120kW	宁波02.4	2	2			95	09.8
发电机	TZH24	24kW	山东04.5	4	4			90	09.8
汽车吊	QAY160	160t	徐州	1			1	85	11.5
汽车吊	QY16	16t	徐州05.6	2	2			90	09.8

续上表

机械名称	规格型号	额定功率(kW)或容量(m³)或吨位(t)	厂牌及出厂时间	数量(台) 小计	其中 拥有	其中 新购	其中 租赁	新旧程度(%)	预计进场时间
架桥机	EBG130	130t,40m	江西	1			1	85	12.1
平地机	PY160	160HP	天工02.4	2	2			95	12.1
光轮压路机	3Y18/21	18~21t	徐工01.7	2	2			90	12.1
光轮压路机	2Y8/10	8~10t	洛建00.8	2	2			85	12.1
振动压路机	YZT18B	激振力394kN	徐州02.6	3	3			95	09.8
手扶振动碾	YZS1	1t	徐州05.7	2	2			80	09.8
沥青混合料搅拌设备	NP3000CA	225t/h	日本06.5	1			1	95	12.1
摊铺机	ABG423	12m	德国	1			1	90	12.1
摊铺机	ABG525	13m	德国	1			1	90	12.1
砂浆搅拌机	L1-400		沈阳00.8	4	4			85	09.8
拖车	红岩	40t	重庆03.4	2			2	85	11.5
空压机	VY9/7	9m³/min	温州02.4	5	5			95	09.8
洒水车	SZQ5130GSS	8t	中国00.4	3	3			85	09.8
注浆机	RG-130	130L/min	郑州04.5	3	3			95	10.5
变压器		400kVA	沈阳03.4	3	3			80	09.7
油罐车	JNL62	8t	成都01.5	2	2			80	09.7

注：本表本应放在投标文件的"九、资格审查资料"，为了读者阅读方便而放在此。

本标段配备的主要材料试验、测量、质检仪器，见投标文件之九资格审查资料的"（十一）拟配备本标段的主要材料试验、测量、质检仪器表"

（十一）拟配置本合同段主要的材料试验、测量、质检仪器设备表

序号	仪器设备名称	规格型号	单位	数量	备 注
1	一、土工试验检测设备				
2	土壤自动击实仪及附件	D14	套	1	2009.07
3	灌砂筒	φ100	套	2	2009.07
4	电子天平	1000/100mg	台	1	2009.07
5	大、中型烘箱	101S-3		1	2009.07
6	土工标准筛	φ30 新标准	套	1	2009.07
7	液塑限联合测定仪	GYS-2	台	1	2009.07
8	二、混凝土、砂浆试验检测设备				2009.07
9	水泥标准养护箱	SBY-20	台	1	2009.07
10	混凝土标准养护室	自建	M²	1	2009.07
11	标准砂石筛	新标准φ300	套	2	2009.07
12	强制式混凝土搅拌机	50L	台	1	2009.07
13	混凝土振动台 磁式	1m²	台	1	2009.07

续上表

序号	仪器设备名称	规格型号	单位	数量	备注
14	2 000kN压力机	YE-2000kN	台	1	2009.07
15	600kN万能材料试验机	WE-600kN	台	1	2009.07
16	负压筛析仪	FSY-150	台	1	2009.07
17	标准稠度仪	电动	台	1	2009.07
18	雷氏沸煮箱	CF-A	台	1	2009.07
19	水泥凝结时间测定仪	2KS-100	台	1	2009.07
20	水泥胶砂流动度测定仪	LCY-80	台	1	2009.07
21	水泥净浆搅拌机	SJ-160B	台	2	2009.07
22	水泥胶砂搅拌机	新标准	台	2	2009.07
23	水泥胶砂振动机	GI-85B新标准	台	1	2009.07
24	水泥强度电动抗折机	DKZ-600	台	2	2009.07
25	塌落度测定仪	SG-6型	套	3	2009.07
26	抗渗仪		台	1	2009.07
27	混凝土抗折试验机	DKZ-600	台	1	2009.07
28	混凝土回弹仪	C3-A	台	2	2009.07
29	三、检测仪器				2009.07
30	水准仪	DS3	台	4	2009.07
31	全站仪	PTS-V2	台	1	2009.07
32	弯沉仪	5.4m	套	1	2009.07
33	激光断面检测仪	BJSD-2	台	1	2009.07
34	锚杆拉拔仪	ML-20	台	1	2009.07
35	围岩收敛仪	GY-85	台	2	2009.07
36	洛氏硬度仪		台	1	2009.07
37	锯石机		台	1	2009.07
38	多点位移计		个	12	2009.07
39	氏斯测定仪		台	1	2009.07
40	经纬仪	WILDT2	台	1	2009.07
41	超声波探测仪		台	1	2009.07

注：本表本应放在投标文件的"九、资格审查资料"，为了读者阅读方便而放在此。

2.劳动力计划安排

各队拟投入的人工数见本施工组织设计附表六劳动力计划表。施工中，将视月、季度计划安排动态调配，高峰期劳力缺口采取就近调入或加班解决。

（七）资金投用计划

根据工程进度计划分阶段投入资金，各阶段资金计划投入情况见附表九合同用款估算表。

三、实例中主要工程项目的施工方案、施工方法与技术措施的主要内容

第二章 主要工程项目的施工方案、方法与技术措施

一、路基工程

(一)路基土石方施工

1. 施工方案：本标分为一个路基施工段，从起点K7+000—K8+640隧道进口端而分水岭岩口隧道出口处相连的路基土石方，因方量较小，为避免施工干扰，由隧道施工队负责开挖，不另设施工段。

2. 施工方法：

(1)路基开挖施工方法

采用机械化施工，人工辅助配合。主要施工机械设备选用挖土机、装载机、自卸汽车、推土机等。土方开挖时应严格按图纸所示的路线走向、标高、范围和断面要求开挖，并注意对开挖范围内的管线和其它构筑物进行保护。开挖土方时，对适宜作填筑路基的土方就近利用；对不适宜作填筑路基的土方则作为弃土，运到监理人指定的弃土场。根据现场地形采取两种开挖方案：

①方案 I，若挖方地段沿线纵向相对地形较平缓，则采用挖掘机配自卸汽车开挖。沿路线方向开便道，便道纵坡应保证自卸汽车空车在正常情况下能顺利爬到坡顶，在路线左右幅各开一条便道以使上下汽车分道行驶，从高至低一层一层往下开挖。每层开挖深度控制在3~4m为最佳。每层宽度8~10m，具体开挖顺序详见下图：

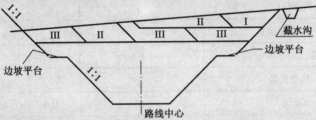

②方案 II，若深挖路堑地段沿线方向相对地形太陡，当汽车便道无法通达上去时，则先采用推土机将山顶降低5~6m，然后再利用挖掘机开挖。当采用推土机施工时，在汽车便道可以到达的标高位置处，设一工作平台，由推土机将山顶的土推至平台处，利用装载机配自卸汽车运输。当降至挖掘机开挖并能够装车的位置为止，再按方案I施工。

无论采用哪种施工方案，每层挖掘机挖致接近边坡位置时，采用挖掘机粗略修整，然后由人工精修，保证边坡美观。施工时应准确控制边坡坡度。开挖时，在坡口桩处插花杆或其他明显标志，保证机械手在操作时不超挖，要求机械手在修边坡时，留0.3m厚度由人工修整，每降低一层用人工及时挂线，修整。每降低两层，测量组要重新恢复中桩、边桩，发现有误要及时调整。开挖到边坡平台位置时，采用机械整平，压路机压实后，再放坡口桩位置往下开挖。

(2)路堤填筑施工方法

优化配备挖掘机、自卸汽车、推土机与平地机、压路机(以重型为主，辅以一定的中、轻型)按"四区段、八流程"组成装、运、卸、铺、平、压、检一条龙机械化施工。四区段即：填土区段、平整区段、碾压区段、检测区段；八流程即：测量放线、基底处理、分层填筑、摊铺整平、碾压夯实、检查签证、路面整修、边坡整修。

填筑采取横断面全宽、水平分层、由低到高的填筑方法，分层压实厚度≥40cm。

3. 施工工艺：路基开挖施工工艺见附表十-1，路基填筑施工工艺见附表十-2。

4. 技术措施要点

(1)路堑开挖技术措施要点

①挖土必须按照设计断面自上而下整幅开挖，不得乱挖、超挖，严禁掏洞取土。保证施工安全。弃土应及时搬运，不得乱堆乱放，堆土距槽口上缘不应少于1.0m，高度不应超过2.0m；

②路基挖好以后,若不能立即进行下一工序时,在基底以上预留15～30cm,待下一工序开始再挖至设计标高;

③深挖路基施工遇到雨季时,对已开挖的边坡用塑料膜进行覆盖,防止边坡冲刷;

④开挖路基时,如有地下水的路段,应首先选择标高最低处地段进行挖方,并在该处设置排水沟或集水坑,以便设泵排水;

⑤地下水位较高或土质湿软地段的路基,采用填石、换填土等措施进行处理。

(2)路堤填筑技术措施要点

利用挖方段或借土场填料不得含有腐殖土、树根、草泥或其他有害杂质;不同土质的填料分层填筑,且尽量减少层数,每种填料总层厚不小于0.5m,填至路床顶面最后一层的压实厚度不小于100mm。路堤两侧宽填30cm以保证边缘压实度。路堤基底未经监理人验收,不得开始填筑;下一层填土未经监理人检验合格,上一层填土不得进行。分段作业时,两个相邻段交接处不在同一时间填筑时,先填段按1:1坡度分层留台阶以利搭接;如两段同时施工,分层相互交叠衔接,搭接长度不小于2m。用透水性较小的土填筑路堤时,应控制含水量在最佳压实含水量±2%范围内;当填筑路堤下层时,其顶部做成4%的双向横坡;如填筑上层,不要覆盖在由透水性好的土所填筑的路堤边坡上。

部分路段存在弱膨胀土或膨胀性土,针对其特性,注意以下施工要点:

①"分段、连续、快速"进行,雨季尽量避免施工,春秋季抓住大好时节集中抢填;填筑部分及时碾压;压实部分及时回填封闭,以防由于天气变化造成填层的开裂。

②施工前及时施作排水系统。

③适当提高压实标准,加速填层的固结。

④路基填筑完成边坡整修后立即施作防护,将坡面封闭起来,防止水浸破坏。

⑤充分认识天气预报的重要性,根据天气特点及时调整工序。

5.路基不均匀沉降的防治

路基不均匀沉降是路基施工中存在的通病,主要是由于填层过厚、粒径过大、处理不当、压实不够等原因引起,施工中必须严加控制。

(1)重视对路基填料的选择和材料试验。路基填料的最小强度和最大粒径要符合规范要求;材料粒径的控制必须在料场进行,严禁将超粒径的填料运到工地后再打碎(解小);借土场或利用方要进行填方材料试验,并将试验结果报监理人批准。

(2)对本标段内不同类型的路基,必须先修筑试验路段,并将试验结果报监理人批准。压实是重中之重,本标段采用重型振动压路机械。

(3)重视填、挖交界地段及高填方段的填筑。

填、挖交界地段:认真清理交界处填方路段的原地面,并有规则的挖出填挖交界面,以确保拼接良好;原地面纵横坡陡于1:5时,按规定做台阶;填筑时,必须从低处向高处分层摊铺碾压,特别注意填、挖交界处的拼接,碾压要做到密实无拼痕;半填半挖路段的开挖,必须待填方位置的原地面处理好并经监理人检验合格后,方可开挖挖方断面。

高路堤填方:要重视超过6m以上的高填土的填筑,避免因填筑不当,压实不足引起路基不均匀沉降而局部开裂、沉陷。高填土除做好原地面清理的工作外,本标段重点抓住分层、压实两个环节:分层厚度≥30～40cm;采用重型振动机械碾压。

(二)结构物处的回填

采用10%石灰土填筑,填料最大粒径≥50mm;回填时圬工必须达到设计强度;严格控制每层填料松铺厚度≥15cm,压实度从填方基底或涵洞顶部至路床顶面均为95%;台背填土范围为原地面以上路基宽度范围内,顺路线方向长度:顶部为距翼墙尾端≮台高加2m,底部距基础内缘≮2m;涵洞填土长度每侧≮2倍孔径;靠近台背边墙采用手扶振动碾或蛙式打夯机等夯实。

(三)路基防护及排水

1. 排水工程

施工前校核排水系统的设计是否完备,必要时请示补充或修改。排水设施位置、断面、尺寸、坡度、标高均要符合要求并经监理人验收;纵坡按图施工,沟底平整,排水顺畅;边坡必须平整稳定,严禁贴坡;浆砌片石要咬扣紧密,嵌缝饱满、密实,勾缝平顺无脱落,缝宽大体一致。

2. 防护工程

(1)浆砌片石护坡

浆砌片石护坡分段自下而上砌筑,依序进行挖槽、砌脚墙、砌骨架、路肩镶边;拌和机制备砂浆,人工搬运片石、砂浆。施工前,自上而下刷坡,坡面整修平顺;片石强度≥30MPa,中部厚度≤15cm,并加以修整;片石在使用前浇水湿润,表面清净;坡面砌筑上层时,不要振动已砌好的下层;砌完后勾缝,清净表面,并注意养护。

(2)挡土墙的砌筑

浇筑混凝土前,应对支架、模板、钢筋和预埋件进行检查,并做好记录,符合设计要求后方可浇筑。模板内的杂物、积水和钢筋上的污垢应清理干净。模板如有缝隙,应填塞严密,模板内面应涂刷脱模剂。浇筑混凝土前,应检查混凝土的均匀性和坍落度。自高处向模板内倾卸混凝土时,为防止混凝土离析,应符合下列规定:

①从高处直接倾卸时,其自由倾落高度不宜超过2m,以不发生离析为度。

②当倾落高度超过2m时,应通过串筒、溜管或振动溜管等设施下落;倾落高度超过10m时,应设置减速装置(在串筒的不同高度设向挡板)。

③在串筒出料筒下面,混凝土堆积高度不宜超过1m。

④浇筑混凝土使用插入式振动器时,移动间距不应超过振动器作用半径的1.5倍;与侧模应保持50~100mm的距离;插入下层混凝土50~100mm;每一处振动完毕后应边振动边徐徐提出振动棒;应避免振动棒碰撞模板、钢筋及其他预埋件。对每一振动部位,必须振动到该部位混凝土密实为止。密实的标志是混凝土停止下沉,不再冒出气泡,表面呈现平坦、泛浆。

⑤混凝土的浇筑应连续进行,如因故必须间断时,其间断时间应小于前层混凝土的初凝时间或能重塑的时间。混凝土的运输、浇筑及间歇的全部时间不得超过表的规定,当需要超过时应预留施工缝。

⑥施工缝的位置应在混凝土浇筑之前确定,宜留置在结构受剪力和弯矩较小且便于施工的部位。

⑦在浇筑过程中或浇筑完成时,如混凝土表面泌水较多,须在不扰动已浇筑混凝土的条件下,采取措施将水排除。继续浇筑混凝土时,应查明原因,采取措施减少泌水。

⑧结构混凝土浇筑完成后,对混凝土裸露面应及时进行修整、抹平,待定浆后再抹第二遍并压光或拉毛。当裸露面面积较大或气候不良时,应加盖防护,但在开始养生前,覆盖物不得接触混凝土面。

⑨浇筑混凝土期间,应设专人检查支架、模板、钢筋和预埋件等稳固情况,当发现有松动、变形、移位时,应及时处理。

⑩掺加片石技术要求:

片石掺加前应清除表面的杂物、泥土等。片石掺入量一般不超过总圬工体积的25%,施工控制在20%,掺入时不可乱投乱放,石块应分布均匀,净距不小于100mm,距结构侧面和顶面的净距不小于150mm,石块不得接触预埋件,不可直接接触基底、模板。施工完毕及时覆盖养生15d。

二、桥涵工程

(一)施工方案

本标桥梁有以下几个特点:基础采用桩基础;桥墩为柱式墩,桥台为U型桥台;梁体为后张法30m T梁。

根据本桥的结构型式和特点,准备采用以下施工方案:

1. 桩基础结合地层条件采用人工挖孔以及机械钻孔桩,钻孔采用8台GJD1500、CFZ20型冲击反循环钻机成孔,达到岩层快速进尺的目的(泥、砂、砾岩中可日钻进3~3.5m)。

2. 承台由于在地下,系非暴露结构,采用组合钢模,钢管、方木加固模板。
3. 墩台、盖梁模板采用厂制定型钢模,型钢桁架加固。
4. T梁采用定型钢模,现场集中预制。
5. 梁体架设采用JQC80型80t双导梁架桥机架设。
6. 钢筋在钢筋制作场由专业队集中加工,尽量加工成半成品,减少现场绑扎量,加快施工进度,提高质量。钢筋接长制作场采用闪光对焊,就位采用电弧焊。
7. 混凝土在搅拌站集中拌和,混凝土罐车运输,龙门吊、汽车吊吊料斗或混凝土泵输送。

（二）主要分项施工方法、工艺及技术措施

1. 桥台扩大基础的施工

本标段桥台下部结构为扩大基础,基础的开挖视工程量的大小,地质水文情况采用人工配合机械开挖。在开挖前,对结构物的现场地形及基础位置的平面标高进行校核,并制定可行的施工方案,报监理人审批。

基础开挖的位置、深度、平面尺寸符合设计图纸的要求,并采用支护的方法,防止坍塌,经检测达到设计要求后方可进行基础混凝土浇筑作业。基础混凝土的浇筑作业按常规方法进行,并确保质量符合设计要求。

扩大基础施工工艺见附表十-3。

2. 钻孔桩

(1)施工方法:采用冲击法成孔,反循环排渣,泥浆护壁;钢筋笼分2、3段集中在钢筋制作场加工成型,汽车吊吊装;混凝土集中搅拌,混凝土罐车运输,配导管浇筑。

(2)施工工艺:见附表十-4。

(3)技术措施要点:在软弱地基上钻孔时,应对地基进行加固,必要时进行换填,以免钻机在施工时发生沉陷和倾斜;位于浅水中的桩基用编织土袋围堰隔水,内填砂砾土筑岛。采用黏土孔内自造浆,泥浆池由钢板焊成,废浆用泥浆罐车运到指定地点。冲孔时,桩距<5m的隔孔跳钻;岩层倾斜较大时,回填片石,以低冲程反复冲砸,使孔底形成施工平台后钻进;保持孔内水位在地下水位2m以上。钢筋笼每2m设4个圈形砂浆垫块保证保护层厚度;浇筑导管使用前应试拼,使用前和使用一个时期后应做压水试验,确保严密性。混凝土浇筑在二次清孔后及时进行,精确控制首盘浇筑方量;连续快速浇筑,导管底端要始终埋入混凝土面以下2～6m,严禁把导管提出混凝土面。

3. 人工挖孔灌注桩

(1)施工方法:采用钢筋混凝土护壁,人工分层开挖;钢筋笼分2或3段集中在钢筋制作场加工成型,汽车吊吊装;混凝土集中搅拌,混凝土罐车运输,配溜槽浇筑。

(2)施工工艺:见附表十-5。

(3)技术措施要点:井口在高出地面200mm设混凝土或砖砌护圈,防止杂物及地表水流入孔内;挖土次序为先中间后周边,按设计桩直径控制开挖截面;根据土层地质条件确定开挖层厚,开挖一层及时护壁一层,循环进行直至设计标高;挖孔桩施工时,操作人员必须戴上安全帽,提土(石)时,井下设安全防护板,防止掉土石伤人;孔深超过6m时应预防地下有害气体对人体的危害,工作人员下孔前,先用鼓风机向孔内换气或用提土桶在孔内上下来回提放几次,使孔内空气流通排出有害气体,必要时可在下孔前用燃烧蜡烛放入孔内做试验,反应正常,操作人员方可下孔作业,深度超过8m时应设通风装置,风量不小于25L/s。

4. 墩台

(1)施工方法:模板采用汽车吊分块吊装、组装成整体,一次立模到顶;模板加固采用型钢桁架;肋式桥台断面尺寸较大,内置组合钢拉杆加固。钢筋用配套的专业钢筋加工机械集中在加工场制作,尽量做成骨架,用吊车整体吊装就位。混凝土在搅拌站集中搅拌,混凝土罐车运送,汽车吊吊料斗入模,振动棒捣固。

(2)施工工艺:见附表十-6。

(3)技术措施要点:模板由专业钢结构厂制作;板缝用软塑纸挤紧,确保严密不漏浆;浇混凝土时专业技工看模。钢筋复试合格后加工,绑扎时注意接头位置。混凝土浇筑落高超过2m采用导管,以免混凝土离析;分层浇筑厚度≥30cm;覆塑膜保湿养护。

5. 墩台帽的施工：

墩台帽采用大块钢模做外模、底模，贝雷架做门式支架立模现浇，支架基础除利用基础外，视地质情况酌情处理。

混凝土采用在拌和场拌和，混凝土输送车运输，混凝土输送泵或吊车吊料斗入模，插入式振捣器振捣，并确保质量符合规范及设计图纸要求。

具体施工工艺见附表十-7。

6. 盖梁

支撑采用碗扣脚手，模板用吊车配合安装；钢筋集中在加工场制成钢筋骨架，用吊车配钢管秋千式平衡梁吊装，再进行细部绑扎；混凝土采用汽车吊吊料斗浇筑。

7. 后张法预应力钢筋混凝土 T 型梁的施工

本标段 K7+732 老龙沟大桥上部结构为 30m 后张法预应力钢筋混凝土 T 形梁，该桥预制场设于 K7+000～K7+400 段的路基上，梁板预制场（存梁场）等用 18cm 厚水泥混凝土硬化。预制场中位于梁体底座的顶面铺筑水磨石作为底模，外模采用大块钢模，混凝土采用在拌和场拌和，翻斗车运输，分段、分层浇筑，振捣器用插入式和附着式振捣器配合进行，并确保质量符合规范及设计图纸要求。

具体施工工艺见附表十-8。

8. 桥梁安装施工

T 梁采用架桥机架设，并按设计图纸规定完成结构连续和混凝土浇筑等，强度达到规定后再浇筑桥面系混凝土。要注意安装时确定好支座位置，并保证梁体不受到任何损坏。

具体施工工艺见附表十-9。

9. 桥面系施工

在进行完梁的所有施工后，即可进行桥面系的施工，在浇筑桥面板铺装前，对预制梁表面进行拉毛处理，并冲刷干净。

防撞护栏采用大块防水胶合板制作的模板，一次成型逐段浇筑。桥面铺装混凝土采用就地浇筑、振捣梁振捣整平，一次成型，确保桥面的平整度符合技术要求。桥面铺装混凝土强度未达到设计强度时，禁止车辆通行。

10. 钢箱梁的施工

钢箱梁采用在工厂分段加工，吊装组焊完成，其每一步都严格按技术规范要求进行施工。

具体施工工艺见附表十-10，附表十-11。

（三）涵洞工程

涵洞的挖基均采用挖掘机开挖、人工配合整修，盖板、涵台身、基础为钢筋混凝土，下部施工采用在现场进行混凝土拌制，现浇的方法进行施工；模板采用大块钢模板，模板的安装、混凝土的拌和及混凝土浇筑均严格按技术规范要求进行施工。

具体施工工艺见附表十-12。

三、隧道工程（略，参见光盘）

四、路面工程

1. 底基层、基层

采用场拌法施工，计划在 K7+000 处 T 梁预制吊装完成后用作底基层、基层混合料拌和场，拌和设备为山东潍坊通用机械厂生产的 WDB-300A 拌和设备，共两台，集中拌和底基层、基层混合料，自卸汽车运输，采用两台 ABG423 摊铺机摊铺、整平，压路机压实的施工方法。在路面底基层、基层开工前按规定作试验路段，以确定最佳的机械组合，施工工艺和方法，松铺厚度及压路机的压实遍数，报监理人批准，经监理人同意后进行底基层、基层的施工。

具体施工工艺见附表十-18。

2.路面面层的施工

本标段计划在 K7+200 处设置沥青混合料拌和场,负责全线沥青混合料的拌和工作。拌和设备为日本生产的带计量和打印装置的 NP3000CA 型(带有 2 次除尘装置及一个 300t 可保温 24h 的储料仓)沥青混合料拌和楼一台,生产能力为 240～280t/h。

沥青路面铺筑采用西德产 ABG525、ABG423 型摊铺机全宽摊铺,该摊铺机配有电脑控制的自动调平装置。

运输设备采用 18t 自卸车。

压实设备:初压采用双钢轮振动压路机,复压、终压采用胶轮压路机及双钢轮压路机。沥青透层和黏层采用人工配合沥青洒布车进行施工。特别注意从拌和、摊铺到压实各道工序都要掌握好沥青混和料的温度,确保沥青混凝土路面最后成型后的各项技术指标符合技术规范的要求。

以上这些都将按监理人批准的配合比、试验路段所确定的施工工艺及最佳机械组合下进行,同时做好试验检测工作。具体施工工艺见附表十-19。

五、重点(关键)和难点工程的认识、工作方法及措施

(一)对重点(关键)和难点工程的认识和理解

FN3 合同段分水岭隧道工程,地质情况复杂,其技术含量高,施工难度大;容易发生突发性的事故,另外该隧道长度较长,左线长为 1 665m,右线长为 1 728m,所以工程量大也是一特点。还有就是隧道施工作业面小,工作场地狭窄,各工序施工干扰大,因此确保工期也是一难点。

综上所述,分水岭隧道既是该合同段的重点,也是该合同段的难点;同时也是整个合同段工期的控制工程。

(二)对重点(关键)和难点工程的工作方法及措施

1.加强组织领导,选派精锐施工队伍,以组织保工期。

2.认真编制实施性施工组织设计和进度计划,以计划保工期。

3.投入足够精良施工机械,提高劳动生产率,以机械化施工保工期。

4.加强材料管理,以提前供应合格材料保工期。

5.建立健全质量管理体系,营造全员、全过程、全方位质量管理的氛围,加强每道工序的质量监控,以"开工必优、一次成优"确保工期。

6.建立安全管理体系,以安全保工期。

7.大力采用新工艺、新技术、新材料、新设备,不断优化施工方案,选用正确合理的施工工艺,以"四新"技术保工期。

8.对比进度,随时调整。

9.强化施工管理,加强工序衔接,以管理保工期。

施工中严格按施工组织设计和网络进度计划展开工序流水作业,各工序环环紧扣、协调配合,全面展开施工。

10.协调好与发包人、监理人、设计单位及地方政府的关系,作好与相邻标段的配合工作,保证工程正常有序地进行,不仅仅依靠"天时、地利"更要以"人和"保工期。

六、各分项工程的施工顺序

1.路基土石方:先施工 K7+000～K7+430(老龙沟大桥起点)段,为 T 梁预制场作准备,然后再施工 K8+000 至 K8+640 段。

2.隧道总体施工顺序:施工准备→明洞及洞门施工→洞身开挖及支护→仰拱及填充→二次衬砌→洞内装饰→路面工程。

3.桥梁:按桩基、墩台、T 梁预制、T 梁安装、桥面铺装及附属工程组织流水施工。

4.涵洞及通道:与路基土石方工程施工顺序一致,先期完成,为路基贯通创条件。

5.路基防护及排水:与路基土石方工程施工顺序相协调,同步跟进施作。

6.路面底基层、基层:分两段平行施工,一段是合同段起点 K7+000 至桥梁起点 K7+430 施工段,二段是 K8+000 至 K8+640 施工段;隧道终点到标段终点施工段与一施工段顺序施工。底基层与基层之间搭接施工。面层全线一起施工。

四、实例中工期保证体系及保证措施的主要内容

第三章　工期保证体系及保证措施

一、工期保证体系

见《工期保证体系图》。

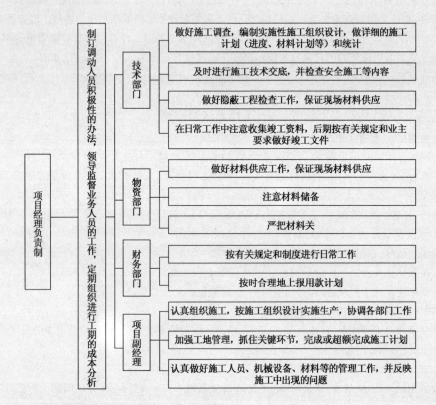

二、工期保证措施（简略）

1. 加强领导及组织管理。
2. 突击完成施工准备工作。
3. 上足劳力和配足专业技工。
4. 合理调配施工机械设备。

依据施工组织设计安排尽快组织机械设备进场；进场的机械设备确保完好率100%、出勤率90%以上，并备余量10%~20%。施工中将据工程进度实况及监理要求进行动态调配。

5. 材料供应保障措施。
6. 技术保证措施。

(1) 按时提供配套齐全的施工设计（含变更）图纸资料，自购相关定型图，抓紧组织会审；准确计算工程量，修改与完善实施性施组，各分部分项工程编制优化的施工技术方案、措施、计划进度网络图。

(2) 加强现场技术指导和测量、试验工作，杜绝发生技术性失误。低温期混凝土采取掺复合早强剂、蒸养等措施，加快模板周转。

(3) 及时准确地编报月、季度施工计划及验工计价、财务用款计划。

7. 优化环境，和谐合作。

五、实例中工程质量体系及保证措施的主要内容

第四章 质量保证体系及质量保证措施

一、质量保证体系(略)

二、质量管理组织机构(略)

三、质量保证措施

(一)~(十一)(省略)

(十二)主要工程项目质量保证措施

1. 路基土石方填筑

(1)挖方和借土填料填筑前必须经过试验。

(2)严格按"三阶段、四区段、八流程"组织专业队伍进行标准作业,严格按路基试验段确定的施工参数施工,使整个施工过程有序可控。

(3)重视填、挖交界和高路堤地段的填筑,采取挖台阶、分层填筑及加强碾压等方法消除不均匀沉降。

(4)膨胀土填筑路堤时严格遵循"分段、连续、快速"施工的原则,尽量避免雨季施工;填筑部分应及时压实;压实部分及时施作防护。

(5)施工前,必须及时完善排水系统,设置必要的临时性排水设施。

(6)充分意识到天气预报的重要性,根据天气特点及时调整工序。

2. 桥梁工程

(1)钻孔桩:护筒必须可靠埋置,以防塌孔,钻机底盘要稳固,防止发生移位、偏斜;钻进过程中在土层变化处捞取渣样,及时据地层调整钻进参数;保证护筒内水头在地下水位2m以上,防止坍孔;二次清孔沉渣厚度必须合格;清孔完成后要立即浇混凝土,注意导管埋深,防止埋管或断桩事故发生。

(2)墩台身:模板由有资质的钢结构加工厂制作,确保强度、刚度和稳定性;模板拼缝夹软塑纸确保严密不漏浆;浇混凝土时,设专业技工看模,发现问题及时处理,防止跑、胀模现象发生;混凝土落高超过2m时使用串筒,防混凝土离析;混凝土浇筑完成后,及时覆塑膜保湿养护。

(3)空心T梁预制:成批量生产前应作梁板试验。钢绞线下料截断后应观察钢绞线的形状,并采取适当措施处理以防刺破波纹管;钢绞线张拉采用张拉力和伸长值双控的办法,伸长值超标应进行处理;混凝土振捣时,振动棒从两侧同时振捣,以防止橡胶气囊左右移动,并避免振动棒接触芯模(橡胶气囊),出现穿孔漏气现象;放松钢绞线应对称、均匀、分次完成,不得骤然放松;预制好的梁要及时架设,保证存梁时间不大于60天;运输T梁时,利用板端的两个吊环用钢丝绳拉住给预制板施加一个正弯矩,不使预应力产生负弯矩而破坏梁。

3. 隧道工程施工质量的技术保证措施(省略)

4. 涵洞工程

(1)施工放样时,必须注意涵身尺寸以及洞口端墙的位置,并且还要注意涵洞进出口与原有沟渠的顺接,若偏差较大时,应及时调整;

(2)基坑开挖至设计标高后,检验地基承载力是否符合设计要求,否则处理;

(3)所用材料符合规范要求,施工方法标准化、规范化,确保工程质量;

(4)按设计要求设置沉降缝;

(5)暗涵顶部填土大于1m才许重型压路机械通过。

5. 防护及排水工程

(1)砌石工程安排具有多年砌石经验技工施作;

(2)精选片石,其厚度不小于150mm,强度不小于30MPa,卵形和薄片者不得使用,并加以修整;

(3)机械拌制砂浆,灰砂比严控,且随拌随用;

(4)片石砌前浇水湿润,泥污洗净;

(5)坐浆、塞缝砌石,杜绝"瞎缝、通缝"现象;

(6)浆砌工程统一采用凹缝或平缝压槽,确保缝宽度、深度统一整齐,勾缝坚固。

6. 路面底基层、基层

(1) 加强试验工作，严把材料关，严禁不合格材料进场；做好试验段，确定各项参数，报请监理确认后再展开施工；

(2) 控制水泥延迟时间不超标；

(3) 混合料含水率据天气情况及时调整，阴雨天按下限控制，晴好天气适当提高3%~4%；

(4) 摊铺时控制好摊铺系数，力争一次找平成型，严禁在压实的层面上加薄层找平的做法；

(5) 路肩土适当抛高，与基层、底基层一起碾压，保证中央分隔带和路边与基层、底基层有明显的界限；

(6) 基层洒水保湿养生7d以上。养生期间，应封闭交通。

7. 混凝土制、运、捣

混凝土要科学设计配合比，未经指定试验室允许，不得随意变动；搅拌机后台须写明配合比和每盘混凝土用料；砂、石、水泥定期做原材试验，加强对原材料的监控；雨后测定砂、石的含水率，注意调整配合比。混凝土浇筑要做开盘鉴定并有施工日志；混凝土振捣做到人名、技术等级和实测数据"三上墙"，建立岗位责任；混凝土浇筑温度控制在5℃~32℃之间，否则应采取监理人批准的相应的防寒或降温措施；混凝土分层浇筑，落高超过2m采用串筒；振捣要密实，防止漏浆。

六、实例中安全生产管理体系及保证措施的主要内容

第五章 安全生产管理体系及保证措施

一、安全保证体系（略）

二、安全管理组织机构（略）

三、安全保证措施

1. 健全制度，实现安全生产责任目标。严格执行有关安全生产和劳动保护方面的法律、法规和技术标准、规则，建立健全适合本合同段特点的安全生产管理制度。实行安全生产责任制，层层签订安全责任状，建立与经济挂钩的激励约束机制。突出安全管理重点，划分安全责任区，明确各级岗位职责，做到纵向到底、横向到边，调动安全生产的积极性和自觉性，坚决实现安全责任目标。

2. 严格监督，完善安全生产检查制度。在安排施工计划的同时，要有针对性的明确安全目标、预防措施及安全控制重点，并落实到具体人员。项目经理部根据工程进度和季节情况，定期组织安全大检查，项目经理部每月进行检查评比，实行奖罚。对重点项目、重要工序和关键部位推行安全岗位责任制，实行全过程监督检查，及时发现问题，及时消除隐患，使整个施工过程完全处于受控状态。

3. 提高全员的安全意识。开工前进行系统安全教育，开工后抓好"三工"教育和定期培训。通过安全竞赛、现场安全标语、图片等宣传形式，增强职工的安全意识和安全生产的自觉性，时时处处注意安全，把安全生产工作落到实处。

4. 科学施工，完善安全生产操作规程。施工组织设计、施工方案、作业方法要科学合理，每个分项工程都要制订完善的安全生产操作规程。严格进行安全技术交底，严格按安全技术规则施工，防止各种违章指挥和违章作业行为的发生。在编制施工组织设计的同时，必须制订相应的安全技术措施，尤其是重点项目和关键部位工程在确定施工方案的同时，要制订切实可行的安全技术保证措施。

5. 突出重点，健全安全生产预报措施。为确保安全生产，分析本合同段工程具体情况，要抓住重点，控制难点，不断调整主攻方向，做好超前预防预控。

本标段安全事故控制点有：

(1) 隧道开挖、梁体运输、吊装作业；

(2) 预应力张拉作业；

(3) 车辆管理；

(4) 设备机具伤害事故。

对事故控制点的管理要做到制度健全无漏洞、检查无差错、设备无故障、人员无违章、措施行之有效。

6. 抓好现场，坚持标准化管理。施工现场内各种机械设备、材料、临时设施、临时水电线路必须按施工总平面图合理布置，并且符合安全技术规则。积极开展建设安全标准工地活动，现场安全标识牌安放要醒目，做

到现场布置标准化、临时防护标准化、安全作业标准化和安全标志标准化。

7. 保证机械设备安全作业。加强机械设备日常和定期检修维护,不带故障作业。工地道路交叉口及陡坡路段设置醒目的安全标志,严格控制重车车速≥15km/h,空车车速≥20km/h。夜间施工、料场、施工区及道路需有足够的照明。

8. 加强人员安全防护。作业人员必须戴安全帽,高空作业系安全带;作业时精力要集中,不得嬉闹;高空作业所用料具应放置稳妥,禁止抛掷;严禁超重提升料和人员,严禁人员同重物一同上下,起重物下禁止站人,高空与地面联络畅通;严禁酒后上岗作业;从事有危害健康作业人员必须配备劳保用品。

9. 雨季及防雷措施。雨季做好排水系统,雨天时,道路、作业场采取必要防滑措施;六级风(风速10m/s)以上天气,停止高空及吊装作业;雷雨天气时,高耸脚手架、钢结构等须设良好防雷接地设施(接地电阻≥20Ω),同时高空作业人员撤离。

10. 加强电源、火源管理。职工生活区、工地办公室、机具料库、加工场、配电室等临时构筑物设置布局合理,并配备防火器具。加强施工及生活用电管理,电气设备及线路配备电工经常检修,设备器具应有防雨措施。

11. 消防管理。加强消防教育和宣传工作,提高火灾防患意识。严格执行《中华人民共和国消防条例》,建立防火安全责任制,配置符合要求的消防器材和设施。

12. 主要项目安全保证措施

(1)施工现场出入口、施工便道交叉口与急弯、盲点处等,设置警示牌。横穿公路、铁路处分别设置临时交通岗及平交道口,配专人值班,疏导车辆,并及时清除公路、轨道上洒落的渣石。施工现场设置醒目的安全标志牌,保持正常的交通安全秩序。

(2)墩台施工高度超过2m时,四周设作业平台和防护栏杆;作业人员上下墩台时,走专用马道,禁止沿脚手架爬行。

(3)桥梁在架梁作业时,桥头、原有道路两端设警戒人员。

(4)夜间上桥施工作业必须有足够的照度,危险区悬挂警告标志。

七、实例中第二部分附图表的主要内容

1. 附表一:施工总体计划表

第3合同段

年份 主要工程项目	2009年	2010年	2011年	2012年
月份	7 8 9 10 11 12	1 2 3 4 5 6 7 8 9 10 11 12	1 2 3 4 5 6 7 8 9 10 11 12	1 2 3 4 5 6
1. 施工准备				
2. 路基处理				
3. 路基填筑				
4. 涵洞				
5. 通道				
6. 防护及排水				
7. 路面基层				
8. 路面铺筑				
9. 路面标志标线				
10. 桥梁工程				
(1) 基础工程				
(2) 墩台工程				
(3) 梁体预制				
(4) 梁体安装				
(5) 桥面铺装及人行道				
11. 隧道				
12. 其他				

2. 附表二:分项工程进度率计划(斜率图)

第3合同段

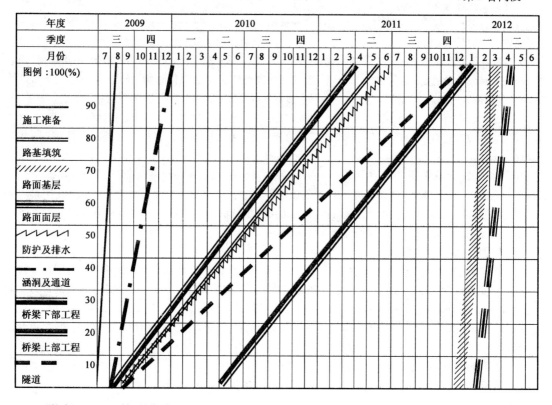

3. 附表三:工程管理曲线

第3合同段

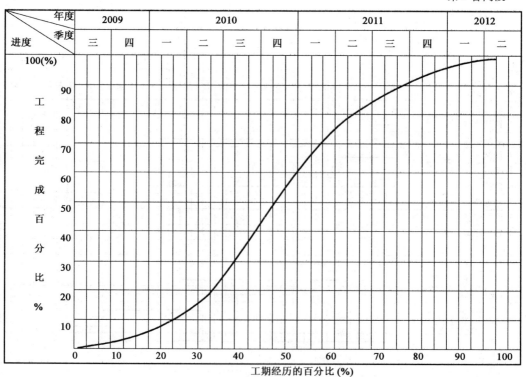

4.附表四:分项工程生产率和施工周期表

第3合同段

序号	工程项目	单位	数量	平均每生产单位规模（__人,各种机械__台）	平均每单位生产率（数量、每周）	每生产单位平均施工时间（周）	生产单位总数（个）
1	特殊路基处理	km	0.5	30人,6台设备	0.050	10	1
2	路基填筑	万m^3	40.8	80人,20台设备	0.227	90	2
3	路面基层	万m^2	5.4	70人,12台设备	0.338	16	1
4	路面面层	万m^2	18.77	80人,16台设备	4.69	4	1
5	路基防水及排水	km	1.6	20人,8台设备	0.017	94	1
6	涵洞	道	3	30人,5台设备	0.143	21	1
7	通道	道	0	0	0	0	0
8	桥梁基桩	根	68	30人,6台设备	0.463	49	3
9	桥梁墩台	座	38	40人,10台设备	0.198	64	2
10	梁体预制安装	片	266	60人,15台设备	2.046	65	2
11	隧道掘进	m	3383	50人,12台设备	16.92	100	2
12	隧道衬砌	m	3383	70人,15台设备	21.14	80	2

注:互通立交、分离立交的匝道、匝道涵洞、通道、桥梁分别归入表中的项目内。

该表中的数据,每生产单位平均施工时间(周)来自附表一的横道图,横道图中的时间 × ×d/7d = ××周。路基填筑每生产单位平均施工时间(周) = 21月 × 30d = 630d,630/7 = 90周;而平均每单位生产率(数量、每周) = (数量/每生产单位平均施工时间)/生产单位总数(个),路基填筑平均每单位生产率 = (40.8/90周)/2个 = 0.227。

5.附表五:施工总平面图

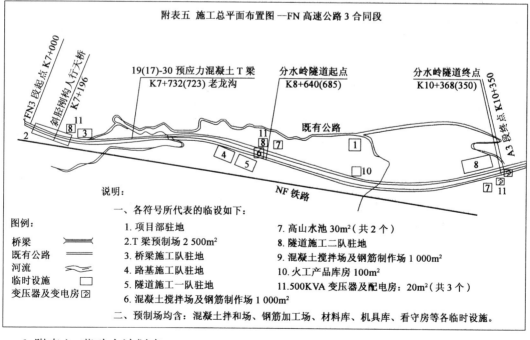

6.附表六:劳动力计划表

劳动力计划表

单位：人　　第 3 合同段

按工程施工阶段投入劳动力情况

工种	2009年						2010年												2011年												2012年			
	7	8	9	10	11	12	1	2	3	4	5	6	7	8	9	10	11	12	1	2	3	4	5	6	7	8	9	10	11	12	1	2	3	4
管理人员	8	12	80	80	80	80	75	75	75	75	75	75	75	75	75	75	75	75	75	75	75	75	70	70	65	65	65	65	65	40	20	20	20	15
测量人员	6	10	15	18	18	18	15	15	15	15	15	15	15	15	15	15	15	15	15	15	12	15	15	13	12	12	12	12	12	10	6	6	6	5
实验人员	5	8	12	15	15	15	15	15	15	15	15	15	15	15	15	15	15	15	12	12	12	12	12	12	12	12	12	12	12	8	5	5	5	3
材料员	10	15	20	30	30	30	30	30	30	30	30	30	30	30	30	30	30	30	30	30	25	30	30	25	25	25	25	25	25	12	5	5	5	3
机手	30	35	50	60	60	60	55	55	55	55	55	55	55	55	55	55	55	55	55	55	45	55	50	50	40	40	35	30	25	15	10	10	10	8
电工	5	8	11	12	12	12	12	12	12	12	12	12	12	12	12	12	12	12	12	12	15	12	12	10	10	10	10	10	10	8	5	5	5	4
汽车司机	25	45	60	65	65	65	55	55	55	55	55	55	55	55	55	55	55	55	55	55	45	55	55	50	40	40	30	30	30	25	15	15	15	15
钻炮工	10	12	16	20	20	20	20	15	15	15	15	15	15	15	15	15	15	15	15	15	15	12	12	10	10	10	10	5	5	2	0	0	0	0
石工	30	40	50	65	65	50	50	50	50	50	50	50	50	50	50	50	50	50	45	50	45	50	50	40	40	40	40	40	40	20	5	5	5	5
木工	25	35	40	50	50	50	45	45	45	45	45	45	45	45	45	45	45	45	45	45	45	45	45	40	40	40	40	40	40	20	10	8	8	6
模工	25	35	35	60	60	60	55	55	55	55	55	55	55	55	55	55	55	55	55	55	55	55	55	50	50	50	50	50	50	25	12	10	10	8
钢筋工	35	80	120	160	160	150	150	150	145	145	145	145	145	145	145	145	145	145	140	130	130	125	125	120	120	120	120	120	120	60	20	20	20	15
混凝土工	20	40	80	100	100	95	95	90	90	90	85	85	80	80	80	80	80	80	80	80	75	75	75	75	75	75	70	70	65	40	30	30	25	20
普工	60	100	110	165	165	165	160	160	160	160	160	160	160	160	160	160	160	160	160	160	160	160	160	155	130	130	130	130	100	60	30	30	25	20
合计	294	475	699	900	900	870	832	822	817	817	812	812	807	807	807	807	807	807	802	792	787	779	766	720	664	664	644	639	599	345	148	144	139	112

7.附表七:临时占地计划表

第 3 合同段

用 途	面 积(m²)				需用时间 ___年___月至___年___月	用地位置		
	水田	旱地	荒地	民房		桩号	左侧(m)	右侧(m)
一、临时工程								
1.便道			2 000					
2.便桥								
3.码头								
……								
二、生产及生活临时设施								
1.临时住房			2 000		2009.7~2011.6	沿线		
2.办公等公用房屋		3 000		500	2009.7~2011.6	沿线		
3.料库		1 000	2 000		2009.8~2011.5	沿线		
4.预制场	预制场设在 K7+150 路基上,无需租用临时用地。							
5.混凝土拌和场		6 000			2010.9~2011.5	沿线		
……								
租用面积合计		10 000	6 000	500				

8.附表八:外供电力需求计划表

第 3 合同段

用电位置		计划用电数量(kW·h)	用 途	需用时间 __年__月至__年__月	备 注
桩号	左或右(m)				
K7+400	右50	400 000	预制梁、钢筋制作等	2009.8~2011.3	
K8+650	左50	300 000	隧道进口用电	2009.9~2011.5	
K41+800	右100	300 000	隧道出口用电	2009.9~2011.5	

9.附表九:合同用款计划表

第 3 合同段

从开工月算起的时间(月)	投标人的估算			
	分期		累计	
	金额(元)	(%)	金额(元)	(%)
第一次开工预付款		0		0
1~3		5		5
4~6		10		15
7~9		10		25
10~12		15		40
13~15		15		60
16~18		10		70
19~21		8		78

续上表

从开工月算起的时间(月)	投标人的估算			
	分期		累计	
	金额(元)	(%)	金额(元)	(%)
22~24		6		84
25~27		5		89
28~30		4		93
31~33		2		95
34~36				
缺陷责任期		5		100
小计		100.00		100.00
投标价:				
说明	根据本标段施工组织设计中的施工进度计划估算并填写本表			

10. 附表十:主要分项工程施工工艺流程图(省略)

附录 施工组织设计参考数据

一、主要建筑材料数据

1. 常用建筑材料密度和质量

名　　称	表观密度或堆积密度 (kg/m³)	名　　称	表观密度或堆积密度 (kg/m³)
砂子(干、粗砂)	1 700	膨胀珍珠岩砂浆	700 ~ 900
砂子(干、细砂)	1 400	素混凝土	2 200 ~ 2 400
卵石(干)	1 600 ~ 1 800	矿渣混凝土	2 000
黏土夹卵石(干)	1 700 ~ 1 800	焦渣混凝土	1 600 ~ 1 700
砂夹卵石(干)	1 500 ~ 1 700	沥青混凝土	2 000
碎石	1 400 ~ 1 500	加气混凝土	550 ~ 750
毛石	1 700	铝	2 700
浮石(干)	600 ~ 800	铝合金	2 800
黏土	1 350 ~ 1 800	铸铁	7 250
砂土(干、松)	1 220	生铁	6 600 ~ 7 400
灰土(3:7)、三合土	1 750	钢材	7 850
生石灰块	1 100	石油沥青	900 ~ 1 050
生石灰粉	1 200	玛蹄脂	1 280
熟石灰膏	1 350	煤沥青	1 340
普通硅酸盐水泥	1 200 ~ 1 300	乳化沥青	980 ~ 1 150
矿渣水泥	1 450	汽油	709 ~ 788
水泥砂浆	2 000	煤油	800 ~ 840
白灰水泥混合砂浆	1 700	柴油	830 ~ 920
石棉水泥浆	1 900	机油	930 ~ 960
水泥石灰焦渣砂浆	1 400	润滑油	740
石灰焦渣砂浆	1 300	水(4℃时)	1 000

2. 钢板每平方米面积理论质量

厚度(mm)	理论质量(kg)	厚度(mm)	理论质量(kg)	厚度(mm)	理论质量(kg)	厚度(mm)	理论质量(kg)
0.20	1.570	1.50	11.78	10.0	78.50	29	227.70
0.25	1.963	1.6	12.56	11	86.35	30	235.50
0.27	2.120	1.8	14.13	12	94.20	32	251.20
0.30	2.355	2.0	15.70	13	102.10	34	266.90
0.35	2.748	2.2	17.27	14	109.90	36	282.60
0.40	3.140	2.5	19.63	15	117.80	38	298.30
0.45	3.533	2.8	21.98	16	125.60	40	314.00
0.50	3.925	3.0	23.55	17	133.50	42	329.70
0.55	4.318	3.2	25.12	18	141.30	44	345.40
0.60	4.710	3.5	27.48	19	149.20	46	361.10
0.40	5.495	3.8	29.83	20	157.00	48	376.80
0.75	5.888	4.0	31.40	21	164.90	50	392.50
0.80	6.280	4.5	35.33	22	172.70	52	408.20
0.90	7.065	5.0	39.25	23	180.60	54	423.90
1.00	7.850	5.5	43.18	24	188.40	56	439.60
1.10	8.635	6.0	47.10	25	196.30	58	455.30
1.20	9.420	7.0	54.95	26	204.10	60	471.00
1.25	9.813	8.0	62.80	27	212.00		
1.40	10.990	9.0	70.05	28	219.80		

3. 圆钢规格重量表

规格(mm)	截面面积(mm²)	重量(kg/m)	规格(mm)	截面面积(mm²)	重量(kg/m)
φ3.5	9.62	0.075	14	153.90	1.21
4	12.57	0.098	15	176.70	1.39
5	19.63	0.154	16	201.10	1.58
5.5	23.76	0.187	17	227.00	1.78
5.6	24.63	0.193	18	254.50	2.00
6	28.27	0.222	19	283.50	2.23
6.3	31.17	0.245	20	314.20	2.47
6.5	33.18	0.260	21	346.40	2.72
7	38.48	0.302	22	380.10	2.98
7.5	44.18	0.347	24	452.40	3.55
8	50.27	0.395	25	490.90	3.85
9	63.63	0.499	26	530.90	4.17
10	78.54	0.617	28	615.80	4.83
11	95.03	0.746	30	706.90	5.55
12	113.10	0.888	32	804.20	6.31
13	132.70	1.04	34	907.90	7.13

4. 工字钢规格重量表

工字钢型号	尺寸（mm）			截面面积（cm²）	重量（kg/m）
	高	腿宽	腹厚		
10	100	68	4.5	14.3	11.2
12	120	74	5.0	17.8	14.0
14	140	80	5.5	21.5	16.9
16	160	88	6.0	26.1	20.5
18	180	94	6.5	30.6	24.1
20A	200	100	7.0	35.5	27.9
20B	200	102	9.0	39.5	31.1
22A	220	110	7.5	42.0	33.0
22B	220	112	9.5	46.4	36.4
24A	240	116	8.0	47.7	37.4
24B	240	118	10.0	52.6	41.2
27A	270	122	8.5	54.6	42.8
27B	270	124	10.5	60.0	47.1
30A	300	126	9.0	61.2	48.0
30B	300	128	11.0	67.2	52.7
30C	300	130	13.0	73.4	57.4
36A	360	136	10.0	76.3	59.9
36B	360	138	12.0	83.5	65.6
36C	360	140	14.0	90.7	71.2
40A	400	142	10.5	86.1	67.6
40B	400	144	12.5	94.1	73.8
40C	400	146	14.5	102	80.1

5. 槽钢规格重量表

槽钢型号	尺寸（mm）			截面面积（cm²）	重量（kg/m）
	高	腿长	腰厚		
5	50	37	4.5	6.93	5.44
6.5	65	70	4.8	8.54	6.70
8	80	43	5.0	10.24	8.04
10	100	48	5.3	12.74	10.00
12	120	53	5.5	15.36	12.06
14A	140	58	6.0	18.51	14.53
14B	140	60	8.0	21.31	16.73
16A	160	63	6.5	21.95	17.23
16B	160	65	8.5	25.15	19.74
20A	200	73	7.0	28.83	22.63
20B	200	75	9.0	32.83	25.77
30A	300	85	7.5	43.89	34.45
30B	300	87	9.5	49.59	36.16
30C	300	89	11.5	55.89	43.81

二、气象及环保数据

1. 风级标准

风力名称		海岸及陆地面征象标准		相当风速 (m/s)
风级	概况	陆地	海面	
0	无风	静,烟直上	渔船不动	0~0.2
1	软风	烟能表示风向,但风向标不能转动	渔船不动	0.3~1.5
2	轻风	人面感觉有风,树叶微响,寻常的风向标转动	渔船张帆时,可随风移动	1.6~3.3
3	微风	树叶及微枝摇动不息,旌旗展开	渔船渐觉簸动	3.4~5.4
4	和风	能吹起地面灰尘和纸张,树的小枝摇动	渔船满帆时,倾于一方	5.5~7.9
5	清风	小树摇动	水面起波	8.0~10.7
6	强风	大树枝摇动,电线呼呼有声,举伞有困难	渔船加倍缩帆,捕鱼须注意危险	10.8~13.8
7	疾风	大树摇动,迎风步行感觉不便	渔船停港均停留不出	13.9~17.1
8	大风	树枝折断,迎风行走感觉阻力很大	近港海船均停留不出	17.2~20.7
9	烈风	烟囱及平房屋顶受到损坏(烟囱顶部及平顶摇动)	汽船航行困难	20.8~24.4
10	狂风	陆上少见,可拔树毁屋	汽船航行颇危险	24.5~28.4
11	暴风	陆上很少见,有则必受重大损毁	汽船遇之极危险	28.5~32.6
12	飓风	陆上绝少,其摧毁力极大	海浪滔天	32.6以上

2. 降雨等级

降雨等级	现象描述	降雨量(mm)	
		一天内总量	半天内总量
小雨	雨能使地面潮湿,但不泥泞	1~10	0.2~5.0
中雨	雨降到屋顶上有淅淅声,凹地积水	10~25	5.1~15
大雨	降雨如倾盆,落地四溅,平地积水	25~50	15.1~30
暴雨	降雨比大雨还猛,能造成山洪暴发	50~100	30.1~70
大暴雨	降雨比暴雨还大,或时间长,造成洪涝灾害	100~200	70.1~140
特大暴雨	降雨比大暴雨还大,能造成洪涝灾害	>200	>140

3. 我国城市区域环境噪声标准 [单位:等效声级,dB(A)]

类别	昼间	夜间	备注
0	50	40	
1	55	45	《中华人民共和国环境保护法》及《中华人民共和国环境噪声污染防治条例》,监测方法按 GB/T 14623 执行
2	60	50	
3	65	55	
4	70	55	

注:0 类标准适用于疗养区、高级别墅区、高级宾馆区等特别需要安静的区域。位于城郊和乡村的这一类区域分别按严于 0 类标准 5dB 执行;1 类标准适用于以居住、文教机关为主的区域。乡村居住环境可参照执行该类标准;2 类标准适用于居住、商业、工业混杂区;3 类标准适用于工业区;4 类标准适用于城市中的道路交通干线道路两侧区域,穿越城区的内河航道两侧区域。穿越城区的铁路主、次干线两侧区域的背景噪声(指不通过列车时的噪声水平)限值也行该类标准。

4. 施工现场主要施工机械噪声平均 A 级

机 械 名 称	噪声级(dB)	机 械 名 称	噪声级(dB)
推土机	78~96	挖土机	80~93
搅拌机	75~88	运土汽车	85~94
汽锤、风钻	82~98	打桩机	95~105
混凝土破碎机	85	空气压缩机	75~88
卷扬机	75~83	钻机	87

注：表中所列皆为距离噪声源约 15m 处测得的数据。现场操作人员所承受的噪声还要大 10~20 分贝。

三、临时房屋设施数据

1. 临时加工厂所需面积参考指标

加工厂名称	年产量 单位	年产量 数量	单位产量所需建筑面积	占地总面积 (m²)	备 注
混凝土搅拌站		3 200 4 800 6 400	0.022(m²/m³) 0.021(m²/m³) 0.020(m²/m³)	按砂石堆场考虑	400L 搅拌机 2 台 400L 搅拌机 3 台 400L 搅拌机 4 台
临时性混凝土预制场	m³	1 000 2 000 3 000 5 000	0.25(m²/m³) 0.20(m²/m³) 0.15(m²/m³) 0.125(m²/m³)	2 000 3 000 4 000 <6 000	
半永久性混凝土预制场		3 000 5 000 10 000	0.6(m²/m³) 0.4(m²/m³) 0.3(m²/m³)	9 000~12 000 12 000~15 000 15 000~20 000	
木材加工场		15 000 24 000 30 000	0.024 4(m²/m³) 0.019 9(m²/m³) 0.018 1(m²/m³)	1 800~3 600 2 200~4 800 3 000~5 500	
钢筋加工场	t	200 500 1 000 2 000	0.35(m²/t) 0.25(m²/t) 0.20(m²/t) 0.15(m²/t)	280~560 380~750 400~800 450~900	加工、成型、焊接
现场钢筋调直或冷拉 拉直机 卷扬机棚 冷拉场 实效场			所需场地(长×宽)/m² 70~80×3~4(m) 15~20(m²) 40~60×3~4(m) 30~40×6~8(m)		卷扬机棚含 3~5t 电动卷扬机一台，其余场地包括材料及成品堆放
钢筋对焊 对焊场地 对焊棚			所需场地(长×宽) 30~40×4~5(m) 15~24(m²)		包括材料及成品堆放，寒冷地区应适当增加
钢筋冷加工 冷拔、冷轧机 剪断机 弯曲机 φ12 以下 弯曲机 φ40 以下			所需场地(m²/台) 40~50 30~50 50~60 60~70		
金属结构加工 (包括一般铁件)			所需场地(m²/t) 年产量 500t 为 10 年产量 1 000t 为 8 年产量 2 000t 为 6 年产量 3 000t 为 5		按一批加工数量计算

2. 现场作业棚所需面积参考指标

名　称	单　位	面积（m²）	备　注
木工作业棚	m²/人	2	占地为建筑面积的2~3倍
钢筋作业	m²/人	3	占地为建筑面积的3~4倍
搅拌棚	m²/台	10~18	
卷扬机棚	m²/台	6~12	
焊工房	m²	20~40	
电工房	m²	15	
油漆房	m²	20	
机、钳工修理房	m²	20	
发电机房	m²/kW	0.2~0.3	
水泵房	m²/台	3~8	
空压机房（移动式）	m²/台	18~30	
空压机房（固定式）	m²/台	9~15	

3. 现场机运站、机修间、停放场所需面积参考指标

序号	施工机械名称	所需场地（m²/台）	存放方式	检修间所需建筑面积 内容	数量（m²）
一、起重机、土方机械类					
1	塔式起重机	200~300	露天	10~20台设1个检修台位（每增加20台增设1个检修台位）	200（增150）
2	履带式起重机	100~125	露天		
3	履带式正铲、反铲、拖式铲运机，轮胎式起重机	75~100	露天		
4	推土机、拖拉机、压路机	25~35	露天		
5	汽车式起重机	20~30	露天或室内		
二、运输机械类					
6	汽车（室内） 　　（室外）	20~30 40~60	一般情况下室内不小于10%	每20台设1个检修台位（每增加1个检修台位）	170（增160）
7	平板拖车	100~150			
三、其他机械类					
8	搅拌机、卷扬机、电焊机、电动机、水泵、空压机等	4~6	一般情况下室内占30%露天占70%	每50台设1个检修台位（每增加1个检修台位）	50（增50）

注：1. 露天或室内视气候条件而定，寒冷地区应当增加室内存放。
　　2. 所需场地包括道路、通道和回转场地。

4. 建筑材料所占仓库参考指标

材料名称	单　位	储备天数	每平方米储存量	堆置高度（m）	仓库类型
钢材		40~50	1.5	1.0	
工槽钢	t	40~50	0.8~0.9	0.5	露天
角钢	t	40~50	1.2~1.8	1.2	露天
钢筋（直筋）	t	40~50	1.8~2.4	1.2	露天

续上表

材料名称	单位	储备天数	每平方米储存量	堆置高度(m)	仓库类型
钢筋(盘筋)	t	40~50	0.8~1.2	1.0	棚或库约占20%
钢板	t	40~50	2.4~2.7	1.0	露天
钢管 $\phi 200$ 以上	t	40~50	0.5~0.6	1.2	露天
钢管 $\phi 200$ 以下	t	40~50	0.7~1.0	2.0	露天
钢轨	t	40~50	2.3	1.0	露天
铁皮	t	40~50	2.4	1.0	库或棚
生铁	t	40~50	5	1.4	露天
铸铁管	t	20~30	0.6~0.8	1.2	露天
钢丝绳	t	40~50	0.7	1.0	库
电线电缆	t	40~50	0.3	2.0	库
木材	m³	40~50	0.8	2.0	露天
原木	m³	40~50	0.9	2.0	露天
成材	m³	30~40	0.7	3.0	露天
枕木	m³	20~30	1.0	2.0	露天
水泥	t	30~40	1.4	1.5	库
生石灰(块)	t	20~30	1.0~1.5	1.5	棚
生石灰(袋装)	t	10~20	1.0~1.3	1.5	棚
砂、石子(人工堆置)	m³	10~30	1.2	1.5	露天
砂、石子(机械堆置)	m³	10~30	2.4	3.0	露天
块石	m³	10~20	1.0	1.2	露天
沥青	t	20~30	0.8	1.2	露天
炸药	t	10~30	0.7	1.0	库
雷管	t	10~30	0.7	1.0	库
煤	t	10~30	1.4	1.5	露天
钢筋混凝土构件	m³				
板	m³	3~7	0.14~0.24	2.0	露天
梁柱	m³	3~7	0.12~0.48	1.2	露天
模板	m³	3~7	0.7	—	露天
大型砌块	m³	3~7	0.9	1.5	露天
多种劳保用品	件		250	2	库

注:1.当采用散装水泥时设置水泥罐,其容积按水泥周转量计算,不再设集中水泥库;
2.块石等以在建筑物附近堆放为原则,一般不设集中堆场。

5. 临时性行政、生活福利建筑参考指标

临时房屋名称	指标使用方法	参考指标（m²/人）	备 注
办公室	按干部使用人数	3~4	1. 工区以上设置的会议室已包含在办公室指标内；
宿舍		2.5~3.5	2. 家属宿舍应以施工期长短和离基地情况而定，一般按高峰年职工平均人数的10%~30%考虑；
单层通铺	按高峰年（季）平均职工人数	2.5~3.0	3. 食堂包括厨房、库房、应考虑在工地就餐人数和几次进餐
双层床	按在工地住宿实有人	2.0~2.5	
单层床	按在工地住宿实有人	3.5~4.0	
家属宿舍	每间	16~25m²	
食堂	按高峰年平均职工人数	0.5~0.8	
食堂兼礼堂	按高峰年平均职工人数	0.6~0.9	
其他合计	按高峰年平均职工人数	0.5~0.6	
医务室	按高峰年平均职工人数		
浴室	按高峰年平均职工人数	0.07~0.1	
浴室兼理发	按高峰年平均职工人数	0.08~0.1	
俱乐部	按高峰年平均职工人数	0.1	
小卖部	按高峰年平均职工人数	0.03	
其他公用	按高峰年平均职工人数	0.05~0.1	
开水房	每间	10~40m²	
厕所	按高峰年平均职工人数	0.02~0.07	
工人休息室	按高峰年平均职工人数	0.15	

四、供水、供电、供压缩空气数据

1. 施工生产用水参考数据（N_1）

用水对象	单位	耗水量	备 注
浇筑混凝土全部用水	L/m³	1 700~2 400	当含泥量大于2%小于3%时
搅拌普通混凝土	L/m³	250	
搅拌轻质混凝土	L/m³	300~350	
搅拌泡沫混凝土	L/m³	300~400	
搅拌热混凝土	L/m³	300~350	
混凝土养护（自然养护）	L/m³	200~400	
混凝土养护（蒸汽养护）	L/m³	500~700	
冲洗模板	L/m³	5	
搅拌机清洗	L/台班	600	
人工冲洗石子	L/m³	1 000	
机械冲洗石子	L/m³	600	
洗砂	L/m³	1 000	
搅拌砂浆	L/m³	300	
浇砖	L/千块	500	
砌砖工程全部用水	L/m³	150~250	
砌石工程全部用水	L/m³	50~80	
抹灰	L/m³	4~6	
消化生石灰	L/t	3 000	
素土路面路基	L/m²	0.2~0.3	

2. 施工机械用水量参考数据（N_2）

用水机械名称	单位	耗水量	备注
内燃挖土机	L/m³·台班	200~300	以斗容量 m³ 计
内燃起重机	L/t·台班	15~18	以起重量吨数计
蒸汽打桩机	L/t·台班	1 000~1 200	以锤重吨数计
内燃压路机	L/t·台班	12~15	以压路机吨数计
蒸汽压路机	L/t·台班	100~150	以压路机吨数计
拖拉机	L/台·昼夜	200~300	
汽车	L/台·昼夜	400~700	
标准轨蒸汽机	L/台·昼夜	10 000~20 000	
空压机	L/m³/min·台班	40~80	以空压机单位容重计
内燃机动力装置（直流水）	L/马力·台班	120~300	
内燃机动力装置（循环水）	L/马力·台班	25~40	
点焊机 25 型	L/台·h	100	
点焊机 50 型	L/台·h	150~200	
点焊机 75 型	L/台·h	250~300	
对焊机	L/台·h	300	
冷拔机	L/台·h	300	
凿岩机 01-30、01-38 型	L/台·h	3~8	
凿岩机 YQ-100 型	L/台·h	8~12	
锅炉	L/台·h	15~30	以受热面积计
木工场	L/台班	20~25	

3. 现场生活用水量参考数据（N_4）

用水对象	单位	耗水量	用水对象	单位	耗水量
生活用水	L/人·日	20~40	淋浴带大池	L/人·次	50~60
食堂	L/人·次	15~20	洗衣房	L/kg 干衣	40~60
浴室（淋浴）	L/人·次	40~60	理发室	L/人·次	10~25

4. 现场消防用水参考数据（q_5）

用水名称	火灾同时发生次数	单位	用水量
居民区消防用水：			
5 000 人以内	1	L/s	10
10 000 人以内	2	L/s	10~15
25 000 人以内	2	L/s	15~20
施工现场消防用水：			
施工现场在 $2.5 \times 10^5 m^2$ 内	1	L/s	10~15
每增加 $2.5 \times 10^5 m^2$	1	L/s	5

5. 临时水管经济流速参考数据

管径(m)	流速(m/s)	
	正常时间	消防时间
1. 支管 $D<0.1m$	0.5~1.2	—
2. 生产消防管道 $D=0.1~0.3m$	1.0~1.6	2.5~3.0
3. 生产消防管道 $D>0.3m$	1.5~1.7	2.5
4. 生产用水管道 $D>0.3m$	1.5~2.5	3.0

6. 施工机械用电参考数据

机械名称	型号	功率(kW)
蛙式打夯机	HW-20	1.5
	HW-60	2.8
振动打夯机	HZ-380A	4
振动沉桩机	北京580型	45
	北京601型	45
	广东10t	28
	CH20	55
	DZ-4000型(拔桩)	90
	DZ-8000型(沉桩)	90
螺旋钻机	LZ型长螺旋钻	30
	BZ-1短螺旋钻	40
	ZK2250	22
螺旋式钻扩孔机	ZK120-1	13
冲击式钻机	YKC-20C	20
	YKC-22M	20
	YKC-30M	40
塔式起重机	QT40(TQ2-6)	48
	TQ60/80	55.5
	TQ90(自升式)	58
	QT100(自升式)	63.37
	法国POTAIN厂产 H5-56B5P(225tm)	150
	法国POTAIN厂产 H5-56B(235tm)	137
	法国POTAIN厂产 TOPKI TFO/25(132tm)	60
	法国B.P.R厂产 GTA91-83(450tm)	160
	德国PEINE厂产 SK280-055(307,314tm)	150
	德国PEINE厂产 SK560-05(675tm)	170
	德国PEINE Crane厂产 TN112(155tm)	90
卷扬机	JJK0.5	3
	JJK-0.5B	2.8
	JJK-1A	7
	JJK-5	40
	JJZ-1	7.5
	JJ2K-1	7
	JJ2K-3	28
	JJ2K-5	40
	JJM-0.5	3
	JJM-3	7.5
	JJM-5	11
	JJM-10	22

续上表

机械名称	型号	功率(kW)
自落式混凝土搅拌机	J_1-250(移动式)	5.5
	J_2-250(移动式)	5.5
	J_1-400(移动式)	7.5
	J-400A(移动式)	7.5
	J_1-800(固定式)	17
强制式混凝土搅拌机	J_4-375(移动式)	10
	J_4-1500(固定式)	55
混凝土搅拌站、楼	HZ-15	38.5
混凝土输送泵	HB-15	32.2
混凝土喷射机(回转式)	HPH6	7.5
混凝土喷射机(罐式)	HPG4	3
插入式振动器	HZ_6X-30(行星式)	1.1
	HZ_6X-35(行星式)	1.1
	HZ_6X-50(行星式)	1.1~1.5
	HZ_6X-60(行星式)	1.1
	HZ_6X-70A(偏心块式)	2.2
平板式振动器	PZ-501	0.5
	N-7	0.4
附着式振动器	HZ_2-4	0.5
	HZ_2-5	1.1
	HZ_2-7	1.5
	HZ_2-10	1.0
	HZ_2-20	2.2
混凝土振动台	HZ_9-1×2	7.5
	HZ_9-1.5×6	30
	HZ_9-2.4×6.2	55
真空吸水机	HZ_J-40	4
	HZ_J-60	4
	改型泵Ⅰ号	5.5
	改型泵Ⅱ号	5.5
预应力拉伸机油泵	ZB_4/500型	3
	$58M_4$型卧式双杠	1.7
	LYB-44型立式	2.2
	ZB10/500	10
钢筋调直机	GJ_4-14/4(TQ_4-14)	2×4.5
	GJ_8-8/4(TQ_4-8)	5.5
	数控钢筋调直切断机	2×2.2
钢筋切断机	GJ_5-40(QJ40)	7
	QJ_5-40-1(QJ40-1)	5.5
	QJ_{5r}-32(Q32-1)	3
钢筋弯曲机	GJ_7-45(WJ40-1)	2.8
	四头弯筋机	3
交流电焊机	BX_3-120-1	9
	BX_3-300-2	23.4
	BX_3-500-2	38.6
	BX_2-1000(BC-1000)	76
灰浆搅拌机	UJ325	3
	UJ100	2.2

7. 室内照明用电参考数据

用 电 名 称	容量(W/m²)	用 电 名 称	容量(W/m²)
混凝土及灰浆搅拌站	5	锅炉房	3
钢筋室外加工	10	仓库及棚仓库	2
钢筋室内加工	8	办公楼、实验室	6
混凝土预制构件场	6	浴室,厕所	3
金属结构及机电修配	12	宿舍	3
空气压缩机及泵房	7	食堂或俱乐部	5
发电站及变电所	10	其他文化福利	3
汽车库及车库	5		

8. 室外照明参考用电量

用 电 名 称	容量(W/m²)	用 电 名 称	容量(W/m²)
人工挖土工程	0.8	卸车场	1.0
机械挖土工程	1.0	设备堆放、砂石、钢筋、半成品堆放	0.8
混凝土浇筑工程	1.0	车辆行人主要干道	2 000W/kV
砖石工程	1.2	车辆行人非主要干道	1 000W/kV
打桩工程	0.6	夜间运料(夜间不运料)	0.8(0.5)
安装及铆焊工程	2.0	警卫照明	1 000W/kV

9. 常用风动机具耗气量表

序 号	风动工具或机械名称	耗气量(m³/min)
1	铆接3～5mm铆钉的各种铲凿、锤具	0.55～0.65
2	铆接16～32mm铆钉的各种铲凿、锤具	1.0～1.1
3	钻孔径10mm以下的凿岩机	0.5～0.8
4	钻孔径40mm以下的凿岩机	1.0～1.45
5	钻孔径50mm以下的凿岩机	2.0～2.1
6	风镐	0.9～1.3
7	轻型凿岩机	1.4～1.9
8	重型凿岩机	1.8～2.5
9	风铲	1.0
10	风锤	0.8
11	锻钎机	2.0～3.5
12	打桩机撞锤	1.8
13	电焊机、对焊机	2～9
14	水泥喷枪	5.0

10. 固定式空气压缩机站需用建筑面积

空气压缩机(台数)	生产能力(m³/min)	建筑面积(m²)	空气压缩机(台数)	生产能力(m³/min)	建筑面积(m²)
1	6～9	25	1	10～18	50
2	12～18	40	2	20～36	80
3	18～27	601	3	30～54	160

五、主要机械效率数据

1. 土方机械台班产量

序号	机械名称	型号	主要性能		理论生产率		常用台班产量	
					单位	数量	单位	数量
1	单斗挖掘机		斗容量（m^3）	反铲时最大挖深(m) 2.6(基坑),4(沟)				
	履带式	W—301	0.3	4	m^3/h	72	m^3	150～250
	轮胎式	W_3—30	0.3	5.56	m^3/h	63	m^3	200～300
	履带式	W_1—50	0.5	5.2	m^3/h	120	m^3	250～350
	履带式	W_1—60	0.6	5.0	m^3/h	120	m^3	300～400
	履带式	W_2—100	1	6.5	m^3/h	240	m^3	400～600
	履带式	W_2—100	1	6.5	m^3/h	180	m^3	350～550
2	拖式铲运机		斗容量（m^3）	铲土宽×深×厚(m)	运距 100m		运距 200～300m	
		2.25	2.25	1.86×15×20	m^3/h		m^3	80～120
		C_6—2.5	2.5	1.9×15×20	m^3/h		m^3	100～150
		C_5—6	6	2.6×15×38	m^3/h	22～28	m^3	250～350
		6—8	6	2.6×30×38	m^3/h		m^3	300～400
		C_4—7	7	2.7×30×40	m^3/h		m^3	250～350
3	夯土机		夯板面积(m^2)	夯击次数（次/min） 前进速度（m/min）				
	蛙式夯	HW—20	0.045		$m^3/班$	100		
	蛙式夯	HW—60	0.078	140～150 8～10	$m^3/班$	200		
	内燃夯	HN—80	0.042	140～150 8～13	$m^3/班$	60		
	内燃夯	HN—60	0.083		$m^3/班$	64		
4	推土机		斗容量（m^3）	铲土宽×深×厚(m)	（运距50m）		（运距15～25m）	
		T_1—54	54	2.28×78×15	m^3/h	28	m^3	150～250
		T_2—60	75	2.28×78×29	m^3/h		m^3	200～300
		东方红—75	75	2.28×78×26.8	m^3/h	60～65	m^3	250～400
		T_1—100	90	3.03×110×18	m^3/h	45	m^3	300～500
		移山80	90	3.10×110×18	m^3/h	40～80	m^3	300～500
		T_2—100	90	3.80×86×65	m^3/h	75～80	m^3	30～500
		T_2—120	120	3.76×100×30	m^3/h	80	m^3	400～600

2. 钢筋混凝土机械台班产量

序号	机械名称	型号	主要性能			理论生产率		常用台班产量	
						单位	数量	单位	数量
1	混凝土搅拌机	J_1—400	装料容量 $0.25m^3$			m^3/h	3~5	m^3	15~25
		J_1—400	装料容量 $0.4m^3$				6~12		25~50
		J_4—375	装料容量 $0.375m^3$				12.5		
		J_4—1500	装料容量 $1.5m^3$				30		
2	混凝土搅拌机组	HL_1—20	$0.75m^3$ 双锥式搅拌机组			m^3/h	20		
		HL_1—90	$1.6m^3$ 双锥式搅拌机 3 台				72~90		
3	混凝土喷射机		最大骨料径(mm)	最大水平运距(m)	最大垂直运距(m)	m^3/h			
		HP—4	25	200	40		4		
		HP—5	25	240			4~5		
	混凝土输送泵	ZH05	50	250	40		6~8		
		HB8 型	40	200	30		8		
4	筛砂机	锥型旋转式	外型尺寸:$6.5m×1.8m×2.8m$			m^3/h	20		
		链斗式	外型尺寸:$3.0m×1.0m×2.2m$				6		
5	钢筋调直机	4—14	加工范围 $\phi 4~14$					t	1.5~2.5
6	冷拔机		加工范围 $\phi 5~9$					t	4~7
7	卷扬机式冷拉 3t	JJM—3	加工范围 $\phi 6~12$					t	3~5
	卷扬机式冷拉 5t	JJM—5	加工范围 $\phi 14~32$					t	2~4
	钢筋切断机	GJ5—40	加工范围 $\phi 6~40$					t	12~20
	钢筋弯曲机	WJ40—1	加工范围 $\phi 6~40$					t	4~8
	点焊机	DN—75	焊件厚 8~10mm			点/h	3 000	网片	600~800
	对焊机	UN_1—75	最大焊件截面 $600mm^2$			次/h	75	根	60~80
	对焊机	UN_1—100	最大焊件截面 $1 000mm^2$			次/h	20-30	根	30~40
	电弧焊机		加工范围 $\phi 8~40$					m	10~20

3. 起重机械台班产量

序号	机械名称	工作内容	常用台班产量	
			单位	数量
1	履带式起重机	构件综合吊装,按每吨起重能力计	t	5~10
2	轮胎式起重机	构件综合吊装,按每吨起重能力计	t	7~14
3	汽车式起重机	构件综合吊装,按每吨起重能力计	t	8~18
4	塔式起重机	构件综合吊装	吊次	80~120
5	少先式起重机	构件吊装	t	15~20
6	平台式起重机	构件提升	t	15~20
7	卷扬机	构件提升,按每吨牵引力计	t	30~50

六、施工平面图布置参考数据

1. 简易公路技术要求

指标名称	单位	技术标准
设计车速	km/h	20
路基宽度	m	双车道6~6.5;单车道4.4~5;困难地段3.5
路面宽度	m	双车道5~5.5;单车道3~3.5
平面曲线最小半径	m	平原、丘陵地区20;山区15;回头弯道12
最大纵坡	%	平原地区6;丘陵地区8;山区9
纵坡最短长度	m	平原地区100;山区50
桥面宽度	m	木桥4~4.5
桥涵载重等级	t	木桥涵7.8~10.4(汽-6~汽-8)

2. 各类车辆要求的路面最小曲线半径

车辆类型	路面内册最小曲线半径(m)			备注
	无拖车	有一辆拖车	有两辆拖车	
小客车,三轮车	6	—	—	
一般二轴载重汽车:单车道	9	12	15	
双车道	7			
三轴载重汽车、重型载重汽车、公共汽车	12	15	18	
超重型载重汽车	15	18	21	

3. 各种临时设施防火最小间距

序号	项目	临时宿舍及生活用房			临时生产设施		正式建筑物			铁路(中心线)		公路(路边)		电力线
		单栋砖木	单栋钢木	成组内的单栋	砖木	钢木	一二级	三级	四级	厂外	厂内主要	厂外	厂内主要	厂内次要	
1	临时宿舍及生活用房:														电杆高度的1.5倍
	单栋:砖木	8	10	10	14	16	12	14	16						
	全钢木	10	12	12	16	18	14	16	18						
	成组内的单栋	10	12	3.5											
2	临时生产设施:														
	砖木	14	16	16	14	16	12	14	16						
	全钢木	16	18	18	16	18	14	16	18						
3	易燃品:														
	仓库	30	30		20	25	15	20	25	40	30	20	10	5	
	贮罐	20	25		20	25	15	20	25	35	25	20	15	10	
	材料堆场	25	25		20	25	15	20	25	30	20	15	10	5	
4	锅炉房、变电所、发电机房、铁工房、厨房、家属区	10~15													

4. 临时房屋和爆破点的安全距离

序 号	爆破方法	安全距离(m)
1	裸露药包法	不小于400
2	炮眼法	不小于200
3	药壶法	不小于200
4	深眼法(包括深眼药壶法)	按设计定,但不小于200
5	峒室药包法	按设计定,但不小于200

5. 炸药库与邻近建筑的安全距离

序 号	邻近对象	单 位	如下炸药量(kg)时的安全距离(m)					
			250	500	2 000	8 000	16 000	32 000
1	有爆炸危险的工厂	m	200	250	300	400	500	600
2	一般生产、生活用房	m	200	250	300	400	450	500
3	铁路	m	50	100	150	200	250	300
4	公路	m	40	60	80	100	120	150

6. 道路与建筑物的最小间距

序 号	道路与建、构筑物等的关系	最小间距(m)	序 号	道路与建、构筑物等的关系	最小间距(m)
1	距建、构筑物外墙		4	距围墙	
	(1)靠路无出入口	1.5		(1)在有汽车出入口附近	6
	(2)靠路有人力车、电瓶车出入口	3		(2)在无汽车出入口附近	
	(3)靠路有汽车出入口	8		有电线杆时	2
2	距标准轨铁路中心线	3.75		无电线杆时	1.5
3	距窄轨铁路中心线	3.00	5	距树木:乔木/灌木	0.75~1.0/0.5

参 考 文 献

[1] 中华人民共和国交通运输部.公路工程标准施工招标文件(2009年版,上下册)[M].北京:人民交通出版社,2009
[2] 魏道升,刘浪,何寿奎.路桥施工组织设计范例[M].北京:人民交通出版社,2008
[3] 罗娜.工程进度监理[M].2版.北京:人民交通出版社,2007
[4] 重庆交通学院,等.公路工程施工项目管理实务[M].北京:人民交通出版社,2005
[5] 王洪江,符长青.公路施工组织设计编制手册[M].北京:人民交通出版社,2005
[6] 全国建筑企业项目经理培训教材编写委员会.施工组织设计与进度管理[M].北京:中国建筑工业出版社,2001
[7] 姚玉玲.公路工程施工组织学[M].北京:人民交通出版社,2001
[8] 中国建筑学会建筑统筹管理分会.工程网络计划技术规程教程[M].北京:中国建筑工业出版社,2000
[9] 曹吉明,等.网络计划技术与施工组织设计[M].上海:同济大学出版社,2000
[10] 廖正环.公路施工与管理[M].北京:人民交通出版社,1999
[11] 中国建筑学会建筑统筹管理研究会.中国网络计划技术大全[M].北京:地震出版社,1993
[12] 程国平,黄沛钧.实用网络计划技术[M].湖北:华中理工大学出版社,1991
[13] 江景波,葛震明,何冶.网络技术原理及应用[M].上海:同济大学出版社,1990
[14] (美)H·N·阿尤加,袁子仁,等译.网络法施工管理[M].北京:中国建筑工业出版社,1987
[15] 张力平,魏道升.绘制双代号网络图教学法探讨[J].重庆交通学院学报:社科版,2003(4)
[16] 魏道升,张智洪.搭接网络计划在公路和桥梁施工项目管理中应用[J].重庆交通学院学报:社科版,2001(3)
[17] 王道绪,等.公路施工组织及概预算[M].3版.北京:人民交通出版社,2007
[18] 齐国友,等.P3e/C工程项目管理应用[M].北京:机械工业出版社,2007
[19] 全国一级建造师执业资格考试用书编写委员会.公路工程管理与实务[M].2版.北京:中国建筑工业出版社,2007
[20] 郭小宏,等.公路工程机械化施工与管理[M].2版.北京:人民交通出版社,2009
[21] 费建国,等.公路工程机械化施工[M].北京:人民交通出版社,2009
[22] 陈华卫,陈晓明.公路工程施工组织设计[M].北京:人民交通出版社,2007
[23] 吴之明.现代工程建设的计划与管理[M].北京:清华大学出版社,1987
[24] 黎谷,郎荣燊.建筑施工组织与管理[M].北京:中国人民大学出版社,1987
[25] 胡运权.运筹学教程[M].北京:清华大学出版社,2003
[26] 高福聚.工程网络计划技术[M].北京:北京航空航天大学出版社,2008